霸王

春秋贵族的游戏

洪兵 著

新世界出版社
NEW WORLD PRESS

图书在版编目（CIP）数据

霸主：春秋贵族的游戏 / 洪兵著 . -- 北京：新世界出版社，2021.3（2021.8 重印）
（白话正史）
ISBN 978-7-5104-7139-1

Ⅰ . ①霸… Ⅱ . ①洪… Ⅲ . ①中国历史—春秋时代 Ⅳ . ① K225

中国版本图书馆 CIP 数据核字（2020）第 194348 号

霸主：春秋贵族的游戏

作　　者：洪　兵
责任编辑：董晶晶
装帧设计：主语设计
责任校对：宣　慧
责任印制：王宝根　苏爱玲
出　　版：新世界出版社
网　　址：http://www.nwp.com.cn
社　　址：北京西城区百万庄大街 24 号（100037）
发 行 部：（010）6899 5968（电话）　（010）6899 0635（传真）
总 编 室：（010）6899 5424（电话）　（010）6832 6679（传真）
版 权 部：+8610 6899 6306　（电话）　nwpcd@sina.com（电邮）
印　　刷：天津中印联印务有限公司
经　　销：新华书店
开　　本：710mm × 1000mm　1/16　　尺寸：170mm × 240mm
字　　数：400 千字　　印张：29.5
版　　次：2021 年 3 月第 1 版　2021 年 8 月第 2 次印刷
书　　号：ISBN 978-7-5104-7139-1
定　　价：68.00 元

目录

第一章 | 周公旦的局

第二章 | 王室的沉沦

第三章 ｜ 东方的觉醒

第四章 ｜ 齐桓公的创业之路

第五章 ｜ 西方的纠葛

第六章 | 文襄的霸业

第七章 | 天下尽丛林

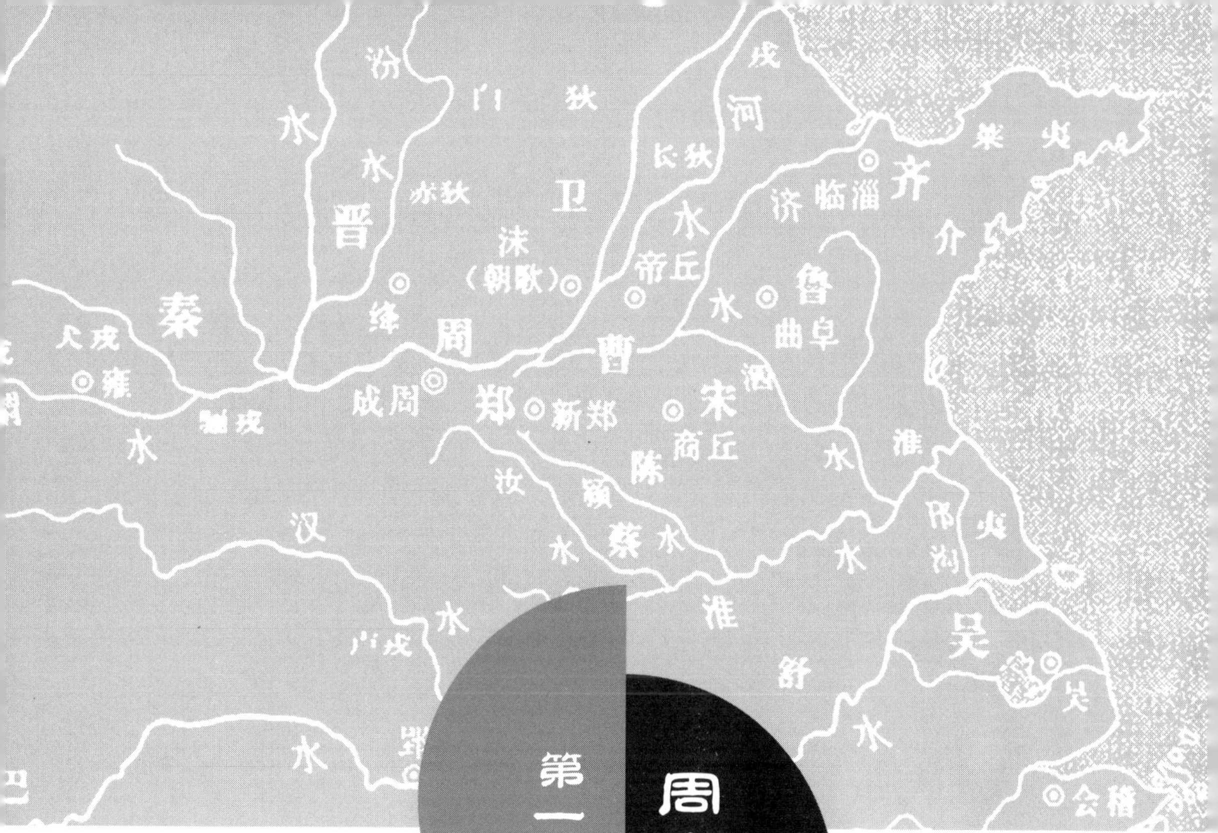

第一章 周公旦的局

“红颜祸水”之辩

公元前771年，一场突如其来的叛乱，终结了周幽王声色犬马、醉生梦死的奢靡人生。这个世界变化得实在太快，周幽王来不及琢磨，即使来得及恐怕也想不明白，好端端的一个西周王朝，怎么说亡就亡了呢？

一般认为，西周王朝的轰然崩塌，皆由周幽王迷恋一个名叫褒姒的女子所致，他重色误国，失信失德于天下，以至于失了江山。其实不光认为西周如此，纵览对中国古代史的分析，有一个非常微妙的巧合：论及王朝的衰败与覆灭，史学家们通常会归因为“红颜祸水”，王朝的气数似乎总是在君王的裤腰带上晃荡。

对于这种看似无懈可击，实则避重就轻、只图省事的说法，后蜀国君孟昶的妃子花蕊夫人曾写过一首著名的《述国亡诗》进行驳斥：

> 君王城上竖降旗，妾在深宫那得知？
> 十四万人齐解甲，更无一个是男儿！

直白一点说就是：“红颜祸水”的锅，老娘不背！

照此推论，将西周王朝覆灭的锅扣到褒姒的头上，恐怕有待商榷。但一个看似好端端的王朝倏忽间灰飞烟灭，亡国账成为无头账，不符合人们“以史为鉴”的治学初心。那么，西周覆亡到底应该由谁来买单呢？

要想让答案经得起推敲，还得从西周王朝的“国本”说起，毕竟国本不牢，地动山摇。西周王朝的所谓“国本”，便是一代先贤周公旦为这个新兴王朝谋划的“万世之基”。通俗一点，不妨将之称为“周公旦设下的局”。

毫不夸张地说，在华夏文明史上，周公旦的这个局起到的作用是质变性和跃迁式的。为了更加透彻地理解这一极高评价，我们有必要回顾一下西周以前的历史，看一看延续至今的中华文明是从哪里走来、怎样走来的。

从“公天下”到“家天下”

撇开盘古开天地、女娲造人这类涉及“宇宙第一推动力”的朴素臆想的神话故事不谈，上古时期大抵被认为是“三皇五帝”的时代。然而，语言、文字、纪事毕竟是文明发展到一定阶段的产物，司马迁忍辱偷生、发愤著书的时候，面对各种寓史事于神话的离奇传说颇感无奈，着实难辨其真伪。且不说事迹真实与否，就连“三皇”到底是哪三皇都众说纷纭。司马迁遍览群书之后，采纳了“天皇、地皇、泰皇（又称人皇）”的说法，认为泰皇最为高贵。对晚一些的“五帝”，分歧则稍微少一些，《史记》采纳的说法是“黄帝、颛顼、喾、唐尧和虞舜”。相传，大禹以治水之功从虞舜的手中接过权柄，后来传位于自己的儿子启。还有另外一种说法：禹生前选定了一位名叫益的接班人，禹去世后，启召集族众硬将王位抢了过来。不管怎么说，启终究是将“公天下”变成了“家天下”，开创了夏王朝的新纪元。

记得上中学的时候，奴隶社会较原始社会更加进步的说法，曾在我们这些懵懂少年的心中掀起过波澜。当年在课堂上的争论、辩驳已然忘却，只是对老师不厌其烦地辨析明理却收效甚微还依稀有些印象。同样，对于从“公天下”到“家天下”不是历史倒退而是历史演进的观点，我也是在多年之后才有了感悟。

“公天下”的核心要义是通过“禅让”，实现贤能者居之的权力交替。这看似公平合理，但是随着社会发展，治理结构、社会事务变得日益繁杂，人们对“贤能者”的评价标准也愈来愈难以达成广泛的共识。原始的氏族部落对生存的诉求远远超过对发展的诉求，谁能率领族人多抢到地盘，多搞到吃的，谁就是当仁不让的贤能者。譬如说，大禹能除水害，后来又率兵讨伐“三苗”，因而得到了虞舜的青睐。但是，生存问题基本解决之后，五花八门的诉求就出现了，判断贤与不贤，拥有不同诉求的人们心中各自有一杆秤，继续搞禅让那一套，势必导致内乱与分裂。另外，就人性而言，“公天下”奉行禅让制使得统治者缺乏改造世界的原动力。借用孟子的说法，“有恒产者有恒心，无恒产者无恒心”。有人为了权柄去拼政绩，如愿以偿之后则务求稳妥，毕竟改革与发展都是要冒风险的，谁知道以后花落谁家呢，犯不着拿自己的政治生命做赌注。

在时代背景下，贤能的判定标准和统治者原动力两个问题，必然是鱼和熊掌不可兼得的死局。最终，人性的私欲战胜了对公平的期望，“家天下”应运而生，后世所津津乐道的选贤禅让制变成了简单又蛮横的家族世袭制。从此，江山社稷成为统治者的家族“恒产”，其世世代代为这份家业竭尽所能，功在自身，造福子孙。

但是，“家天下”的设想再美好，也架不住“生儿不象贤”。夏朝是第一个吃世袭制螃蟹的，却传到启的儿子太康就不行了。就像当下某些不知创业艰辛的富二代一样，太康的品行堪称坑爹、纨绔典型。他视这份家族“恒产”为理所当然，而被有穷氏钻了空子，败得惨不忍睹，王位也不敢要了，灰头土脸地跑到别的部落去避难。

有穷氏的首领名叫后羿，与神话故事中嫦娥的丈夫、举箭射日的那个后羿同名不同人。这个后羿挺有意思，按说撵走太康之后，该轮到他自己登位了吧，但他不愿意坐这个王位，偏要挟持太康的弟弟中康做傀偏。中康死后，他的儿子相继承父业，继续被后羿挟持做摆设。

后羿擅长箭术，热衷于到处田猎，治理国政还不如人家太康呢。一位名叫寒浞的下属实在看不下去了，起兵杀掉后羿和相，断了夏朝的命脉。好在相的遗腹子少康是个人物，成年之后收拢残众灭了有穷氏，重建夏朝，史称“少康中兴”。少康传N代（具体数字不详）之后到了桀，子孙不肖的悲剧再度上演，夏朝不再幸运，终为上古贤相伊尹辅佐成汤所灭。

商朝人爱生活

从夏朝到商朝，姒家的天下变成了子家的天下（夏朝的君主姓姒，商朝的君主姓子），这在历史的大坐标上，只是一个周期性循环。不过，商朝跨越五百多年的光景，在文明演进的征途上还是成绩斐然的。

首先，考古发现了同时期的直接记载文字，即甲骨文和金文，商朝由此得到了史学界的正式承认。而夏朝的存在来源于后世的间接记载，尚有待于考古发现直接证明，故而从理论上讲还是“黑户”。

其次，商朝人的生活方式变化非常大，吃、穿、住、用都与原始氏族部落不可同日而语。原始人吃野物，猎杀什么、采摘什么，就吃什么，商朝人则学会了驯化动、植物。动物驯化为家畜，除了具有代表性的“六畜”——马、牛、羊、猪、狗、鸡之外，还驯化了其他种类的动物，例如大象（可用于作战）。植物则驯化成农作物，人们果腹不再靠运气，而是开始遵照天时种地。甲骨文中不乏涉及五谷的文字，如“禾”“黍”“麦”“米”“稷”“糠”等。吃家畜、谷物似乎缺了点儿啥，于是商朝人又发扬潜心钻研的精神，发明了酒这个好东西。从此，吃饱与喝足、酒足与饭饱成为绝佳伴侣。《诗经·荡》这样写道：

文王曰咨，咨女殷商。
天不湎尔以酒，不义从式。
既愆尔止，靡明靡晦。
式号式呼，俾昼作夜。

《先秦诗鉴赏辞典》[1]将这首诗翻译成白话，相当有打油范儿：

文王开口叹声长，叹你殷商末代王。
上天未让你酗酒，也未让你用匪帮。
礼节举止全不顾，没日没夜灌黄汤。
狂呼乱叫不像样，日夜颠倒政事荒。

吃上享受，穿着也不能太随意。原始人的蔽体之衣主要取材于植物，最初是树叶茅草，后来学会将麻、葛加工成原始的布帛；除此之外，也有直接用兽皮的。商朝人则在利用谷物酿酒之外，又发现了一种神奇的事：蚕竟然会吐丝！于是，爱生活的商朝人有了扮靓自己的新选择。

说到住，原始人的标配是山洞；夏朝人则主要住在黄河两岸的平原地区，天然的洞穴已不够住，他们便挖山刨地制造洞穴，但本质上还是穴居。商朝人呢，吃得好了，穿得漂亮了，老是住在洞里当然不舒服，便继续发挥聪明才智，向平地上要空间，用树木、茅草、石块等天然物资造起了房舍，开启了室居时代。

最后说用。原始社会有一个漫长的历史阶段，考古界称之为“石器时代”，根据石器加工的精巧程度，又分为旧石器、中石器、新石器三

① 《先秦诗鉴赏辞典》，上海辞书出版社2016年10月版，上海辞书出版社文学鉴赏辞典编纂中心编。

个时期。到了商朝，人们逐渐地不再玩石头了，改从某些特殊的石头中获取一种新的物质来制作器具，这种新物质便是我们熟知的“铜”。于是乎，石器时代就演进到了青铜器时代。

尽管商朝为文明演进做出了卓越的贡献，但岁月如霜刃，终于在荒淫暴虐的商纣王身上露出了锋芒。经过文王、武王两代首领的不懈努力，兴起于关中渭水流域的周人成了商朝的终结者。

终结者姬部落

周部落姓姬，最早并不称“周”。相传他们认后稷为始祖，后稷的母亲叫作姜嫄。据说姜嫄出去散步游玩的时候，看到地上有一只巨大的足印，好奇心使然，她一脚踏了上去。当时只觉暖流遍及全身，畅快莫可言状，谁承想就这么怀了孕，生下后稷。姜嫄琢磨这孕怀得太过离奇，恐怕是个妖蜮孽种，就毫不犹豫地把刚呱呱坠地的后稷给扔了。说来也奇怪，当妈的一心想扔，却怎么也扔不掉，各种离奇的事情层出不穷：扔到巷子里吧，过往的牛马都自觉绕开，防止踩踏到他；扔到山林里吧，原本人迹罕至的荒野莫名其妙地冒出很多过路人；扔到封冻的冰河上吧，突然有只大鸟飞过来，用羽翼为婴儿取暖。离奇复离奇，足以令姜嫄怀疑人生，怕遭天谴，不敢再扔了，只好抱回来自己养着，并给这个甩不掉的儿子取名为“弃”。

这些事太过神奇，可能只是周人故弄玄虚、捏造异象，为自己的祖先披上一层受命于天的光环。神话传说不足信，但切忌一棍子打死再扔到九霄云外，毕竟寓史于神话是上古史的纪事常态，咱们得适应并习惯。剥去玄幻的外衣，这则神话故事还是能够提供不少信息，帮助我们探究周部落的起源的。

第一，言及后稷之母而只字不提其父，说明当时还处于母系社会向父系社会过渡的时期。姜嫄在野外离奇怀孕，从另一个侧面证明了这一点，生存繁衍的形式（野合、群交）决定了没办法找到孩子的生理学父亲。

第二，据后世学者考证，姜、羌两个字在上古是同源的。姜用于姓，羌用于种族，说明周人可能本属于羌人，至少二者之间有密切的血缘关系。

第三，后稷以五谷中的稷为名，在神话故事中是农神，传说他刚生下来就懂得如何种植农作物。周人认他为始祖，说明这个部落是依靠农业逐渐兴盛的。另据《山海经》记载，后稷有一个侄子叫叔均，周人奉他为田祖。

这个聚居于渭水流域的部落，日出而作，日落而息，年复一年地辛勤耕种，原本与定都千里之外的商朝八竿子也打不着。关中和殷墟所在的安阳相隔几百公里，如今坐高铁打个盹儿的工夫就到了，但以当时的交通条件，他们是否知道彼此的存在恐怕都得打个问号。不过话说回来，假以时日，再遥远的距离，在不安生的周人眼中也着实算不上什么问题。姬姓部落立“国”晚，资历浅，大约是夏末商初之际，才建都城于豳（今陕西旬邑附近），称之为“京”（意为高冈）。

姬姓部落处在各种戎狄之间，生存条件相当恶劣，在练就了一身强健肌肉的同时，也难免遭遇“强中自有强中手”的无奈情况，最终其举族迁徙到岐山以南的周原。总是搬家并非长久之计，以新聚居地为名的周跟如日中天的商朝搭上了线，通过联姻结成同盟，从此，周人得到了“国家力量”的庇护。

大哥罩着好办事，周人扩充实力的速度相当惊人，特别是奉商王之命征讨鬼方，俘获了二十个大小头目，后来又讨伐余吾、始呼、翳徒等部落，接连告捷，几乎是谁挡路就灭谁，一时声威大震。眼瞅着“看家犬”养成了“野心狼”，商王文丁吓得不轻，照这样搞下去可不行，于是连哄带骗地将周人的首领季历囚禁至死。

季历的儿子是大名鼎鼎的周文王姬昌，他接班之后忍辱负重多年，打着拥护商朝的旗号继续暗自搞扩张。按照《论语》所言，此时的周已是“三分天下有其二”，取殷商而代之，指日可待矣！

胜利的曙光就在眼前，背负丧父之仇的周文王却难敌天命，撒手人寰。儿子姬发（周武王）继承遗志，在胞弟周公旦、“神人”吕尚（姜子牙）的辅佐下，以戎车三百、虎贲三千的核心力量，联合各方部落，经过著名的牧野决战，一举灭掉了商朝。

根据相关史料记载，这场牧野之战打得异常惨烈。首先是参战人数众多，《诗经》云“殷商之旅，其会如林”，密密麻麻的旗帜就像森林一样，更别说士兵的数量了。其次是伤亡极其惨重，《尚书》有一个形象而残酷的表述是“血流漂杵”，猩红的鲜血汇聚成流，连杵这样的长杆兵器都能漂起来。后来，孟子将武王伐纣定性为“以至仁伐至不仁”，选择性地屏蔽了“血流漂杵”这个敏感词，说“尽信《书》不如无《书》”。这里的《书》特指《尚书》，此句本来专指“血流漂杵”这件事，后来被用于鼓励挑战权威，倡导独立思考精神，当与孟子本意无关。

不管儒家如何辩解，牧野之战确实惨烈。然而，死人死了一大片，商朝的残余力量依旧不可小觑，要想赶尽杀绝，就得承担更大的风险，付出更大的牺牲。已有的战绩对于本想做小本生意的周武王来说算是中了大彩，他于心忍不忍不知道，主要还是玩不起了，便决定退而求其次，给商朝的统治阶层留一条活路。具体做法是这样的：将商纣王的儿子武庚及其宗族、部众集中起来就地安置；又将姬姓宗室的管叔鲜、蔡叔度、霍叔处（三人都是周武王的同母弟）分封在其周围，充当“带刀侍卫”，为武庚的残众提供贴身“保护”，称为“三监”。

将前朝遗民“画地为牢”，再派出三位骨肉至亲守在边上，监视其一举一动，这看似四平八稳的安排，却很快就惹出了乱子。周武王死后，成王姬诵嗣位。姬诵年幼，便由周公旦摄政，代行王权。周公旦跟周武王是一奶同胞，武王是嫡次子（嫡长子姬考早逝），周公旦排行老四，而“三监”当中，管叔鲜是老三，蔡叔度是老五，霍叔处是老八。眼瞅着四弟（四哥）成为无冕之王，“三监”的心里如同打翻了醋瓶，绵绵不绝的酸劲浸透全身上下的每一个细胞。不得不承认，人性就是如此，一旦有了妒忌之心，什么骨肉之情、血脉之亲全是瞎扯，为了一套房产都能闹得鸡犬不宁、六亲不认，更何况是王权呢？哥仨一合计，越琢磨越觉得姬老四有谋朝篡位的迹象，于是不断地造谣生事，制造舆论压力，弄得谣言满天飞，朝野难自安。

初兴的周朝陷入混乱，给被安置、被监管的武庚创造了绝地反击的机会。令周公旦始料未及的是，这些死灰复燃的前朝遗民不光自己在“狱”中造反，竟然还成功地策反了三位看守。监守自盗的监管者与伺机而动的被监管者将过往的恩恩怨怨一笔勾销，共同举起了反周大旗，史称“管蔡之乱”“三监之乱”。

临危受命的周公旦殚精竭虑，在召公姬奭（周武王的同辈兄弟）等人的支持下，历经长达三年的东征，将几个不安分的大佬杀的杀、抓的抓，方才平息了这场叛乱，顺带着将周朝的势力范围拓展到了东部海滨。

穿新鞋走新路

姬家的天下重归安定，作为胜利者一方的周公旦却没有半点喜悦之情。归纳起来，周公旦的忧虑主要来源于两个方面：一是如何避免“管蔡之乱”重演；二是如何保证新生的王朝基业长青，国祚不衰。

先说刚刚平息的“管蔡之乱”。周王朝在草创之初便收到了这份“趁你病，要你命”的见面礼，原因不外乎两个：宗室内斗和前朝遗民的安置。解决宗室内斗，跟保证国运长久有关，暂且按下不表。至于安置前朝遗民，就地集中监管的方式已经被证明是埋炸弹，剩下的选项还有斩尽杀绝和分而化之。斩尽杀绝倒是可以一招除后患，但兔子逼急了还咬人呢，这么做风险太高，况且搞种族灭绝也极不利于新兴王朝声誉与形象的树立。如此一来，只能分而化之了，但应该如何分、如何化，考验执政者的智慧与谋略。

再说国运如何长久。这得从体制上找原因，就宗室内部而言，传嗣没有成法无疑是颗暗藏的政治炸弹。君主、贵族生活安逸，往往子嗣众多，可君王的位置只有一个，但凡有人野心膨胀或者煽风点火，骨肉相残的悲剧势必频繁上演。治国模式上“以史为鉴”并不是后世的发明，周公旦已经清醒地意识到，夏、商两朝的政权组织形式很不靠谱，周朝不能穿新鞋走老路。

严格来讲，夏、商算不上真正意义上的王朝，更准确的表述是“部落联盟”。几个部落抱成团，一言不合，友谊的小船说翻就翻。譬如夏朝，带头大哥是姒姓的夏后氏，但这朵红花还需要有扈氏、有男氏等绿叶部落的扶持，位置才能坐得稳当，而一旦遇到有穷氏这类实力强劲的“刺头”，就容易发生悲剧。

商朝草创之际，也曾经总结过夏亡的教训，但受时代所限，终究没有脱离“部落联盟”的窠臼。饱受戎狄欺凌的周部落便是商朝通过结盟培养的“打手”，哪成想昔日的丧家之犬越打越来劲，竟然打成了商朝自己的掘墓者。在周部落蜕变的过程中，商朝统治者的心里充满了矛盾与纠结：一方面极尽笼络之能事，先封季历为牧师，后命姬昌为方伯，期望周人能够一如既往地为己所用；另一方面对姬姓部落的日益强盛感到惶恐不安，下狠手将季历囚禁至死，据说周文王姬昌也曾经被商纣王囚禁于羑里，《周易》就是他在被囚期间百无聊赖、万念俱灰之下琢磨出的。如此软硬兼施，红脸黑脸轮番上场，却依旧没能扭转覆亡的命运。

纵观夏、商两朝，宗室内外，野蛮的丛林法则大行其道，危机四伏，百姓生灵涂炭。前车之鉴历历在目，初建基业的周朝该何去何从？

我认为，周公旦之所以被后世尊奉为圣贤，“周公吐哺，天下归心”的官德与人格固然不可或缺，最根本的还是因为他对国家命运进行了深入的思考，谋划出了在那个时代背景下近乎完美的布局。

为了有效而稳妥地解决现实（前朝遗民安置）和长远（国祚不衰）的问题，周公旦创建了两大相辅相成的“国本”制度：宗法制和分封制。

宗法制的基础是周人在漫长的岁月中探索创立的嫡庶制。姬姓部落依靠农业兴盛，对于“家业再大也架不住子嗣众多”的普遍真理有着切肤之痛，于是琢磨出了嫡庶有别的制度，规定正妻所生的儿子在家族中享有优先继承权。这在一定程度上缓解了狼多肉少的供求矛盾，但问题

解决得仍然不够彻底。如果正妻太敬业，嫡子一大堆，照样会争个头破血流。过去是部落还好办：家庭有矛盾，氏族解决；氏族有矛盾，占卜解决；对占卜有意见，只能自安天命。现如今成为天下共主，稍有不慎便会满盘皆输，切不可莽撞行事，必须有一个万全之法。

周公旦的办法倒也简单明了，子嗣多不要紧，咱们分成大宗和小宗。大宗就是嫡长子，只有一个，老大若不幸死得早也没关系，可以按照排行依次补位。大宗之外无论嫡庶，一律划定为小宗。王朝君主称天子，大宗便是储君，小宗也别着急，降一级安置，做诸侯。诸侯的大宗（也称为太子）可以继续做诸侯，小宗再降一级安置，做卿大夫。卿大夫的大宗（即世子）可以继续做卿大夫，小宗同样降一级安置，做士，也被称为国人。士的大宗可以继续做士，小宗就对不住了，降为平民，彻底脱离“宗法圈”，老老实实干活，自己养自己。天子的地盘称为王土，诸侯的地盘称为国土，卿大夫的地盘称为采邑，士的地盘称为禄田，平民没有地盘，只有一身力气，所以有“公食贡，大夫食邑，士食田，庶人食力”的说法。

或许有人觉得以出身定终生的世袭方式不公平，那不妨回味一下“公天下”面临的纠结。如果分大小宗不是依嫡长，而是论贤能，结果还是公说公有理，婆说婆有理，各有各的标准。更要命的是，子嗣的脸上没写着未来，谁兴业谁败家，或许天知地知，偏偏人不知，只有唯出身论，才能让所有人闭嘴。

需要说明的是，宗法制所确立的世袭规则并非自动继承，对于一些重要的官职爵位，天子的册命存在有效期限。父亲死了，大宗子嗣想继承官职爵位，得天子点头，重新册命才能作数。如果天子驾崩，原先的册命即时失效，继任天子可以重新册命，也可以新官不理旧账，一笔勾销。王权在很大程度上就体现在掌控少数关键位置的册命之权上，按照《礼记》的说法，“大国三卿，皆命于天子”，君主恩威立显。

“宗法圈”的天子、诸侯、卿大夫和士组成了整个王朝的贵族阶层，掌控着全国所有的土地；贵族之下有平民；平民之下则是奴隶（主要由战俘、罪犯组成）。其对应的社会治理结构是国、野分治，也被称为“乡遂制度”。“国”指天子和诸侯的都城，贵族带着他们的奴隶在那里居住。都城近郊是“乡”，留给处于贵族阶级最底层的士居住，他们基本上是聚族而居，属于王朝的自由公民，享有发表政见、接受教育、获得选拔等权利，但要服兵役和劳役，也是唯一的兵源阶层，军队的将领则必须出自更高层级的贵族。“野”又称为“遂”“鄙”，泛指广大的农村地区，从事农业和工商业生产的平民在那里居住，称为庶人、野人。平民没有恒产（特别是土地），没资格也没必要分什么大小宗；他们不必聚族而居，而是按照地域、邻里进行划分；他们没有任何权利，只能拼命干活交租税。

毫不夸张地说，基于宗法的等级制度是全方位、无死角的。不同的阶层对应着不同的居住地、政治权利和职业，在宗庙、族墓、姓氏、名字、婚姻、礼器（以及上面的铭文）、礼乐、服饰等方面，对不同的阶层都有明确而细致的规定。什么级别的人，大到住什么地、干什么事，小到穿什么衣服、听什么歌，以及在世怎么活，死后怎么埋，都是有章可循的。今人如果穿越到那个时代，可千万别随意胡来，否则后果堪忧！

宗法如此，再说分封。

借分封的东风，周公旦希望一揽子解决四个问题：一是合理安置前朝遗民；二是封赏宗室、功臣，把这些养尊处优之徒遣散至各地，毕竟他们扎堆留在都城，只会抬高房价物价，扰乱社会治安，有百害而无一利；三是巩固王朝统治，预防内部叛乱，鉴于周朝的地盘空前广阔，造反者又不会提前打报告，处处都得有人盯着；四是抵御外患，北面和西面有戎狄，东面有东夷、淮夷，南面有荆蛮（也就是后来的楚国），国无防不立，尤以黄河下游的东面为要。

当年周武王也搞过分封，譬如周公旦、管叔鲜、蔡叔度、霍叔处都是以各自的封地周、管、蔡、霍来冠名的。不过，那时的分封以封赏为主，东一榔头西一棒槌，缺乏统筹全局的章法。在总结前人经验教训的基础上，周公旦谋划出了分封2.0版。在新的分封版图中，主要诸侯国是这样布局的：

宋国：国君是商朝宗室微子启（商纣王之兄），封公爵，都商丘（商朝旧都，今河南商丘），领一部分前朝遗民。宋国周围遍布着大大小小的诸侯，构成内外两层包围圈，给其以严密“保护”。内层主要是异姓诸侯，包括杞（姒姓）、葛（嬴姓）、鄢（妘姓）、许（姜姓）、陈（妫姓）、厉（姜姓）、焦（姜姓）等；外层则是姬姓诸侯，包括曹（周文王第六子）、沈（周文王第十子）、郜（周文王第十二子）、茅（周公旦之子）、蔡（蔡叔度之子）等。如此一来，受监管者的实力被削弱，监管者又分成若干诸侯组成的内、外两层，把这些亲疏各异、实力有差的诸侯纠集起来造反，就成为极小概率事件了。

鲁国：国君是周公旦的长子伯禽，封侯爵，都曲阜（今山东曲阜）。从爵位等级来看，鲁国低宋国一等，但公、侯之别讲的是出身和血统，与实力无关。周武王、周公旦两次分封，公爵诸侯总共八个，基本上都是上古帝君和王朝宗室的后裔，炎帝、黄帝、唐尧、虞舜、夏朝、商朝的后裔分别分封于焦、蓟、祝、陈、杞、宋，只有东虢国和西虢国是例外，其国君是周文王的弟弟、周武王的叔叔，起到了屏藩镐京的作用，算是周武王送给父辈至亲的人情。尽管爵位没能摸到天花板，但在此次分封的诸侯国中，本着肥水不流外人田的基本原则，鲁国还是坐拥了“四宗最”：地盘最广，实力最强，经济最发达，与王室的关系最亲密。作为当仁不让的人生赢家，鲁国控制着黄河以东、济水流域的交通线和核心农业区，是重中之重、富中之富，没有之一！

齐国：国君是周朝的开国元勋姜子牙，封侯爵，都临淄（今山东淄博），地盘也不小，实力仅次于鲁国。如果说周公旦是周武王赖以创立基业的“文曲星”，那么姜子牙则当仁不让是“武曲星”。尽管姜子牙被后世誉为“百家之宗”，被儒、法、纵横、兵家皆尊奉为本家之祖，但真正让他显身立名的还是会打仗。当年牧野之战，周师以少胜多，一战定乾坤，姜子牙便是前线总指挥。这么大的功勋和能力，不赏不合情，不用没道理，所以他被分封到东北面镇守一方，北征戎狄东讨夷，试看天下谁能敌！

卫国：国君是周文王第九子、周武王和周公旦的弟弟康叔封，封伯爵，都朝歌（今河南淇县），既牵制宋国，又抵御北面的戎狄。

晋国：最初叫唐国，国君是周成王的弟弟唐叔虞，封侯爵，都唐（今山西翼城西北），后迁至邻近的翼城（今山西翼城），主要对付北面的戎狄，以及与中原同饮一条黄河水、隔岸互视作仇雠的玁狁（即犬戎）。

燕国：国君是支持周公旦平定“管蔡之乱”的召公奭，封伯爵，都蓟（今北京房山），仗着有黄河之水通南北（当时黄河的出海口位于今天的海河一带），堪称周王朝插入戎狄腹地的一把尖刀。由于召公奭留在镐京辅政，实际就封的是他的长子姬克。

除了宋国之外，鲁、齐、卫、晋、燕五大诸侯国都称“方伯”，类似于各大战区，负责自己这一方的长治久安，也可以对外征伐搞扩张。

除了这几个大体量的诸侯之外，周王朝疆域的腹地还遍布着诸多小诸侯。据后世学者考证，姬姓诸侯大多依河流分布，控制着交通线和易于耕作的黄土地区。无论姬姓还是异姓，都认卫国国君辈分最高，卫国当仁不让地成为诸侯之长，担纲领衔，夹辅周室。同时，因新生王朝实力有限，边境地区难以得到有效控制，还得因地制宜，在边境继续采用“部落联盟”的做法，通过册命、笼络，使其名义上奉周王

室为宗主。譬如册封控制汉水流域的楚人首领熊绎（芈姓熊氏）为子爵，使其成为周朝王业的一分子。而对于再远一些的异族，就实在对不住了，只能揍你没商量。距离决定着等级高低、关系亲疏，也影响到纳贡多寡。《国语》将这一统治模式总结为“五服”：“邦内甸服，邦外侯服，侯卫宾服，蛮夷要服，戎狄荒服。”天下中枢乃至天朝上国的思想，大抵就是从这个时候开始萌生的。

为了更好地理解分封诸侯，不妨打一个既通俗又形象的比方：

此时的天下好比一个重新洗牌的大家族，换了族长之后，大家全体起立，重新安排位次。与族长沾亲带故的家庭（同姓诸侯）可以享受VIP待遇，特别是几个动手能力强的亲属被委以维护治安的重任（方伯），以防备闲杂人等闯进家族地盘。普通家庭（异姓诸侯）则按照与族长的关系密切与否，依序往后排。焦、蓟、祝、陈、杞、宋六家人都是前任族长的亲属，该给的面子还是要给，虽然待遇大不如前，但还是得到了诸如“小组召集人”之类的荣誉称号（公爵）。其中，宋家作为前任族长，得到了现任族长的特殊关照，一群VIP家庭和普通家庭里里外外将他家密密围了两层，谁想来捣乱就揍他。还有一些家庭是新加入的，例如来自南方的熊家（楚国），本来在江湖上没什么名气，只是勉强干过几架，族长同意了他加入，但族里开会的时候，他家的代表只能站着，以示区别。至于戎、狄、夷一伙，素来跟中原龃龉不断，还三五成群地跑来捣乱，统统被挡在外面自我反省。

地盘分完了，回头来看那些没被集中安置到宋国的商朝遗民。他们中的一部分被遣散到各大诸侯国，成为各封国“国人”的主要构成；还有一部分被周公旦迁到洛水下游的一处荒芜之地，去那里当苦力，修城池！原来，周武王早在灭商之时，就意识到了新生王朝的经济命脉系于中原，依靠远在关中的镐京进行统治，难免有鞭长莫及之忧。如今，周公旦继承周武王的遗志，选址建造王朝的陪都。新造的城池因洛水而得名，称洛邑。按照周公旦的说法，“此天下之中，四方入贡道里均”。这里地处平原地区，还有现成的水路可供交通，各方诸侯入贡交税都比较方便，如若地方上冒起狼烟，从新都城出兵也比较顺畅。

洛邑建成之后，周王朝正式开启了“两都共治”的模式，由两拨人分别组成东、西都的中央机构，按照一定的分工向各地发号施令。周成王在召公奭的辅佐下坐镇镐京，统领“镐京六师”，守住宗室根据地。镐京又称“宗周”，寓意周王室为天下宗主。周公旦坐镇洛邑，统辖东方诸侯。洛邑又称“成周”，寓意周朝王业大功告成。先前由商朝遗民组成的“施工队”脱下了工服换军装，驻守于东都，成为“成周八师”的中坚力量。

立宗法、行分封，周公旦成功地将家族系统扩充为政治系统，形象地说即政治系统家族化、家族系统政治化。这“两化”为“家天下”赋予了新的时代意义，归纳起来就是《诗经》里的十六个字：

溥天之下，莫非王土。
率土之滨，莫非王臣。

地是我家的地，人是我家的人，上上下下各安其位，心怀不轨者无处藏身。谁敢轻举妄动，大小诸侯齐讨共诛。想造反？算了吧！散了吧！

从缺陷到崩盘

宗法严苛、分封明确，周公旦的局算是布下了。效果到底怎么样呢？那还真不是吹，经周成王、周康王两代君主励精图治，便开创了承平之世。《史记》的说法是“成康之际，天下安宁，刑措四十余年不用”。也就是说，在这近半个世纪的岁月里，天下百姓安分守己、各兴其业，刑罚被束之高阁，刑狱、讼审系统无犯可抓、无罪可审，近乎于失业。虽有夸饰之嫌，但“成康之治”确实是有史料记载以来的第一个太平盛世，也是后面的儒家梦寐以求的神圣时代。

周公旦绘就的宏伟蓝图，为什么能有这么大的魔力呢？我觉得无外乎三个方面的原因：一是通过立规矩、划地盘，缓和了内部矛盾，特别是贵族之间的矛盾。二是将风俗各异、贫富有差的广大地区分成了政治、经济相对独立的单元，既有利于发挥诸侯的主动性，又能因地制宜发展经济。三是通过结盟部落与方伯守边相结合，对异族构成稳固的防御体系和有效的军事压制，防外患于未然。无内忧，无外患，何愁不太平？

不过，任何制度都不可能尽善尽美、一劳永逸，说周公旦的局近乎完美，时代背景是根本的前提。伴随着文明演进和社会发展，制度固有的一些缺陷会越积越大，必须时刻紧绷与时俱进这根弦。

灭商开国过去了约半个世纪，周王朝这艘航船交给了周昭王掌舵，分封制的缺陷开始危及系统稳定。俗话说“点儿背不能怨社会”，在“成康之治”耀眼光环的笼罩下，周昭王的为政生涯着实有点儿悲催。粗略统计一下，记录西周、东周两朝史事的《史记·周本纪》累计一万多字，对文、武、成、康几任君主都不乏溢美之词，叙述生平事迹外加点赞，共计三千字左右篇幅，可写到周昭王的时候，竟然只有区区四句话，五十个字都不到。第一句算是定式——“康王卒，子昭王瑕立”；第二句则是定论——“昭王之时，王道微缺”，说西周王朝在他主政期间走了下坡路；后面两句是讲他怎么死掉的，就完了。

周昭王到底是不是真的不行，咱不好下定论，但他确确实实掉进了制度缺陷的坑里：当初周公旦对楚国那个芈姓熊氏的孩子（简称“熊孩子”）处理得实在太草率了！

前面讲过，楚国是新入伙的，参加大家族的活动连座位都没有，但人如其氏，熊得没谱。“熊孩子”小时候家里穷，穷到什么程度呢？据说有一年要祭祀祖先，发现家里没有牲口，便趁着夜色摸到邻居鄀家偷了一头小牛，生怕主人睡醒起来找，连夜就给宰了。穷是穷了点，但楚国人靠山吃山，不辞辛劳地开荒种地，又搭上“成康之治”的快车，经过几代国君的不懈努力，从封地丹阳这片方圆不过五十里的蛮荒之地起家，逐渐发展壮大起来。

伴随着日子越过越滋润，熊家萌生出新的烦恼：自己的会费没少交（向周王室进贡）、态度也相当诚恳（跋山涉水而来），家里的经济状况更是突飞猛进（实力今非昔比），可一开会还得靠墙根站着。这些年上交的会费，购置全族的桌椅板凳都绰绰有余，为什么不能给我配一套？

族长的意思呢，这不是钱不钱的问题，当初同意你加入，咱们已经定好了规矩，每家人排在哪里，开会的时候谁该坐、怎么坐，都是乌龟的屁股——规定。你多少认得几个字，瞅瞅族规上是不是这么写的？当初你也签过字画过押，不能说你钱多了、站累了、人丁兴旺了，就寻思着挑战族规，那还不乱了套了？

苦口婆心一通数落，熊家人还是不服气：规矩是死的，人是活的，这么些年世事变迁、物是人非，怎么能够一成不变呢？

双方你来我往、热闹非常，可族长周昭王打死不松口。熊家心有不甘，便肆意扰乱家族的生活秩序。周昭王怒不可遏，为了以儆效尤，维护安定团结的大好局面，拎起家伙就上去了，而且一开打就是好多年。另外也有说法认为，族长周昭王看上了熊家的铜矿，想据为己有，故而大动干戈。

一直打到周昭王十九年（约公元前977年），周昭王乘船逆汉水回师，哪里料到船只早被楚国人做了手脚，行至中流全散了架，结果周昭王掉进水里淹死了。《史记·周本纪》为尊者讳，只说“昭王南巡狩不返，卒于江上”，最后加上一句“其卒不赴告，讳之也”。周昭王的“四句人生”，至此全剧终。

“熊孩子”成长的烦恼，不过是分封制缺陷的一个缩影。俗话说“岁月是把杀猪刀”，总把过往平静似水的生活捅得乱七八糟。当年济济一堂、各安其位的家庭，有的发达，有的没落，有的富得流油，有的穷得抓狂，有的身强体壮，有的弱不禁风。再者说，纵然是血浓于水、情同手足，传上几代也势必形同陌路，谁也不认识谁。总而言之，再完美的配方，也不能保证一直能喝出原来的味道，要求晋升职位、调换座位的呼声愈来愈高涨。

周昭王溺水而亡之后，神话故事中的“男神”——周穆王强势登场。为了安抚群情激奋的诸侯，周穆王打了一张转移注意力的外患牌：调换座位的事儿暂且放一放，咱们先把门外面那几个“野孩子”揍一顿再说！

“男神”周穆王真不愧是一位响当当的人物，在一千多年后的西晋时期，河南某地因盗墓而出土了一批竹简，其中有一部《穆天子传》，记载了很多周穆王巡狩天下的事迹，据说他曾经一路向西，在昆仑山与西王母有过一面之缘。寓史于神话，西王母代指何人难以考证，但周穆王的确是打过不少地方。

当时，有一位被称为祭公谋父的臣属站出来表示反对，说先王之制是以德服人、以礼服人，不应动辄使用武力。“五服”的概念就是他在劝谏时归纳总结出来的。周穆王懒得听他扯淡，接二连三地四处征讨，在位五十多年，打了五十多年。咱们都知道，打仗归根结底打的是一个“钱”字，五十年承平积累的财富，五年战争就足以一笔勾销，更何况打了五十年的仗，结果“野孩子”没逮住几个，反倒弄得自己遍体鳞伤。“野孩子”们一看有机可乘，劲头更足了，周王朝便从这个时候开始加速衰颓。

外患不断，内部也不得安生，周穆王决定严肃法纪。成、康两代“刑措四十余年不用”的承平已成往事，取而代之的是系统繁杂的刑罚，从轻到重分成墨、劓、膑、宫、大辟五类，条文达三千条之多，被称为《甫刑》，这也是有史料明确记载的第一部法典。

《甫刑》的颁布与施行有一定的震慑作用，但“苛政猛于虎”终究不是长久之计。经周共王到周懿王，周王朝逐渐在与一群“野孩子”的纷争中处于下风，甚至根据地镐京也受到了直接威胁，一度迁都到渭水北岸的犬丘（今陕西兴平）。《史记·周本纪》丝毫不留情面地下了定论：“懿王之时，王室遂衰，诗人作刺。”记叙当时的文化人纷纷作诗讽刺君主无能，令王室颜面扫地。

光阴荏苒，见证了周王朝由盛转衰。现如今，分封制已是一地鸡毛，宗法制同样面临着严峻的挑战。按照大小宗的原则，周懿王驾崩之后，理应由嫡长子，同时也是太子的姬燮继位。但是，周懿王的叔叔姬

辟方认为，爹是这个熊样，儿子更是一摊烂泥扶不上墙，再这么折腾下去，非把周王朝带进沟里不可。一不做二不休，姬辟方索性把侄孙子的位置抢了，是为周孝王。

周孝王在位约六年，做得倒还差强人意，至少采取了睦邻政策，有效安抚了调皮捣蛋的“野孩子”。但是，抢侄孙子饭碗这件事，着实令堪称“国本”之一的宗法制面临了前所未有的危机。各地诸侯都看着呢，竟然还有这种神操作？任你把理由说破天，事儿在那摆着呢。上面都敢任性胡来，咱们还怕啥！

古往今来，什么最难对付？不是言行，而是思想！言行是外在的表现，思想是内在的根源，思想乱了套，便会一发而不可收拾。周孝王驾崩之后，昔日被抢了饭碗的太子姬燮终于在贵族们的支持下，夺回了本属于自己的王位，是为周夷王。

看似回到了正轨，但宗法制的裂痕已经深深地嵌入王朝的肌体。值得一提的是，“熊孩子”楚国越来越不拿天子当回事儿，国君熊渠声称“我蛮夷也，不与中国之号谥”，分别册封自己的三个儿子为句亶王、鄂王和越章王，公然向周王室发起挑衅。

周夷王之后是周厉王，《史记·周本纪》里描述他的文字有七百多字，比周文王还要多，可惜通篇没有一句好话。周厉王的头一桩“光辉业绩”是近佞臣而“专利”。佞臣指的是卿士荣夷公，这个人视财如命、贪得无厌，贪到什么程度呢？前面说过，周王朝所有的土地都掌握在各级贵族的手中，这主要是指田地，那些不能耕作的山泽则带有“共享”的性质，即便是一介平民，进去摘果砍柴、捕鱼捉虾，也没什么问题。可到了周厉王、荣夷公这里，不允许了，“溥天之下，莫非王土”，凭什么让你们平民百姓白吃白占？所谓“专利”，就是指周厉王垄断山泽之利。

专利，再加上其他的暴政（特别是跟贵族争利），搞得民怨沸腾、乌烟瘴气。别说平头百姓了，就连属于贵族系统的“国人”也是憋着一肚子的火，不敢明着闹事，便在背地里骂君主。周厉王没有在骂声中反思自己的过失，反而从卫国找来巫师充当耳目，谁开骂就让谁的脑袋搬家。杀了一批“顶风作案”的人之后，再也听不到国人叽叽喳喳了。自鸣得意的周厉王在大臣召穆公面前显摆：“怎么样，全闭嘴了吧！”召穆公并无半点喜色，而是忧心忡忡地说出了著名的八个字：“防民之口，甚于防川。”

召穆公一语成谶。三年之后的公元前841年，镐京发生了一件比周懿王搬家、周孝王篡位还要令王室颜面扫地的事：忍无可忍的贵族们合起伙来，将恣意妄为的周厉王撵出镐京城，流放到了彘邑（今山西霍县）。君主被臣属流放，闻所未闻，见所未见，但这么丢人的事着实让周厉王摊上了。从此以后，周王朝度过了没有君主当家的十四载春秋，一直持续到周厉王死于流放之地，史称“共和行政”。公元前841年被记载为共和元年，中国历史从此有了明确的纪年，延续两千多年。关于“共和”的寓意，历史上有两种截然不同的解释，一种说法是召穆公、周定公两位大臣共同执政，另一种说法是共伯和，也就是诸侯之长——卫国的国君卫武公代行王权。无论哪一种解释正确，都肯定没周厉王什么事。君主遭到流放，也标志着当年周公旦创立的“国本”系统开始崩溃。

“宣王中兴”or“宣王乱政”？

周厉王死后，十四年前得到召穆公收留保护的太子姬静被众臣扶持上位，是为周宣王。从周昭王时期bug（系统漏洞）发威，到周厉王时期面临系统崩盘，传到周宣王手里，周王朝已是千疮百孔。因为有一个极其恶劣的反面典型摆在前面，周宣王不像他爹周厉王那么胡乱折腾，这一时期倒是享有“宣王中兴”的美誉。《诗经》里就有不少为周宣王歌功颂德的作品，譬如《诗经·小雅》里的《伐木》《天保》《六月》《吉日》《鸿雁》《庭燎》，《诗经·大雅》里的《云汉》《常武》等，极力吹捧周宣王的文治武功和心系百姓。事实上，这道所谓“中兴”的光环，不仅水分很大，还有颠倒黑白之嫌。哪有什么中兴，乱政还差不多！总的来说，周王朝残存的元气正是在周宣王在位的四十余年间消耗殆尽的。什么摄走了周王朝的精魂呢？依然是内忧与外患。

先说内忧。《史记·周本纪》给周宣王定的第一条罪名是不修“亲耕籍田”之礼。亲耕籍田是指每逢开春播种时节，周天子都要在公田上举行亲耕之礼，天子亲自下地劳作，算是搞个动员仪式。既然只是作秀而已，周宣王为什么宁愿背负骂名也不出席呢？懒吗？不是！这背后隐藏着周王朝最为致命的危机——公田制几乎名存实亡。通俗的解释就是：说好的“溥天之下，莫非王土”，到这个时候，真正属于天子宗室的土地已经没剩下多少了！

关于土地这档子事儿，咱得说道说道了。当初周公旦行分封，王是天下之宗，诸侯有国土，卿大夫有采邑，士有禄田，各吃各的地皮，你好我好大家好。如今两百多年过去了，人口多了，土地也多了，但大部分都沦为诸侯、卿大夫乃至国人的私产，公田的比例锐减。俗话说“放权容易收权难”，周厉王想收权没收成，反倒把自己坑了，周宣王不敢造次，索性大腿一拍，以不修亲耕籍田之礼的方式，默认了土地私有的既成事实。再结合周厉王被流放、周宣王有大臣庇护才得以保全性命并嗣位之事，可以发现天子宗室已经毫无威严，越来越干不过诸侯了。

境遇如此不堪，周宣王却并不消停。他先是枉杀了无辜的大臣杜伯，接着带头破坏宗法制，粗暴干涉诸侯爵位继承，册命鲁武公的少子为大宗，取代了原先的太子。鲁武公死后，得到周宣王支持的少子嗣位，是为鲁懿公。一道王命在这个方伯之国激起轩然大波，国人心有不甘，在已故太子之子的率领下发动政变，杀掉了鲁懿公。周宣王当然不会坐视其乱，派出王师去镇压。结果乱是平了，鲁懿公的弟弟捡了个大便宜，嗣位为鲁孝公，但“诸侯从是而不睦”，各自有各自的立场和观点，甚至吵成了一锅粥，使得王室的声望锐减，与诸侯的关系更是日趋白热化。

再说外患。经过多年折腾，当年威风凛凛的镐京六师、成周八师已成为遥不可及的美好回忆，王室需要依靠诸侯的力量，才能与虎视眈眈的“野孩子”们打上几个回合。自古仇敌似弹簧，你弱他就强，战场上向来没有同情二字，“趁你病，要你命”才是亘古不变的制胜法则。

能战方可止战，越怕啥，越要来啥，西戎、北狄、淮夷就跟商量好了似的，隔三岔五地来找周朝的麻烦。周宣王也不含糊，兵来将挡，水来土掩，东风吹，战鼓擂，这个世道谁怕谁！王师不够用怎么办？还可以征调各方诸侯嘛！

综合各种现存史料的记载，周宣王时期的对外战争可以说是胜少败多，损失惨重。除了向东征讨淮夷有所斩获以外，西戎、北狄都把周宣王折腾得够呛。《史记·秦本纪》说，周宣王委任秦仲为大夫，率兵征讨西戎，结果秦仲反为西戎所杀。《古本竹书纪年》说，周宣王先后讨伐了盘踞在今天山西西南角的太原戎、条戎、奔戎等部落，屡战屡败，一仗也没有打赢。

常年战争，不仅王师损失惨重，各地诸侯也是伤痕累累。诸侯们为了保存自身的实力，对天子的征调愈发消极。《国语》记载了讨伐姜氏之戎的千亩之战（在今山西介休一带），此时的周宣王实在是无兵可用，只得向被视为荆蛮的楚国借兵。楚国曾经跟周夷王闹翻过，后来为争取有利的外部环境，决定从长计议，主动撤销了自封的王位，回到大家族里继续做“二等公民”。如今应天子之请，楚国倒也实诚，发兵参战，结果却一败涂地，几乎全军覆没。周宣王无计可施，便下令在平原地区登簿造册，统计人口，以掘地三尺的方式征召兵员。尽管有大臣认为这样做“害于政而妨于后嗣”，周宣王依然一意孤行，足见王朝面临的危机已经严重到了何等地步。

西周灭亡那点事儿

宣王死，幽王立，千疮百孔的周王朝摇摇欲坠。像讥讽商纣王“没日没夜灌黄汤”一样，《诗经》里也有不少“歌颂”末世之君周幽王的诗，其中一首的最后几句这样写道：

昔先王受命，有如召公，
日辟国百里，今也日蹙国百里。
于乎哀哉。
维今之人，不尚有旧。

《先秦诗鉴赏辞典》同样以打油范儿白话将其翻译为：

先王受命昔为君，有像召公辅佐臣。
当初日辟百里地，如今国土日受损。
可叹可悲真痛心。
不知如今满朝人，是否还有旧忠臣？

武、成之际开疆拓土，每日辟百里之地，现如今风光不再，饱受戎狄侵害，每日反倒失地百里。国力衰弱至此，穷兵黩武的历代君王难辞其咎。

外患无从收拾，内忧更是此伏彼起。就拿土地来说吧，遍布于天下的私田已经将公田制摧残得七零八落，周厉王想收收不了，周宣王闭上双眼假装没看见，贵族们变本加厉，过去主要依靠开荒扩大家业，如今完全没了章法，公然搞弱肉强食，土地兼并愈演愈烈。周穆王的三千条《甫刑》也沦为了恃强凌弱的工具。《诗经》里有首诗控诉道：

人有土田，女反有之。
人有民人，女覆夺之。
此宜无罪，女反收之。
彼宜有罪，女覆说之。

“女”通“汝”，“说”通“脱”，这几句诗的意思简单明了：土地、劳力被剥夺，无罪之人遭拘捕，有罪之身偏得脱！

前几代君王造下孽，周幽王接了一手烂摊子。虽然有躺枪的成分，但周幽王本人也确实不是什么好货色。正所谓“治国就是治吏”，判定君主贤明与否的一个重要标准，就是看他用什么样的人。周厉王任用荣夷公这号贪财好利之徒作卿士，虽然施行的“专利”之政有收地权的长远考虑，依然被归为反面典型。周幽王任用虢石父为卿士，此人除了贪财好利，还擅长阿谀谄媚，一肚子坏水，把周幽王哄得团团转的同时，也惹得群情激奋。

国人怨声载道，老天爷也跟着来添乱。周幽王即位的第二年，镐京附近的岐山发生了一场大地震。据后世学者考证，此次地震的震级至少在里氏七级以上。崩塌的山体阻断了泾水、渭水、漆沮水三条河流。《诗经》记载下了当时极具震撼力的一幕：

百川沸腾，山冢崒崩。

高岸为谷，深谷为陵。

天灾人祸导致无数百姓流离失所。生灵涂炭，哀鸿遍野，人间俨然地狱。

除了这场“天神之怒”以外，《史记·周本纪》着重强调了周幽王的另一大罪状——贪恋美色，而女主角就是褒姒。叙写周幽王的篇幅八百余字，跟褒姒有关的就占去了一半还多，将西周覆亡归咎于红颜祸水的态度是很明确的。

周幽王宠幸褒姒这件事，还是有必要抽丝剥茧地细说一番的。

第一，历史上确有褒姒其人，但她的来历又是一个寓史于神话的玄幻故事。

《国语》记载，周宣王时期流传着一首童谣：“檿（yǎn）弧箕服，实亡周国。”什么意思呢？将来灭亡周国的人会是一个商贩，卖的是用桑木做成的弓箭。说来也巧，街上正好有一对夫妇在叫卖这玩意儿，周宣王便下令把他们抓来杀掉，算是防患于未然。无端飞来一场横祸，夫妇俩连夜逃出镐京，一直跑到了褒国（今陕西汉中）才停下脚步。巧的是，夫妇俩不光自己逃命，半道上还捡了一个被遗弃的女婴。

这个女婴的故事比夫妇二人亡命天涯之事还要离奇，可以一直追溯到夏亡之际。当时，褒国的神灵变成两条巨龙，出现在王庭之上。夏王几番占卜，杀不吉、放不吉、留也不吉，只有将巨龙的唾液收起来藏好才能免祸。夏、商过后到了周朝，并无半点异象的龙涎传到了周厉王这一代，好奇心作祟的周厉王决定打开来瞅瞅。一瞅不要紧，流到地上的龙涎在一群妇人的叫喊声中竟然变成一只蜥蜴，缓缓爬进王府，遇上一个尚未换牙的童妾，具体发生了什么不得而知。这一场令人始料未及的惊魂，应该是随着蜥蜴凭空消失而平静下来。而那个童妾成年之后，正值周宣王时期，竟然莫名其妙地怀了孕，诞下一名女婴。她很害怕，趁着夜色把女婴扔到路上，结果女婴被那对逃命的夫妇捡到了。

女婴在褒国长大，褒国又是姒姓之国，按照褒人女子“称国及姓”的规则，她被称为褒姒。后来，周幽王出兵讨伐褒国，战胜之后将褒国国君打入大牢。褒国人认怂，献出美若天仙的褒姒，换回了自己的国君。这一连串离奇与巧合中，基本可以确信的只有褒姒是出自褒国的姒姓女子，其余基本上全是瞎扯。

第二，周幽王宠幸褒姒是实，但具体的细节，尤其是“烽火戏诸侯”的桥段严重存疑。

宠幸褒姒，使得周幽王遭到朝野上下广泛非议。那首控诉土地、劳力被剥夺的诗中，还有这样几句：

妇有长舌，维厉之阶。
乱匪降自天，生自妇人。
匪教匪诲，时维妇寺。

现在用“长舌妇”来形容搬弄是非、令人厌恶的女人，出处就在这里。“匪”通“非”，诗人认为王朝被搞成这个样子，是周幽王甘受妇人挑拨、蛊惑的结果。除了这首名为《大雅·瞻卬》的诗歌，《诗经》里还有不少类似的讽刺，《小雅·正月》更是指名道姓地直言：“赫赫宗周，褒姒威（miè，通‘灭’）之。”

虽说得受宠幸是实，但褒姒赖以“千古留名”的“烽火戏诸侯”之事却经不起推敲。尽管《史记》言之凿凿，但很多后世的史学家都将这一桥段视为“委巷小人之谈”（钱穆《国史大纲》）、小说家之言，与史实相去甚远。

为什么会质疑呢？因为除了《史记》《吕氏春秋》等极少数几百上千年后编修的史籍有此记载，找不到其他能够佐证的记载，特别是同时期的记载。有一种推理是《诗经》里有很多政治讽刺诗，本书在前面已经引用了好几首，那个时代骂君主无禁区，如果真有调戏诸侯之事（无论是《史记》所说的点狼烟，还是《吕氏春秋》所说的击鼓），恐怕早就炸开了锅，对此唾手可得的绝佳创作素材，《诗经》却只字不提，明显不符合常理。

更有说服力的是一批竹简。据考证，其制成于战国中晚期，出自南方的楚国，因收藏于清华大学，所以又被称为“清华简”。这批竹简既有很多不见于现存史籍的内容，也有不少与现存史籍相左的记载。就拿西周亡国这一段来说吧，“清华简”的记载有别于《史记·周本纪》，也没有提及所谓的“烽火戏诸侯”。

第三，周幽王迷恋褒姒，爱得死去活来，这似乎没有什么不妥，毕竟君王也是人，谁还没有个七情六欲？真正的问题在于，周幽王受到“长舌妇”褒姒的蛊惑，公然挑战王室的政治联姻传统以及关乎王位继承权的宗法制。

事情是这样的：在褒姒进入王宫之前，周幽王已经有了一位来自申国的王后，称为申后。申后生下长子宜臼，宜臼理所当然地被册立为太子。

这个姜姓申国可不简单，其宗室是姜戎之后，早在武王灭商之前，姜戎与姬姓部落的关系就相当密切，有世代联姻的传统。周朝与申国就像清朝的满族和蒙古族一样，通过相互联姻，形成了基于血统融合的政治联盟。周穆王四处耀武扬威的时候，出力甚多的姜戎被正式分封为诸侯，在关中西面建立了申国。至周宣王时期，周朝所受外族侵扰日益频繁，由此申国宗室分出一支，受封于今天的河南省南阳市一带，镇守周朝的南部边陲，于是有了西申、南申之分。西称侯，南称伯，而周幽王的申后正是出自“老字号”西申。

《诗经》里有一首《大雅·崧高》，专门记录了周宣王封申伯于南方的过程。当时，考虑到申国宗室人生地不熟，周宣王还委派召伯率军队前往南申，帮助他们造房筑城，发展农业生产。久负国戚之盛名，又有周王室的信任与扶持，申国的经济和军事实力虽然比不上鲁、齐这些重量级诸侯，但也算得上举足轻重的了。

祖祖辈辈用鲜血和汗水凝结成的传统友谊，到了周幽王这里竟然一文不值。在“长舌妇”褒姒没完没了的挑拨蛊惑之下，周幽王为了博得美人的欢心，决定废黜申后和太子宜臼，改立褒姒为王后、褒姒的儿子伯服为太子。如此一来，不光大、小宗乱了章法，就连姬姓部落立国之前业已推行的嫡庶制也被砸了个稀烂，真是冒天下之大不韪！国本不牢，地动山摇，导致西周王朝轰然崩塌的导火索就这样被点燃了。

第四，周幽王废立王后、太子所引发的“骊山之难”，具体过程同样存疑。

根据《史记·周本纪》的记载，性命堪忧的申后、宜臼母子逃回母国西申，申侯，也就是申后的父亲怒不可遏，撺掇起缯国和犬戎，共同起兵前往镐京讨还公道，并将周幽王、伯服等诛杀于骊山之下，掳走了褒姒，“尽取周赂而去”。因参与此事的犬戎之“西戎”身份格外引人注目，所以“骊山之难”又被称为“犬戎之难”，其实犬戎不过是应申侯之请来帮场子而已。

关于到底是谁向谁开了第一枪，“清华简”的记载完全相反，不是申侯替女儿、外孙伸冤出头，而是鬼迷心窍的周幽王打算赶尽杀绝，兴兵讨伐申国。申侯率国人奋起反击，但实力不济，便向戎族求援，终于成功逆袭。

还有一个疑问在于缯国：这个小诸侯与杞国、褒国同为姒姓，都是夏宗室之后，既然如此，它怎么会帮着申国去讨伐褒姒呢？所以有学者假定了另外一种可能：最先作乱的其实是褒姒，她跟小叔子姬余臣（周幽王的弟弟，这个人在后面还会有戏分）串通一气，利用缯国、犬戎的力量向周幽王发难。周幽王死于余臣、褒姒之手，太子宜臼则在申侯的支持下出面收拾残局，成为最终的胜利者。（童书业《春秋史》）

我认为童先生的假定是比较合理的，因为这个说法还解决了另外一个疑问：太子宜臼在申国等诸侯的支持下继承王位，是为周平王，周平王为什么要东迁洛邑？《史记·周本纪》的说法是避开戎狄（尤指灭掉周幽王的犬戎）侵扰，可按照先前的记载，犬戎是站在宜臼一边的。而如果犬戎跟褒姒、姬余臣一伙，那么平王东迁、开启东周时期也就顺理成章了。咱惹不起，躲得起，后会有期，走着瞧！

汾
水
水
狄
赤狄
晋
卫
沬
（朝歌）
戎
河
长狄
水
帝丘
齐
临淄
济
莱
夷
介
鲁
水
曲阜
秦
犬戎
雍
绛
周
曹
成周
郑
新郑
宋
商丘
陈
泗
水
淮
水
汝
颍
水
蔡
水
汉
水
淮
水
吴
吴
舒
水
水
会稽

第二章 王室的沉沦

春秋"前传"

周幽王死于"骊山之难"，周平王东迁洛邑延续国祚，标志着"西周"气数已尽，轮到精彩纷呈的"东周"登场了。

《朝代歌》讲得明白："东周分两段，春秋和战国。"前一段的名称源自鲁国官修编年国史、儒家"五经"之一《春秋》。《春秋》是从哪一年开始写的呢？鲁隐公元年，即公元前722年。如此一来，这事儿可就不简单了！细思恐极，周平王的君主生涯从公元前770年算起，却直到公元前722年才有官方史料记载，开张半个世纪竟无半点笔墨留痕，纵观历朝历代，真可谓空前绝后了！

这五十年间到底发生过什么事，并非孔老夫子刻意隐瞒，而是根本没有原始记录可供编撰。不光鲁国没有，其他诸侯国也没有。修史毕竟不是写小说，既然缺乏原始记录，宁肯不写也不能瞎编。等到司马迁编修《史记》的时候，仍然没有发现原始史料记录，只能继续抓瞎，所以从周平王东迁到鲁隐公主政，《史记·周本纪》里就一句话："平王之时，周室衰微，诸侯强并弱，齐、楚、秦、晋始大，政由方伯。"说这些年王室衰微，诸侯恃强凌弱，齐、楚、秦、晋坐大，方伯当起了周天子的家。如此概括性的语言，几乎等于什么都没讲。

这一扑朔迷离的历史疑题，被西晋时期的一个盗墓贼无意之间揭示了答案。这个盗墓贼在汲郡（今河南省汲县）盗取了一座战国时期的古墓，墓主是魏国的某位君主，随葬物品中有一堆刻满文字的竹简。经过学者辨识考证，竹简上的文字以编年的方式，言简意赅地记录了从夏朝到战国一千八百多年的历史，因此被称为《竹书纪年》《汲冢纪年》。

到了宋朝，《竹书纪年》离奇失传。有一种说法认为，由于《竹书纪年》的诸多记载与儒家经典相左，当时程朱理学的门人们为了维护儒学正统，故意将其损毁或者藏匿。一直等到清朝的嘉庆时期，有学者重新考证，编成了《古本竹书纪年》，这部极其宝贵的典籍才得以重见天日。

根据《古本竹书纪年》的记载，经历了“骊山之难”这场血雨腥风的王位争夺战之后，周幽王、伯服父子俩死于非命（褒姒下落不明），周王朝面临着比“共和行政”还要严重的统治危机。君王死了，君王生前指定的合法继承人也死了，眼下没有哪个诸侯拥有足够的实力和胆量偷天换日，成为众矢之的。为了填补这一突如其来的权力真空，各方诸侯开始选边站队，扶持王室宗亲延续国祚。

申侯的立场很明确，拍案而起就是为自己的外孙——废太子宜臼出头，自然要扶持自家人。因此宜臼荣登天子之位，是为周平王。与此同时，虢国国君选择站在周幽王的弟弟姬余臣一边，拥立他做了天子，史称周携王。同一个天下，竟同时出现了两位天子，又是一桩闻所未闻的咄咄怪事！

后来出土的“清华简”也证实了《古本竹书纪年》的说法。稍有些不同的是，按照“清华简”的记载，“骊山之难”后最先登上天子之位的是得到虢国等诸侯国支持的周携王。九年之后，周携王与地方发生了激烈矛盾，导致很多诸侯“不朝”，懒得搭理他。晋国国君做得更绝，在郑国等诸侯国的支持下，索性另起炉灶，拥立废太子宜臼做天子，并在三年后东迁至洛邑。

无论哪一种说法更符合史实，东周王朝的确面临“二王并立”、互不承认的尴尬局面。周平王出身大宗，周携王则在辈分上高一级，可谓各有各的优势。相比较而言，周平王略胜一筹，虽说宗法制早已千疮百孔，但在有需要的时候，还是能够发挥一点抬高身价的作用的。因此，周平王得到了不少诸侯的拥护，其中不乏晋、郑等重量级选手。周携王就比较寒碜了，最有力的支持者是虢国。虽说虢国资历老（周文王之弟始封），但如今资历不能当饭吃，得靠实力说话。虢国地盘不大，在关中一带还能吆喝几声，放到普天之下，则不过沧海一粟、繁星一点，压根儿没什么存在感。

后台不硬，你不倒霉谁倒霉？公元前750年，晋国国君杀掉了周携王，“二王并立”的时代宣告终结。

对于有惊无险的周平王而言，囧在当代事小，贻笑千秋事大，家丑万万不可外扬，于是他下令各方诸侯，销毁所有涉及这一时期的历史记录。鲁国当时正值鲁惠公在位，坚决执行了王命，导致终鲁惠公一世都没有任何记载（如果只删后半截，容易引起怀疑），所以《春秋》托始于鲁隐公元年。

当然，并非所有的诸侯都这么听话，但秦始皇统一天下之后，还有一次更为彻底的焚毁诸国史料之举。幸运的是，晋国视剿灭周携王为一大功绩，晋灭后，其历史纪事为魏国所存续；楚国向来跟王室不对付，在国史纪录上有所保留，并在秦始皇统一天下之前随葬了一部分。于是就有了出自魏国墓葬的《古本竹书纪年》和出自楚国墓葬的“清华简”，为我们探究这段扑朔迷离的历史提供了极其珍贵的原始记载。

一家人说起两家话

两位天子竞技于天下，周平王能够成为最终的胜利者，既有出身大宗的先天优势，也不乏运气使然，但最为直接的原因，还是晋、郑两大“护法”发挥了决定性作用。俗话说得好：“天下没有白吃的午餐。”这世道，谁也不欠着谁。晋、郑这样的重量级诸侯选择支持周平王，嘴上说是出于“政治正确”，其实归根结底还是因为两个字——利益！周平王需要“护法”巩固地位，“护法”则需要借天子的“金身”扩张实力，争取更大的话语权，二者各取所需，就这么简单。

前面说过，从周平王东迁到鲁隐公主政，《史记·周本纪》一笔带过，只说“平王之时，周室衰微，诸侯强并弱，齐、楚、秦、晋始大，政由方伯”。事实上，终周平王一朝，齐、楚、秦虽说都在“野蛮生长”，但还不足以撼动乾坤，真正具有强大影响力的还是晋、郑两国。这两大诸侯国的迅速崛起在本质上具有相似之处，都是扯起王室的大旗做虎皮，但路数不尽相同，结局也大相径庭。

先来看晋国。这是一个老资格的诸侯国，始封者是周成王的弟弟叔虞，国土方圆百里，不是最大，但在当时也不算小了。

据《吕氏春秋》记载，叔虞就封还有一段传奇往事。据说，周成王、叔虞哥儿俩一起玩的时候，周成王将一片桐叶剪成玉珪的形状，笑说把这块玉珪封赐给你吧！辅政的周公旦听说这事儿之后，就替叔虞请封。周成王有点儿懵，说我们那是小孩子过家家呢，怎么能当真？周公旦则坚持“天子无戏言”，不能说话不算话，哪怕只是一句玩笑话，“言则史书之，礼成之，乐歌之”，你自己认为是一句笑言，别人可未必这么想。周成王觉得是这个理儿，便分封叔虞于唐，所以叔虞也被称为唐叔虞。

当然，“桐叶封弟”的典故只能当个故事听听。在周公旦的布局中，唐叔虞作为方伯，是对付北狄的一道重要屏障，怎么可能是一句戏言使然。

唐叔虞死后，儿子姬燮嗣位，将国都迁到了晋水之滨的翼城，改国号为“晋”，姬燮被称为晋侯。晋侯往下传七世到晋穆侯，正值周宣王时期。晋穆侯死后，他的弟弟殇叔篡位自立，太子姬仇只能流亡逃难。四年之后（周幽王即位之初），姬仇在国人的支持下杀了个回马枪，成功夺回君位，是为晋文侯。

晋文侯十年，“骊山之难”爆发。身为宗法制遭受破坏的受害者，同时也是宗法制得到遵从的受益者，晋文侯坚定地站到了周平王一边。方伯出身，又有当朝天子的倚重，晋国的实力和影响力得到了长足发展。“投我以木桃，报之以琼瑶”，尝到甜头的晋文侯态度更加积极，主动出面替周平王解决了竞争对手，畅想着与王室“永以为好”的美妙前景。

看似水到渠成，实则世事难料，谁也没有想到，晋国一朝失策，竟然痛失了称霸于诸侯的先手之机。到底是怎么一回事？追本溯源，还得从晋文侯的父亲——晋穆侯说起。

有人说，名字会影响人的一生。这话虽然过于绝对，却也不是完全没有道理。好名字容易被人记住，给人留下好印象，而第一印象往往发挥很大的作用。对于晋穆侯的两个儿子来说，名字确实取得不太科学。

长子（也就是后来的晋文侯）还在娘胎里的时候，晋穆侯奉周宣王之命征讨条戎，败得一塌糊涂。他深以为耻，便给刚出生的长子取名为“仇”。后来，晋穆侯征伐千亩打了胜仗，适逢庶出的小儿子出生，便为之取名为“成师”。当时就有大臣觉得不妥，哪有太子成仇、少子成师的道理？嫡庶名相悖，晋国恐怕要乱套。

公元前746年，也就是周携王被杀之后的第四个年头，晋文侯去世，太子即位，是为晋昭侯。晋昭侯一上台，便将年近花甲的叔叔成师分封到了曲沃（今山西曲沃），称为曲沃桓叔，那位大臣的先见之明开始应验。

论城市规模，曲沃是晋国重镇，比国都翼城还要大。这事儿本来不足为奇，晋昭侯的地盘并非只有国都，就像当今世界，一些国家的首都也不是第一大城市。但是，成师可不是一般人，他资历老、年纪大，政治上比较成熟，身边已经聚拢了不少支持者，如今采邑大过国都，更是有了分庭抗礼的资本。史载“晋国之众皆附”，虽然有言过其实之嫌，但时人所担忧的“末大于本而得民心”，并非空穴来风、杞人忧天。

果不其然，自从成师被分封到曲沃，成为“桓叔”，晋国宗室这一家人便说起了两家话。就像先前二王并立、诸侯选边站队一样，晋国的大臣们也争先恐后地玩起了政治投机。公元前739年，积蓄已久的政治炸弹终于一朝引爆，一个名叫潘父的大臣发动政变，结果了晋昭侯的性命，准备迎立曲沃桓叔。

但是，晋国贵族早已分成两拨，潘父的计划未必能代表所有人的心声。尽管《诗经·唐风·扬之水》对曲沃桓叔有不少溢美之词，说什么“既见君子，云何不乐”“既见君子，云何其忧”，仿佛晋国上下皆心向曲沃，但事实上，这纯属曲沃一方自娱自乐的胡扯，具有广泛影响力的国人阶层并不希望宗法制无端遭到破坏，从而影响自身的利益。因此，在潘父杀掉晋昭侯之后，国人纷纷拍案而起，将兴致盎然前来走马上任的成师又撵回了曲沃，随后拥立晋昭侯的儿子嗣位，是为晋孝侯。

始作俑者潘父自食苦果，成了国人的刀下之鬼。

八年之后，功败垂成的曲沃桓叔怅然归西，儿子嗣位，是为曲沃庄伯。庄伯跟他父亲一样，将夺取晋国君主之位作为毕生追求的终极目标。君主卧榻之侧有一个贼心不死的彪壮大汉，晋国的日子越过越热闹，隔上几年就会折腾一回。

公元前724年，曲沃庄伯率兵攻入翼城，杀掉了晋孝侯。眼看君位唾手可得，庄伯还没来得及高兴，又被群情激奋的国人轰回了老巢曲沃。随后，国人拥立晋孝侯的儿子嗣位，是为晋鄂侯。

公元前718年，曲沃庄伯卷土重来，晋鄂侯打不赢，在逃亡途中郁郁而终。面对实力雄厚、志在必得的庄伯，国人招架乏力，庄伯的终极梦想即将实现。不想却半道杀出程咬金——周天子。

周平王已于两年前驾崩，此时在位的是周平王的孙子周桓王。晋国对周王室可是有大恩的，如今恩人突遭大难，周天子再怎么没能耐，也绝不会坐视不理。当曲沃庄伯在翼城耀武扬威的时候，虢国（指就封于洛邑附近的东虢）国君奉周桓王之命，率师偷袭曲沃，捣了庄伯的老巢。庄伯顾头难顾腚，大腿一拍，又跑回了曲沃。翼城的国人拥立晋鄂侯之子嗣位，是为晋哀侯。两年之后，曲沃庄伯含恨而死，儿子嗣位，是为曲沃武公。

或许是继承了桓叔、庄伯的家族基因，曲沃武公也是一个不达目的誓不罢休的主。公元前709年，曲沃武公再度起兵，这次还找了一个帮手——刚遭到晋国侵扰的陉廷。

事发突然，晋哀侯猝不及防，不幸成为曲沃武公的俘虏。晋国国人的骨头也真是够硬，君主被俘仍不肯认输，又拥立晋哀侯的儿子嗣位，是为小子侯。不久之后，晋哀侯被怒不可遏的曲沃武公诛杀。

此番大动干戈，曲沃武公虽然没有得逞，但双方实力差距日益明显，史载“曲沃益强，晋无如之何”，完全拿他没办法了。

两年之后，曲沃武公没有发兵硬抢，而是设计诱杀了小子侯。周桓王再度出面，为晋国宗室主持公道，翼城的国人又拥立晋哀侯的弟弟姬缗嗣位，曲沃武公依然没有得逞。

然而，晋朝宗室日渐衰微，能替它撑腰的周王室更是驶入了急速下滑的快车道，历史的天平终于倒向了曲沃武公。公元前679年，曲沃武公大举讨伐翼城，杀掉晋侯缗，并将攫取到的大量宝货、财物奉送给周天子。当时的周天子是周桓王的孙子周僖王（中间还隔着一个周庄王），齐桓公业已称霸，王室的沉沦相当不堪，收到这笔“不义之财”实属意外的惊喜。吃人嘴短，拿人手软，周僖王相当爽快地满足了曲沃武公的要求，册命他继承晋国的大宗，跻身诸侯之列。奋斗了近四十年的曲沃武公终于如愿以偿，摇身一变成为晋武公；过了两年的国君瘾之后告别人世，算得上死而无憾了。

抢到风口等风吹

从潘父杀晋昭侯准备迎立曲沃桓叔，到曲沃武公杀晋侯缗取而代之，延续六十年的窝里斗将晋国折腾得筋疲力尽。贵族阶层忙于搞政治斗争，底层百姓被无休止的徭役弄得疲于奔命、难以安居，自然是怨声载道。《诗经·鸨羽》便是晋国百姓在无尽的凄清与苦楚中，向“悠悠苍天”发出的责问：何时归家（“曷其有所”）？何时收场（“曷其有极”）？何时安宁（“曷其有常”）？自古民不安则国难立，晋国尽管占尽了先机，却终因频繁爆发的内乱，与趁势崛起的机会失之交臂，被周平王赖以号令天下的另一个重量级“护法”——郑国捡了便宜。

客观地讲，无论是资历还是实力，郑国都被晋国甩出好几十条街。郑国的立国之君是周厉王庶子、周宣王的弟弟姬友，他于周宣王二十二年（公元前806年）受封于郑邑（今陕西华县），称郑桓公。此时距周公旦布局、晋国等老资格的诸侯始受封，已经过去了二百多年。特别是周宣王在主政期间搞大规模分封，将过去稀有尊贵的诸侯硬生生玩成了白菜价。地狭民贫的郑国，根本就不值得一提。

话虽如此说，郑国也有自己的优势：与当时的天子关系密切。郑桓公是周宣王的弟弟、周幽王的叔叔，在朝中担任司徒要职，可谓位高权重，史载其“和集周民，周民皆悦”，政治上加分不少。

周幽王即位之后，自我感觉相当良好，老成持重的郑桓公却忧心忡忡，有一种不祥的预感：内忧外患的周王朝，即将在不久的将来，发生一场翻天覆地的灭顶之灾！

郑桓公不想坐以待毙，便问计于属臣太史伯。按照郑桓公的意思，咱可不能只顾及镐京附近的一亩三分地，等着大难临头而追悔莫及，得赶紧琢磨一个合适的安身立命之所。

想法很好，可普天之下诸侯遍布，哪里还轮得到郑国这个后起之秀分一杯羹？太史伯的分析很到位：东、南、北几个方向已被大小诸侯占据，或是王室宗亲（鲁、晋、卫、齐等），或是蛮夷戎狄（楚），总而言之，“非亲则顽，不可入也”。西面倒是没有诸侯坐大（秦国尚未分封），但这里土地贫瘠、民风彪悍，没多少油水，还要受西戎之扰，生存环境相当恶劣。郑桓公急眼了，东、西、南、北都不可行，莫非真的只有等死一条路？

太史伯成竹在胸，说您甭着急上火，安身立命之所远在天边，近在眼前！哪里呢？洛邑附近，洛水、黄河一带！

根据周公旦的布局，实力雄厚的诸侯都被充作“守门员”，镇守一方去了，东都洛邑由“成周八师”护卫。后来因为征伐不断，“成周八师”没被彻底搞死，也被基本搞残，戏剧性地出现了“灯下黑”的势力真空，数得上号的只有东虢、郐这类不入流的小诸侯。再者，东虢和郐的国君有一个共同的毛病：生性贪财逐利，眼里只有钱。

两国国君贪而好利，正是郑国金蝉脱壳、绝境逢生的机会。依据太史伯的安排，郑桓公利用职务和声望，顺利地将家眷、财货送往东虢、郐两国“寄存”（当然少不了付保管费）。《史记·郑世家》记载，虢、郐为此献地十邑。这其实不太确切，东虢、郐两国加起来也就十个城邑，如果都送给郑桓公做仓库，自己住哪儿？对此，《国语·郑语》的说法是“十邑皆有寄地”，只是找地方给你放货而已，并不是将自己的家底掏空，既送郑桓公一个人情，也顺便捞了点儿外快。

既然知道东虢、郐的国君一见到钱手就痒，为什么还要把辛辛苦苦积攒下来的家当送入虎口呢？这正是太史伯的高明之处！太史伯断定，一旦镐京有事，两个贪财鬼肯定会打这批货的主意，正好给了郑国出兵占地的口实，赖其地而立国，多么完美的谋略！

事态的发展与太史伯的策划丝毫不差。后来“骊山之难”中，官居司徒、恪尽职守的郑桓公追随周幽王死于非命，但郑国的宗室、财产都得以保全。国人立郑桓公之子嗣位，是为郑武公，以东虢、郐的十邑重新立了国。

周平王东迁之后，原本只是出于避难考虑的郑国反倒因祸得福，阴差阳错地占得近水楼台的地利先机，为不久的将来变身为“一代强藩”奠定了坚实的基础。

从一个实力羸弱的“外围”诸侯，发展成为春秋之初的“准霸主”，郑国的手里到底有什么出奇制胜的法宝？总的来说，与王室的关系密切算是一个先决条件，但这个条件必要而不充分。姬姓诸侯一抓一大把，比郑国底子厚、实力强的大有人在，鲁、晋、卫这些老资格的方伯都不是吃素的。其实撇开出身不谈，所谓的成功秘诀说来说去都是玩儿套路，具体到郑国，一言以蔽之：搞阴谋，抓机会，抢到风口等风吹。

郑国玩阴谋使手腕的技巧可谓炉火纯青。以寄存财货为诱饵，放长线钓了大鱼，算是初闯江湖的牛刀小试；东迁洛邑之后，周平王册命郑武公继承其父出任司徒要职，郑国表面上以辅佐周王室为己任，暗地里背靠大树好乘凉，阴谋又玩到了其他弱小诸侯的头上。

在洛邑的东南面，也就是今天的河南省漯河市一带，有一个始封于周成王时期的姬姓诸侯国——胡国。为了将这个小诸侯国据为己有，郑武公也学起父亲郑桓公当年的套路，以嫁妹妹为诱饵，讨胡国国君的欢心。

公元前763年，郑武公打算动手，故意问计于群臣："咱们可以讨伐哪个国家？"大夫关其思非常善于观察局势，揣摩上意，不加思索地回答应该讨伐胡国。郑武公立马炸了毛，说："胡国是咱们的兄弟之国，哪有手足相残的道理？！"为了把戏演得足够逼真，郑武公还把关其思给杀了。胡国国君听说这件事之后，为郑武公的"仁义"深深折服，但他还没弄明白是怎么一回事，就被突如其来的郑国军队灭了国。

阳谋难敌阴谋

郑国玩阴谋，不但对外成效显著，应对窝里斗也照样好使，其中最标志性的事件当数郑庄公收拾其弟的惊险历程。孔子在编撰《春秋》时，将这件事称为“郑伯克段于鄢”。这也是《左传》开篇第一要案，同时跻身《古文观止》之首。

发生在郑国的这场风波，从本质上讲，跟晋国的曲沃之乱类似，都是有人想凭借自己的实力挑战宗法制。结果呢，晋国的小宗“等得云开见月明”，历经三代终于修成正果；郑国的小宗则背负了“多行不义必自毙”的千古骂名。成王败寇的残酷现实，令人唏嘘。

郑国的这场内乱，还得从忽悠胡国的郑武公说起。

他娶了申侯的女儿为正妻，也就是武姜。“武”是其丈夫的谥号，姜是她的姓。武姜生了两个儿子，老大取名寤生，老二取名段。据说，武姜生老大的时候难产（脚先出来），差点儿失去了性命，所以给他取了这么一个怪名，还特别不待见他，一看到这个讨债鬼就来气。但不管是头先出还是脚先出，只要能活着出来并顺利长大，嫡长子终归是嫡长子。武姜气不顺，在郑武公在世的时候，便屡次请求册立小儿子段为太子，但郑武公一直没点头。

公元前744年，郑武公去世，太子寤生嗣位，是为郑庄公。至于他的弟弟段，《诗经》里有两首专门为他唱的赞歌，其中不乏溢美之词，说他英俊和善，勇武有力（“洵美且仁”“洵美且好”“洵美且武”）。

身边有这么一支“潜力股”，特别是还有母亲在幕后“操盘”，郑庄公的心里甭提多别扭了。偏心眼的武姜则哪壶不开提哪壶，三番五次地在郑庄公面前念叨，给小儿子请封。武姜最初的想法是把制邑封给段。郑庄公摇了摇头，说制邑地势险峻，交通不便，风水也不好（东虢的国君死在这里），还是另外挑个地儿吧，除了制邑，哪儿都成。武姜又请封京邑。郑庄公答应了，段就封于京，所以又被称为“京城太叔”。

大臣祭仲提出异议，说京邑太大了，封给段不合适，将来恐怕不好收场。郑庄公倒也实诚，说这是母亲的意愿，我这个当儿子的除了照办，还能咋地？祭仲一听就急了：“您那个亲妈，欲望简直就是个无底洞，什么时候才是个头？农民种地都知道，除草要趁早，不能任由它蔓延滋长。”祭仲越说越激动，郑庄公则心平气和地回答了一句在后世极为著名的话：“多行不义，必自毙，子姑待之。”

耐心慢慢等——这话说着挺容易，真要摊上这种事儿，可就太磨练一个人的耐性了。不得不承认，郑庄公是真厉害，这一等就是二十多年。其间，段在京邑搞阳谋，让西面和北面的边境地区听命于己，明目张胆地跟大哥对着干，郑庄公也不闻不问。有大臣让郑庄公表明态度，要么让位，要么镇压，您给个准话，咱们这些做下属的也好各回各家，各找各妈。郑庄公不置可否，还是一个字：“等！”

郑庄公不动声色，野心勃勃的段更加有恃无恐地搞扩张，圈地一直圈到廪延（今河南省延津县）。有大臣着急得不行，力主迅速采取对策，防患于未然，郑庄公却觉得还不到时候，继续等！

一直等到公元前722年，段经过这些年的苦心经营，认为自己胜券在握，便暗中联络母亲武姜做内应，准备武装夺权。郑庄公呢，二十多年置若罔闻、稳如泰山，其实心里比谁都通透，段和武姜有什么小动作，他都了如指掌。俗话说得好：“明枪易躲，暗箭难防。”玩阳谋的跟玩阴谋的过招，这不是找死吗？果不其然，段这边还没动手，郑庄公派出的平乱大军就攻到了京邑城下。毫无招架之力的段仓皇逃到了鄢邑，气还没喘匀，大军又追上来了，段只得再逃亡到邻近卫国的共国避难，从此背井离乡，最终客死异国。

对于这件事儿，孔子在编撰《春秋》的时候以十分隐晦的方式表明了态度。他认为，段犯上作乱不对，但郑庄公也有不教而诛之嫌，他一直“养鱼”，暗中把弟弟往“作死”的路上推，为自己名正言顺地清除竞争对手创造了条件，玩起阴谋来真是六亲不认。

段夺权未遂，武姜受到牵连，被郑庄公撵出了都城。郑庄公甚至立下狠誓：“不到黄泉，永不相见。”一年之后，事态得以平复，郑庄公又动起了心思，觉得这么对待亲妈，孝与不孝先不论，关键是有损自己的光辉形象。任你再占理，说破大天去，亲妈也终究是亲妈，自己不应该意气用事。

后悔归后悔，“不到黄泉，永不相见”的狠话毕竟是从自己的嘴里迸出去的，翻脸不认账，谈何容易？眼瞅着郑庄公陷于两难之境，有人给他出了个主意，说您当初的意思是不到黄泉誓不相见，这事儿好办，凿地出泉，再挖一条地道，黄土清泉，母子相见，谁敢多言？

郑庄公大喜过望，就用这种“自欺欺人”的方式跟武姜见了面。郑庄公兴致很高，说“大隧之中，其乐也融融”，武姜更是一扫往日的阴霾，说“大隧之外，其乐也泄泄”，母子俩相逢一笑泯恩仇。

同是天涯沦落人

其乐融融，意味着手足相残的政治风波在郑国得以平息，但这场内斗引发的连锁反应才刚刚开始。最先受到波及的是地处黄河北岸的卫国。

卫国原本是方伯之国、诸侯之长，周武王的弟弟康叔始封，传到第七世，国君通过贿赂周夷王，晋升为侯爵，是为卫顷侯。再传三世到卫和，史载此人“修康叔之政，百姓和集”，“骊山之难”时曾经出兵勤王。后来周平王晋封卫和为公爵，是为卫武公。

卫武公的儿子是卫庄公。此人艳福不浅，正妻出自姜姓齐国，是齐庄公的女儿，嫁给卫庄公之后称为“庄姜”。《诗经·硕人》描写了她的美貌，有几句是这样形容的：

手如柔荑，肤如凝脂，领如蝤蛴，齿如瓠犀，螓首蛾眉，巧笑倩兮，美目盼兮。

遗憾的是，这么一位国色天姿的女子，竟没有给卫庄公生下一儿半女。后来，卫庄公又娶了陈国的两姐妹。姐儿俩也是命运多舛，姐姐厉妫生的儿子夭折了，妹妹戴妫生下儿子之后自己就死掉了。庄姜收养了失去生母的公子完，完也因此获得了嫡长子的身份，被册立为太子。

卫庄公先前还有一个不知名的宠妾，生的儿子叫州吁（比公子完年长）。公元前740年，卫庄公安排热衷于舞枪弄棒的州吁到军队做将领。上卿石碏认为相当不妥，这可是有前车之鉴啊！卫庄公的父亲卫武公本是小宗，利用自己在军队中的影响力，发动武装政变，杀掉大哥夺了君位。当然了，这话不便挑明，但石碏的态度很明确，让庶子带兵，将来必生事端。可是卫庄公充耳不闻。更让石碏感到无可奈何的是，儿子石厚也不听他的话，天天跟在州吁的屁股后面“烧冷灶”。

公元前735年，卫庄公去世，太子完嗣位，是为卫桓公。卫桓公清楚弟弟州吁不是一盏省油的灯，一上台就多管齐下施行打压。两年之后，在卫国几乎没有立锥之地的州吁被迫逃亡在外。

将州吁驱逐出境之后，卫国过了十几年安生日子，但偏偏又出了“郑伯克段于鄢”这档子事儿。失势的段逃奔共国，他的儿子滑则跑到邻近的卫国求援。或许是因为眼红郑国日益壮大，卫桓公决定抖一抖诸侯之长的威风，帮着滑去讨伐郑国，还一度占领了廪延。郑庄公也不是吃素的，人不犯我我还犯人呢，更何况卫国自己送上门来找不自在。利用夹辅周室的身份优势，郑庄公怂恿周平王为自己站台，联合王师一道反击卫国，将卫桓公狠狠地收拾了一顿。

郑、卫两国发生的纠葛，浪迹天涯的州吁看在眼里，喜在心上。早在段出奔的时候，州吁就跟他搭上了线，彼此惺惺相惜，结下了“深厚友谊”，毕竟同是天涯沦落人，浪子相逢分外亲切。卫桓公偷鸡不成蚀把米，上卿石碏也已经退休赋闲，州吁终于等到了翻盘的机会。公元前719年，蓄谋已久的州吁在石厚等人的支持下，率兵打回老家，杀卫桓公自立。

君位来路不正，内部暗流涌动，州吁决定通过对外征伐来转移视线，而最合适的讨伐对象非郑国莫属——讨伐郑国，既能替好朋友段“伸张正义”，又能为挨过收拾的卫桓公报仇，何乐而不为？不过，以卫国目前的实力，难以对付有周王室鼎力支持的郑国，因此州吁串联起陈、蔡、宋三个诸侯国。其中，陈、蔡两国素来与卫国关系密切，又收了州吁的重金贿赂，乐得做个顺水人情；至于宋国，此时正有一颗极具危险性的政治炸弹——公子冯捏在人家郑国的手里（这事儿稍后再讲），帮人就是助己，因此也丝毫不含糊。

卫、宋、陈、蔡联手揍了郑国两回，第二回还把鲁国也怂恿进来壮大声势，虽然小有斩获，但还是没有解决卫国内部的问题。州吁做贼心虚，觉得谁的心里都不服自己，便让石厚去问他爹石碏，应该怎么做才能把位置坐稳。姜终究是老的辣，石碏决定将计就计，他通过石厚给州吁带话，要想高枕无忧，最有效的办法莫过于朝觐周天子，获取王室的承认。王室都认了账，谁还敢有二话？

州吁觉得这个办法好是好，可周天子岂是谁想见就能见的？我连门都摸不到啊！石碏又给出建议，让州吁去找陈国国君陈桓公帮忙引荐。陈桓公与王室关系好，跟卫国也走得近（既有姻亲关系，又收过卫国贿赂），这事儿准成！

得了石碏的锦囊妙计，州吁带上石厚，屁颠儿屁颠儿地前往陈国打通关节去了。石碏暗中派人给陈桓公打招呼，晓之以情，动之以理，请他看在卫桓公生母是陈国女子的分上，为卫国除掉这个祸害。

最终，陈桓公应石碏之请，将州吁、石厚拘捕，在卫国人的见证之下明正典刑。“大义灭亲”的典故，正是出自于石碏此番忠直之举。州吁殒命之后，卫国人从邢国迎回卫庄公的另一个儿子晋嗣位，是为卫宣公。

意外之喜

卫国的事暂且告一段落，回头来说宋国。前面提到过，州吁利用一颗政治炸弹，轻而易举地将宋国拉上了讨伐郑国的战车。这事儿还得从宋国始封以来的第十三任君主——宋宣公说起。

公元前729年，宋宣公去世。他在去世前，并没有按照宗法制的成规，让太子与夷嗣位，而是把王位让给了更加贤明的弟弟，即宋穆公。

在位九年之后，行将就木的宋穆公为了报答哥哥的恩情，打算将君位还给先前的太子与夷。时任司马的孔父嘉（宋闵公之后，孔子的六世祖）对此表示异议，并且这也代表了很大一部分臣属的意见。

想想也是，宋穆公的君位不管是怎么来的，传给自己的儿子都是理所当然的，让来让去，于礼不合。况且这么多年过去了，臣属们早就改换门庭，在宋穆公的长子冯身上倾注了不少心血。宋穆公这么一折腾，近十年的感情投资就会化为泡影，群臣岂能无动于衷？

宋穆公却拿定了主意，根本不管下面的人怎么想。他把孔父嘉叫来，不是咨询而是托付，不管大臣们想得通想不通，这事儿就这么定了。为了表明决心，宋穆公还把公子冯撵到郑国。太子与夷在宋穆公死后顺利嗣位，是为宋殇公。

令宋穆公始料未及的是，郑国捏着公子冯这张牌，竟动起了歪心思，一直谋划着将他送回宋国夺取君位，建立亲郑政权。因此，当州吁提议讨伐郑国时，宋殇公十分爽快地应承下来，两番出兵都相当卖力。然而，州吁伐讨郑国没有解决其内部矛盾，宋殇公跟着起哄，也没有拆除公子冯这颗政治炸弹，反倒引来郑国的频繁报复，使自己深陷战祸的泥潭之中。

常年征战使得宋国民不聊生，贵族阶级内部的矛盾也进一步激化，最终导致了一场内乱。根据《左传》记载，这场内乱的导火索源自一次偶然的相遇：司马孔父嘉之妻长相美丽，有一次外出时，在路上遇见了太宰华督（宋戴公之孙），华督对她一见钟情。

为了抱得美人归，华督开始大造舆论，将宋国面临的困境归咎于孔父嘉，说宋殇公在位十年，打了不下十一场仗，搞得上上下下没有安生日子过，都是因为听信了孔父嘉的怂恿。

公元前710年，华督振臂一呼，挑起国人发动政变，杀孔父嘉而夺其妻，于公于私两不误。宋殇公大为光火，放出狠话来，要为孔父嘉讨个公道。华督一不做二不休，连同宋殇公一道收拾了，又从郑国迎回公子冯嗣位，是为宋庄公。

公子冯一直得到郑国的支持，嗣位之后自然要投桃报李。郑庄公不费吹灰之力，坐收一个亲郑的诸侯国，运气着实了得！

郑国得到的意外之喜，除了地位高（老资格公爵）、实力却不咋地的宋国，还有地位、实力都堪称一流的鲁国。

鲁国宗室是周公旦之后，出身没得说，但这些年的道路走得并不平坦。西周时期，周宣王曾出面干涉鲁国的君位继承，还以武力镇压了国人的反扑，让鲁孝公捡了个大便宜。鲁孝公死后，君位传给了儿子，是为鲁惠公。鲁惠公的正妻没能生出儿子就丧了命，倒是一名贱妾生了个儿子，名叫姬息。姬息成年之后，鲁惠公打算为他迎娶宋武公的女儿（宋宣公的姐妹）。结果接回来一看，大美人一个呀，好色的鲁惠公便据为己有，并册命她做了正妻，后来生下儿子允，被册立为太子。

公元前723年，鲁惠公去世。按例应当由太子允嗣位，但是，一来太子允年幼，二来背后还有“扒灰”这档子不光彩的事儿，国人便拥立姬息“摄政”（不是嗣位），是为鲁隐公。

作为《春秋》的托始之君，鲁隐公姬息算得上一位传奇人物。早在他还是公子的时候，曾经率军讨伐过郑国，结果反倒成了俘虏。鉴于他身份特殊，郑国没有把他关进大狱，而是囚禁在大夫尹氏的家里。姬息贿赂尹氏，并应对方的要求，在尹氏祭祀的神主——钟巫面前祷告，最终策反了尹氏，带着他一起逃回鲁国。

鲁隐公“摄政”期间，鲁国的上层关系显得十分微妙。撇开太子允这个尴尬的存在不说，关键还有大夫羽父这样的政治投机分子，处心积虑，唯恐天下不乱，妄图火中取栗。大夫羽父又被称为公子翚，出身于鲁国宗室。卫国州吁串联诸侯伐郑的时候，公子翚力主出兵掺和。州吁邀集诸侯伐郑，前后有两回。头一回鲁国大臣们激烈反对，认为州吁是在玩火自焚，鲁隐公便没有同意。到了第二回，鲁隐公架不住公子翚的软磨硬泡，勉强点了头，让他率兵去凑了一场热闹，但并没有多少实质性收获。

凭借战功往上爬的意图没能得逞，公子翚又动起了歪脑筋，想跟鲁隐公做一笔政治交易。具体来讲，就是由公子翚出面除掉太子允，条件是换取位极人臣的太宰之位。鲁隐公光明磊落，不屑于干这种下三滥的事儿，说你还是趁早歇着吧，“摄政”懂不懂，就是帮人家看看场子，等太子允长大了，我就退位让贤。

公子翚碰了一鼻子灰，仔细想想难免有些后怕：万一哪天鲁隐公嘴欠，让太子允知道我曾经打过他的主意，那我以后还活不活了？惶恐之余，公子翚决定重押一回宝，又去找太子允做交易，密谋除掉鲁隐公。

二人一拍即合，积极筹划起来。前面提到过，鲁隐公曾经得到尹氏的帮助，祷告于钟巫之神，从郑国逃了回来，所以鲁隐公特意为钟巫建造祠庙，每年都要去祭祀一番。公元前712年，鲁隐公照例外出祭祀钟巫，公子翚趁机派刺客将他暗杀，扶持太子允嗣位，是为鲁桓公。

为了坐稳君位，鲁桓公也跟宋庄公一样，毫不犹豫地投向了郑国的怀抱。

相煎何太急

周王室在东迁之初，仰仗晋、郑两大“护法”鼎力夹辅。谁承想，老资格的晋国一着不慎，陷入长达数十年的内乱纠葛，一直到周僖王时期才渐平息，因此被后起之秀郑国弯道超车。

眼瞅着郑庄公春风得意，身为天子的周平王坐不住了，照这么搞下去，哪里还有王室的立足之地？以周王室的实力，硬来肯定打不赢，周平王便琢磨出了一个阴招：分郑庄公之权委以虢公，对其构成制衡之势。

周平王的想法尚未付诸实施，消息就传到了郑庄公的耳朵里。想想也是，郑庄公官居司徒，在朝中做着卿士，实力如日中天，必然在宫中遍布耳目眼线。周平王早晨吃了什么，不到晌午就有人报告给郑庄公，搞这么大的阴谋，他又岂能不知？郑庄公声色俱厉，当面找到周平王问个所以然。周平王一看这阵势，立马就认了怂，说你别听那些虚妄之辞，这是根本不可能的事儿。郑庄公不依，空口无凭啊，谁知道你是不是忽悠我呢？我一转身，你翻脸不认账，我找谁说理去？

在郑庄公的强烈要求之下，周平王答应跟他交换“人质”，以示诚意。具体来讲，就是周平王将儿子狐送到郑国为质，郑庄公将儿子忽送到周王室为质，誓不两欺。如果是诸侯之间以质子作保，这种事儿在当时虽不普遍，倒也无可厚非，有来有往，讲的是一个公平。而发生在王室与诸侯之间，这对周王室的伤害实在是太大了。王者，天下之大宗也，竟然混到跟诸侯互质为信的地步，尊严荡然无存，又何谈威严？

公元前720年的周历三月，也就是办完这桩颜面尽失、威严扫地的事儿之后没多久，在位约半个世纪的周平王驾崩。由于太子早亡，由周平王的长孙姬林继位，是为周桓王。新上任的君王意气风发，嘴上不方便说，心里却如同打翻了五味瓶，爷爷生前办的这叫啥事儿啊！

想得多不如做得多，周桓王大腿一拍，将周平王想办而没有办成的分权之事，三下五除二就给办了。具体的细节，史料中没有记载，但从郑庄公后来的反应来看，其权力应该被削弱不少，几乎是一撸到底。

郑庄公真是急眼了，郑国能从一个“外围龙套”混成“当红明星”，主要得益于自身的不懈努力和时运的眷顾，但王室这面大旗也发挥了至关重要的作用。如今被周桓王摆了一道，郑庄公岂能善罢甘休，当即派出大军闯到周天子的地盘。先是初夏时节割了温邑的麦子，接着又在秋收之际抢了洛邑的稻谷，以此表达内心的愤懑之情，向王室发出警告。

周桓王没有料到，郑庄公真是个敢想敢干的主。王室可以倚赖的诸侯，要么忙着窝里斗无暇外顾（如晋国、卫国），要么抱着看热闹不嫌事儿大的心态冷眼旁观（如鲁国、齐国），一个也指望不上。硬的怕横的，周桓王实在没辙，只能服软妥协，恢复了郑庄公的官职与地位。郑庄公不想把事儿做得太绝，关键是想继续利用王室这面大旗，便借坡下驴，既往不咎了。

王室与诸侯闹得不可开交，事儿是过去了，周桓王的心理阴影却难以烟消云散。公元前717年，郑庄公到洛邑朝觐，周桓王还惦记着他抢粮食那一茬，心里老大不痛快，便不以礼遇，相当怠慢。有大臣表示担忧，说周室东迁至此，全仰仗晋、郑两大“护法”，像您这样意气用事会自毁长城，最后吃亏的还是王室自己。

郑庄公当时正忙着跟宋国较劲，懒得跟周桓王掰扯这些虚头八脑的礼节。等缓过这一阵，到了公元前715年，郑庄公决定不再祭祀泰山（郑国祭祀泰山，本出自王命），还煞有介事地跟鲁国交换了祭祀用地。周桓王继续针尖对麦芒，册命虢公为卿士，与郑庄公分庭抗礼。眼看双方又要闹僵，齐国国君齐僖公不失时机地充当了一回和事佬，派人陪着郑庄公去洛邑朝觐了一回，算是握手言和。

此后几年，郑庄公打着王室的旗号，把宋、卫两国收拾得够呛。按照郑庄公的说法，打宋国，是因为它“不朝周”；打卫国，则是因为它不听天子之命去打宋国。真是欲加之罪，何患无辞。

宋、卫两国敢怒不敢言，但周桓王不干了，怎么全是你吃肉我背锅？鉴于前几次落败的教训，周桓王决定另辟蹊径，打着“增进传统友谊”的旗号，提出跟郑国交换地盘。

郑庄公不知道周桓王葫芦里卖的什么药，为了避免落人口实，先按照周桓王的意思割了地。天子无戏言，周桓王没有赖账，也给郑国割了一片地。郑庄公接过地图一看，才知道自己被耍了。原来，周桓王声称割给郑庄公的地，不仅位于黄河北岸，还是人家苏国的国土。苏国在诸侯中没什么存在感，但来头可不小，始封者是西周王朝的开国功臣苏忿生，他曾官居司寇，主掌刑狱，因明察秋毫被尊奉为“狱神”。周平王东迁洛邑之后，苏国成为京畿之地，但仗着祖上背景深厚，向来不买周天子的账。周桓王也真是瞎胡闹，拿自己做不了主的地盘做诱饵，玩空手套白狼的把戏，给郑庄公开出一张难以兑现的空头支票，这不是玩人吗？

闯荡江湖这么多年，什么大风大浪没经历过，偏偏着了周天子的道儿，翻车进了阴沟，这事儿摊到谁的身上不闹心？郑庄公咽不下这口气，决定与王室恩断义绝，不朝了！周桓王求之不得，早就不想看到郑庄公那张丑恶的嘴脸了，顺势将他一撸到底，双方彻底撕破脸皮。

周王室表面上扳回一局，但局势的发展并没有让周桓王体验到半点胜利的喜悦。从周平王到周桓王，郑国发展壮大的势头不减，卫、宋、鲁等国都被弄得鸡飞狗跳。同为老资格方伯的齐国，也多次出面充当和事老，一边帮着郑国打圆场，一边邀集诸侯会盟，试图构建以郑国为中心的诸侯体系。

面对咄咄逼人的郑国，周桓王不甘示弱，决定对日益膨胀的郑庄公晓以颜色，抖一抖王室的威风。公元前707年，双方终于爆发了一场大规模武装冲突，主战场位于繻葛（今河南长葛），所以被称为“繻葛之战”。王室这边，除了王师以外，还有虢、蔡、卫、陈等国派出的军队，由周桓王御驾亲征，分左、中、右三军讨伐郑国。

此役，郑国在多年征伐中总结创造出来的“鱼丽阵”令人眼界大开。所谓“鱼丽阵”，就是战车开道、步卒环绕的步车协同战法，形如鱼群游动，故而得名。面对这种新奇而颇具杀伤力的阵法，陈国军队所在的左军最先崩溃。这也难怪，陈国刚经历了一场夺位之争，陈桓公的弟弟在蔡国的支持下杀掉了太子夺取君位，国人四处离散，哪儿还有心思替别人打仗？左军一败涂地，中、右两军也难以招架，周桓王还被郑军将领射中一箭负了伤，狼狈不堪地回到洛邑。

以繻葛之战为标志，东迁之后的周王室走向了衰颓与沉沦，郑国一跃成为诸侯之中响当当的“准霸主”，诸侯弱肉强食、凭借实力争夺话语权的新篇章翻开了。

汾水
狄
戎
河
长狄
赤狄
卫
晋
沫
（朝歌）
绛
秦
犬戎
雍
周
成周
郑
新郑
曹
帝丘
鲁
曲阜
齐
临淄
济
介
宋
商丘
泗
陈
汝
颍
蔡
淮
汉
吴
舒
卢戎
会稽

第三章 东方的觉醒

各有千秋

繻葛之战成就了郑庄公的威名，但从春秋之初天下形势来看，这只是各种因素促成的一次意外。

通俗一点讲，这个大家族经历了若干重大变故，昔日的大户们一时还没有缓过劲来，结果让中途入伙的普通人家——郑国抢先领跑了。但我们都知道，发展壮大就好比一场马拉松，鸣枪时跑得快，并不意味着能够第一个抵达终点。如果大家都很努力，那么“天赋”将是决定性因素。俄国作家克雷洛夫写过一则寓言，说鹰有时飞得比鸡还要低，特别是刚出壳的时候，和鸡看上去没什么区别，但就动物的本性而言，鹰翱翔于长空，鸡扑腾于矮墙，完全没有可比性。那么，什么样的“天赋”或者说“本性”注定了郑国没有办法持续逆袭呢？为了回答这个问题，我们不妨找一个真正的“大户人家”出来分析分析。

试问当今天下，谁敢自诩“大户人家”？恐怕还是非老资格的齐国莫属。理由主要有三个方面：

第一，基础相当扎实。周公旦布局之初，齐国便是五大VIP家庭（方伯）之一，始封者姜子牙是灭商之战的“前敌总指挥”，堪称武王立周的中坚力量。

第二，地利优势明显。齐国的封地在山东半岛，西面傍山，北面靠河，东面临海，坐拥三面天然屏障，国土地势平坦，水资源丰富（主要河流是济水），又是黄土区，适合发展农业生产，还有鱼盐之利，经济发展水平比较高。

第三，国际环境良好。齐国的东面是夷族部落（例如莱夷），其实力羸弱，往往只有挨揍的份儿。西面距离最近的大诸侯国是卫国，它虽然也有方伯的资历，但自己太不争气，从州吁夺位到卫宣公主政，混乱得一塌糊涂。北面的戎族部落稍微厉害一点，但尚不足以对齐国构成致命的威胁。让齐国如鲠在喉的，唯有南面的鲁国和宋国。同为五大方伯之一，鲁国挡在齐国与中原之间，彼此恩怨不断。后来齐桓公得以称霸，就是因为搞定了鲁、宋两大强藩，在中原便再无敌手了。

齐国既然是高潜力的大户人家，为什么没有在一开始就发挥出自己应有的水平，领跑于诸侯呢？这就得说到中途入伙的郑国的优势了。虽说郑国在大家族的资历比较浅，但能在一开始就把几大VIP家庭甩在后面，当然还是有几把刷子的。

郑国的第一把刷子是所处的地理位置好。齐国偏居东北一隅，与此相比，郑国所处的位置更有利于国家快速提升实力。当年郑桓公居安思危，太史伯运筹帷幄，为后世子孙攫取了毗邻洛邑的虢、郐之地。不得不说，这块地选得实在是太妙了！

虢、郐之地位于殷商的核心区域，经济和文化都比较发达。早在西周立国之初，这里就是王朝的“印钞机”。《诗经·大东》里直言不讳地写道：

> 东人之子，职劳不来。
> 西人之子，粲粲衣服。

意思是崤山以东的臣民们日夜劳作，没有人来嘘寒问暖，而西面的

王室与贵族，个个养尊处优，衣饰华丽。为了提高“提款”效率，周公旦还在洛水之滨建造东都，说“此天下之中，四方入贡道里均”。

郑国坐拥此地，最大的好处就是出去揍人（包括跟周王室干仗）非常方便。齐国居偏远之地，即使有心过来掺和，还得看鲁、宋、卫几大诸侯国的脸色，人家不让路，连郑国的门儿都摸不着。

郑国的第二把刷子是政治资本。东周之初，王室还是有些威严的，所以跟王室走得近的诸侯，必然能够占得政治上的先机。郑国是周宣王主政时培养起来的亲信，无论当朝天子是周宣王、周幽王，还是东迁之后的周平王，站队正确的郑国一直深得王室的倚重和信赖。这一点，连共同夹辅周室的晋国都比不了，作为异姓诸侯国的齐国更是望尘莫及。

至于第三把刷子，那就是郑庄公本人了。没有他的雄才伟略、苦心经营，郑国哪能有这等烈火烹油之盛。而在齐桓公之前，齐国的两任君主——齐庄公和齐僖公，虽然在位时间不短，加起来有九十多年，但不说无能吧，至少也是平庸之辈，跟郑庄公实在没法比。

对比齐、郑两国各自的优势可以发现，齐国的优势有利于养精蓄锐、长线发展，而郑国的优势更适合搞短线操作，这就注定了其霸业昙花一现的命运。

譬如说到地理位置，郑国地处天下之中、交通便利的平原地区，到底是利大于弊，还是弊大于利，关键还得看郑国与其他诸侯国的实力对比。郑国实力强的时候，出去揍人方便，不必翻山越岭又过河；可一旦筋疲力尽，别人来揍你也不麻烦，郑国是无险可恃，无处藏身。在这一点上，齐国的位置显然更加稳妥，达则征伐天下，穷则关门自保，虽说出去干仗不方便，但别人想打进来也很困难。俗话说得好：“人无千日好，花无百日红。”只有保护好自己，才能积蓄力量去消灭敌人。如果诸侯纷纷崛起，郑国在那样一个四战之地，防都防不过来，哪里还有余力去揍别人？显然不适合打持久战。

再说政治资本，真应了一句老话，叫作“自作孽，不可活”。曾经的郑国，背靠大树好乘凉，扯起王室的大旗作虎皮，到处仗势欺人。肉吃多了腻得慌，郑国开始忘乎所以起来，越来越不把王室放在眼里。周王室呢，也总想找机会收拾这个难以驾驭的顽劣分子。双方关系恶化，甚至大打出手，结果便是王室丢人丢到了姥姥家。郑国并没有意识到，把周天子弄得灰头土脸，自己除了逞一时之快以外，并没有捞到什么实质性好处，反倒是既损人，又害己，将手中行情见涨的“政治股”炒得几乎要强制退市。

最后说君主本人，这应当是最不可能玩长线的因素。郑庄公是人不是神，生下来就注定了有朝一日要死去，而他“生儿不象贤”，又是宗法制的必然产物。虽说江山代有才人出，但从概率上讲，扎推往郑国宗室投胎，还全都投向大宗，一个接一个地做雄才英主，可能性几乎为零，人亡政息才是常态。

总而言之一句话，既然郑国赖以树立威名的因素个个不可持续，那么时间终将抹平一切意外与巧合留下的痕迹，回归常态。

“准霸主”风光不再

从自身优势的持续性来看，郑国衰颓是大势所趋，但这个过程充满着偶然与曲折。

公元前701年，也就是繻葛之战六年后，随着一代雄主郑庄公溘然长逝，“准霸主”郑国迅速陷入了一场历时七年、声势十分浩大的夺嗣之乱。正是这场手足相残的内乱，使得在春秋之初抢先领跑的郑国风光不再。

与其他诸侯国发生夺嗣之乱不同，郑国执行宗法制还是比较到位的，嫡长子忽很早就被册立为太子，郑庄公生前也没有动过废立的念头。郑庄公死后，太子忽顺理成章嗣位，是为郑昭公。

这事儿要搁在其他诸侯国，或许能够风平浪静地接班，但郑国毕竟做了很长一段时期的老大，为人又相当霸道，得罪的人不在少数，如今有了这种新老交替的机会（正常情况下几十年才碰得到一回），昔日的仇敌自然不会轻易放过。最先站出来挑事儿的，便是头些年没少挨郑国收拾的宋国。

宋国人打头阵，干涉郑国的嗣位内政，这里面有一些渊源。郑庄公有一名姬妾叫作雍姞（姞是姓，雍是氏），正是宋国的女子，而且出身很不一般。姞姓据说是黄帝后裔，而雍氏在宋国高居正卿，地位显赫，与宋国宗室的关系相当密切。郑庄公一死，宋庄公便动起了心思，想扶持雍姞的儿子突嗣位，在郑国建立亲宋政权，从而从根本上解除郑国这个威胁。

与出身名门、背景深厚的公子突相比，身为嫡长子的郑昭公就比较寒碜了。他的母亲是邓国女子，夫人是陈国女子，而邓、陈都是小诸侯国，如果没有郑国的保护，连生存下去都是个问题，没给郑昭公添麻烦就烧高香了，哪里还能反过来充当他的保护伞。

早在郑昭公还是太子的时候，大臣祭仲就预感到这个问题比较严重。巧合的是，齐僖公为了讨好郑国，曾两次提议与太子忽结成姻亲，但都遭到太子忽断然拒绝。头一次呢，太子忽的态度还算委婉，说齐强而郑弱，门不当户不对的，咱抱不起这么粗的大腿。第二次是繻葛之战后的第二年，当时齐国遭到北戎侵扰，几大诸侯应邀派兵去帮忙，打退了北戎，尤其是太子忽率领的郑国军队出力甚多。齐僖公再度提议联姻，可太子忽竟然一点儿面子也不给，说自己出一趟公差，倒赚个媳妇回去，这不是假公济私吗，难免会有人说闲话。祭仲曾经劝过太子忽，说郑国当前的态势是“君多内宠，子无大援，将不立，三公子皆君”，没有大国在背后撑腰，你这个太子之位恐怕有危险，其他几个公子都有抢你饭碗的可能。但太子忽仗着自己是大宗，始终不以为意。

等到太子忽嗣位成为郑昭公，才意识到祭仲曾经的担心并非庸人自扰。有意思的是，宋庄公很有自知之明，知道使用武力不是郑国的对手，便玩了一招阴的，想办法将大权在握、声望很高的祭仲骗到宋国，逼他拥立公子突。祭仲一开始嘴硬，但宋庄公的态度更强硬：要么就范，要么受死，自个儿选！

对于祭仲而言，谁做君主都一样，保住自己的性命才是关键，于是他满口应承下来，准备带着公子突（此时在宋国）回国夺取君位。宋庄公转念又担心他们回国之后翻脸不认账，便逼着公子突在临行之时立下字据，许诺事成之后重谢宋国，狠狠地敲了一笔竹杠。

听说公子突得到宋国和祭仲的支持，准备回来跟自己抢饭碗，郑昭公深知自己没有可以仰仗的力量，索性鞋底抹油，一溜烟跑到卫国避难。公子突回到郑国，不费吹灰之力便夺取了君位，是为郑厉公。

郑厉公屁股还没坐热，宋庄公派来催债的人就到了。由于竹杠敲得太狠，郑厉公一时难以筹措（更舍不得），便找鲁国从中调停，希望其派人去宋国说几句好话，以多少打点儿折。鲁国倒是乐得做个顺水人情，但宋庄公在巨大利益的驱使之下，态度相当坚决：欠债还钱，天经地义，闲杂人等，滚一边去！

鲁国被打了脸，郑国也被逼急了眼，双方一拍即合，决定给宋国一点颜色看看。公元前699年，郑国联合鲁、纪两国讨伐宋国，宋国也邀集卫、南燕和齐国针尖对麦芒。俗话说得好："瘦死的骆驼比马大。"郑国风光不再，但余威尚存，这场因逼债而引发的战争，以宋国一方落败而草草收场。

隔了一年，不肯善罢甘休的宋国又联合几个诸侯国去讨伐郑国，主动上门来"领取"郑厉公当年许诺的重谢。这一次，元气大伤、实力大不如前的郑国终于尝到了身处四战之地的滋味。根据史料记载，宋国领衔的诸侯联军就像脱缰的野马，在郑国境内肆意驰骋，"焚渠门，入，及大逵，伐东郊，取牛首"，几乎是想打哪儿就打哪儿，还拆掉郑国的太庙，扛着木头回去造城门。

昔日的"准霸主"竟然被宋国把家里翻了个底朝天，简直是奇耻大辱！然而，此时的郑国没有心思一报还一报，因为郑厉公和祭仲君臣俩儿杠上了。

按理说，没有祭仲的支持（尽管是被逼无奈），郑厉公想凭借外力夺取君位，并不是那么容易的。俗话说："滴水之恩，当涌泉相报。"但这在君臣之间往往不适用，毕竟权力的诱惑太大，古往今来，共苦而不能同甘、兔死狗烹的事儿多了去了。

祭仲这个人呢，有能力，有声望，但野心也不小。他当初支持太子忽嗣位，还提醒他借重外力，并不是因为他奉宗法制为圭臬，而是因为当年郑庄公迎娶忽的生母，正是他祭仲一手操办的。后来，祭仲迫于宋国的压力，转而支持公子突，伺机专权的意图更加明显，势必引起郑厉公的强烈反对。

郑厉公出身好（生母是宋国贵族之女），但夺取君位靠的是运气，在郑国谈不上有根基，要除掉混迹政坛多年的祭仲，并不是一件容易的事。或许真的是无人可以信赖，郑厉公竟然找到了祭仲的女婿——大夫雍纠，让他想办法去杀老丈人。

雍纠接到这个任务之后，心里别扭纠结，不知是故意告知还是无意中泄露，总之这事儿让他妻子——雍姬知道了。雍姬获悉内情，吃惊之余心里抓狂，自己至亲的两个男人必须得死一个，这可咋整？拿不定主意的雍姬去找母亲商量对策。作为丈母娘，哪有帮着姑爷取自己丈夫性命的道理？因此，雍姬的母亲说了一句大实话："人尽夫也，父一而已，胡可比也？"丈夫满街都能找，亲爹只有一个，你脑子被驴踢了，还这么纠结？顺带提一句，成语"人尽可夫"即来源于此，本意是教人分出难易与轻重，但后来传着传着就被带偏，成了骂人的难听话。

回头继续说雍姬。她能把这件事儿跟母亲商量，说明已经在潜意识里站到了父亲一边。祭仲接到女儿的暗示，当然要先下手为强，坚决果断地杀掉了雍纠。郑厉公明白自己在郑国混不下去了，在收葬雍纠之后，便出逃到蔡国避难去了。

郑厉公前脚刚走，先前躲到卫国的郑昭公后脚就回来复位。郑厉公不甘心，利用栎邑（郑国别都，今河南禹州）发生暴乱的机会，盘踞于此作为根据地，与哥哥郑昭公分庭抗礼。

郑昭公的结局比郑厉公还要惨，复位没多久，竟然被一个叫高渠弥的大臣杀了。高渠弥这个人，曾在繻葛之战时立过大功，所以深得郑庄公的宠信，但太子忽很不喜欢他，两人从那时起就结下了梁子。如今郑昭公回国复位，高渠弥担心老冤家秋后算账，索性趁着局势混乱，利用一次外出打猎的机会，抢先把郑昭公收拾了，改立郑昭公的弟弟公子亹为国君。

自郑庄公去世以来，短短六年的光景，祭仲当初“三公子皆君”的担忧不幸变成了活生生的现实。公子亹嗣位并不意味着这场精彩纷呈的夺嗣之乱画上了句号。鉴于郑国后面的故事与“觉醒”后的齐国有关，我们暂且放一放，先看看与郑国“一丘之貉”的卫国，自卫宣公于公元前718年嗣位以来，又经历了怎样不堪入目的混乱历程。

一朝荒淫祸乱生

说卫国与郑国是“一丘之貉”，主要是就宗室继承的混乱状态而言。

作为老资格的五大方伯之一，卫国在王室东迁之后一直运气比较背。州吁之乱这一页刚翻过去，新上位的卫宣公继续把卫国往沟里带。从公元前718年回国收拾残局，到公元前700年去世，将近二十个年头，卫宣公就没干过几件明白事儿。

首先是跟“准霸主”郑国对着干。卫宣公一上位，便邀集南燕去讨伐郑国，结果非但没打赢，还被弹丸之邑——郕国揩了一把油。齐僖公出面充当和事老，组织郑、宋、卫几方讲和，但之后，郑庄公翻脸不认人，打着周天子的旗号，以“不朝周”为名对宋国大打出手，还邀请卫国入伙。卫宣公不干，选择站到宋国一边，结果被郑国以“不听王命”为由收拾了一通。

再后来，周桓王与郑庄公撕破脸皮，兵戎相见，不长记性的卫宣公又插上一脚，真是舍命陪天子。其在繻葛之战中一败涂地，终于认清了残酷的现实，屈服于郑国的淫威。

除了屡次挨郑国揍以外，卫宣公把卫国搞得乌烟瘴气、鸡犬不宁，主要还是因为他的风流与荒淫。卫宣公在男女关系上劣迹斑斑，是从与他的庶母——夷姜私通开始的。夷姜本是卫庄公的姬妾，后来被卫宣公揽入怀中，还生下儿子伋，被交给右公子职（卫宣公之弟）教导。

卫宣公对夷姜爱得死去活来，公子伋子以母贵，被册立为太子。伋长大之后，在右公子职的操持之下，准备迎娶一名齐国女子。谁曾料想，卫宣公跟鲁惠公一个德行，发现准儿媳长得美若天仙，顿时色迷心窍，将自己这张老脸扔到九霄云外，取代儿子完了婚。原本要嫁给太子伋的齐国女子，戏剧性地成了未婚夫的后妈，被称为宣姜。

为了顺利迎娶宣姜，卫宣公故意派太子伋出使宋国，还下令在河边筑造了一座“新台”。时人借题发挥，以宣姜的口吻作了一首诗：

新台有泚，河水弥弥。
燕婉之求，蘧篨不鲜。
新台有洒，河水浼浼。
燕婉之求，蘧篨不殄。
鱼网之设，鸿则离之。
燕婉之求，得此戚施。

《先秦诗鉴赏辞典》的白话翻译十分形象：

新台倒影好鲜明，河水洋洋流不停。
本想嫁个美少年，鸡胸老公太不行。
新台倒影长又长，河水不停汪洋洋。
本想嫁个美少年，鸡胸老公真不祥。
撒下鱼网落了空，一个虾蟆掉网中。
本想嫁个美少年，换得驼背丑老公。

文学创作来源于生活，却高于生活。宣姜嫁给卫宣公，并不像诗中描写的这么哀怨，反倒是集万千宠爱于一身，幸福得无以复加。

宣姜备受恩宠，夷姜势必遭到冷落，加之卫宣公“扒灰”的桥段，他和太子伋之间产生了难以弥合的裂痕。自己年老珠黄，儿子前途未卜，倍受煎熬、万念俱灰的夷姜彻底崩溃，吊死在房梁之上。

夷姜自缢而亡，宣姜有了扬眉吐气、子以母贵的机会。她给卫宣公生了两个儿子，一名寿，一名朔，都被交给左公子泄（卫宣公之弟）教导。

跟当年郑国的武姜一样，宣姜也偏爱小儿子，竭尽全力要让公子朔取太子之位，对依然占据着嗣君之位的太子伋，惟欲除之而后快。与郑武公坚持维护宗法制的权威不同，卫宣公早就有废太子伋之意。毕竟媳妇是从他手里抢过来的，人家嘴上不说，自己心里终究过不去这道坎，与其父子俩不尴不尬地处着，倒不如早日做个了断，眼不见，心不烦。

亏欠谁就去收拾谁，卫宣公的心理真是阴暗。宣姜、公子朔的蓄意诋毁，更是让卫宣公内心的恶魔爆发，他决定对太子伋痛下杀手。

令人唏嘘的是，与太子伋一道命丧黄泉的，竟然还有宣姜的另一个儿子寿。这是怎么回事呢？根据《左传》记载，卫宣公的计划是派太子伋出使齐国，在半道上设伏劫杀。公子寿跟太子伋关系不错，获悉这一密谋之后，提醒太子伋千万不要中了圈套，逃命要紧。太子伋心里也明白，自己恐怕凶多吉少，但他十分无奈，说父命难违，天下虽大，却无自己的立足之地。公子寿实在劝不住，便借饯行之机，将太子伋灌醉，自己拿上旄节替太子伋送了命。太子伋酒醒之后，心知大事不好，赶紧策马狂追，也慷慨赴死。

公元前700年，折腾了近二十年的卫宣公终于一命呜呼。宣姜如愿以偿，太子朔继承君位，是为卫惠公。左公子泄、右公子职对荒淫无度、纳媳杀子的卫宣公积怨甚深，据说《诗经·鹑之奔奔》就是这两位公子讽刺卫宣公之作，二人在诗中痛呼“人之无良，我以为兄”“人之无良，我以为君”。因此，在卫宣公死去四年之后，左公子泄、右公子职决心为各自的“学生”报仇雪恨，召集太子伋、公子寿昔日的党羽发难，拥立夷姜的另一个儿子黔牟为君。卫惠公则逃奔去了齐国。

跟郑国一样，公子黔牟嗣位，并没有给这场内乱画上句号，后面的事态发展也同样与“觉醒”之后的齐国有关。看来是时候把潜在的大户人家——齐国请出来现身说法了。

崛起非坦途

前面分析过，齐国具备成为大户人家的良好潜质，“觉醒”不过是个时间问题。但其崛起的过程并非一蹴而就的。

客观地说，阻碍齐国觊觎中原、号令诸侯的，既不是日益没落的“准霸主”郑国，也不是一家有二主的晋国，更不是内乱不绝的卫国，而是挡在齐国与中原之间的“重量级肉墙”——鲁国。作为周公旦布局之初坐拥“四宗最”（地盘最广，实力最强，经济最发达，与王室关系最亲密）的老资格方伯，鲁国的优势虽然已经大不如往昔，但体量还是在那儿摆着的，想让它屈服于齐国，谈何容易？

与其他诸侯相比，鲁国有两个十分鲜明的特点。第一个特点是自恃出身正统。说它“装”也好，脑子一根筋也罢，总之它事无巨细，都要按照西周时期的老规矩来办，绝不越雷池半步。平心而论，因循守旧未必是坏事，至少争取到了“周礼尽在鲁”的名声与威望（算是一种政治上的资本），倡导“克己复礼”的儒家，正是在这样的土壤中创立和发展起来的。然而凡事有利必有弊，鲁国也为自己的“一根筋”付出了不小的代价。

春秋之初，或许是农业的缓慢发展已经跟不上国家壮大的迫切需要，鲁隐公曾经动过发展渔业、尽山泽之利的念头，史载他“观渔于棠”，结果挨了大臣一通数落，说他这是不务正业。

公元前706年，各方诸侯应齐国之请，出兵击退南侵的北戎。鲁国也去了，事后还受齐僖公之托，出面给帮忙的诸侯分派谢礼。鲁国人办这种事，讲究多了去了，必须按照资历、爵位来排序。于是乎，郑国尽管出力最多，但因为资历浅，还是被排到了后面。郑庄公不依不饶，后来抓住这个由头，联合齐、卫将鲁国好一顿收拾，方才作罢。

第二个特点是喜欢凑热闹却经常吃亏，属于“哪儿都有他”又最容易“躺枪”那号人。在郑国抢先领跑期间，郑、宋、卫三大诸侯国彼此纠葛不断，鲁国不甘寂寞，屡次参与其中，却没有捞到多少实质性好处，反倒弄得自己家里鸡犬不宁。

鲁国出身正统的政治资本是齐国征服它的障碍，其爱凑热闹的本性则是齐国的机会。鲁国为齐国创造的染指机会，与另一个姜姓诸侯——纪国有关。就机会而言，具体表现在另一个姜姓诸侯——纪国的头上。纪国位于齐国的东面，论地盘，并不比鲁、齐小多少，只是在实力上有很大的差距。当然，小国也有小国的活法，特别是以两个大国为邻，表面上沦为大国博弈的棋子，暗地里四两拨千斤，日子过得未必比大国差。由于距离齐国更近，纪国一直以来的基本国策是利用鲁国来制衡齐国。据《春秋公羊传》记载，早在西周时期，纪国国君曾经在周夷王面前进谗言，导致齐哀公横遭烹杀之祸，两国自此结下了梁子。鲁国呢，巴不得在齐国身边埋一颗雷，所以竭力保全纪国，还娶了纪国的女子，与之结成姻亲。

为了制造口实对付鲁国，齐国决定先拿接受鲁国保护的纪国练手。公元前707年，齐国联合郑国，密谋偷袭纪国。由于纪国人早有准备，这事儿没能搞成。纪国此时的国君是纪武侯，他深知自家国力羸弱，不敢掉以轻心，赶紧找大哥鲁国商量。此时，鲁桓公的夫人是齐僖公的女儿，姑爷不想跟老岳父闹得太僵（吃的亏太多，怕这回也搞不赢），所以一直和着稀泥。言外之意，只要齐国没有灭纪的实质性举动，鲁国就不打算出面站台。

眼瞅着齐国咄咄逼人，纪武侯病急乱投医，把女儿嫁给了周天子，以期得到王室的庇护。然而，周王室的面子已经被郑庄公炒成了白菜价，纪国白白赔上一个女儿，半点儿作用也没有。

周天子靠不住，纪国又倒向了“准霸主”郑国。公元前699年，郑国撺掇鲁国讨伐宋国的时候，第一次出现了纪国的身影。正因为这一点，原本站在郑国一边的齐国毅然倒戈，帮着宋国对付郑国，结果被宋国带进沟里，成就了郑国作为“准霸主”的最后辉煌。

公元前698年，齐僖公去世，太子诸儿嗣位，是为齐襄公。齐襄公血气方刚，不像他爹齐僖公，做什么事儿都瞻前顾后、磨磨唧唧，一上台便不断滋扰近在咫尺的纪国。

纪国实在是扛不住，鲁桓公也不再坐视不理，毕竟保全纪国这颗雷是鲁国的核心利益所在。三年之后，齐、鲁便在奚（今山东滕州附近）爆发了一场大规模武装冲突。鲁国依旧难逃“躺枪”的厄运，不仅没帮到纪国，还让齐国乘胜闯到了自己的地盘上。鲁桓公被揍得没了脾气，接到边境警报之后，无可奈何地回了一句：“疆场之事，慎守其一，而备其不虞。姑尽所备焉，事至而战，又何谒焉？”字面上的意思就是你们好自为之，该迎战就迎战，不必请示报告。言外之意，报告没什么意义，我也没辙。

次年，急于与强邻修复关系的鲁桓公亲自前往齐国协商。谁也没有预料到，鲁桓公此行非但没能达成目的，反倒把性命给丢了。更令人不可思议的是，鲁桓公的死竟然还是一场发生在兄妹之间的不伦之恋所致。

如此狗血的剧情，女主角正是鲁桓公的夫人、齐襄公的妹妹文姜。这个女子可不简单，与嫁到卫国、被卫宣公占为己有的宣姜是亲姐妹。

先前齐僖公两次巴结郑太子忽，就是想把文姜嫁给他。郑太子忽没答应，文姜才嫁到鲁国，成为鲁桓公的夫人。根据《左传》记载，文姜早在出嫁之前，便与哥哥齐襄公（当时还是太子）暗生情愫，有过鱼水之欢。文姜在公元前709年嫁到鲁国之后，这段不伦之恋并没有终结。

此次鲁桓公亲自出访齐国，心花怒放的文姜执意要求同行。有大臣提出异议，说按照老规矩（鲁国人的执念），“妇人无大故则不归”，没什么大事儿发生，嫁出去的女子不能随随便便地回娘家，这样做于礼不合。但是，鲁桓公实在拗不过文姜，只得带着她一同前往，结果文姜跟齐襄公老情人邂逅激情似火，再度勾搭成奸。

虽说丑闻发生在齐国的地盘上，但鲁桓公还是有所察觉，将文姜臭骂了一通。奸情业已暴露，文姜预感到自己回鲁国之后势必小命难保，便找齐襄公想办法。齐襄公早有震慑鲁国之意，与其遮遮掩掩，倒不如顺势而为，彻底做个了断。于是，齐襄公设宴将鲁桓公灌醉，接着安排公子彭生（时任齐国大夫）送他回去休息。公子彭生早已接到齐襄公的密令，趁机将鲁桓公暗杀于车中，齐襄公则对外声称这是一场意外。

看上去做得很隐秘，其实世上哪有不透风的墙，丑闻越是遮遮掩掩，往往传得越快。齐国百姓当时便作歌影射齐襄公与文姜乱伦，鲁桓公又不敢施以管束，譬如《南山》《敝笱》《载驱》《猗嗟》都是讥讽这桩风流丑事的。就拿《南山》来说吧，有几句是数落齐襄公荒淫无耻的：

鲁道有荡，齐子庸止。
既曰庸止，曷又从止？

《先秦诗鉴赏辞典》的白话翻译相当直白：

鲁国大道平又广，文姜由此去嫁郎。
既然她已嫁玉郎，为啥又跟她上床？

还有几句是责怪鲁桓公懦弱无能的：

取妻如之何？匪媒不得。
既曰得止，曷又极止？

白话文大概是这样：

想要娶妻怎么办？没有媒人娶不到。
既已明媒正娶来，为啥让她娘家跑？

文姜回娘家与齐襄公乱伦，鲁桓公非但没拦住，还稀里糊涂把命给丢了。发生如此严重的外交事件，鲁国的实力再不济，终归还是要吼两声的。有意思的是，鲁国人明知是齐襄公、文姜这对奸夫淫妇搞的鬼，但在给齐国发出的“外交照会”中，先是言辞闪烁，只说鲁桓公“来修旧好，礼成而不反”，接着替齐襄公打掩护，说鲁国也不知道该由谁来对此事负责（“无所归咎”），最后还主动送梯子给齐襄公下，要求杀掉公子彭生，以消除恶劣影响（“请以彭生除之”）。齐襄公乐得借坡下驴，便将公子彭生推出来顶缸，算是给鲁国一个交待。

鲁桓公死后，太子同（文姜之子）嗣位，是为鲁庄公。文姜此时还不敢回去挨国人的收拾，索性留在齐国，不仅与齐襄公再续孽情，还遥控指挥着儿子鲁庄公的一举一动。从一定程度上讲，此时的鲁国已经沦落为齐国的附庸，不说亦步亦趋，至少也不敢轻易造次了。

恃强凌弱树威权

对于齐国而言，征服鲁国只是称霸天下的热身运动，一幕好戏刚念完开场白，精彩还在后面。

根据“准霸主”郑国的经验，在这个弱肉强食，话语权与实力成正比的时代，要成为具有影响力的诸侯，必须干涉其他诸侯的内政（尤其是君位继承），从而树立起威权，构建起由自己主导的诸侯体系。

纵观中原的一干诸侯，有现成口实，能够借干涉它而迅速立威的对象，自然非郑国莫属。一代雄主郑庄公死后，郑国在六年的光景里，上演了一出出“你方唱罢我登场”的闹剧，国君换了一个又一个，“三公子皆君”，都过了一把国君瘾，折腾得不亦乐乎。此时，坐在君位上的是“三公子”中的公子亹，剩下的两位公子，年长的太子忽（郑昭公）已经被高渠弥干掉，得到宋国支持的公子突（郑厉公）则躲在栎邑等待翻盘的机会。

齐襄公大腿一拍，这事儿齐国得管。怎么个管法？既然要干涉，那么基本准则就是谁在台上就收拾谁。公子亹、高渠弥纯属乱臣贼子，拿他们开刀，道义上说得过去。于是乎，齐襄公派人联络上了郁郁不得志的祭仲，成功将他策反，充当齐国的卧底。

公元前694年，齐襄公提出约公子亹见个面。公子亹带着高渠弥欣然赴约，祭仲假装卧病在床，没有陪两人去送死。此去，公子亹、高渠弥与先前的鲁桓公一样，成了有去无回的悲剧人物。早有准备的祭仲从陈国迎回公子婴（郑昭公之弟，字子仪），扶持他上位，是为郑国的新国君，被称作郑子婴（后来他的君位被郑厉公抢了，所以没有谥号）。

齐国折腾郑国的过程不是太复杂，以上情节出自《左传》，但《史记》的记载有几处明显的差异：

第一，按照《史记》的说法，齐襄公选择拿郑国开刀，是因为他当年做公子的时候，与公子亹发生过一些不愉快的事情，二人从此结下了仇怨。

第二，齐襄公邀约公子亹的时候，祭仲曾经竭力劝阻，公子亹也知道对方不怀好意，但眼下的态势是齐强而郑弱，如果不给人家面子，齐国转而支持图谋翻盘的郑厉公，那可怎么办？祭仲劝不住，这才佯装生病，拒绝陪同前往。

第三，公子亹带着高渠弥赴约之后，被齐襄公暗杀，但高渠弥侥幸得脱，逃回郑国找祭仲商量对策，两人共同决定迎立公子婴。

震慑了鲁国，又收拾完郑国的残局，齐国调转矛头去“收割”失去庇护的纪国。公元前693年，齐襄公派军队闯到纪国境内“圈地”，赶走了三个城邑的居民，将三邑之地据为己有。此时，纪国的国君是纪哀侯，人如其谥，哀得一塌糊涂，对外惹不起恃强凌弱的齐国，对内管不了自己的弟弟纪季。纪季原本控制着酅邑，公元前691年，他竟然带着酅邑不战而降，甘愿做齐国的附庸。

纪国本是制衡齐国的一枚棋子，如今发生严重分裂，鲁国不应该袖手旁观。但话说回来，父亲鲁桓公已经无端送命，又有母亲文姜这道迈不过去的坎儿，鲁庄公心里确实是两面为难。不管吧，鲁国往后的日子会更难过；管吧，一来风险高，二来投鼠忌器，脸皮还真不好撕破。

思来想去，鲁庄公打算联合昔日的“盟友”郑国，保住危在旦夕的纪国。但对于郑子婴而言，要不是齐国强势介入，哪里轮得到他坐享其成？再者，郑国乱了这么多年，内部各种势力暗流涌动，特别是郑厉公还在栎邑虎视眈眈，稳定才是第一要务，何必为了一个八竿子打不着的纪国，给自己找不愉快呢？

郑子婴态度消极，鲁庄公更没了底气，只能听之任之。公元前690年，纪哀侯预感到孤立无援的纪国已经难逃亡国的厄运，索性将君位让给纪季，从此流亡在外，不知所终。纪国的国号虽然得以保留，但实际上已经亡国，完全沦为齐国的附属。

齐襄公借吃掉纪国而声威大振，又琢磨着通过干涉他国内政来树立更高的威权。除了昔日的“准霸主”郑国之外，齐襄公有兴趣插上一脚的，非君位承袭同样乱套的老资格方伯——卫国莫属。

就动机而言，卫国的左公子泄、右公子职联手扶持公子黔牟，私怨明显大于公义。《左传》毫不客气地评论说，二公子只是为了报仇，根本谈不上有长远考虑。言外之意，公子黔牟虽是嫡出（夷姜之子），但并不适合成为国君，品行且不论，没有根基是其致命的缺陷。他名义上是一国之君，却只能仰仗太子伋、公子寿的势力，或者更准确地说，是仰仗左公子泄、右公子职的势力，以维持自己的统治。君不君，臣不臣，本末倒置，不出问题就怪了。

别忘了，在左公子泄、右公子职扶持公子黔牟的时候，公子朔（卫惠公）并没有被干掉，而是跑到生母宣姜的娘家——齐国避难去了。齐襄公是宣姜的兄长、公子朔的舅舅，自然得为外甥讨个说法，从道义上也说得过去。

公元前688年，齐国邀集鲁、宋、陈、蔡等大小诸侯，出兵卫国“主持公道”，杀掉左公子泄和右公子职，护送卫惠公回国复位。至于公子黔牟，或许是因为与周王室有姻亲关系，得以保住一条命，被打发到洛邑安置，算是给周天子一个面子。

卫惠公借助齐国的力量夺回君位之后，卫国严峻的局势并没有彻底缓和。左公子泄、右公子职虽然死了，但其党羽遍布，盘根错节；再者，国人对宣姜、卫惠公母子害死太子伋、公子寿的往事依然怀恨在心。

为了让外甥有所仰仗，把君位坐稳，齐襄公可谓无所不用其极，竟然翻出了当年宣姜本嫁太子伋、却被准公公“截和”这段不堪回首的往事。齐襄公认为，卫国当年提出与齐国联姻，“婚约”上说得很明白，宣姜是嫁给太子伋的，后来发生的变故并非齐国所愿。因此，从齐国的角度来说，这份婚约依然有效。如今太子伋死了，但没有关系，可以由他的弟弟公子顽（夷姜幼子）代替，继续履行先前的“婚约”。

在齐襄公的强逼之下，公子顽迎娶了庶母宣姜。如此一来，公子顽跟卫惠公既是同父异母的兄弟，又多了一层父子关系。公子顽万万没有想到，自己竟然会遭遇这样一场不伦不类的婚姻。时人对此也颇有微辞，譬如《诗经·鄘风》里有一首《墙有茨》唱道：

墙有茨，不可埽也。中冓之言，不可道也。所可道也，言之丑也。
墙有茨，不可襄也。中冓之言，不可详也。所可详也，言之长也。
墙有茨，不可束也。中冓之言，不可读也。所可读也，言之辱也。

所谓“中冓之言”，是指宫中的隐密之语，不可说（“道”“读”都是说的意思），不可传扬（“详”借作“扬”），因为这事儿太丑陋，太漫长，太耻辱了！

尽管说起来丢人现眼，但夫妻俩的生活似乎还不算太糟，宣姜为公子顽生了三男二女。除了长子夭折以外，两个儿子后来都做过卫国的国君（卫戴公、卫文公），两个女儿也分别嫁给了宋桓公和许穆公。原本在夹缝之中求生存的公子顽，出乎意料地坐上了夫以妻贵、父以子贵的人生电梯，晋升伯爵，是为卫昭伯。

痴迷于玩火，终烧自家

高潜力的大户人家——齐国终于发挥出应有的水平，凭借强力改变了鲁、郑、卫、纪等诸侯的命运。不过俗话说得好："大也有大的艰难去处。"齐襄公嗣位以来，在鲁、郑、卫等国的国君身上不断搞事，从没有走过空，但他似乎没有意识到，自己的身边照样埋着雷。

公元前686年，也就是齐襄公在位的第十二个年头，这颗雷突然开炸。痴迷于玩火的齐襄公，亲身体验了一把葬身火海的滋味。

齐国炸了雷，导火索其实是件很偶然的事。事情经过是这样的：大约一年之前，齐襄公派连称、管至父两位大夫前往葵丘（今河南民权东北）驻防。葵丘毗邻宋国，距离齐国都城临淄有好几百里的距离。连称、管至父打心底里不愿意出这么远的差，但君命难违，齐襄公又向他们承诺了归期，他们这才勉强应承下来。两人苦熬了一年，转眼到了约定的期限，齐襄公却始终不提这茬儿。连称、管至父倒也理解，君主日理万机，哪能把什么事儿都记得清清楚楚，于是委婉地提醒齐襄公，葵丘的瓜熟了噢（齐襄公当初承诺瓜熟即归）。两人没有想到，齐襄公身为一国之君，竟然如此不守信誉，压根不搭理他们。

连称、管至父气不过，便密谋犯上作乱。然而，两人的身份毕竟只是大夫，把国君搞下去容易，扶持谁上台却是一个相当现实的难题。商量来合计去，连称、管至父将目光投向了齐国最尴尬的人——公孙无知。

公孙无知这个人的来头可真不小，他的父亲叫作夷仲年，与齐僖公是亲兄弟，也就是说，公孙无知是齐襄公的堂兄弟。齐僖公主政时期，公孙无知曾经备受恩宠，“秩服奉养比太子”，爵禄、服饰、待遇都按太子的标准配给，抢了时为太子的齐襄公不少风头。正是因为待遇上无差别，两兄弟在那个时候就结下了梁子。齐襄公嗣位之后，自然不会允许如此不合常理的安排继续存在，直接将公孙无知打回原形，什么“秩服奉养比太子”，白日梦趁早醒醒，该干吗干吗去！

有背景、有怨气的公孙无知，正是连称、管至父赖以谋乱的不二人选。连称还有一个妹妹在宫中做侍妾，但一直不受宠，在得到事成之后立为夫人的承诺之后，做起了公孙无知等人安插在齐襄公身边的眼线。

公元前686年冬季的一天，齐襄公外出游猎，前方突然出现一头野猪。随从或许是脑子短路了，煞有介事地说这头野猪正是当年背了黑锅、蒙冤受诛的公子彭生。齐襄公毕竟做过亏心事，怕什么偏来什么，搭上箭就要开射。野猪受了攻击，顿时大声吼叫，齐襄公吓了一跳，从车上摔下去受了伤。利用这一大好时机，公孙无知在连称、管至父的支持下发动叛乱，杀死齐襄公，夺取了君位。

尽管公孙无知一时得逞，其继承君位的合法性却遭到强烈质疑。刚刚翻过新年，屁股还没坐热，他便被上卿高傒和大夫雍廪联手干掉了。

随着齐襄公死于非命，公孙无知命丧黄泉，齐国在一夜之间陷入权力真空。齐襄公的两个庶弟——公子纠和公子小白之间展开了一场激烈的速度比拼。

公子纠较公子小白年长，母亲是鲁国人。公孙无知作乱时，公子纠在管仲、召忽等大夫的扈从下离开齐国，前往鲁国避难。公子小白的年纪小一些，但逃亡的时间比公子纠早很多。他的母亲是卫国人，曾经受宠于齐僖公，所以齐襄公视公子小白为潜在的竞争对手，对他处处设限实施打压。追随公子小白的大夫鲍叔牙认为，公子小白继续留在齐国，早晚会被“淫于妇人，数欺大臣”的齐襄公玩死，惹不起躲得起，咱们还是跑路吧！因此，齐襄公嗣位没多久，公子小白就在鲍叔牙的陪同之下，前往莒国避难。“勿忘在莒”的典故，便出自于公子小白这段难忘的寄人篱下经历。

短短数月之内，齐国连续上演两次弑君之乱，上层贵族围绕新君人选展开了激烈的争论。上卿高傒心里很清楚，这种事情敏感而微妙，一时半会儿讨论不出什么结果。他和公子小白的私交不错，便与另一位上卿国懿仲商量，暗中派人前往莒国，通知公子小白赶紧动身。小白只要抢先进入临淄城，便能速定乾坤。

得知齐国生乱，鲁国这边当然也没闲着，一边护送公子纠回去抢位子，一边安排管仲在莒国通往齐国的道路上截住公子小白。据《史记·齐太公世家》记载，管仲率兵拦住公子小白，还用箭射中了小白的衣带钩。小白挺机灵，马上躺在地上装死。管仲隔得远，一眼望去，以为他真的死了，便回去找公子纠复命。公子纠大喜过望，也不急着赶路了，耗费了六天时间才回到鲁国。此时公子小白早已回到临淄，被国懿仲、高傒扶持上位，是为齐桓公。

齐桓公拔了头筹，鲁国并不善罢甘休，打算动用武力解决公子纠的王位问题。齐桓公也不含糊，任命鲍叔牙为主帅，出兵对抗鲁庄公亲自率领的干涉军。双方大战于乾时（位于齐国境内），鲁军被揍得一败涂地，鲁庄公狼狈不堪地逃了回去。

对于齐桓公而言，击溃鲁军并不是最终目的，齐国绝不能出现“挟外自重”的曲沃武公、郑厉公之流。鲍叔牙认为，公子纠是至亲，绝不能留后患；至于管仲、召忽等人，应该给他们一个认清形势、弃暗投明的机会，这样对大家都有好处。

齐桓公采纳了鲍叔牙的建议，以战胜国的姿态致书给鲁国，言简意赅，总共就三句话：头一句说公子纠是我兄弟，我不忍心亲自杀他，所以请你鲁国代劳。（“子纠兄弟，弗忍诛，请鲁自杀之。”）第二句点了召忽、管仲的名，说这两人是仇敌，我得要活的，非亲手把他们剁碎不可。（“召忽、管仲雠也，请得而甘心醢之。”）最后一句是赤裸裸的威胁，不照办的话，等着挨收拾吧！（“不然，将围鲁。”）

齐国把话都说到这个份上了，鲁国哪里还敢造次，自然是该杀的杀，该抓的抓。只是有一个突发的变故：齐桓公点名要见活人的召忽不肯受辱，选择了自杀殉主，所以只有管仲被鲍叔牙押回齐国接受处理。管仲被收押的过程也出过一点小状况。当时有一位大臣提醒鲁庄公，千万不能把管仲交给齐国，因为齐桓公点名要他回去，并不是真的要杀他，而是想重用他。管仲一旦得到齐国的重用，必将成为鲁国的大患，与其资敌成患，倒不如杀掉了事，省得今后追悔莫及。鲁庄公先前在乾时被打怕了，并没有采纳这一动议，管仲还是被押进了返回齐国的囚车。

鲁国大臣的担忧很快就变成了现实。或许齐桓公是真的想让管仲为先前的选边站队（他甚至还用箭射过齐桓公）付出代价，但鲍叔牙即使豁出性命也不愿让这样的悲剧发生。据史料记载，鲍叔牙与管仲很早就认识，两人的交情很深，鲍叔牙非常敬重才能卓越的管仲。因此，鲍叔牙还没回到临淄，便自作主张把管仲放了，接着跑到齐桓公面前替自己的老朋友陈情，说管仲这个人的能耐真不小，比上卿高傒还要厉害，您要是想成为一代霸主，非用管仲不可！

鲍叔牙寥寥数语促成了齐桓公与管仲相逢一笑泯恩仇，更造就了春秋时代最为强劲的君臣组合。何谓最为强劲？借用孔子的话说，如果没有管仲，我们都会变成野蛮人！（“微管仲，吾其被发左衽矣。”）

打通“任督二脉”

一句简单又形象的评价赋予了管仲挽救华夏文明于危难的神圣光环。管仲到底做了什么贡献，竟然得到孔子这么高的赞誉呢？简而言之，管仲以其卓越的济世之才，打通了齐国乃至全天下的“任督二脉”。

齐国的“任督二脉”归纳起来就是八个字：“定民之居”，军政合一。“定民之居”，就是士（指兵士）、农、工、商四民分开集中居住，这样既有利于社会稳定，也能保证阶层身份的代际传承。怎么个集中法呢？我们在前面讲过，宗法制的确立使得政治系统家族化，家族系统政治化，而对应的社会治理结构被称为“乡遂制度”，即城市、农村分治。管仲的“定民之居”正是基于“乡遂制度”的进一步发展，他将国都临淄分成二十一个乡：三个工乡，从事手工业的平民在此居住；三个商乡，商人在此居住；另外十五个是士乡，兵士及其家眷在此居住。

工乡由“三族”之官负责管理，根据四时不同需求制作高质量产品。商乡由“三乡”之官负责管理，按照市场行情，贱买贵卖，互通有无。

士乡的治理结构相对复杂一些，但充分体现了军政合一的特点。最小的单位是家，每家出一名兵士；五家组成一轨，对应的五名兵士称为一伍，均由轨长统领；十轨组成一里，对应的五十名兵士称为一小戎（小戎的原意是轻型战车，说明这一级开始配备指挥车了），均由里有司统领；四里组成一连，对应的二百名兵士称为一卒，均由连长统领；十连组成一乡，对应的二千名兵士称为一旅，均由乡良人统领。轨长、里有司、连长、乡良人四级官员，平时主政，战时领军，这就是军政合一的领导体制。

政的方面到乡为止，军的方面则还要再往上，五个旅的兵士组成一军，十五个乡便是三军，满打满算三万人，分为左、中、右军。其中，中军由齐桓公本人直接指挥，左、右军则分别由两位世袭上卿——国懿仲和高傒（二人被尊称为国子、高子）统领。

为了有效提高战斗力，与军政合一配套的制度主要有四个：第一，兵民不得自由迁徙。第二，在同一伍的兵士，要做到“世同居，少同游”，彼此都是熟人，感情也很深厚，关系杠杠的，从而“守则同固，战则同强”。第三，每年的春、秋两季，通过狩猎等方式集中开展练兵，做到“卒伍整于里，军旅整于郊”。第四，通过军器赎罪的方式解决装备不足的现实问题。譬如被处以死刑者，可以用一副犀牛皮甲和一柄车戟抵罪；被处以肉刑（墨、劓、刖、宫）者，可以用一副革甲和一柄车戟抵罪；被处以五刑（肉刑、死刑）之外者，交没罚金（铜器）抵罪；至官府诉讼者，则以箭矢代替讼费。

管仲十分自信地表示，齐国凭借这三万精锐大军，足以“诛无道”“屏周室”，打遍天下无敌手！

说完城市里的工、商、士，再来看国都之外的广大农村地区。管仲采取的治理结构称为“伍其鄙”。与士乡一样，农村的最小单位也是家，但只负责从事农业生产，没有资格出兵士，所以每一级的治理规模比较大。三十家组成一邑，设司官；十邑组成一卒，设卒帅；十卒组成乡，设乡帅；三乡组成县，设县帅；十县为一属，设大夫。全国总共分为五属，五属大夫便是一级行政区长官。

为了提高经济发展水平，对“伍其鄙”也匹配了四个制度：第一，每年对地方官员进行政绩考核。五属大夫以及为他们配备的五正之官，由齐桓公本人酌定优劣，该表彰的表彰，该罢黜的罢黜，以督促各地官员恪尽职守。第二，进行财税改革，实施所谓的“相地衰征”，即按照土地的优劣程度制定税收等级，优地多缴，劣地少缴，做到公平合理。第三，设立轻重九府，根据市场变化进行宏观调控，做到通货积财，使官府发挥市场杠杆和压舱石的作用。第四，设立三虞、五衡等机构，规范鱼盐、山泽之利，进行合理开发，实现国富民强。

说完齐国说天下，天下的“任督二脉”归纳起来是四个字：尊王攘夷。

这里所说的“夷”泛指四方异族，包括北狄、西戎、南蛮和东夷。千百年来，这些异族不断侵扰中原，争夺黄河流域的生存空间。根据《易经》记载，商王武丁抵御鬼方，一仗就打了三年，战事之惨烈可想而知。至商朝末期，周文王的父亲季历率兵讨伐西面的鬼戎，俘获翟王多达二十人。西周时期，各种各样的戎、狄更是成了关中和中原的常客，如玁狁、太原戎、条戎、姜氏之戎、犬戎等，出镜率都非常高。在《诗经·采薇》中，归乡的士兵悲情地回忆从军时的苦楚道：“靡室靡家，玁狁之故。不遑启居，玁狁之故。”“犬戎之难”更是要了周幽王的性命，断了西周王朝的气数。

至春秋时期，王室东迁到了洛邑，同时新封的秦国借讨伐西戎起家，使得西戎对周朝的侵害减轻了许多。东夷素来不强，又受到齐、鲁两大方伯的压制，也难成大气候。因此，对中原威胁最大的主要还是北狄和南蛮。

南蛮主要指楚国。这个“熊孩子”名义上加入了东周大家庭，但因为被安排到墙根站着开会（爵位太低），数百年来与周王室闹矛盾的时间远远多过与王室和谐相处。关于楚国发展壮大的历程，后面还会专门详述。总之，如今的楚国以“蛮夷”自居（有点儿破罐子破摔的味道），对中原频繁上演的诸侯相争十分不屑，扬言“我有敝甲，欲以观中国之政”，已经成为周王朝眼皮子底下的一大隐患了。

与南蛮不同，北狄的成分非常复杂，大体上与鬼方、玁狁、犬戎存在血缘关系，主要分布在今天的陕西和山西两省。由于晋、卫、燕三大方伯都相当不给力，北狄得以发展壮大，其势力扩展到了黄河以北的广大区域。前面提到过，齐国也曾遭到北方异族侵扰，还是倚靠郑、鲁等国的援军，才打退了来犯之敌。

受到北狄、南蛮两面夹击，中原面临的局势异常严峻，可各方诸侯还在忙着窝里斗。管仲认为，照这样子瞎搞下去，恐怕大家都得玩儿完，所以必须团结起来，一致对外。但是，诸侯团结合作是需要向心力的，而作为合法核心的周王室，现在却实在担不起这样的历史重任。先前的繻葛之战，王室威严扫地，即便有号令天下之心，也没几个人会认真听。

鉴于这样的形势，管仲认为，要团结各方诸侯“攘夷”，就必须先“尊王”，将周王室的颜面和威严捡起来，用好这张金字招牌。只有尊了王，才能攘得夷，这是时代发展的必然选择。

客观地说，正是管仲打通了国内、外的“任督二脉”，才成就了齐桓公“九合诸侯，一匡天下”的不世之功。“尊王攘夷”思想的创立与发展也使得齐桓公开创的霸业与先前郑庄公打着天子的旗号黑吃黑，最后连天子都要咬上一口的做法，有着本质上的区别。毫不夸张地说，这是一个全新的开始！

第四章 齐桓公的创业之路

从“小白”到霸主

齐桓公的名字叫小白，人如其名，就个人条件而言，他几乎就是“零起点”。如果不是公孙无知作乱，寄人篱下的公子小白想都不敢想，自己有朝一日能坐上国君的宝座。当初公孙无知死于非命，要不是他事先得到上卿高傒传来的消息，君主之位恐怕早就被公子纠捷足先登了。

在公孙无知之前的齐国国君齐襄公呢，毛病确实不少，例如喜怒无常、兄妹乱伦、不守信用，但平心而论，他还是为齐国的崛起打下了比较坚实的基础。当时的形势下，既有影响力又较活跃的诸侯，无外乎齐、鲁、郑、宋、卫五家。郑庄公做“准霸主”的时候，采取远交近攻的策略，拉拢齐、鲁对付宋、卫，因此大体上讲，郑、齐、鲁属于一伙，宋、卫则属于另一伙。现如今，郑国业已没落，卫国更是自顾不暇，只要搞定了鲁、宋两国，便可建立以齐国为实际核心（当然名义上要尊奉周王室）的诸侯新体系。

而鲁、宋两国中，距离齐国最近，双方恩怨最多的，自然非鲁国莫属。虽说同属“郑集团”，但齐国谋求扩张、鲁国坚决堵路的地缘政治环境，决定了两国的同盟关系相当脆弱。鲁庄公曾打算通过扶立公子纠，引导齐国走上“亲鲁”的道路，却因为各种阴差阳错，没能抢过公子小白。尽管鲁国已经按照齐桓公的要求，杀掉公子纠，遣返管仲，但齐桓公还是揪住这事儿不放，于公元前684年兴师讨伐鲁国。

入选《古文观止》和中学语文教材的著名桥段——曹刿论战，讲的正是这场战事。当时，齐、鲁两军对阵于长勺（今山东莱芜附近）。硬拼实力的话，先前已经吃过败仗的鲁国肯定不是对手。因此，一个名叫曹刿的人向鲁庄公建议，待齐军击完三次鼓、疲惫不堪的时候，咱们再出击，正所谓“一鼓作气，再而衰，三而竭”。鲁庄公采纳了曹刿的建议，果然以弱旅战胜强敌，赶走了前来找茬的齐国大军。

长勺之战险胜，让鲁国重拾大国信心，转而讨伐东面的宿敌宋国。齐桓公觉得是个机会，便联合宋国对付鲁国。先前一对一，胜得都比较勉强；如今一打二，想取胜当然更难了。不过，鲁国在危急关头总是不乏能人，前一次是放言“肉食者鄙”的曹刿，这一回则是“肉食者”——大夫公子偃。

公子偃向鲁庄公建议，先打实力偏弱的宋军。只要“主角”宋军吃了败仗，凑热闹的“龙套”齐军便会不战自退。鲁庄公原本不同意这种拣软柿子捏的打法，但公子偃偏偏是个脖子硬的，竟然擅自带着军队偷偷出了城，将战马蒙上虎皮，率军冲向宋军的营地。等鲁庄公反应过来的时候，已经收不了场了，只好将错就错，亲率主力去接应公子偃。结果正如公子偃所料，宋军在乘丘（今山东兖州附近）被打了个措手不及，仓皇败退。齐军自觉无趣，也跟着退了兵。次年，宋军卷土重来，非报乘丘惨败的仇不可，终因实力不如人，又挨了鲁军一闷棍。

俗话说：“屋漏偏逢连夜雨。”两番战败的宋国，突然之间家里出了乱子。

事情还要从乘丘之战说起。当时，宋军将领南宫长万被鲁庄公举箭射中，受伤后成了鲁军的俘虏。这个南宫长万算得上一员猛将，宋闵公便向鲁国求情，希望能将他释放回国。鲁国人讲礼重义，真就把他放了。谁承想，南宫长万回国之后，跟宋闵公一言不合闹起了别扭。宋闵公夹枪带棒，将南宫长万一通数落，南宫长万便怀恨在心。

公元前682年，南宫长万发动兵变，将宋闵公以及太宰华督、大夫仇牧等大臣诛杀，拥立宋闵公的堂弟——公子游继任国君。宋国众公子担心小命不保，纷纷逃亡到了萧邑，公子御说（宋闵公的弟弟）则跑到亳邑避难。

公子游毕竟来路不正，做贼心虚的南宫长万认为公子御说的威胁最大，于是派弟弟南宫牛去围攻亳邑，非把公子御说弄死不可。再看萧邑这边，镇守此地的大夫被称作萧叔大心，是个狠角色。他将宋国的宗室聚拢在一起，又向邻近的曹国借兵，赶往亳邑外围杀了南宫牛，转而攻破都城，杀掉公子游，南宫长万则逃往陈国避难。

宋国的国人拥立公子御说为君，是为宋桓公。随后以重金贿赂陈国，请求遣返南宫长万。陈国倒是愿意做个顺水人情（还能从中发一笔横财），但南宫长万是出了名的力士，一般人拿他不住。陈国人倒是会想办法，假装盛情款待，安排妇人陪南宫长万喝酒，将他灌醉之后绑起来，再用皮革裹住送回了宋国。最终，南宫长万被处以醢刑，成了一摊肉泥。

利用宋国内乱的机会，齐桓公以平定宋乱为由，召集诸侯会盟。当时，弹丸诸侯遂国不知道咋想的，竟然不给齐国面子，拒绝赴约。齐桓公大为光火，振臂一挥就把遂国灭了。遂国毗邻鲁国，眨眼之间成为齐国的地盘，鲁国着实吓了一跳。齐桓公趁势讨伐鲁国，并盛情邀请鲁庄公在柯地（今山东阳谷阿城）会盟。

此次盟会，原本是齐国逼着鲁国来参加的，却发生了一场让齐桓公相当丢脸的意外事件。当时，一位名叫曹沫的鲁国人凭借一只匕首，竟然近距离劫持了齐桓公，逼迫他同意归还先前侵占的鲁国土地。齐桓公当然是保住性命要紧，只好顺嘴答应下来，回到临淄之后，越琢磨越丢人，就想赖掉这笔账。管仲跟他讲，赖账可不是个好办法，虽然能逞一时之快，却失信于诸侯，得不偿失。于是，齐桓公兑现了先前的匕下之盟，将抢来的地盘归还给了鲁国。正是因为这次壮举，曹沫留名青史，《史记·刺客列传》开篇说的便是此人。

尽管齐桓公伤了颜面，但齐、鲁两国确实结了盟，这下轮到宋国不高兴了。齐桓公倒也实在，你心里不舒服是吧？揍上一顿，你全身都舒坦了。于是乎，齐国联合陈、曹讨伐宋国，还向周王室请了兵。对王师打仗没什么指望，但他们打着天子的旗号站站台还是可以的，宋国最终被迫屈服。

鲁、宋都倒向了齐国，紧跟宋国步伐的卫国自然也不在话下，剩下一个郑国更不是什么难事儿。别忘了，栎邑还住着先前失了势、一直企盼翻盘的郑厉公。郑厉公的背后有齐国支持，他最大的对手不是国君公子婴，而是大权在握的祭仲。

公元前682年，祭仲病死，郑厉公的机会来了。两年之后，郑厉公在齐桓公的怂恿和支持下发动进攻，俘获了大臣傅瑕。傅瑕为了保命，主动提出回去做卧底，郑厉公与他歃血为盟。傅瑕回去之后兑现了承诺，杀掉国君郑子婴及其两个儿子，迎立郑厉公复位。

从暗杀祭仲未遂算起，郑厉公流亡了将近二十年，复位之后便开始清算旧账，大开杀戒（傅瑕也被认为品性不忠，遭到诛杀）。在外交政策方面，郑厉公投桃报李，彻底倒向鼎力支持他复位的齐国。

几大有影响力的诸侯都服从于齐国，齐桓公认为时机已经成熟，遂于公元前679年组织诸侯在卫国的鄄地（今山东鄄城）会盟，正式称霸中原，做起了春秋时代第一位实至名归的“带头大哥”。

攘夷先安内

尊王攘夷，并不是功利主义的口号或者炒作噱头，而是关乎东周王朝乃至华夏文明生死存亡的必然选择。不过，像齐桓公、管仲这样具有远见卓识的人，毕竟只是少数。对于大部分诸侯而言，遥远的未来无法预料，只有眼前的利益才高于一切。因此，鲁、郑、宋、卫几大诸侯拜了齐国的码头之后，表面上一团和气，背地里却各自打着小算盘。

各方诸侯刚刚在鄄地结完盟，应宋国之请去讨伐郳国，郑厉公便趁机偷袭了宿敌宋国。刚开张就碰到窝里斗的事儿，齐桓公相当闹心，于是联合宋、卫去讨伐郑国。此时，对中原虎视眈眈的楚国也不甘寂寞，找借口说郑厉公复位后通知楚国太晚，也紧跟齐、宋、卫的步伐大打出手。

郑国一家打不过四家，只得委曲求全服了软。但郑厉公实在咽不下这口气，认为齐国有了新欢（宋国）便冷落了旧爱（齐国过去一直支持郑厉公复位），后来索性就不朝齐了。碰到这样一个死不悔改的刺头，齐桓公也真是受够了，索性将代表郑厉公前来捧场的郑国大臣郑詹扣押，威胁郑厉公不要无事生非。巧合的是，郑厉公还没有琢磨出对策，先前被齐国灭了国的遂国遗民就造反了。郑詹趁机逃脱，跑到了鲁国。

郑国跟齐国顶牛，遂国遗民也在造反，郑詹还跑到鲁国避难，齐桓公接连触霉头，可把鲁庄公乐坏了，决定联合莒国对抗齐国。

几大诸侯摁下葫芦起来瓢，搞得齐桓公焦头烂额，偏偏捡回颜面的周王室也不省心，再一次围绕王位闹将起来。上一次王室内乱发生在公元前694年，当时是周庄王在位，大臣黑肩想拥立王子克（周庄王的弟弟），结果因阴谋败露而被杀，王子克也逃往南燕避难。转眼十多年过去了，王位经过周僖王（周庄王之子）传给周惠王（周僖王之子）。周惠王即位没多久，便跟几位大臣闹起了矛盾。根据《左传》记载，矛盾的起因是周惠王贪得无厌，占房子抢地附带扣薪水，看中什么要什么，搞得大臣们怨声载道，便联合起来发动叛乱，要赶周惠王下台，改立周庄王的儿子、周惠王的叔叔王子颓。

与前一次黑肩弑君未遂不同，这一回动静闹得很大，连苏、卫、燕等诸侯也掺和进来，给王子颓呐喊助威，充当打手。周惠王寡不敌众，只好认了怂，跑到郑国的栎邑避难。郑厉公先是收留了周惠王，接着联合虢国出兵讨伐王子颓，护送周惠王复位。周惠王本性贪婪，但还是知恩图报，尽管王室的地盘已经小得可怜，依然咬牙割出两块地，分别赏赐给了郑、虢两国。

周惠王复位发生在公元前673年，距齐桓公称霸已有六年光景，诸侯争霸的历史走到这里，戏剧性地出现了一次转折。就目前的形势而言，郑国借助复位之功，是有相当大的机会成就一番事业的，如果与日渐壮大的秦国、晋国乃至楚国等重量级诸侯联手，组成新的诸侯集团，那么齐桓公的老大位置就算坐到头了。

令人遗憾的是“生儿不象贤”，郑厉公全然没有他爹郑庄公的雄才伟略，非但没有抓住可遇不可求的梯子往上爬，反倒因为虢公多得了一些赏赐，而与周王室的关系闹得很僵。再者，郑厉公似乎也没有这个命，在这一年秋天就病死了。

郑厉公与称霸的机会失之交臂，疲于应付各种乱局的齐桓公得到了喘息。齐国以扛把子的身份，先是与鲁国重修旧好，接着召集鲁、宋、郑等诸侯会盟，稳住了霸业。公元前667年，周惠王请齐桓公出兵讨伐曾经支持王子颓的卫国，齐桓公趁机收受卫国的贿赂放了水，卫国也重新入了伙，五大诸侯一个没少，全部回到以齐国为中心的诸侯体系。

北方的“野狼”

霸主齐桓公“安内”安得磕磕绊绊，不过结果还算差强人意。与解决中原诸侯内部纷争相比，“攘夷”将会面临更为艰巨的挑战。前面说过，中原的外患以北狄、南蛮为甚，而相比较而言，北方的那群“野孩子”最难对付，直白一点说，那简直就是一群野狼！

按照周公旦当年的布局，五大方伯当中，有三个半是为北边的“不良邻族”准备的。三个指晋国、卫国和远在蓟地的燕国，齐国同时还要对付东夷，所以算半个。

数百年沧桑巨变，再完美的布局也经不起岁月的摧残。远的不说，就最近这一个世纪而言，几位大佬都经历着各式各样的坎坷与曲折：晋国“一国二君”的局面从西周延续到东周，历时近七十年，造成了严重内耗，好不容易政令统一了，又跟西面的秦国纠葛不断（这一部分后面再专门详述）。卫国的几任国君呢，闹绯闻的本事难分伯仲，论治国却乏善可陈，几个回合下来就把一支炙手可热的潜力股炒成了无人问津的垃圾股。燕国距离中原太远，史料中着墨不多，但据其往南迁都的举动可以推测，它的日子过得也比较艰难。

几大方伯一个比一个衰，为北狄的发展壮大创造了绝佳的机会。公元前664年，曾经滋扰过齐国的北戎（又称山戎）对孤悬北境的燕国大打

出手。燕国经不住收拾，赶紧向齐国求救。身为中原霸主的齐桓公责无旁贷，亲率大军增援，不仅赶走了来犯之敌，还深入戎地，一直打到了孤竹（今河北卢龙附近）。

为了感谢老大哥的救命之恩，燕庄公将齐桓公一直送到齐国的地界。齐桓公认为这样做有悖于“诸侯相送，不出其境”的礼制，可燕庄公已经来了，怎么办呢？齐桓公大笔一挥，将齐、燕边界挪到了燕庄公驻足之地。同时，齐桓公还端起中原霸主的架子，责令燕国“复修召公之政，纳贡于周，如成康之时”，成功将燕国纳入以齐国为中心的新诸侯体系。

北戎搞破坏，齐国收小弟，齐桓公的算盘打得那叫一个精。然而还没等他乐呵几年，又冒出了新的劲敌——狄人。如果严格按照地理方位来划分，狄人应该被称为“戎”才对，因为它是西戎鬼方的后裔。狄人过去在西北一带活动，主要的滋扰对象是晋国，公元前729年还打到了晋国的都城——翼城。后来，曲沃武公如愿以偿成为晋武公，伴随着政令统一，晋国的国力逐渐增强。狄人转而向东面发展，找邢、卫等弱小诸侯的麻烦。

公元前661年，狄人讨伐邢国，邢国立即向齐国告急。齐桓公原本不想揽这活，毕竟狄人以凶悍闻名，不像北戎好对付，贸然出兵的话，输了伤面子，赢了也会坏牙口，对齐国百害而无一利。管仲则认为，戎、狄都是贪得无厌的豺狼，一旦在邢国得逞，胃口就会变大，早晚会闯到齐国来，有必要防微杜渐，断了他们侵掠中原腹地的念想；再者，中原同文同种，大小诸侯一家亲，扛把子的不应该做“见死不救”之事，不然以后哪还有脸面当大哥？管仲的话说得入情入理，齐桓公赶紧邀集诸侯，解了邢国的燃眉之急。

次年，狄人卷土重来，这一回遭殃的是卫国。卫国在春秋初期戏份特别多（相对于其国力而言），除了资格老（最早是诸侯之长、首席方伯）以外，更重要的原因在于几任国君总会干一些奇葩事，凭借各种各样的八卦丑闻“抢戏”：卫庄公偏心眼，埋下了州吁之乱的祸根；卫宣公“扒灰”准儿媳宣姜，被时人戏称为“驼背丑老公”；为了使复位的卫惠公坐得稳当，宣姜又被迫做起庶子公子顽（卫昭伯）的新娘。如今在位的是卫懿公（卫惠公之子），对于这位老哥而言，男女关系已经不足以成为令人津津乐道的话题了，他更出名的爱好是养鹤装神仙。卫懿公养仙鹤，可不是当成一般的宠物养，而是封官赏禄还配车。

大敌当前，卫懿公有心抵抗，国人却没有多少兴致陪他送死。从大臣到兵士异口同声，强烈要求享尽荣华富贵的仙鹤们上阵杀敌。战端未开，内衅先起，这仗还能打出什么好结果？不过话说回来，卫懿公玩物丧志不假，作为一国之君，骨气还是有的。眼瞅着兵败如山倒，他始终不肯撤下象征自己身份的旗帜逃命，最终殒命于沙场。根据《吕氏春秋》记载，茹毛饮血的狄人残忍地分食了卫懿公的尸身，只剩下一副肝脏尚且完好，一位名叫弘演的大臣拔刀切腹，掏出自己的内脏，再将卫懿公的肝脏放进去，用自己的躯体做棺，收葬了君主。

国君战死沙场，卫国百姓横遭荼毒，被狄人边追边杀，一直撵到黄河岸边。就在这前有天堑、后有追兵的紧急关头，幸亏宋国出手相助，接应卫国遗民趁着夜色渡过黄河，躲过了这场灭顶之灾。经历此番覆巢劫难，有多少人侥幸从卫国逃出生天呢？《左传》的记载有零有整，总共七百三十人。七百多遗民，加上共、滕两地的百姓，勉强凑够五千人，在诸侯的支持下得以复国，他们暂时寄居于漕邑，建立了流亡政权。

既然要复国，就得议立新的国君。卫国的国人们一直记着卫惠公当年害死太子伋的仇，卫懿公嗣位的时候，上上下下有不少怨言，对于卫懿公主政时期的胡作非为，更是有着切肤之痛。因此，国人议立新君时，将卫惠公这一门的子嗣后裔全屏蔽了。他们原本打算拥立太子伋后人，但太子伋的子嗣都没能活到胜利那天。公子寿代替太子伋去送死的时候还年轻，也绝了后。与太子伋、公子寿一奶同胞的公子黔牟，此时身在洛邑，而且没什么能耐，并不是国君的最佳人选。挨个数过一遍，只剩下夷姜最小的儿子公子顽，也就是被迫娶了庶母的那位卫昭伯。虽然卫昭伯已经去世，但宣姜为他生下了好几个子嗣（三男二女）。由于长子夭折，国人便拥立他的次子——公子申为君，是为卫戴公。

得知故国惨遭狄人蹂躏，卫戴公的同母小妹、已经嫁到许国的许穆夫人写下了一首《载驰》。其中有几句是这样写的：

我行其野，芃芃其麦。
控于大邦，谁因谁极？
大夫君子，无我有尤。
百尔所思，不如我所之。

《先秦诗鉴赏辞典》将其翻译成白话文：

我在田野缓缓行，垄上麦子密密遍。
欲赴大国去陈诉，谁能依靠谁来援？
许国大夫君子们，不要对我生尤怨。
你们考虑上百次，不如我亲自跑一遍。

从这几句诗可以看出，许穆夫人对于天下的局势还是很有一番洞察力的。这场狄人肆虐的灾难，并非卫国一家的灾难，而卫国要想起死回生，非借助诸侯的力量不可。果不其然，扛把子的齐桓公没有让卫国失望，不仅派出一支三千人的军队（一个半“旅”的规模，且包括三百乘战车）驻防曹邑（今河南滑县），还提供了大量物资援助，包括马匹、服饰、牲口、木材、重锦等。

一年之后，卫戴公去世，弟弟公子毁嗣位，是为卫文公。与先前几位骄奢淫逸的君主不同，卫文公深知百姓的疾苦，奉行俭朴治国的理念（也确实没有奢侈的资本了），卫国终于逐渐步入正轨。

同年，狄人再度伐邢，诸侯们继续出兵增援。不胜其烦的齐桓公想了个长久之计，帮着邢国迁徙到黄河以东的夷仪（今山东聊城）。也就是说，索性将邢、卫故地让给狄人，免得他们总是念念不忘。邢、卫故地再往东，便是黄河天堑，想跨过来或者游过来可没那么容易，派点儿人在河边守着就行，咱们也能省省心，消停消停，过几年安生日子。

“熊孩子”欢乐多

中原诸侯咬不过北方“野狼”，索性让出地盘给他们尽情撒欢，这虽说是无奈之举，倒也不失为权宜之计，齐桓公得以腾出手，对付多年来“野蛮生长”的“熊孩子”——楚国。

楚国的上一次重头戏大约是周宣王时期的千亩之战。楚国这个“熊孩子”曾经因为想改善政治待遇（晋升爵位）而与周王室闹得很不愉快，后来终于想明白了，不计前嫌，出兵助力王室对付姜氏之戎，没成想在千亩这个地方打了一场大败仗。

西周没落，周室东迁，周天子被郑庄公收拾得灰头土脸（先是互换人质，后有繻葛之战），楚国也对于中原王室越来越瞧不上眼。“熊孩子”不把周王室放在眼里，结果必然是愈加孤立。“熊孩子”不把班主任放在眼里，结果必然是自娱自乐。就地理环境而言，楚国的条件比齐国还要优越，尽管向北发展会撞到“墙”（中原核心地区），但南面有更为广阔的一片天地。因此，当中原诸侯闹得不可开交的时候，“熊孩子”正忙着从汉水流域往长江流域拓展地盘，都城也一再往南搬迁。

由于楚国长期被周王室区别对待（被称为南蛮、荆蛮），国史《梼杌》又已经失传，所以这场历时上百年的“圈地运动”并没有留下多少有价值的记载。我们只是大概知道，自周室东迁以来，楚国的君主有熊仪（若敖）、熊坎（霄敖）和熊眴（蚡冒），他们带领楚国臣民“筚路蓝缕，以启山林”，凭借一双双手的劳作、一代代人的奋斗，在恶劣的自然环境中争取生存和发展壮大的机会。

公元前741年，楚国国君蚡冒去世，原本应由儿子嗣位，但被他的弟弟熊通抢了位置。熊通上台之后，经过二三十年的苦心经营，楚国基本上完成了国力升级的原始积累，开始将目光转向中原。

公元前710年，郑、蔡两国的国君有过一次会盟，《左传》对这次会盟的原因讲得很清楚：“始惧楚也”。此时，楚国已经控制了汉水流域和长江中游地区，边上都是些弹丸诸侯以及还停留在原始社会的蛮荒部落，说它是南方第一大强国，并非夸饰之词。当时的郑国国君正是如日中天的郑庄公，连他都怕楚国三分，足见“熊孩子”这么多年闷声不响练身板，确实练出了可观的成果。

总的来讲，楚国得以由弱变强，有三个因素发挥了至关重要的作用：一是地理环境优越，没有其他诸侯干扰。二是几任君主都具有雄才伟略，一茬接着一茬干，没怎么瞎折腾。三是有不少谋略过人的贤臣辅佐，这一点在讨伐随国的过程中有所体现。

随国是姬姓诸侯，坐落在汉水东面，大约始封于西周的周昭王、周穆王时期。当时，周朝向南扩张势力，迁徙人口，争抢矿产资源，在淮水上游、汉水中游一带分封了几十个姬姓诸侯，随、蔡、息、应等国都是那时候受封的，被统称为“汉阳诸姬”。分封这些诸侯，并不是因为王室人太多，爵位不够分，而是为了让他们巩固南部边防，监视“荆蛮”，顺便开采丰富的铜矿资源。

因此，楚国要想往中原发展，非把“汉阳诸姬”这堵墙撞开不可。在这些实力不同的姬姓诸侯中，就经济、文化和军事的发展程度而言，随国无疑充当着扛把子的角色。自古擒贼先擒王，随国自然首当其冲。

公元前706年，楚国国君熊通兴师讨伐随国。随国国君决定先礼后兵，派少师（官名，人名不详）前来交涉。时任令尹（相国）的斗伯比（熊仪之子、熊通的叔叔）给熊通出了一个主意，说官居少师的这个人脑子不太好使，比较容易糊弄，咱们将精锐藏起来，以老弱病残迎接，让他在潜意识里认为楚国不是随国的对手；少师再回去忽悠国君，随国就会骄狂，以为凭一己之力便可对付楚国，与“汉阳诸姬”抱团取暖的兴致必然锐减；而如果扛把子的随国没有兴致，“汉阳诸姬”便相当于一盘散沙，楚国对汉水以东无从下手的局面将完全逆转。

大夫熊率且比认为，少师倒是容易糊弄，随国国君也好骗，但别忘了随国还有一个大夫季梁。季梁这个人可不简单，后世的李白称赞他是“神农之后，随之大贤”，享有“南方第一文化名人”之美誉。随国能在“汉阳诸姬”中脱颖而出，这位杰出的政治家、军事家、思想家功不可没。

商量来商量去，熊通决定借机甩鱼竿子出去，即使现在钓不上来，也可以为将来埋下伏笔。于是，楚军佯装败退。少师主张追击，季梁则认为这是对方的诱敌之计，随国国君并没有上当。

两年之后，楚国以拒绝赴约为由，再度讨伐随国。面对来势汹汹的楚国大军，季梁主张通过谈判缓和局势，少师则力主速战速决。鉴于上一次错失了追击机会的“教训”，随国国君没有采纳季梁的正确意见，决定与楚军来一场决战。双方对阵之时，季梁又提议避开楚国君主亲自指挥的左军（楚国以左为尊），先把右军击溃再说。随国国君还是不听，结果惨遭败绩。

扛把子的随国被揍得七荤八素，“汉阳诸姬”在楚国的眼里便成了一桌热气腾腾的美味佳肴，楚国什么时候饿了，动一动筷子，全都夹到碗里来。眼瞅着汉水以东尽在掌控之中，“熊孩子”更来劲了，又向周王室提出晋升爵位的老话题。

周天子（当时是周桓王）还是那句话：“爵位是老祖宗定好的，哪能说改就改？”熊通一听这话，顿时就不乐意了：“你说老祖宗的东西不能改，那么卫国晋升侯爵（周夷王时期），一批新生诸侯拔地而起（如郑、秦等），经过老祖宗同意了吗？别的诸侯想要啥就有啥，为什么轮到楚国就门难进、脸难看、事难办？归根结底，还是从骨子里瞧不起咱这个“蛮夷”，搞区别对待、双重标准。既然如此，我大楚国也不想空费功夫瞎扯淡了，不同意是不是？老子自己提拔自己！”

说起自我提拔，楚国是有“前科”的。早在周夷王时期，熊渠就册封自己的三个儿子为王。不过，那时候的周王室威严尚存，继任的周厉王、周宣王都不是善茬，楚国要争取有利的发展环境，只好自行撤销。如今，周王室要威严没威严，要实力没实力，连实力只能算二流的郑国都能把周天子揍得灰头土脸，楚国还有什么好担心的？于是乎，熊通自封为王，与周天子平起平坐，是为楚武王。

此后，楚武王加大了对汉水流域的征伐力度，随、邓、郧、绞、申、罗等诸侯都遭到楚国的侵扰。楚武王还总结多年的征战经验，发明了“荆尸”阵法。所谓“荆尸”，不是让死人去打仗，也不是装神弄鬼，“尸”其实是陈兵的意思。这套颇具地域色彩的阵法不同于步、车协同的“鱼丽阵”，而是车少人多，可以边行军边列阵。“鱼丽阵”在平原大显神威，“荆尸阵”则特别适合在山泽之地作战。

公元前690年，楚武王以“荆尸阵”讨伐随国。或许是因为阵法的名字比较晦气，楚武王竟然病死于行军途中。幸亏令尹斗祁、莫敖（官名，与令尹级别相同）屈重秘不发丧，严密封锁了消息，才没让随国人钻空子。

楚武王死后，儿子熊赀嗣位，是为楚文王。虽说谥号为“文”，但熊赀在武功方面丝毫不逊色于其父楚武王。

楚文王主政时期，先是将都城迁到了郢，接着继续欺负以“汉阳诸姬”为代表的弱小诸侯。比较有意思的是蔡、息两个小国，他们的国君都娶了陈国女子，沾点儿亲带点儿故，却因为一些家长里短的事儿闹起了别扭。

据说，息国夫人息妫是个大美人，有一次路过蔡国，被姐夫（或者妹夫）蔡哀侯调戏了一番。息侯气不过，便撺掇楚文王去打蔡国，把蔡哀侯抓住再放掉，算是给他一个教训。公元前680年，蔡哀侯一报还一报，撺掇楚文王去打息国。这一次，楚文王直接把息国灭了，将美若天仙的息妫据为己有。背负国仇家恨的息妫忍辱偷生，屈服于楚文王的淫威，还给他生下了两个儿子。后来，息妫利用受宠的机会，怂恿楚文王去讨伐蔡国，为当年的夫家息国报仇雪恨。《红楼梦》中引用的诗句“千古艰难惟一死，伤心岂独息夫人”，讲的就是这段辛酸往事。

迟来的对抗

楚文王抱得美人归，紧接着齐桓公就在中原称了霸。自古英雄惜英雄，但楚文王还没来得及跟齐桓公一试高下，便在公元前675年病死了。

在此之前，楚国已经灭掉了邓国，却挨了巴国一闷棍，更出人意料的是，吃了败仗的楚文王竟然被一个名叫鬻拳的大臣堵在了郢都城门之外。鬻拳隔空喊话，说："楚国自武王以来鲜有败绩，大王您却连小小的巴国都打不赢，还有脸回来？咱楚国可丢不起这个人！所以呢，给大王您一个找回颜面的机会，原地转身，打黄国去！"

说起这个鬻拳，大约在十年之前就有犯上前科。当时，楚文王讨伐蔡国，俘虏了蔡哀侯，还命人架起大锅，要把蔡哀侯煮了。鬻拳认为这样做实在有损楚国的形象，劝谏无果，索性操起一把刀，架到了楚文王的脖子上。楚文王被逼无奈，只好将蔡哀侯释放回国。后来他冷静下来一寻思，觉得鬻拳是忠心可鉴，并不打算追究他情急之下的鲁莽举动。生性耿直的鬻拳认为，是自己犯上在先，虽说大王赦免了他，他却不敢自赦，违背了礼制理应受罚，否则何以警示后人？于是他操起一把刀，砍下自己的一只脚向楚文王谢罪。楚文王感念他的忠义之举，便让他掌管郢都城门。

十年光阴过去，鬻拳还是那个鬻拳，振振有辞地让楚文王吃了闭门羹。楚文王也不含糊，果真调转矛头，在黄国身上找回了颜面，但回国途中就病死了。鬻拳同样没有赦免自己的犯上之罪，砍下另外一只脚之后拔剑自刎。

楚文王死后，息妫所生的长子熊艰（堵敖）嗣位。这个儿子太不成器，整日沉迷于声色犬马之中，还嫉贤妒能，想除掉一奶同胞的弟弟熊恽。熊恽被迫逃亡到随国，借随国之力杀了一个回马枪，从哥哥手里夺过君位，是为楚成王。

楚成王可比他哥厉害多了，他利用楚武王、楚文王两代君主打下的坚实基础，将目光投向了中原。按照楚成王的部署，楚国一面与鲁国拉近关系，寻找掺和中原事务的机会，一面依托伏牛山脉构筑大规模防御工事——方城，作为窥视中原的前沿堡垒。

公元前666年，“南蛮”与中原的激烈对抗在楚国与郑国之间拉开了序幕。根据《左传》记载，楚国与郑国的武装冲突竟然与忍辱负重的息妫有些关联。当时，令尹子元（楚文王的弟弟）垂涎于嫂子息妫的美貌，刻意挨着她的宫室修了一座房子，成天摇铃起舞勾引孀居的寡嫂。息妫气得痛哭不已，说先君编练的这支舞原本是为了整训士兵、演习战备，如今却被官居令尹的子元用来勾引寡妇，实在是奇乎怪哉！

子元听到息妫的哭诉，有什么反应呢？史载他幡然悔悟，带着楚国大军讨伐郑国去了。我倒觉得未必真就是这样，否则后面发生的事情在逻辑上讲不通。当时，子元听了息妫的话，率兵去讨伐郑国。郑国仓促应战，不是楚国的对手，便玩起心眼，摆了一出空城计。子元担心有诈而迟滞不前，贻误了战机，其他诸侯国得以及时增援，楚军只得趁着夜色不战自退。其实，郑国人面对强敌早已做好了逃亡的准备，只是听说楚军驻扎地有乌鸦出没，显然已成空营，这才相信警报已经解除。

无功而返并不妨碍子元在息妫面前显摆自己的能耐，他竟然仗着王叔身份赖在宫里不走了，非跟嫂子喜结连理不可。如果子元真如史料所载，听了息妫的一席话后幡然悔悟，断然不会有如此死乞白赖、恬不知耻的举动。我觉得，子元对于息妫的话是从“美女专爱英雄”的角度去理解的，这就好比动物界求偶，雄性千方百计显示能耐，以吸引异性。

楚成王也好，大臣也罢，岂能坐视楚国宫闱发生这等丑闻而无动于衷？于是，大伙联起手来把子元杀了，由斗谷于菟（字子文）继任令尹之职。

斗谷于菟是斗伯比的儿子，“斗”是他的氏，“谷于菟”是他的名。名字很潮很新奇，来历则更是富有传奇色彩。据传闻，斗谷于菟是斗伯比与表妹私通的爱情结晶。他的母亲觉得丢人，便将嗷嗷待哺的儿子扔到荒郊野外，没想到竟被一只老虎收养了。全家上下傻了眼，这是神人哪，赶紧捡回来继续养，并取名为“谷于菟”。在楚国方言中，“谷”是哺乳的意思，“于菟”指老虎，寓意着他的不凡与神奇。

老虎哺育过的斗谷于菟在楚国的历史上算得上一代名相。当时，楚国经过多年征伐，府库已经空空如也，而斗氏作为世袭贵族，足称富可敌国了。斗谷于菟十分爽快，“自毁其家，以纾楚国之难”，将几乎所有的家产都捐献给了国家。除了仗义施财之外，斗谷于菟三度出任令尹，在十多年的官宦生涯中留下了很多令后人敬仰的政绩。《国语》说他体恤百姓，自甘贫苦；《说苑》记载他不徇私情，惩治犯法的族人；《论语》也提到过他，孔子赞誉他是忠臣，没有私心。到了战国时期，楚国大臣依然对斗谷于菟念念不忘，赞其“廉其爵，贫其身，以忧社稷”。

有斗谷于菟这样的大臣辅佐，楚国的崛起不过是时间问题。曾经依靠空城计躲过一劫的郑国，在七年之后再次面临楚国征伐。身为带头大哥的齐国当然不能坐视小兄弟受欺负，迅速邀集各诸侯国操起家伙前来助阵，一场姗姗来迟的激烈对抗终于在齐、楚两大诸侯国之间全面爆发。

由于地缘政治的关系，楚国觊觎中原的套路只有一条：打郑国。谁让它离得近呢？相比之下，齐国对抗楚国的策略，选择余地显然要大一些。除了增援郑国以外，齐国还接连策反或者讨伐依附于楚国的小诸侯国，如地处淮水上游的江国、黄国及汝水边上的蔡国。

江、黄两国好说，它们知道自己实力羸弱，谁打上门就拜谁的码头。比较惨的是蔡国，总是自我感觉良好，先前跟楚国顶牛，如今也不给齐国面子，结果呢，一上阵立见分晓。蔡哀侯做过楚国的俘虏，还差点儿被煮成肉汤，如今蔡缪侯（蔡哀侯之子）也步他爹的后尘，被齐国活捉了去。多亏其他诸侯出面说情，齐桓公才放他一马。

对于齐国此番讨伐蔡国，热衷于搜罗“花边新闻”和隐私伦理的《左传》还有另外一种解释：蔡缪侯嗣位之后，为了抱上一只粗腿过安生日子，将妹妹蔡姬嫁给了齐桓公。有一次，齐桓公带着蔡姬乘船嬉戏，蔡姬玩得太忘情，一直不停地摇。齐桓公害怕翻船，让蔡姬赶紧停下，蔡姬不听，依然我行我素。齐桓公一怒之下，将蔡姬撵回了娘家，但并没有解除婚约。蔡缪侯相当窝火，也懒得跟妹夫讲道理，迅速将蔡姬改嫁。因为婚约没有解除，所以从法理上讲，蔡姬可以算作重婚，齐桓公被戴了一顶绿油油的帽子，岂能善罢甘休，便兴兵讨伐蔡国。

这种“冲冠一怒为红颜”的解释是否靠谱，不太好下定论，但《史记》采信了这一说法，在《齐世家》和《管蔡世家》里都提到过这件事儿。

收拾完蔡国之后，齐国与前来替小兄弟撑腰的楚国有过一次正面交锋。楚成王派使者去质问齐国大军，说了一句著名的话：你齐国在北方，我楚国在南方，“唯是风马牛不相及”，你闯到我的地盘上逞什么威风？管仲针尖对麦芒，代表齐桓公答复使者说：齐太公曾受召公奭之命，全天下谁不听话就揍谁，“以夹辅周室”；再者，楚国作为一方诸侯，不向周王室进贡，昔年周昭王南征不返，现如今齐国尊奉王室，是时候替周天子讨个说法了。

齐国人吹牛皮，楚国人也不甘示弱。楚国使者坦言，没向王室进贡，确实是楚国做得不到位，以后补上就是；至于周昭王南征不返的事儿，您问我可问不着，应该去问滔滔不绝的河流。

俗话说得好："打人不打脸，骂人不揭短。"当年周昭王南征不返，就是因为中了楚国人的诡计，掉进汉水里淹死的。如今楚国毫无悔改之心，还大放厥词，让齐国人去问茫茫的大地、滔滔的河流，是可忍，孰不可忍！

齐、楚两大诸侯棋逢对手，恶战了一场，但谁也没占到多少便宜。楚成王再次派出使者洽谈，领头的是大夫屈完。齐桓公玩起了心理战，让军队整齐列阵，邀请屈完一道乘车"检阅"，并向屈完吹嘘说："这支军队足以纵横天下，无人可敌，无城不克。"屈完当然不是被吓大的，当即硬怼回去，说："楚国以方城作城墙、汉水作护城河，您的军队再多，也发挥不了什么作用。"

强强交手，谁也不能把谁怎么着，最佳的选择莫过于握手言和，免得鱼死网破、两败俱伤，让他人得利。因此，公元前656年，齐、楚经过短暂交锋后在召陵（今河南漯河）举行了盟会，彼此承诺井水不犯河水。

庆父不死，鲁难未已

北狄、南蛮交相侵扰中原的时候，“强藩”鲁国因为鲁庄公将不久于人世，爆发了一场相当复杂的夺嗣之乱。

鲁庄公的夫人是齐国国君（一般认为是齐襄公）的女儿哀姜，可惜没有嫡嗣。姬妾叔姜（哀姜的妹妹）生了公子启，同为姬妾的孟任（大夫党氏的女儿）比叔姜受宠，生公子般，两个儿子都是嗣位的热门人选。另外，鲁庄公还有三个兄弟，分别是庆父（庶长兄）、叔牙和季友，也就是在鲁国历史上举足轻重的“三桓”。

鲁国宗室的家庭关系大概就是这样。鲁庄公因为宠幸孟任，倾向于让孟任之子公子般嗣位，哀姜则希望自己的儿子公子启接班。哀姜与庆父私通（《列女传》记载说，哀姜与庆父、叔牙都有染），所以公子启得到了庆父的支持。

公元前662年，重病卧床的鲁庄公预感到自己行将就木，便召见叔牙，问他对嗣君人选有什么看法。鲁庄公的初衷是为公子般“拉票”，哪里料到叔牙竟然横生枝节，顺势提出了第三位候选人——庆父。叔牙认为，既然鲁庄公没有嫡子，那么按照“父死子继，兄死弟及”的原则，由庆父嗣位也是理所当然的。

听完叔牙的想法，鲁庄公没有当场表态，而是找来季友，问他对嗣位这事儿怎么看。季友的态度很鲜明：还能怎么看，坚决支持公子般呗！鲁庄公总算是找到一个知音，掏心掏肺地向季友诉了一通苦，说叔牙的意思是让庆父嗣位。季友一听就怒了，庶子也是儿子，哪里轮得到兄弟来抢食？为了翦除后患，季友顾不得什么手足之情，亲自出面灌了叔牙一杯毒酒。

鲁庄公死后，公子般在季友的支持下嗣位。因为父亲尚未发丧，公子般暂时住到外公党氏家里。庆父抓住这一难得的机会，指使一个名叫荦的人设法除掉了公子般。荦本是党氏家的马夫，曾经挨过公子般的收拾，据说是因为荦隔着院墙调戏了隔壁梁氏家的女儿，偏偏公子般中意于这名女子，便将荦毒打了一顿。

公子般被一个马夫暗杀，季友感到大事不妙，用脚趾头都能想到肯定是庆父在背后搞鬼，但自己又惹不起他，只好逃亡去了陈国。庆父拥立公子启嗣位，是为鲁闵公。

鲁闵公是齐国之女叔姜之子，他自觉来路不正，上台伊始便与齐桓公会盟，拜老大哥的码头。为了平息事态，他还请齐桓公出面劝季友返回鲁国。齐桓公答应帮忙，并派遣大臣仲孙湫前往鲁国慰问，替鲁闵公站台。仲孙湫回来之后，向齐桓公说了一句著名的话："庆父不死，鲁难未已。"躲在幕后的庆父才是鲁国祸乱的根源！齐桓公心里很清楚，鲁国的政局不稳定，对扛把子的齐国弊大于利，于是反问仲孙湫："有什么办法可以除去庆父？"仲孙湫的回答很简单："让庆父自己作死，咱们等着就是！"

邻居家里闹得不可开交，自己却作壁上观，不是扛把子的风格，齐桓公转而寻思，是不是可以趁鲁病，要鲁命？仲孙湫没同意，认为鲁国秉持周礼，贸然动它，道义上恐怕说不过去；咱们应该耐心一点，等鲁国闹出新的乱子，咱们再出兵平乱，岂不是面子、里子两不耽误？

事态的发展果然如仲孙湫所料，庆父先前支持鲁闵公，不过是权宜之计，他迫切地希望从幕后走向前台，自居君位。哀姜也参与其中，帮着情夫杀掉了自己法理上的儿子。已经回到鲁国的季友再度逃亡，这次他不仅自己开溜，还带上了鲁庄公的庶子公子申。

庆父弑君妄图自立，国人群起而攻之，他被迫逃往莒国。季友在齐国的支持下，护送公子申回国嗣位，是为鲁僖公。随后，鲁国向莒国送出厚礼，要求遣返庆父。庆父自知罪责难逃，在回国途中上吊自杀。另一名主谋哀姜逃到了邾国，被齐桓公强令“引渡”到齐国处死。应鲁僖公之请，哀姜的尸身被送回鲁国安葬。

平定鲁国内乱，加上先前的救邢、存卫，被公认为是齐桓公做霸主的三大功绩。

小白的人生巅峰

尽管齐桓公自诩“九合诸侯，一匡天下”，但普天之下并没有真正消停过。就在齐国攘除外患，平定诸侯纷乱后，周王室那边又闹出了乱子。

周天子依然是周惠王，不过这回他捅娄子不是因为贪婪，而是因为动起了废立太子的念头，理由很老套——子以母贵。太子郑是嫡长子，母亲是齐国之女，已经不在人世。周惠王此时宠幸陈妫，便打算册立陈妫所生的儿子叔带做太子。此议一出，朝野一片哗然，特别是齐桓公，态度非常坚决：不同意！为了表明拥护宗法制的决心（其实是为了保持齐国在王室的影响力），齐桓公以霸主的名义，于公元前655年召集各方诸侯，跟太子郑在首止（今河南睢县）举行盟会，以此告诫周惠王不要胡来。

周惠王不吃这一套，暗中派大臣去策反正在首止开会的郑文公，提出郑、晋、楚三方夹辅周室，共同对抗齐国的动议。郑国原本是齐国的铁杆盟友，但先前因为郑国大臣申侯的事儿，双方产生了一些嫌隙。

申侯的事情有点绕，细论起来还牵扯到陈国。到底是怎么回事呢？当年齐国率领诸侯南征楚国，齐楚最终握手言和，陈国大夫辕涛涂找到郑国的申侯嘀咕，说诸侯大军回师，必然会抄近路，经过陈、郑两国的地界，咱们还得犒劳他们，难免会破费一番。辕涛涂寻思着向齐桓公提议，让诸侯大军沿着海边绕一圈回去，以示威于东夷，这样就能省了陈、郑两国的犒劳费。申侯当即表示支持。

齐桓公采纳了辕涛涂的建议，但从东面折返的时候走得不太顺利。申侯这个人呢，曾经在楚文王手下做事，楚文王对他的评价是贪得无厌，但凡看到一点好处，就会豁出性命去捞。如今，申侯看到辕涛涂的提议惹出麻烦，便趁机反水，摆了辕涛涂一道，向齐桓公提议借陈、郑之道，顺便补充点给养。齐桓公恍然大悟，原来是被辕涛涂这小子忽悠了，先是赏了一座城邑给申侯，接着率领江、黄两国将居心不良的陈国揍了一顿。

于是在首止会盟之前，辕涛涂为了报复申侯，先是怂恿他将齐桓公赏赐的那座城邑好好修葺一番，接着跑到郑文公面前告刁状，说申侯图谋不轨，不信您瞧，申侯正在自己的封邑吭哧吭哧地修工事呢！

人证、物证俱在，申侯百口莫辩，郑文公不仅疏远了申侯，还一口咬定申侯的背后是齐国在搞鬼（毕竟城邑是齐桓公赏赐的）。

由于郑文公已经对齐国产生了信任危机，周惠王的策反相当成功，正在开会的郑文公连招呼都不打一个，悄悄地回到了郑国。

齐桓公哪里会容忍这种目无大哥的事情发生，操上家伙就去揍郑国。“熊孩子”楚国想趁此机会捞一笔，就在灭掉弦国之后，打着救郑的旗号兴师围攻许国，迫使诸侯从郑国退兵，去解许国之围。有周惠王和楚国在后面撑腰，郑文公胆识愈壮。

管仲认为，收拾郑国就是打周天子的脸，继续这样折腾下去，会严重背离“尊王攘夷”的创霸之基，所以要改弦更张，率领诸侯向周天子修职贡之礼，“招携以礼，怀远以德”，把表面功夫做足，缓和紧张的局势。

眼瞅着齐国态度软化，郑国便借坡下驴，派太子华前来赴会。谁曾料想，太子华竟然利用参加盟会的机会向齐桓公“求援”，请齐国继续讨伐郑国，灭掉泄、孔、子人三家卿大夫。见太子华的态度很诚恳，齐桓公又打起了趁你病、要你命的算盘。管仲则表示，华身为太子，却只顾一己之私，吃里扒外，干起挟大国自重的勾当，郑国的国人是不会答应的，咱们可不能被他往沟里带。

太子华在齐桓公、管仲这里碰了一鼻子灰，倒是为齐国收服郑国创造了机会。郑文公对齐国的反应心存感激，主动提出与齐桓公单独会盟，回到老大哥的怀抱。后来，太子华再度密谋作乱，被郑文公下令诛杀。为了防止子嗣争夺君位，郑文公索性一并杀掉了好几个儿子，又把剩下的全部赶出了郑国。

公元前652年，周惠王去世，太子郑顺利即位，是为周襄王。齐桓公认为有必要再举行一次盟会，确定在新天子的“领导”之下，以齐国为核心的诸侯格局。次年，齐、鲁、卫、宋、郑、许、曹等诸侯在葵丘（今河南民权附近）举行会盟，史称“葵丘之盟”。周襄王派大臣宰孔与会。周襄王对齐桓公可谓极尽笼络，不仅送出厚礼，允其不拜，还把亲戚关系追溯到了周武王那里（周武王的王后是齐太公姜子牙之女），亲切地称呼齐桓公为“伯舅”。

葵丘之盟标志着志骄意满的齐桓公达到了人生巅峰。昔日颠沛流离的公子小白，如今成为“九合诸侯，一匡天下”的中原霸主，多么精彩而传奇的人生经历！

平心而论，齐桓公的霸主地位还是掺杂很多水分的。尽管周襄王对齐桓公极尽恩宠，但当今天下的四大诸侯（齐、秦、晋、楚）中，另外三家对于打着“尊王攘夷”的旗号，实际上服从齐国领导的诸侯体系都没什么兴趣。秦国独踞关中，从西戎和晋国的嘴里抢食，暂时顾不上中原的事儿。晋献公呢，据说原本是打算出席葵丘之盟的，走到半道遇见了提前返回的王室代表宰孔。宰孔跟他讲，齐桓公这个人啊，“不务德而勤远略”，以“尊奉周室”之名，行征伐天下之实，这门面恐怕撑不了多久。听了宰孔的话，晋献公调转车头返回晋国，并没有前去给齐国捧场。楚国就更不用说了，素来以“蛮夷”自居，还自行称了王，连周天子都不放在眼里，齐桓公又算哪根葱？

登高必跌重

俗话说：“爬得越高，摔得越惨。”借葵丘之盟的东风，齐桓公几乎上了天，接下来就该做自由落体运动了。

看似坚固的堡垒，往往容易从内部攻破，导致齐桓公的霸主地位崩塌的，正是发生在周王室的内乱。公元前649年，也就是葵丘之盟两年后，曾经与太子之位失之交臂的叔带向扬、拒、泉、皋、伊雒等戎族借兵，挥师直指洛邑。原本只是王位纷争，迅速演变成“国际事件”，被叔带雇佣的那些戎族是秦、晋两大诸侯的宿敌，所以还没等齐桓公反应过来，秦、晋两国已经派出军队，为周襄王提供武装保护了。雇佣兵打不赢，仓皇逃窜，周襄王想趁机杀掉弟弟叔带，叔带腿长跑得快，一溜烟逃到了齐国。

齐桓公也想插上一脚，派遣管仲、隰朋分别前往周王室和晋国谈判，以促对方与叔带和解。周襄王对管仲礼遇有加，但说起叔带就是一肚子的火，谈得很不愉快。后来，仲孙湫又奉命前往洛邑，替叔带求情，周襄王的态度依然非常强硬。仲孙湫回来跟齐桓公讲，没有十来年的工夫，这事儿恐怕结不了。齐桓公听了仲孙湫的话，只得就此作罢，让叔带暂时寄居在齐国。一直到公元前640年，周襄王才在大臣的劝说之下，将叔带召回洛邑。没想到叔带本性难改，继续策动叛乱，那就是后话了。

王室不稳，仅仅是天下乱局的冰山一角。南面的“熊孩子”楚国、北面的“野孩子”狄人，这些年来气焰愈盛，锐力不减，温、黄等小诸侯国从地图上消失了（一个灭于狄，一个灭于楚），像郑、卫这样有一定体量的诸侯国备感压力；东面的淮夷也蠢蠢欲动，频繁滋扰杞国。

面对咄咄逼人的外敌，扛把子的齐国逐渐显现出强弩之末的态势，主要的应对策略是被动防御，譬如派兵驻守洛邑，帮助卫国修缮城防工事，还有为杞国搬家。难得有一次，为了解徐国之危，兴兵讨伐楚国的盟友厉国，还惨遭败绩。

外患已经够让齐桓公闹心的了，偏偏齐国的内部也出了问题。公元前645年，管仲去世，易牙、开方、竖刁利用齐桓公的宠信走向前台，埋下了齐国内乱的祸根。把这三个人的人生经历合在一起，算得上一部“暗黑史”。

先说易牙，这人原本是个厨子，做得一手好菜，曾经把自己的儿子杀掉，做成味道鲜美的肉汤，以此取悦于齐桓公。齐桓公得知实情后，虽然有点儿犯恶心，仍感动得一塌糊涂，对他恩宠有加。至于开方，此人的父亲正是那位痴迷于养鹤装神仙的卫懿公。早在卫国被狄人灭掉之前，开方便告别家人，一直追随齐桓公浪迹天涯，十五年没有回去探过亲。竖刁又叫竖刀、寺人貂，为了追求荣华富贵，不惜自断命根，凑到齐桓公身边做了一名宦官，必杀技是阿谀奉承。

管仲临终前，齐桓公曾跟他提到过这三个人，有意让他们继任相国之职。管仲接连摇了三回头，对三个人的点评一针见血：易牙杀儿子讨好主子，太没人性；开方不念父母之亲，不讲人情；竖刁对自己下狠手，也不是什么好鸟。三人都是为达目的不择手段的宵小之徒，谁用他们谁倒霉！

管仲一番肺腑之言，可惜齐桓公听不进去。公元前643年，齐桓公病重，易牙、开方、竖刁串谋作乱，将齐桓公软禁于宫中，堵住大门，筑起高墙，不准任何人靠近。奄奄一息的齐桓公要吃没吃，要喝没喝，一代霸主就这样被活活饿死了。

郑庄公在世时，祭仲曾有一句“三公子皆君”的神预言，而齐桓公死后的齐国，情况比当年的郑国还要复杂。齐桓公先后有三位夫人——王姬、徐嬴和蔡姬，她们就跟商量好了似的，都没能生出儿子来。而六位受到齐桓公宠幸、待遇等同于夫人的姬妾，偏偏个个都有母以子贵的资本。长卫姬生子无亏，少卫姬生子元，郑姬生子昭，葛嬴生子潘，密姬生子商人，宋华子生子雍。

当然，齐桓公膝下还有很多儿子，但参与了君位争夺战的就这六位公子哥。齐桓公在世时曾与管仲商定，册立郑姬的儿子昭为太子，还趁着举行葵丘之盟的机会，将这桩后事托付给了宋襄公。叛乱的主谋易牙跟长卫姬关系密切，自然不肯认这笔旧账，说先君在世的时候曾亲口答应改立公子无亏做太子，只是还没来得及完成手续就撒手人寰了，咱们应该以最后一份遗嘱为准。

易牙口说无凭，其他公子当然不服气。闹了两个多月，公子无亏终于被专横的易牙、竖刁强行扶上了君位，公子昭则逃往宋国寻求庇护。在诸公子争夺君位的这段时间，齐桓公的尸体原模原样地挺在床上无人过问，长达六十多天，尸身上的蛆虫都爬出了窗外。直到公子无亏嗣位，才将惨不忍睹的父亲尸身收殓下葬。

公子无亏嗣位，却是诸公子争夺君位的新开端。其他五位公子不甘落后，频繁上演着螳螂捕蝉、黄雀在后的闹剧，除了公子雍以外，都过了一把君主的瘾。

最后一位摘走胜利果实的是少卫姬的儿子公子元，嗣位于公元前609年，是为齐惠公。齐桓公遗留下来的历史问题这才宣告终结。也就是说，“你方唱罢我登场”的阴霾笼罩在齐国上空长达三十多年，霸主的声誉与威严也随之灰飞烟灭。

山中无虎，猴子称王

鄄地之盟确立的诸侯体系以霸主齐桓公为核心。随着齐国日渐式微，这个体系的向心力大幅度衰减，其他结盟的诸侯便开始蠢蠢欲动。最早有想法的是鲁僖公，趁着齐国疲于应付乱局，于公元前643年把邻近的项国灭了，想借此树立威权，争做扛把子。齐桓公当时还没死，尽管已经被北狄、南蛮和周王室的内乱搞得焦头烂额，依然不肯放过一丁点儿痴心妄想的苗头，便借着会盟的机会把鲁僖公扣下了。多亏鲁僖公的夫人声姜（齐国之女）出面，找齐桓公求情，齐桓公这才网开一面，既往不咎，把鲁僖公放了回去。

俗话说："山中无老虎，猴子称大王。"齐桓公死后，眼瞅着齐国人自己折腾起自己，宋国国君宋襄公再也抑制不住欣喜若狂的心情，认为霸主之位非自己莫属。虽然宋国的国力被齐国甩出好几条街，怎么都瞧不出宋国有霸主的气质与风范，但实话实说，宋襄公心里这么琢磨，并非异想天开，还是有一定的理论根据和现实底气的。

先从远的论起，宋国是商朝王室之后，在被周公旦分封之时就享受荣誉称号（公爵），虽不敢说出身正统（毕竟是前朝"余孽"），但传承着王室的基因，这一点不容置疑，因此做天下诸侯的霸主，资历这一关分分钟就通过了。

再说近一点的，宋桓公主政以来，一直跟着老大哥齐桓公混，因此深得齐国的信赖。就连册立太子这么重大的事儿，齐桓公跟管仲商议定了，还要借葵丘之盟托付给宋桓公之子宋襄公才放心。在宋襄公看来，这不单是信任问题，更是齐桓公借此向诸侯宣示，他宋襄公是霸主之位的接班人。齐桓公是否真有这么一层意思，咱们不好妄加推断，但宋襄公本人就是这么认为的；何况齐桓公、管仲都已作古，其他当事人已经死无对证，解释权就掌握到宋襄公的手里了。

最后说新近发生的，公子无亏在易牙、开方、竖刁等一群乱党的扶持下继承君位，诸公子纷纷作鸟兽散，拥有合法太子身份的公子昭逃到了宋国，这为宋襄公干涉齐国内政并借以树立声威，凝聚中原诸侯，创造了天赐良机。

但凡成大事者，敢想更敢干，毕竟只知而不行，那不是真的知，得知行合一才行。公子无亏在位短短数月，刚翻过新一年的年头，屁股还没坐热乎，宋襄公邀集的诸侯联军便硬闯进了齐国的地界。“干涉军”的目的很明确：公子无亏非法嗣位，咱们不能不管，所以护送公子昭来拿回原本属于他的东西。齐国国人对于易牙等人作乱，原本就憋着一肚子火，就趁势杀掉了公子无亏和竖刁等人（易牙、开方侥幸逃脱，后面还有戏份），打算迎立公子昭。

杀公子无亏等一干乱党，大家伙儿都没什么意见，但说到迎立公子昭，其他四位公子哥不乐意了，各有各的理由，总之就是要把公子昭连同“干涉军”撵出国去。宋襄公又通过武力解决，大败四公子之师，顺利护送公子昭回到临淄嗣位，是为齐孝公。

通过打败齐师干了一票大的，不负齐桓公的葵丘之托，宋襄公不禁有些飘飘然，认为当下宋国足以取代齐国成为中原霸主。

如何才能成为霸主，没有现成的教程，但从小马仔到老大哥，普遍的做法是手上得沾点儿血，否则无以树威。按照这个思路，宋襄公先拿弹丸诸侯——滕国开刀，随便找个理由把滕宣公抓了。紧接着，宋襄公又责令曹、邾、鄫三国国君前往毗邻东夷的次睢社（今山东临沂附近）会盟。鄫国国君晚到一步，宋襄公就把他当作反面典型扣了下来，还打算拿他当此次祭祀的祭品，顺带震慑一下东夷，抖抖大哥的威风。

宋襄公一门心思要做霸主，但宋国并不乏头脑清醒的务实派，公子目夷便是其中最有分量的一位。公子目夷是宋桓公的长子、宋襄公的哥哥，只可惜是庶出，属于没有君位继承权的小宗。宋桓公病重时，太子兹甫（即后来的宋襄公）向父亲恳请将太子之位让给庶兄目夷。公子目夷听说之后，不愿坏了宗法制的规矩，坚辞不受，后来索性跑到卫国躲了起来。宋襄公嗣位之后，将目夷召回身边，委以军政大权。

看到弟弟宋襄公忘乎所以，公子目夷心急如焚，苦口婆心地劝他千万不要意气用事。目夷说，先前齐桓公身为霸主，虽然拥有平鲁、救邢、存卫三大功绩，依然有人说他薄情寡德，你可倒好，霸主还没做上呢，就虐待两国之君，这哪里是求霸，简直就是作死！鬼迷心窍的宋襄公听不进去，这边的事儿还没了结，又兴师讨伐叽叽歪歪的曹国。目夷认为宋襄公动辄讨伐他国不妥，在德行方面还需要下功夫修炼，但头脑发热到几乎丧失理智的宋襄公依然我行我素。

眼瞅着昔日归附于齐国的中原诸侯分崩离析，陈国国君出面召集了一次盟会，鲁、蔡、郑、楚等诸侯都应邀前往齐国见了面，缅怀齐桓公的功绩，共叙往日情谊。宋襄公一心想做霸主，既不愿意给强出头的陈国捧场，也不想继续活在齐桓公的阴影中，所以拒绝赴会。不仅不给面子，宋襄公还想照葫芦画瓢，邀集诸侯会盟，树立以宋国为核心的新诸侯体系。

理想很丰满，但现实太残酷，宋国发出去的请柬，到底有多少人会买账，宋襄公心里没底。于是宋襄公派人去联络楚成王，想借楚国的影响力让原先归附楚国的诸侯尊奉宋国为盟主。

在别人的地盘上招揽小弟，还请对方的老大出面忽悠，不得不佩服宋襄公的胆量和想象力。鲁国大夫臧文仲对此有一句神预言——“以欲从人则可，以人从欲鲜济。”意思是让自己的欲望符合他人的需求，便能成事，而想让别人屈从于自己的私欲，纯属做白日梦，人家又不是你亲爹亲妈，凭什么惯着你？公子目夷也奉劝宋襄公，宋国几斤几两，咱们心里难道没数？多大的锅烙多大饼，打肿脸充胖子，非倒大霉不可！

出乎所有人的意料，楚成王竟然答应了宋国的无理要求，承诺带着小弟们一起来捧宋襄公的场。宋襄公只顾着做黄粱美梦，哪里想到楚成王下的是一盘大棋，而他宋襄公只是一枚可怜的棋子，即将为不切实际的幻想付出极其惨痛的代价。

中原的危机

应宋襄公邀请，楚、宋、郑、蔡、许、曹等国于公元前639年在盂地（今河南睢县附近）会盟，名义上是尊奉宋襄公为盟主，其实楚成王另有打算。他不仅借此机会将宋襄公扣押，还兴师讨伐自不量力的宋国。多亏鲁僖公从中斡旋，才缓解了紧张事态。

兴许是霸主的诱惑实在太大，被释放回国的宋襄公依然执迷不悟，铤而走险。先前只是拿滕、鄫、曹这样的弹丸诸侯国开刀，如今变本加厉，竟要讨伐归附于楚国的变节分子郑国。在楚成王看来，宋襄公就是个见了棺材也不会掉泪的货色，不把他揍得生活不能自理，称霸之心就不会死，于是决定救郑伐宋。

公子目夷认为，“天下弃商久矣”，宋国谋求称霸的立论基础存在很大问题，毕竟“一姓不再兴”，这是在逆天时而动，跟老天爷作对，怎么会有好下场？虽说“一姓不再兴”之论带有明显的宿命色彩，但从另一个角度来看，这是一个概率问题。“前朝余孽”想翻盘，春秋之前没有过，春秋之后也不会有。更何况就国力而言，眼下宋国充其量算二流，当初之所以能打败齐国军队，其实背景大家都清楚，那是借四公子师之力。齐国绝大部分国人，包括高傒这样的重量级贵族在内，都是支持迎立公子昭的。他们要么做内应，要么保持中立，才让宋襄公如愿以偿，将公子昭扶上了君位。如今想跟楚国硬怼，这不是活得不耐烦吗？

宋襄公谋求霸主之位，全然是一次不顾国力的战略失误，而在战术层面，宋襄公连一个合格的统帅都算不上。接下来的宋、楚交锋，便是让宋襄公贻笑于后世的“泓水之战”。当时，双方实力差距相当大，宋国军队的战斗力明显弱于民风彪悍的楚国，论数量也没人家多。公子目夷（时任大司马）劝谏无果，只有硬着头皮打这一仗。考虑到敌强我弱，随军出征的目夷建议，楚军过来要渡过泓水，等他渡河到一半的时候，咱们打他个措手不及，或许还有机会取胜。宋襄公不同意，说我打这一仗就是为了争做霸主，不拼实力拼阴谋，胜之不武，那还不如不打呢。等到楚军全部渡了河，公子目夷又建议在楚军组成战斗阵列之前，抓紧机会出击。这也不失为明智之举，但宋襄公还是不肯，说宋国是仁义之师，那些下三滥的做派咱们可不能干。

双方列阵开打，宋军毫无悬念地以惨败收场，宋襄公还被射中了大腿，真的就生活不能自理了。回到都城之后，大臣们纷纷数落宋襄公瞎指挥，不听取公子目夷的正确意见，导致一败涂地。宋襄公吃了教训嘴还硬，说什么君子不能乘人之危。公子目夷当即炸了毛，说打仗就是谋打赢，照你那套空谈仁义的做法，当奴隶服侍别人好了，哪里还用得着打仗？宋襄公被怼得没了脾气，腿上的伤痛更是让他元气大伤。

公元前637年，曾经被宋襄公扶上位的齐孝公突然翻了脸，以宋国当年未参加陈国组织的“缅怀之会”（到齐国缅怀齐桓公丰功伟绩的那次会盟）为由，出兵讨伐宋国，将这位当年的恩公好一顿收拾。宋国求和，齐军才班师回国。不久之后，悲愤交加的宋襄公不治而亡，带着他“蠢猪式的仁义道德”（毛泽东语）和竹篮打水一场空的霸主美梦，可笑又可怜地退出了历史舞台。

宋襄公死后，太子王臣嗣位，是为宋成公。宋国终于认清了现实，放弃了称霸的痴心妄想，放下身段与楚国讲和。

伴随着宋襄公不出意外地落败，在齐桓公所构建的中原诸侯体系中，已经没有谁敢于挑战楚国的威势了。曾经凝聚在齐国羽翼之下的诸侯，要么选择沉默以图自保，要么索性改弦更张，登上楚国的大船。

作为楚国的铁杆粉丝、忠实马仔，郑国的表现完全可以用奴颜媚骨来形容。楚军即将从泓水凯旋之际，郑文公安排夫人芈氏（楚成王的姊妹）和姬妾姜氏（齐国之女）前去劳师。楚成王跟当年调戏息妫的子元一样，也有一点英雄难过美人关的情怀，兴致相当高昂，让战俘整齐列队，还将割下来的战俘耳朵陈列在侧，接受芈氏、姜氏一行的“检阅”。如此目无礼制的行为，遭到了时人的痛斥，但郑文公丝毫不以为意，还在都城盛情宴请了楚成王。楚成王大快朵颐之后，又顺走了郑文公的两个女儿。

齐孝公对宋国恩将仇报的时候，楚成王再度发威，派将领成得臣（字子玉，斗伯比之子）率兵讨伐陈国。表面上说是因为陈国依附于宋国，其实背后的原因更能暴露楚国染指中原的野心。首先，陈国曾经组织过所谓的“缅怀之会”，楚国此番敲打陈国，就是想让中原诸侯放弃抱团取暖的幻想。其次，陈国是中原东南面的一道屏障，先把它搞残，将来出入中原它才不会碍手碍脚。此役，楚国不仅夺占了陈国的焦、夷两座城邑，还帮助与陈国隔河相望的顿国修缮工事，起到监视和牵制陈国的作用，令其不敢轻举妄动。

以“蛮夷”自居的楚国兴致盎然地前来“观中国之政”，而所谓的“中国之政”，实在是相当不争气。齐桓公一代霸主烟消云散之后，以齐国为核心的中原诸侯体系土崩瓦解。宋国想通过干涉齐国的君位继承来谋求霸主之位，鲁国以及狄人则支持齐国对抗宋襄公这个“假霸主”。郑国投向了楚国的怀抱，曾经饱受狄人侵扰的邢国更是认贼作父，联合宿敌狄人去讨伐自己的小伙伴卫国。齐孝公也掺和进来，将齐桓公的三大功绩抛诸脑后，公然与狄人、邢国串通一气。多亏卫文公是卫国这么多年来难得的英主，举全国之力奋起抵抗，方才得以保全卫国。

没有扛把子管束的中原诸侯，几乎在一夜之间搅成了一锅粥。不凑巧的是，周王室仿佛是担心自己被世人遗忘，也闹出了一场乱子来“抢头条”。

关于这场王室之乱的起因，大概可以从郑国开始讲起。郑国投靠楚国之后，原先屈服于郑国的弹丸诸侯滑国选择“弃暗投明”，拜了卫国的码头。郑国这下不乐意了，两度兴兵讨伐滑国这个变节分子。诸侯因站队而相互掐架，原本没有周天子什么事儿，但王室跟卫国关系密切，周襄王便派两位大夫前往郑国替滑国求情。

周襄王的面子大，但郑文公一点儿不想给他面子。当初郑、虢两国出兵平定王子颓之乱，护送周惠王复位，出力最多的郑国却获利最少，如今周襄王又公然拉偏架，郑文公决定新账旧账一块算，下令将两位大夫扣押起来。周襄王也不甘示弱，敢抓我的人，非让你知道天下跟谁姓不可！

嘴上要横容易，周王室还真没有能力去教训郑文公，便打算找狄人来帮忙。大夫富辰认为这可使不得，理由有两个：其一，周室东迁时，郑国是两大“护法”之一（另一个是晋国），有夹辅王室之功。先前王子颓作乱，也是郑国出面把事摆平的。两桩事足以说明，搞好与郑国的关系，对王室而言具有重大战略意义，不应该因为一点小怨就乱了大局。其二，正所谓“兄弟阋于墙，外御其侮”，周、郑交恶，说破了天也是自己家里的纷争，没有借助外族之力的道理。引狼入室，与怀柔天下、共御外侮的宗旨背道而驰。

富辰说得在理，但周襄王听不进去，当即派大臣颓叔、桃子去狄人那里搬救兵。狄人乐得捞到染指中原的机会，帮起忙来相当卖力，不仅痛揍了郑国，还夺走栎邑作为酬劳。为了感谢狄人替自己出了一口恶气，周襄王不顾大夫富辰的竭力反对，执意娶狄女隗氏为后，与狄人结为联姻之亲。

谁曾料想，这位年轻貌美的隗氏竟然跟回到洛邑没多久的叔带搞上了。不得不承认，叔带真算得上个人物，当初为了夺取王位，借戎师之力攻打洛邑，结果被秦、晋两大诸侯坏了好事，仓皇逃到齐国。齐桓公曾经派大臣前往洛邑替叔带求情，周襄王当时正在气头上，巴不得他死在外面。一直到郑国讨伐滑国前后，周襄王才采纳了大夫富辰“和睦兄弟，以彰诸侯”的建议，将叔带召回洛邑。

原本打算“相逢一笑泯恩仇”，没想到叔带送给哥哥的见面礼，竟然是一顶绿油油的帽子。周襄王气得要炸肺，当即把隗氏废了。先前奉命去搬救兵的颓叔、桃子担心狄人怪罪，连累到自己，索性怂恿叔带作乱，借狄人的力量控制了洛邑。

本想借别人的刀，结果自己挨了捅，悔不当初的周襄王唯一的选择就是跑路，只可惜周公忌父、富辰等一干大臣没能跑掉，全部殉难。叔带携隗氏在狄人占领的温邑落脚，名义上自立为王，实则沦为狄人的傀儡。危难关头，多亏郑文公不计前嫌，再度以夹辅周室为己任，为惶惶如丧家之犬的周襄王提供了庇护之所。

虽说暂且无虞，但周襄王心里很清楚，仅凭郑国之力根本没办法翻盘。“蛮夷”楚国与狄人纯属一丘之貉，不趁火打劫就烧高香了，根本指望不上。为了挽救王室于危亡，周襄王不断向各方诸侯告难，管它有枣没枣，先打上几竿子再说，死马当成活马医吧。

纵观天下，真霸主（齐桓公）陨落，假霸主（宋襄公）沉沦，面对北狄、南蛮的步步紧逼，东方诸侯已然爱莫能助，无能为力。以晋、秦为代表的西方诸侯，恐怕就是挽救周王朝的最后一丝希望了。

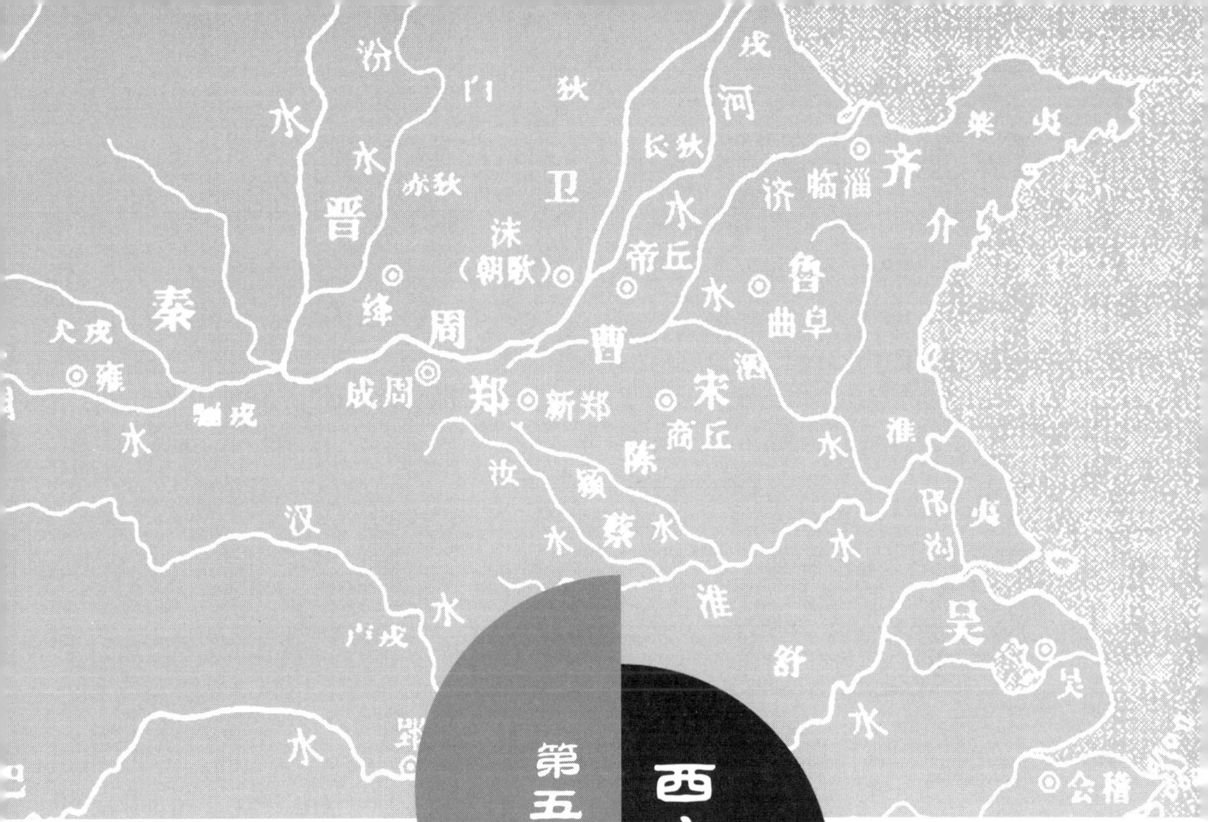

第五章 西方的纠葛

家和万事兴

受地理环境和交通条件的限制，以周朝都城洛邑为界，西边诸侯与东边诸侯的接触并不多。周室东迁之初的四大诸侯（齐、楚、秦、晋），西面就占了两席，本书前文里，晋国偶尔还露露脸，独踞关中的秦国基本上没有出镜的机会，因此现在有必要追根溯源，将这两个即将决定东周王朝生死存亡的西方诸侯，仔仔细细地说道一番。

洛邑以西的诸侯当中，晋国的地缘政治环境无疑是最为优越的。这个姬姓诸侯地处汾水中下游，也就是今天山西省的西南部，属于河谷地区，有利于发展农业生产；四面被山脉和黄河环绕，进可攻退可守，周围也没什么强敌，都是一些零零碎碎的戎狄小部落。

按理说，拥有这么优越的自然条件，借势坐大并不是一件困难的事情，但一场政出两地的纷争，使晋国耽误了将近七十年宝贵时光。公元前679年，第N次攻破翼城的晋武公终于通过重金贿赂，通过了周王室的“户口审查”，跻身为晋国的大宗。两年之后，晋武公去世，儿子诡诸嗣位，是为晋献公。在这个齐襄公式人物的领导下，晋国终于步入发展正轨，以惊人的速度迅速崛起。

作为一代雄主，晋献公具有一个共有的性格特点，那就是心狠手辣。嗣位之初，晋国内部并没有随着政令归一而趋于稳定，曲沃桓叔、曲沃庄伯的其他后裔，相对于晋献公而言虽然只是小宗，但耕耘多年，势力深厚，影响力不容小觑，据说还特别骄横（即使不骄横，台上的君主也会对他们心存忌惮）。

晋献公上台之后，采纳了大夫士蔿的建议，通过不断挑拨离间，挑起宗亲斗宗亲，闹腾得热火朝天。不出十年光景，晋献公便成为胜利的“收割者”，轻松愉快地将这些隐患全部消灭。

翦除内患之后，晋献公将都城迁到了绛邑，集中精力谋求对外扩张。为了适应征伐的需要，晋国于公元前661年改革兵制，将军队整编为上、下两军。晋献公自领上军，以国土防御为主；出去干仗的下军，则由太子申生统领。

军队各司其职，效果立竿见影，太子申生率兵四处攻城略地，先后灭掉耿、霍、魏等弹丸诸侯。公元前660年，狄人侵扰邢、卫，齐国采取被动防御策略，拿邢、卫的故地换和平，晋献公则派太子申生再度出征，讨伐东山皋落氏，败狄人于稷桑，有效缓解了中原诸侯的压力，做了一回深藏功与名的幕后英雄。

根据《韩非子》记载，后来的晋国重臣赵鞅自豪地回忆起晋献公的丰功伟绩，说他“并国十七，服国三十八”。是不是真的有这么多，咱们难以考证，但晋献公确实领衔主演过一出精彩纷呈的大戏——假道伐虢，此案例还成功入选了堪称兵家瑰宝的《三十六计》。

虞、虢这两个弹丸诸侯国很有意思，虽说地盘不大，但所处的位置至关重要。虞国在茅津，守着黄河渡口。虢国更厉害，夹着黄河分布，在南、北两岸都有地盘。北岸称为北虢，是东虢被郑国灭掉之后，周平王重新分封的地方；南岸称为南虢，是从西虢东迁过来的。北虢实力弱，依附于南虢，实际上它们就是一个诸侯国，控制着崤山、函谷关天险。

两个上不了台面的小屁孩儿，一个守着渡口，一个守着山口，就好比交通要道上矗立着两家钉子户，你说烦人不烦人？为了铲掉这两道路障，晋国大夫荀息的建议是先收拾虢国，理由有三：其一，晋国内乱时，虢国曾经站在“合法”的翼城一边，帮着“政府军”打曲沃，咱们有充足的理由对其清算旧账；其二，控制虢国之后，夹在晋、虢之间的虞国就成了唾手可得的囊中之物；其三，虞国国君做的是小本生意，吝啬又贪婪，只要钱给到位，别说借道了，借他的老婆都不成问题。

晋献公认为这个方案不错，唯一的担心是虞国大夫宫之奇，这个人可不怎么容易糊弄。荀息早就料到了这一层，说宫之奇的警惕性高，不容易上当，但为人懦弱而不能强谏，缺少一股子狠劲，只要诱惑足够大，虞公是不会搭理他的。

为了引诱虞国上钩，晋献公真是不惜血本，用屈产的宝马、垂棘的白璧去贿赂虞公。诉求只有一个：借条道收拾虢国。屈产之马、垂棘之璧，在当时都是相当稀罕的物产，可以说价值连城。晋献公刚开始还有点舍不得，荀息拍着胸脯向他保证说，咱们只是换个地方保存而已，早晚能物归原主。

收到如此厚重的酬劳，虞公果然不顾宫之奇的劝谏，不但借了道，还主动充当起急先锋，助力晋献公讨伐自己的小伙伴，使晋国轻而易举地夺取了黄河北岸的下阳（即北虢）。

三年之后，也就是公元前655年，晋献公故技重施，再次送出厚礼，恳请虞公借道。上回出兵，占了虢国一半的地，这次去，非把它灭了不可。宫之奇真是急了眼，说出一句著名的话：“辅车相依，唇亡齿寒。”道理很简单，虞、虢太弱小，不抱团谁也活不成。但虞公贪财贪上了瘾，自己给自己打麻醉剂，说晋、虞同为姬姓，晋国是不会坑害咱们的。宫之奇当即怒怼：“曲沃桓叔、曲沃庄伯的子嗣难道不姓姬？跟晋国宗室的关系比咱们还近，结果有谁能活到今天？”

宫之奇言之凿凿，虞公偏就不信这个邪，结果果然着了晋献公的道。晋国灭掉虢国之后，在回去的路上顺带把虞国灭了。虢公的反应还算敏捷，跑到洛邑落了脚，虞公可就没这么好的运气了，连同一干大臣成为晋国的俘虏。宫之奇有先见之明，在两番劝谏无果之后，便带着族人事先逃走了。

灭虞之后，荀息兑现了当初的诺言，将先前送出去的屈产之马、垂棘之璧带回绛邑。晋献公喜出望外，说马还是那匹马，就是牙口有点见老了。

输在起跑线上的“另类”

晋国取代虢、虞两个弹丸诸侯，控制了中原通往关中的山河险要，最难受的莫过于国势刚刚略有起色的秦国。

我们都知道，秦国是列强争雄的最终胜利者，但在东周数百年的舆论场中，秦国其实是一个相当悲催的“另类”。春秋时期，秦国是王室的诸多关系户搞“地域黑”的对象之一，被蔑称为“西戎之国”；战国时期，秦国又被中原的一线诸侯（山东六强国，即韩、赵、魏、楚、燕、齐）起了“虎狼之国”的外号。总而言之，在时人的眼里，秦国人就是生活在边远之地、茹毛饮血的野蛮之徒。外号多而烂倒没什么可怕，真正有能耐的，谁会在乎别人的看法？最让秦国糟心的问题在于：自己还没开始撒开腿狂奔，便已经输在起跑线上了。

这话怎么讲呢？与齐、晋、楚、鲁、宋、卫等一线诸侯国（仅就出镜率而言，未必实力一流）相比，秦国拥有“三宗最”：资历最浅，初始级别最低，来历最模糊。

先说资历。周公旦布局天下的时候，秦国那块地还是人家西戎部落的地盘，正儿八经的分封，是周平王东迁之后的事儿了。严格来讲，在西周王朝的诸侯名录中，根本找不到秦国的名号。

再说初始级别。秦国得到分封的时候，应该是公爵（国君称公），但此时的公爵与西周之初的公爵完全不可同日而语，自打周宣王大肆分封诸侯，爵位就被炒成了白菜价。因此秦国被公认的初始级别，其实是周宣王委任给秦仲的大夫之名，连站着开会的“二等公民”楚国都不如，人家好歹还是子爵呢。

最后说来历。秦国是异姓诸侯，这一点毋庸置疑，但寻根应该寻到哪里，其实是一笔糊涂账。

根据《史记·秦本纪》记载，秦国宗室的来历还算比较清晰。先祖是帝颛顼（五帝之一）的苗裔之孙女修，女修吞下一枚鸟蛋之后生下儿子大业。大业娶了少典（相传是黄帝、炎帝的父亲）之女，生子大费。大费与大禹一道治水立了功，迎娶帝舜的女儿，因为擅长训练鸟兽，也被称为柏翳。大费生大廉，大廉的玄孙叫孟戏中衍，身体像只鸟，却能说人话，是帝太戊（商朝君主）的卫士兼女婿。这位birdman（“鸟人”）传了N代到蜚廉，蜚廉的儿子叫恶来，父子俩都深得商纣王的宠信。周武王伐纣时，恶来被周人杀死，弟弟季胜和儿子女防则归附了新兴的周朝。季胜这一支后来封在赵城，以地为氏，被战国时期的赵国认定为先祖。恶来的儿子女防传了四代到非子，定居于犬丘（今陕西兴平附近），为周孝王养马。因为“弼马温”的工作做得有声有色，遂受封于秦地，得赐姓嬴，从此被称为秦嬴。

这段有关秦国宗室来历的记载，最大的问题并不在于寓史于神话的玄幻情节，而是通篇以肆意的虚构与捏造，往自家的家谱上面贴金。粗略数了数，秦国宗室至少跟五位君主（包括上古帝君）存在血缘关系，从概率上讲，这种可能性几乎为零！

另据一些古书记载，秦国原本是出自东方的种族，属于所谓“熊盈”的一支。西周初年爆发“三监之乱”，熊盈部落跟着起哄，周公旦率师东征，讨伐熊盈的十七个部落，降服了其中的九个，悉数迁往镐京以西安置，称之为“嬴”（同“盈”）。由此可知，秦国宗室应该就是这九个被俘的部落之一，因为安置在秦地，首领便被称为秦嬴。与《史记》的记载相比，这个来历更加靠谱一些。

秦嬴往下传三代到秦仲，这之后基本上就是信史了。周厉王时期，秦国的先人几乎被西戎灭了族，后来周宣王任命秦仲为大夫，前去征讨西戎，替族人报仇雪恨。秦仲不幸战死沙场，儿子嬴其继承父亲的遗志，终于打败了宿敌西戎，夺回犬丘故地，被周王室封为西垂大夫。从嬴其开始便有了谥号，他被称为秦庄公。

秦庄公死后，本应由长子世父嗣位，但世父一门心思想着杀戎王报家仇，顾不上当领导，便把王位让给了二弟（名字不详），是为秦襄公。

在秦国早期的发展历程中，秦襄公算得上一位有为之君。《诗经·秦风》中有三首诗歌颂君主，其中两首——《驷驖》和《无衣》歌颂的都是秦襄公。

秦襄公在位期间，主要干了三件大事儿：一是将妹妹缪嬴嫁给西戎丰王，从而分化西戎，便于各个击破；二是谋求向东发展，将势力扩展到了汧水（今称千河）、渭水交汇一带（今陕西宝鸡附近）；三是在“骊山之难”中出兵勤王，参与护送周平王东迁。

当时，周平王是落难的凤凰不如鸡，穷得一塌糊涂，没有什么可赏赐的，只有册封不必花钱，秦襄公从此便跻身诸侯之列，封地是岐山以西。分封岐山以西，说得美丽又动听，其实这部分地区绝大部分都控制在西戎部落的手里，另有秦国经营多年的自留地，周平王开出这么一张空头支票，居然一点儿也不脸红。

周平王的分封，一假二大三空，但输在起跑线上的秦国竟然出乎意料地成功逆袭了。按照迷信的说法，人家姓得好啊，嬴者，赢也。从环境因素来看，家贫出英才，寒门出公卿，人家无依无靠，没有退路，只有玩命地干活，家资逐渐殷实起来，也是理所应当。

秦襄公死后，儿子秦文公嗣位，秦国举国迁到汧、渭一带，开始有史纪事，并打败西戎，真正夺取了岐山以西之地，据说还将岐山以东的地盘奉送给周王室，身为臣子做得相当仗义。

秦文公死后，孙子秦宪公主政，他把都城迁到平阳，继续讨伐残余的西戎。秦宪公死后，大庶长（类似于族长的贵族集团）废太子而拥立年幼的出子。出子在位六年，大庶长又将其杀掉，复立先前的太子嗣位，是为秦武公。秦武公讨伐彭戏、邽、冀戎等部落，开始推行县制，并灭掉小虢（西虢东迁之后残留的宗族），夺取杜、郑等地，将势力发展到了岐山以东。显然，与秦文公严守受封的边界，送地给周王室相比，所做合法不合法、仗义不仗义，此时的秦国已经全然不在乎了。

秦武公死后，二弟秦德公嗣位。秦德公只做了两件值得史书记录的事儿，但这两件事对秦国的影响相当深远：一是将都城迁往雍邑（今陕西凤翔），直至商鞅变法都没有再变过；二是推行活人殉葬制度，使得秦国饱受其他诸侯的诟病，“西戎之国”的蔑称与这种惨无人道的殉葬制度不无关系。这项制度一直延续到春秋、战国之交，秦献公嗣位之后才下令彻底废除。

秦宣公（秦德公长子）主政时期，独踞关中的秦国第一次与隔黄河相望的晋国发生纠葛，双方在河阳打了一仗。此时是公元前672年，还在收拾一干宗亲的晋献公无心外战，晋国没有打赢。

公元前660年，秦宣公的少弟秦穆公嗣位。两者之间还隔着老二秦成公，他没有太大的作为。秦穆公嗣位之后审时度势，认为秦国要想谋求发展壮大，过早地与晋国发生冲突，并不是一个好的选择。如果打不赢，秦国将在很长一段时期丧失向东发展的机会；即使能打赢，以晋国当前的实力来看，秦国也是惨胜，伤痕累累还怎么乘胜扩张？因此，秦国的当务之急是跟晋国搞好关系。

秦穆公主动提出，迎娶晋献公的女儿为妻。晋献公乐得召个女婿兼马仔，相当爽快地答应了这门婚事。长远来看，秦国此番最大的收获，并非史称“秦晋之好”的联姻本身，而是被晋献公当作“陪嫁”（正式的称谓叫作“媵臣”）送给秦国的一代贤臣——百里奚。

百里奚是虞国人，来历不详，据说是姜姓，因居住在一个叫百里的地方而得氏，官居大夫。晋国顺道灭虞的时候，百里奚与虞公一起成为俘虏，晋献公极尽侮辱之能事，将他作为女儿的陪嫁送往秦国。百里奚年逾古稀，实在丢不起这个人，找机会逃了出去，结果在楚国边境被抓个正着。

秦穆公久仰百里奚的大名，想用重金将他从楚国人的手里赎回来，转念一想，千万不能这么干，越是不吝重酬，越容易暴露百里奚的身份。楚国家大业大，不像虞国这样的小本生意，对各式各样的诱惑（更准确地说是诱饵）相当敏感，要么拒绝接受贿赂，将这个宝贝留着自己用，要么收下酬劳送回尸身，让秦国人财两空。

最后，秦穆公让人带着五张山羊皮前往楚国交涉，说百里奚是私自逃跑的媵臣，虽说地位低贱，但犯了事就得受到惩罚，为了维护法制的尊严，秦国愿意在执法成本上吃点亏，拿五张山羊皮换他回去接受处理。楚国人果然上了当，在收下羊皮之后将百里奚遣返。来到秦国之后，百里奚得到秦穆公的重用，他还举荐了故交蹇叔，共同助力秦国的崛起。因为这段以山羊皮赎身的传奇故事，百里奚被世人戏称为“五羖大夫”。

骊姬之祸

晋灭虢、虞，既给秦国送来了一代贤臣百里奚，也堵住了秦国通往中原的必经之路。利弊相抵，秦国似乎没捞到什么好处，但命运不会一直不公，输在起跑线上的秦国，很快就从晋国的夺嗣之乱中找到了发展机会。

对比齐、晋两国的称霸之路，会发现两者有着惊人的相似：称霸之前，都有一个奠定基业的雄主，齐国是齐襄公，晋国是晋献公；从奠基之君到创霸之主，都会经历一场夺嗣之乱；最终胜出的霸主，齐国的公子小白、晋国的公子重耳，都是以逃亡公子的身份，经过一番大浪淘沙之后开创霸业的。

齐国内乱的起源，是齐襄公生活作风糜烂，肆意忽悠大臣（“淫于妇人，数欺大臣”）。晋国倒没有这么复杂，起因就一条：晋献公好色。

晋献公的夫人来自贾国，应该是在曲沃做“反政府势力”的时候娶过来的，没有生下儿子。后来，晋献公将早有私情的庶母齐姜（晋武公的姬妾）纳为己有，还封她做了夫人。齐姜生下一儿一女，女儿是出嫁到秦国的穆姬，儿子便是太子申生。与齐姜乱伦之后，晋献公又迎娶了两位戎族之女，年纪大一些的被称为大戎狐姬，生下公子重耳，另一位被称作小戎子，生下公子夷吾。

公元前672年，晋军讨伐骊戎，赚了一个美女献给晋献公，称为骊姬。有大臣认为，这名女子过于狐媚，与妹喜（受宠于夏桀）、妲己（受宠于商纣）、褒姒（受宠于幽王）是一路货色，有亡国之象，绝不能把她留在身边！晋献公没当回事儿，心想这个大臣是得不到葡萄吃就嫌葡萄酸，因此不仅照纳不误，还封骊姬为夫人（当时齐姜已经去世）。骊姬生下公子奚齐，她的妹妹也得到晋献公宠幸，生下公子卓子。

骊姬得势之后，便寻思着废掉太子申生，改立亲生儿子奚齐。可仅凭一己之力，这事儿不太好办，骊姬又串通起梁五和东关嬖五两个大夫（时人称之“二五耦”），联手将太子连同一群公子哥赶出都城绛邑，分守于边地。太子申生去了曲沃，公子重耳去了蒲邑，公子夷吾去了屈邑，晋献公的身边只留下奚齐和卓子。如此一来，废掉太子申生而改立奚齐的意图已经相当明显了。

事实上，骊姬也好，“二五耦”也罢，虽然备受晋献公恩宠，但能力还是有限的。撵走竞争对手的事儿能顺利办妥，主要还是得益于颇具影响力的三位大臣——里克、丕郑和荀息，因为他们对这个问题的态度存在严重分歧。丕郑力主迅速采取措施，保住申生的太子之位；荀息则认为君命不可违，咱们不能让主子难堪；里克不置可否，索性弃权保持中立。既然谈不拢，几位大臣就选择了沉默，让骊姬和“二五耦”钻空子得了逞。

话说回来，作为受害者的太子申生，并非没有机会保住本来就属于自己的位置。他去了曲沃之后，有一年要在那里祭祀晋武公。晋献公耍了个心眼，声称自己抱病在身，受不了路途颠簸，便让公子奚齐出面代为主持，以此先向群臣露个底，为随时可能发生的废立做好铺垫。追随申生的大臣猛足认为，事态日益明朗化，咱们可不能坐以待毙，应当利用这次机会对奚齐下手，先灭了他再说。然而，太子申生没有同意，认为这样做会让自己背负不孝不悌之名。他没有意识到，宅心仁厚的性格会将他送上一条不归路。

几年之后，晋献公改革兵制，将下军交给太子申生统领。先前驻守边地，如今统领下军，本应是卿大夫干的活，偏由太子亲自低就，大夫士蔿预感到，申生的太子之位恐怕真要凉凉了。士蔿向申生建议，你还是赶紧跑路吧，免得今后无辜受祸。但申生依然不为所动。士蔿劝谏未果，只得作诗哀叹："一国三公，吾谁适从。"断言一场内乱已不可避免。

又过了五年，也就是公元前656年，骊姬决定对申生下手。尽管一切已准备就绪，但骊姬心中还是有些忐忑，便找到一个名叫施的优人（据说也是骊姬的地下情人）商量。优人施让她把心放进肚子里，说太子申生这个人胆小慎微，老成持重，相当容易对付。听优人施说得轻松，骊姬便放开胆子施了一条毒计。她先是百般怂恿太子申生去祭祀生母齐姜，等祭祀完毕之后，申生按照礼法规定，将祭祀所用的肉（称为"胙"）进献给晋献公。骊姬趁机安排人在肉里下毒，随后当着晋献公的面，煞有介事地要求试毒，以防不测。结果呢，这块肉喂狗狗断气，喂人人毙命，骊姬顿时撒起泼来，一口咬定是太子所为。晋献公怒火中烧，二话不说就把太子的师傅杀了，待调查核实之后，再治太子之罪。

有大臣劝太子申生，虽说清者自清，但事已至此，你也得为自己申辩几句才是。申生怎么说呢，他知道是骊姬在背后搞鬼，但父亲毕竟已经老了，没有骊姬的侍奉，恐怕会寝食难安，自己还是忍一忍吧。也有大臣劝他逃走，但申生终究不愿背负恶名。面对骊姬的步步紧逼，太子申生被迫悬梁自尽，以死保全自己的名声。尽管《诗经·采苓》将太子申生的悲剧归因于晋献公耳根子软，轻信了小人的谗言，但就当时的形势而言，未必不是晋献公与骊姬相互勾结利用而为之。

申生自行了断之后，骊姬仍然不肯善罢甘休，毕竟重耳、夷吾这两位颇有声望的公子哥还在世，儿子奚齐的未来依然充满着变数。趁着重耳、夷吾回绛邑面君述职的机会，骊姬继续在晋献公面前搬弄是非，说这哥儿俩即使不是申生的同谋，也有知情不报之嫌。重耳、夷吾可不想步大哥申生的后尘，来不及请示报告，撒腿就跑回了自己的城邑。

两人这一跑不要紧，骊姬的栽赃就算是坐实了。晋献公派人分别前往蒲邑和屈邑，强逼哥儿俩自杀谢罪。公子重耳可没有申生那么爱钻牛角尖，名声哪有性命重要，眼瞅着小命不保，赶紧翻过城墙一路狂奔，躲到狄人那里寻求庇护。几个月之后，公子夷吾也成功逃亡，在毗邻秦国的梁国暂且安身。骊姬如愿以偿，怂恿晋献公册立了奚齐为新太子。

自家事，亲家管

公元前651年，晋献公去世，临终时将太子奚齐托付给了大夫荀息（他也是奚齐的师傅）。荀息曾经“导演”过假道伐虢的精彩大戏，但在关乎晋国稳定的君位继承问题上，跟太子申生一样，脑子里一根筋：上面怎么说，咱就怎么做，至于有没有风险，会产生什么后果，全然不顾。

奚齐国君的屁股还没坐热，麻烦就找上了门。荀息不折不扣地执行晋献公的遗命，引起了里克、丕郑的强烈不满，他们俩的意见高度统一，主张迎立公子重耳。二人纠集三公子（申生、重耳、夷吾）的党羽和粉丝闹事，坚决果断地杀掉了奚齐。为了完成晋献公的托付，荀息又拥立骊姬妹妹的儿子卓子嗣位。里克、丕郑见他死不悔改，再度率领国人发难，将卓子、骊姬、荀息等人一锅端掉了。

奚齐、卓子死于非命，其他公子全部逃亡在外，晋国顿时陷入了权力真空。此时，嗅觉灵敏、距离又比较近的公子夷吾最先采取行动。公子夷吾当初跑得比哥哥重耳晚一些，原本打算投靠狄人，与重耳会合，但追随他的大臣们认为，还是去梁国比较稳妥。梁国毗邻秦国，将来晋国有什么风吹草动，秦国肯定会插手，咱们便可近水楼台先得月。再者说，狄人那里已经有了一个重耳，咱们再跟着过去，既显得多余，又丧失了自由发展的机会。公子夷吾认为言之有理，这才逃往梁国避难。

公子夷吾再怎么落魄，也是大国的公子，弹丸诸侯梁国对待他，可以说是礼遇有加，梁国国君还把女儿嫁给他做了夫人。梁女诞下一儿一女，梁君特意卜了一卦，卦象显示子为人臣，女为人妾，所以分别给他们取名为圉（本意是马夫）和妾（真够直接）。

闲言少叙，国内出了这么大档子事儿，追随公子夷吾寄居于梁国的大臣们哪里还坐得住，抓紧出谋划策，共同提议向秦国寻求支持，护送公子夷吾回国嗣位。如此一来，晋国自己家里的事情，扯到了亲家秦国这里。作为晋献公的女婿、诸公子的姐夫，秦穆公也想抓住这个难得的机会，在晋国未来的政局中注入秦国的影响。同时，或许是因为秦国被中原隔离了太久，秦穆公既要谋划长远，也要顾及眼前，当即给公子夷吾开出了价码：事成之后，割让河外之地。所谓“河外”，是相对于晋国而言，也就是黄河以南的地盘，主要包括崤山、函谷关天险。只要从晋国手里拿到这块地，秦国便能畅通无阻地进入中原腹地，彻底摆脱被天险隔离的窘境。

为了抓住稍纵即逝的先机，公子夷吾来不及仔细斟酌，只好先应承下来再说。秦穆公说到做到，派人联合周王室和齐国（当时齐桓公还在世，出面的是大夫隰朋），由百里奚率兵护送公子夷吾回到绛邑嗣位，是为晋惠公。

要说晋惠公最忌惮的人物，莫过于仍然流亡在外的公子重耳。因此嗣位伊始，晋惠公便杀掉了重耳的铁杆粉丝——大夫里克。在此之前，考虑到河外之地具有极其重大的战略意义，晋惠公不愿意兑现承诺，便派大夫丕郑前往秦国进行交涉，想赖掉这笔账。

丕郑按照晋惠公的意思给秦穆公带了话，说当时因为情况紧急，没有意识到一个流亡在外的公子，哪有权力向他国允诺割地呢？如今晋国上下都坚决反对割地，身为国君的晋惠公也没有办法，只能说声对不住了。

可以想象，秦穆公心中的怒火该有多么炽烈：说一声对不起如果管用，还劳民伤财地养这么多军队干什么？拿你姐夫我当三岁孩子哄呢？

有意思的是，秦穆公生气归生气，还没想好怎么报复呢，丕郑便收到了里克被杀的消息。既然里克已经挨了收拾，晋惠公还能给丕郑留什么好？于是乎，丕郑当即倒戈，转而给秦穆公出谋划策，商量如何把晋惠公搞下台。

按照丕郑提出的办法，秦穆公向晋国的吕甥、郤称、郤芮三位大夫发出邀请，请他们到秦国一叙。只要能把这几个人调开，再收拾晋惠公可谓轻而易举。然而，三位大夫也不是吓大的，事出反常必有妖，谁知道秦穆公的肚子里憋着什么坏水，所以没有一个人上当。丕郑一计不成，只得硬着头皮回晋国，打算亲自做卧底。谁承想，他一回来就被晋惠公下令处死了，所谓的“七舆大夫”（都是里克、丕郑的党羽）一同罹难，只有丕郑的儿子丕豹侥幸躲过一劫，逃往秦国避难。

丕豹来到秦国之后，一门心思要报杀父之仇，不断怂恿秦穆公出兵，说晋惠公滥杀无辜，不得众心，正是秦国控制晋国的大好机会。秦穆公跟先前的齐桓公、后来的晋文公一样，也是一代雄主，看问题的眼光很独到，没这么容易糊弄。秦穆公反问丕豹：“你说晋惠公不得众心，那为什么还是有很多人愿意听从他的号令，把你父亲丕郑杀了？更何况丕郑曾经当着我的面，倒了晋国的戈，干着吃里扒外的勾当，晋惠公不杀他，那不是给自己埋雷吗？”

秦穆公把丕豹呛回去，除了洞悉他公报私仇的动机之外，主要还是考虑到以秦国目前的国力，还不足以与晋国过招。这是实话。

隔了几年，晋国因为旱灾爆发饥荒，向秦国请求粮食援助。丕豹心有不甘，力主拒绝援助，饿死这帮龟孙子拉倒，并提议趁着这场饥荒兴师讨伐。秦穆公这次有点动心，但百里奚等大臣坚决反对，认为晋国的百姓是无辜的，咱们不应该意气用事，留下不好的名声，于长远发展不利。秦穆公最终放弃了乘人之危的念头，反而竭尽全力地赈济亲家，史载这批赈灾的粮食“以船漕车转，自雍相望至绛”，举目皆是，不可胜计，秦穆公可以说是仁至义尽了。当然，也不排除秦国这是玩三分赈济、七分宣传的伎俩。

翻过一年，秦国也发生了饥荒，转而向晋国请求援助。晋国有大臣认为，咱们先前已经赖过一笔账（割让河外之地），早就上了秦国的“老赖”黑名单，如今送粮食去赈灾，“无损于怨，而厚于寇”，秦国的怨恨不会少，实力反倒得到增强，晋国岂不是要吃亏？也有大臣认为，做人得讲良心，忘恩负义者无亲，幸灾乐祸者不仁，晋国这么不要脸，是会倒大霉的！晋惠公最终拍了板，逻辑很简单：既然已经成了“老赖”，不如恶人做到底。于是非但不给粮食，还趁机兴兵讨伐秦国。

晋惠公的这番做派，不仅在国内遭受非议，秦国这边更是怒火中烧。秦穆公认为，是时候给小舅子一点颜色看看了。就连身为大姐的穆姬，对弟弟晋惠公的做法也是满腹怨言。想当初，晋惠公得秦国之助回国嗣位，穆姬曾经嘱咐随行的贾君（一般认为是太子申生的妃子）务必转告晋惠公，将浪迹天涯的公子们召回晋国，安安稳稳地度过余生。晋惠公可倒好，不仅收纳了嫂子贾君，还不顾穆姬的劝诫，对重耳等几位公子不闻不问，让他们继续流浪在他乡。

夫妻同心，其利断金，秦国果断出手，痛击蛮横无礼的晋军于韩原（今陕西韩城），并当场生擒了晋惠公。穆姬虽然心怀不满，但晋惠公毕竟是自己的亲弟弟，不忍心看到他死在自己的面前。那该怎么办呢？穆姬也是够狠，命人搭起柴堆，自己坐了上去，威胁秦穆公说：“你要是把我弟弟押回雍邑，我就点火自焚！”此时，也有大臣劝秦穆公，千万不要把事儿做绝，秦国志在中原，万不可树仇敌于晋国。周襄王也派人来说情，表示晋国与王室同姓，请秦穆公务必网开一面，得饶人处且饶人。

众意难违，说得也都有些道理，秦穆公决定放晋惠公一马，但也开出了明确的条件：一是将太子圉（出生在梁国的那位“马夫”）送到秦国做人质，二是承认秦国控制河西地区，双方以黄河为东、西方向的边界（河外之地依然控制在晋国的手里）。

机关算尽太聪明

晋惠公回到绛邑之后，晋国正面临着空前的危机。外患方面，狄人趁着晋国衰弱，大举出兵侵扰，夺取狐厨、受铎（皆今山西襄汾附近）等地，还渡过汾水威胁晋国腹地。内忧方面，晋惠公依然忌惮公子重耳，担心诸侯借机干涉，便打算派刺客潜到狄人那里追杀重耳。重耳听到风声，仓皇逃往齐国。

让晋惠公稍微松了一口气的，是与秦国的关系。太子圉在雍邑做人质，使两国的紧张态势得以缓和，秦穆公不仅将女儿怀嬴嫁给太子圉，还认真履行边界协议，将先前实际控制的一部分黄河以东地区还给了晋国。

然而到了公元前638年，让晋惠公略微感到宽慰的秦晋关系，因为太子圉的私自潜逃重新跌落至冰点。太子圉从雍邑逃走，并非因为岳父秦穆公待他不好，其实也是不得已而为之。当时晋惠公病重，余生已经论天过了。身处他乡的太子圉心急如焚，既担心父亲的身体，更在意自己的太子之位。晋惠公一旦断气，太子圉能不能顺利嗣位呢？受到两大因素的影响，概率很低：其一，太子圉的母国——梁国已经被秦国吞并，他缺乏强有力的外援作为后盾；其二，太子圉远在秦国，过着寄人篱下的质子生活，与其他公子相比，存在距离上的严重劣势。

太子圉所能做的努力，只有趁着晋惠公尚未断气，赶紧跑回绛邑守着，毕竟他太子的身份是合法的，谁也没二话。

晋惠公死后，既精明又敢干的太子圉顺利嗣位，是为晋怀公。跟他爹一样，晋怀公也因为公子重耳依然活在人世而如坐针毡。因为辈分的关系（公子重耳是晋怀公的伯伯），晋怀公惟欲除之而后快的心情更加迫切，下手也相当狠，严令追随诸公子逃亡在外的人限期回国，逾期不归者尽灭其族。

当时，大夫狐突（重耳外公）的两个儿子狐毛、狐偃都跟着外甥重耳浪迹天涯。晋怀公威逼狐突将儿子召回，狐突严辞拒绝，慷慨赴死。一时间舆论哗然，晋怀公在国人之中的支持率持续走低。

狐突宁可牺牲自己，也不愿意让两个儿子犯难，为了遵从父命而弃故主离去，葬送自己的政治前途。除了狐毛、狐偃两个舅舅以外，赵衰、郤縠（郤芮的弟弟）、魏犨、颠颉、胥臣、介之推等一批晋国未来的精英，也都赤胆忠心地追随着公子重耳，多年来不离不弃，足见公子重耳的气场有多么强大！机关算尽的晋怀公，歇菜只是时间问题了。

重耳的逆袭之路

最终成为继齐桓公之后第二位春秋霸主的公子重耳，从遭受骊姬栽赃陷害，到重新踏上晋国土地，成为一国之君，流亡了将近二十年。这段充满传奇的经历，可比当年寄居莒国的公子小白精彩多了。

公元前655年，公子重耳被迫逃亡，最初的打算是投奔齐国或者楚国。狐偃认为路途过于遥远，再者说店大欺客，你这个落魄公子没必要千里迢迢地跑去受制于人，不如前往临近的狄人那里寻求一个栖身之所，也能随时窥测晋国的形势发展。

重耳的母亲出自戎族，骨子里流淌着戎狄的血，所以狄君给予处境窘迫的重耳极高礼遇。有一次讨伐同属于狄族的廧咎如部落，还给他带回来一对姐妹花公主——叔隗和季隗。重耳只娶了季隗，而将叔隗转送给了赵衰。从这里可以看出，重耳能有这么强大的气场，有福同享、不吃独食的人格魅力，发挥了很大的作用。

公子重耳在狄人这里一待就是十二年，直到晋惠公派人来追杀，被迫继续踏上逃亡之路。考虑到自己前途未卜，重耳不忍心让季隗跟着自己遭罪，便将她留在狄人这里，并承诺以二十五年为期，届时无法重逢的话，许其自行嫁人。季隗有点哭笑不得，说二十五年之后，我坟头上的树都长老高了，还是老老实实地等着你回来吧。其实呢，她只等了八年便回到晋国，与坐上君位的重耳团聚了。

重耳一行人先来到的是卫国。当时狄人正与邢国串通，找卫国的麻烦，所以卫文公没有搭理从狄人那里投奔过来的重耳。重耳实在是饿得慌，不得不乞食于乡野之民。欺生的乡民们使坏，抓起一把土送给他吃。重耳想发火，赵衰拦住了，说这可是好兆头啊！土者，地也，哪有拒绝人家献地的道理，你应该拜而受之。这就好比我们小时候在老家过年，有人拎着一捆柴上门讨红包，你可不能把他轰走。柴者，财也，谁会跟钱过不去？中国人讲究的就是一个口彩。当然，口彩虽好，毕竟不能当饭吃。重耳饿得眼冒金星，据说还是介之推从自己的腿上割下一块肉来，炖成汤端给重耳果了腹。

吃完介之推的肉，乘着口彩的东风，公子重耳来到齐国，又过上了养尊处优的生活。他不仅深得一代霸主齐桓公的厚爱，还娶了宗室之女齐姜，想一想人生苦短，梦寐以求的生活也不过如此。孟子后来总结得好，“生于忧患，而死于安乐”，“安乐死”在现代医学上是一种人文关怀，但在这里讲的是一个人的抱负与志向的彻底沦丧。

公子重耳打算告别梦想，在齐国“安乐死”，此地面朝大海，春暖花开，多么美好啊！狐偃等人有意见了：“你想安乐至死，我们十几年的忍辱负重岂不是付之东流了？”大伙聚集在一棵桑树底下商量对策，计划挟持公子重耳离开这个安乐窝。

不巧的是，一位婢女当时正在树上采桑叶，将狐偃等人的谋划从头听到尾，回去一五一十地告诉了齐姜。齐姜深明大义，同时也心狠手辣，担心狐偃等人的密谋泄露，不惜杀掉婢女，将整件事情的前因后果向重耳和盘托出，逼他就范。重耳惊诧不已，说狐偃这帮人私下嘀咕什么，我一概不知情。齐姜苦口婆心地劝他不忘初心，重燃斗志，重耳却执迷不悟，甚至放出狠话，说“人生安乐，孰知其他，必死于此”，不想再以身涉险，吃二遍苦、遭二茬罪，继续过颠沛流离的生活了。

眼瞅着公子重耳已经无可救药，齐姜、狐偃等人一合计，索性将他灌得酩酊大醉之后扔进车里，马不停蹄地离开了齐国。重耳醒来之后，气得抓起身边的一柄长戈，直接往狐偃身上戳。众人将他劝住，说我们这样做也是为了你的前途着想，更何况事到如今，已经没有回头路可走了。重耳还是咽不下这口恶气，咬牙切齿地威胁狐偃说："将来如果成不了事，我非把舅舅你生吞活剐了不可！"狐偃乐了，说："要是成不了事，我必然臭了名声，连肉都是臊的，值不得外甥你动口。"

离开齐国之后，公子重耳一行来到曹国。国君曹共公不知道从哪儿听到传闻，说重耳是"骈胁"（肋骨紧密相连的一种生理畸形），便想瞧个稀奇，开开眼界。当然，让重耳当众脱衣供他观赏着实不妥，曹共公竟琢磨出了偷窥重耳洗澡的主意。至于"变态曹"是否大饱眼福，我们就不得而知了。

在曹国没停留多久（"变态曹"也不怎么待见他），公子重耳便启程向南，来到了宋国。当时还是宋襄公在位，刚挨过楚国人的收拾（泓水之战），正打算寻求盟友为自己撑腰打气，本着广泛撒网、重点培养的考虑，宋襄公盛情款待了重耳。

宋国的公子目夷是个实在人，私下找到狐偃，提醒他宋国的庙实在太小（关键是破败不堪），容不下重耳这尊大神，你们恐怕还得另谋出路。看到宋襄公一瘸一拐的衰样（泓水之战时伤了大腿，不久后伤重不治而亡），重耳、狐偃知道公子目夷确实是一番好意，便不再耽搁，动身前往西面的郑国。

郑文公是楚国的铁杆粉丝，没有培养盟友的兴致，对落魄的重耳爱理不理，认为逃亡公子多得是，没必要劳神费力地接待他们。重耳一行只好继续流亡，来到了楚国。

楚国毕竟是南方第一强国，楚成王的气度自然非郑文公之流可比，对待落难的公子重耳可谓礼遇有加。有一次，楚成王半开玩笑半认真地问重耳："我待你不薄吧，将来你要是真的成了晋国的君主，会拿什么报答我呢？"重耳倒也实诚，说："楚国地大物博，珍宝财货啥都不缺，晋国可没有拿得出手的东西。"言外之意呢，是不想欠下一笔债，将来还得想办法玩赖，太麻烦了。

楚成王不依不饶，非要重耳给句承诺。重耳迫不得已，说了一句著名的话："咱们将来要是在中原刀兵相见，我让你三舍地（合九十里）好了！""退避三舍"的典故，就是从这儿来的。

听重耳说话这么冲，令尹成得臣建议楚成王把他杀掉，免得后患无穷。楚成王没同意，说重耳彬彬有礼，品行优良，没招你也没惹你，何必跟他过不去呢？再者说，人家不过是吹两句牛皮而已，你吵吵着要杀要剐的，其他诸侯会怎么看待咱们？

公子重耳在楚国待了几个月，恰逢太子圉从雍邑逃回晋国。秦穆公大为光火，决定采纳百里奚、丕豹等大臣的建议，派人前往楚国，邀请重耳到秦国落脚。

出于干涉晋国政局的考虑，秦穆公对公子重耳极尽笼络之能事，光是宗室之女就送了五个，其中还包括太子圉的夫人怀嬴在内。太子圉逃走时，怀嬴两面为难，最终决定既不随行，也不告发，于父于夫两不相欠。公子重耳原本不打算接盘这个二手媳妇，但大臣劝他不要拘泥于小节而罔顾大局。怀嬴也豪不示弱，痛斥重耳的无礼之举道："秦、晋两国旗鼓相当，为何偏偏瞧不上我？我的面子倒是不值钱，秦国的颜面又该往哪儿搁？"面对这个不卑不亢的奇女子，公子重耳不禁刮目相看，也就欣然笑纳了。

公元前636年，秦穆公派兵护送公子重耳返回晋国，在众多国人的策应和拥护下登上君位，是为晋文公。众叛亲离的晋怀公逃往高梁（今山西临汾附近），其党羽吕甥、郤芮阴谋作乱，在宫中纵火，想把初来乍到的晋文公烧死，幸亏有一个名叫勃鞮的人暗中相助。当年晋献公正是派勃鞮前往蒲邑逼迫公子重耳自杀，结果让他翻城墙跑掉了。如今，勃鞮打算将功抵过，保住自己的性命，便将吕甥、郤芮的密谋泄露给了晋文公，使他得以提前逃出宫去，躲过了一劫。吕甥、郤芮得知晋文公跑脱，赶紧带着人去追，最终被秦穆公诱杀于黄河岸边。不久之后，晋怀公也被诛杀于高梁。

一切尘埃落定，晋国重归安宁。解救周王室和中原诸侯于水火的重任落到了晋文公的肩上，彪炳千秋的霸业，即将闪亮登场！

汾水
狄
戎
河
莱
夷
长狄
赤狄
卫
晋
齐
临淄
济水
沫
（朝歌）
帝丘
鲁
曲阜
秦
犬戎
雍
绛
周
曹
成周
郑
新郑
宋
商丘
泗水
陈
淮水
汝水
颍水
蔡
汉水
庐戎
吴
舒
会稽

第六章 文襄的霸业

天赐良机

晋文公正式嗣位，是在公元前636年二月。就在这一年冬天，周襄王因叔带之乱而蒙尘，被迫寄居于郑国的栎邑，并告难于各方诸侯，重点是有能力扭转局面的晋、秦两国。当时，秦穆公护送晋文公回国的军队依然驻屯在晋国境内。接到周天子的告难之后，秦穆公积极准备应召出兵，帮助周襄王回洛邑复位。这能提升自己在中原的影响力，何乐而不为呢？

秦国跃跃欲试，同为重量级诸侯的晋国又在干什么呢？从王室东迁算起，晋国便有夹辅周室的优良传统，值此关键时刻却显得异常平静，就像什么都没有发生过一样。然而，表面上的波澜不惊，根本掩盖不住围绕勤王与否进行的激烈争论。

晋国上下，最不愿意出兵勤王的，恐怕非新嗣位的晋文公莫属。无论是先前做流亡公子，还是如今成为晋国君主，晋文公的性格特征似乎没有多大变化，归结起来就三点：患得患失，务求稳妥，安于现状。当然，趋于保守的性格，与他流亡在外近二十年的人生阅历有极大关系。越是来之不易，越是害怕失去一切，人之常情，可以理解。更何况晋文公对自己的期望向来不高，尝到一点甜头便随遇而安了，譬如当年在齐国，过着老婆孩子热炕头的日子，放言“人生安乐，孰知其他，必死于此”，要不是齐姜、狐偃等人下狠手，晋文公恐怕早就“泯然众人矣”。平心而论，晋文公能够走到今天，后来又开创一番霸业，追随他的智囊团功不可没，是他们将具备霸主潜质，却屡屡放弃努力的晋文公逼成了真正的霸主。

如今王室有难，秦国态度积极，狐偃、赵衰等大臣心急如焚：这可是天赐良机啊！过了这个村，再想找这个店，恐怕有生之年是没戏了，毕竟内乱不能当饭吃，哪能隔三岔五整一回？狐偃讲：“如果将勤王功业拱手让给秦国，晋国便会失去王室的信任，又如何能让诸侯归附？”赵衰也说：“晋国想创造一番霸业，最佳契机就是纳周襄王而尊奉周室。再者说，周、晋同为姬姓，咱们不采取行动，反倒让外人（秦国）率先插手，以后在诸侯界还怎么混？”

晋文公曾经在齐国吃过狐偃等人的亏，知道这伙人有一股狠劲，真要逼急了眼，什么事儿都敢干。而且狐偃、赵衰等人苦口婆心，都是着眼于开创晋国的霸业，讲得入情入理，因此晋文公最终还是采纳了智囊团的动议，下令出兵勤王。

在晋国的武力干涉之下（秦国军队被晋国忽悠回去了），周襄王得以回到洛邑复位，并诛杀了叔带。

为了表达感激之情，周襄王盛情款待了晋文公。或许是想试试王室的水有多深，晋文公借机提出一个请求，说自己将来告别尘世的时候，希望能够享受一下隧葬的待遇。所谓隧葬，就是采用开凿地道和地宫的方式修筑墓葬，后世的皇家陵寝基本上都是这种操作模式，专门作为天子的下葬之礼。像晋文公这一级的诸侯，死后的埋法简单许多：露天挖个坑，将棺材放进去，盖上封土便大功告成了。不仅诸侯，普通的贵族，乃至平民（当然得有钱）都是这种埋法，区别仅在于随葬物品多寡而已。

既然晋文公明知隧葬是天子之礼，为什么要提出明显属于僭越的不情之请呢？孔子有一句名言，是“不知生，焉知死”，这里可以反过来讲：知死，而后知生。晋文公先拿葬礼试水，因为这种死后的待遇跟在世的待遇比起来，现实利益和观瞻效应要低很多，如果能够成其所愿，今后再从葬礼逐步推演到各种在生之礼，温水煮青蛙，假以时日，就把他煮成天子了。

面对晋文公的不情之请，周襄王又作何反应呢？毫不夸张地说，礼制是周王室赖以夹缝求生的最后一根救命稻草。一旦坏了规矩，王室将成为无源之水、无本之木。打个比方来说吧，原配斗小三，之所以得到法律保护，全靠那张结婚证，哪怕婚姻已经名存实亡，只要掏得出证，该是你的，啥也少不了。

因此，周襄王对这个问题很敏感，态度也很坚决。用后来孔子的话说，“唯器与名，不可以假人”，身为诸侯却谋求享受天子之礼，无论生与死，你想都别想！当然，晋文公毕竟有勤王之功，不能让人家下不来台，所以周襄王拒绝的话说得比较委婉：隧葬是做给别人看的，没有什么实际意义，诸侯接过去反倒是个烫手山芋，何必自找麻烦呢？

为了让晋文公满意，周襄王决定将阳樊、温邑、原邑、攒茅四地送给晋国，作为勤王的酬劳。这四块地盘位于黄河以北、太行山以南，按照“山南水北谓之阳”的命名规则，又被称为“南阳”，所以史载晋国“始启南阳”。与请隧葬之礼未果相比，拿地皮显然更具有现实利益，晋文公并不吃亏。

逼着君主向前冲

助力周襄王复位，晋国的声望一路看涨，但要开创一番霸业，只是漫长征程刚刚开始，往后的路还长着呢。挡在眼前的拦路虎，自然是咄咄逼人的“熊孩子”楚国。

大好形势催人奋进，但晋文公的想法依然趋于保守，不希望过早与楚国发生正面冲突。当然，晋文公力求稳妥，除了阅历决定的性格以外，也有基于现实的考量，归纳起来有三个方面：

第一，晋文公嗣位时间不长，在此之前，晋国的政局又极其混乱，各种势力盘根错节，需要耗费一些时间进行彻底清算。

第二，追随晋文公流亡的旧属以及新近归附的大臣，都需要量才论功，合理安排。在这方面，晋文公刚刚因为一时疏忽，造成了无法挽回的损失，教训十分惨痛。

造成巨大损失的当事者，正是追随晋文公流亡多年，甚至不惜割肉奉主的贤臣介之推。

原来，晋文公嗣位之后，方方面面的事情很繁杂，又忙着出兵勤王，一直没能想起还有一个介之推等着领取赏赐，安排工作。介之推脸皮薄，为人比较清高，不好意思去讨要，也看不惯狐偃等人的惺惺作态，便带着母亲归隐于乡间。等晋文公经旁人提醒想到他的时候，介之推已经带着老母亲躲进了绵山，拒绝国君的召唤。

深山老林，无处可寻，为了把介之推逼出来，晋文公下令放火烧山，结果介之推宁肯抱着一棵树葬身于火海，也不愿意出来领赏做官。面对母子俩被烧焦的尸体，晋文公悲痛万分，将介之推临死抱着的那棵树带回宫中，命人做成一双木屐，每日睹物思人，哀叹“悲哉足下”。“足下”的称呼就来源于此。时人还创作了一首《龙蛇歌》，盛赞介之推的清高与自爱：

有龙于飞，周遍天下。
五蛇从之，为之承辅。
龙返其乡，得其处所。
四蛇从之，得其露雨。
一蛇羞之，槁死于中野。

宁可“槁死于中野”，也不肯与邀功求赏的“四蛇”为伍，如此为人，令晋文公这条“真龙”羞愧万分。据说，晋文公将介之推被烧死的这一天定为火禁日，禁止一切烟火，只能吃冷食，后来便形成了“寒食节”的风俗。

第三，晋国新得南阳之地，消化起来十分困难。阳樊、温邑、原邑、攒茅原属王室，地盘并不算小，周襄王赏得如此爽快，其实只是做个顺水人情而已，因为王室对这四个地方已经完全丧失了控制力。如今换成晋国坐庄，享受到的庄家待遇没什么区别，原住民的抵抗照样激烈，尤以阳樊、原邑为甚，晋国不得不出兵镇压。

晋文公深知，要开创一番霸业，迟早要与楚国过招，但面对如此复杂的局面，还是能拖一天算一天。对于这一点，狐偃、赵衰等一伙激进派倒也没什么二话。

君臣之间难得保持了一致，但事态的发展总是出人意料。两桩偶然事件的发生，让晋国的精英们决定把晋文公推向争霸中原的最前台。

头一件事儿，是秦国邀请晋国一起去讨伐鄀国。晋文公得秦国之助才回国嗣位，恩公外加老丈人的面子不能不给。再者说，鄀国虽然抱着楚国的大腿，但讨伐马仔与直接跟大哥火拼，还是有本质上的区别的。因此，晋文公勉为其难地派出兵马，凑了一回热闹。谁承想晋国一出兵就中了秦国的道，秦军打完鄀国之后并未收兵，而是乘胜攻入楚国的边邑商密（毗邻鄀国），还设计诱捕了楚将斗克（字子仪，斗伯比曾孙）、子边。楚成王震怒，派令尹成得臣率兵增援，好在秦军打完就跑，没能追上，楚军只是将陈国揍了一顿解恨。

另外一件事发生在东方的鲁国。当时，鲁、莒两国在卫国的调停之下握手言和，齐孝公不乐意了：鲁、卫、莒不计前嫌凑在一块儿，这不是打算合伙对付齐国吗？考虑到先下手为强，齐国在一年之内两次出兵讨伐鲁国。鲁僖公派大夫展禽（即著名的柳下惠）、展喜两兄弟去跟齐国人讲理，大谈齐桓公称霸时存恤诸侯的丰功伟绩。据《左传》记载，齐国自知理亏，同意与鲁国讲和。不过事情恐怕没这么简单，因为展禽、展喜与齐国交涉的时候，鲁国的公子遂和大夫臧文仲也奉鲁僖公之命，前往楚国寻求支援，希望楚成王出面教训一下齐、宋两国（都是鲁国的宿敌），让他们知道应该怎么做人。

大国较量，起于弱邻

秦国偷袭楚国也好，鲁国找楚国撑腰也罢，既出乎晋国的意料，也是楚成王不愿意看到的。对于楚国而言，当务之急是在周襄王复位之后维持自己在中原的影响力，但前提是尽量避免与势均力敌的晋国发生正面冲突。古往今来，大国之间的较量基本上都是在弱邻身上找爆点，譬如一战时的塞尔维亚、二战时的波兰。眼下的中原交锋也是一样，楚国立足于无视晋国、讨伐附庸的策略，集中精力对付在中原诸侯之中占据重要席位的齐国和宋国。

齐国方面，楚成王出兵助力鲁国，向齐国发起反击，夺取了谷邑。齐国先前内乱的时候，好几位公子都逃亡到了楚国，楚成王便将公子雍送到谷邑，由臭名昭著的厨子——易牙辅佐，楚将叔侯领兵驻守，对齐孝公构成牵制。次年（公元前633年），齐孝公去世，公子潘在开方等人的支持下杀太子自立，是为齐昭公。

宋国方面，楚国联合郑、陈、蔡、许等诸侯围困宋国缗邑，鲁国也来凑了一场热闹。宋成公自知双手难敌众拳，派出大伯公子目夷前往晋国告急求援。此时，晋文公依然坚持避免与楚国正面交锋的方针，不想趟宋国这摊浑水，更何况晋、宋之间还隔着曹、卫（当时都是楚国的马仔），贸然救宋，岂不是自己往坑里跳，腹背受敌吗？

晋国大夫先轸则认为，霸主的位置不是靠等来的，机会稍纵即逝，咱们可不能无动于衷。如果见死不救，不仅把宋国送到楚国的怀抱（以宋国的实力，投降是早晚的事），更会让各方诸侯失去对晋国的信任，凭借勤王积攒下来的声望，必将毁于一旦！

狐偃也力主救援，但考虑到实际情况，琢磨出了一个两全其美的办法：就近讨伐曹、卫即可。曹、卫两国是楚国新收纳的马仔，刚入伙就受欺负，大哥要是撒手不管，以后在诸侯界还怎么混？因此，攻曹、卫，则楚必救；楚分兵救援，则宋国之围可解。

先轸审时度势，坦承利害，加上狐偃提出敲山震虎之计，终于让晋文公下定了最后的决心。为了打好这一仗，晋文公下令整编军队，将晋献公时期组建的上、下两军扩充为上、中、下三军（以中军为首）。在考虑中军主将（同时也是三军主帅）的人选时，赵衰建议由追随晋文公流亡的郤縠出任，同时还举荐了栾枝、先轸、胥臣，说这三位精英一个贞慎，一个有谋，一个多闻，都是将帅之才。晋文公采纳了赵衰的建议，由郤縠将中军、郤溱（郤縠的弟弟）为佐，狐毛将上军、狐偃为佐（原本委任狐偃为将，但他让给了哥哥狐毛），栾枝将下军、先轸为佐，形成了晋国开创霸业的核心军事班底。讨伐曹、卫之后不久，郤縠病逝，先轸接任中军之将，下军佐则由胥臣接任。

一切准备就绪，晋国于公元前632年出兵讨伐曹、卫，夺取了五鹿（今河南濮阳附近），也就是晋文公流亡卫国时，向乡民讨食的地方，真就应了当年乡民献地的口彩。楚国前来搭救，但楚成王并不打算跟晋国火拼，所以出兵的象征意义远大于实际意义。

晋国救宋国于水火，同时与齐国结盟，卫成公（卫文公之子）也想来抱大腿，结果被晋文公一脚踢了出去，拒绝他参加会盟。卫成公碰了一鼻子灰，想继续投靠楚国，但卫国国人不希望成为大国争雄的牺牲品。大夫元咺率众起事，将卫成公驱逐去了陈国，以此向晋国表达归附的诚意。

此番讨伐曹、卫，还发生了一件有意思的事情。

晋军进入曹国的时候，晋文公下达了严令：不得滋扰大夫僖负羁，否则后果自负。既然晋文公要教训曹国，为什么如此眷顾这个叫僖负羁的大臣呢？原来，晋文公当年流亡到曹国的时候，虽然曹共公很无礼，偷看他洗澡，但大夫僖负羁对他还是挺不错的。僖负羁曾经劝“变态曹”善待这位流亡公子，不仅私下给他送吃的，还将一块璧玉藏在食物下面。晋文公受食还璧，领了僖负羁的这份情，并始终铭记于心。

随军出征的魏犨和颠颉不服气，倒不是针对八竿子打不着的僖负羁，而是认为晋文公赏罚不公，该记的功劳记不住，匙饭之恩他倒忘不了。就拿他们两人来说吧，追随公子重耳流亡十九年，也算是忠心耿耿吧，没有功劳也有苦劳，结果如何呢？别的不说，就说郤縠、郤溱、栾枝、先轸这几个人，咱们流亡在外吃苦头的时候，他们都过着安安稳稳的日子，现如今却一个个官居你我二人之上，天下哪有这样的道理？

魏犨、颠颉越寻思越咽不下这口气，索性豁出去了，一把火将僖负羁家烧了个通透。晋文公大为光火，非要治这两个刺头的罪不可。当时，魏犨胸部受了伤，据说还不轻，下地都困难。晋文公派人前去探望，看看到底有多严重。按常理来说，发生这样的事儿，如果伤得确实比较重的话，就姑且饶他一回。但到了晋文公这里，逻辑截然相反：伤得重，说明没得治，更说明没什么用处，取他的人头还能严肃军纪；伤得轻，说明有得治，将来还用得着，留他一命。

魏犨追随晋文公这么多年，主子心里怎么想的，他门儿清，所以强撑着从床上起来，“距跃三百，曲踊三百”，具体跳的什么舞不清楚，总之相当能闹腾。最终，魏犨保住了一条性命，只是免去车右之职（君主侍卫，级别略低于负责驾戎车的御戎），以示惩戒。

担任过车右的魏犨好歹还留了条命，职位不详（估计太低了，不值得提）的颠颉可就没这么好的运气了。没犯事的时候都不受用，更何况闯了这么大的祸，因此直接送了命。

队友决定成败

晋国出兵讨伐曹、卫，楚成王对此存在一个战略误判，认为晋文公只是走走形式，在中原诸侯面前刷一刷存在感而已。其实，晋文公已经在狐偃、先轸、赵衰等一群“狼队友”的“逼迫”之下，对天下格局有了清晰的认识。晋国要想开创霸业，“熊孩子”楚国是一道绕不过去的坎。既然巅峰对决不可避免，那么对如日中天的晋国而言，晚打不如早打，毕竟夜长梦多，谁知道明天又会冒出什么幺蛾子。

战略方向已经确定，晋文公唯一担心的是晋国凭借一己之力与楚国抗衡，风险实在太高。败了，自然是前功尽弃，十年之内别指望能够满血复活；胜了，也可能两败俱伤，为其他诸侯争霸铺平了道路。为了提高预期收益，有效降低风险，晋文公希望能够拉齐、秦两大诸侯入伙，联手将楚国势力赶出中原。

想法很不错，但齐、秦配不配合，是否真心配合，是个问题。足智多谋的先轸认为，这事儿倒也不难，咱们只需要走两步棋，就能让齐、秦心无旁骛地与楚国死磕。第一步，让宋国给齐、秦送礼，请他们出面与楚国讲和，齐、秦既长颜面又捞外快，何乐而不为？第二步，咱们同时拘捕曹共公，将曹、卫之地分给宋国一些，造成宋、楚和谈必须“追认”的前提条件和既成事实。楚国要为曹、卫撑腰，岂能背负出卖盟友的骂名，必然不肯与宋国和谈。如此一来，便会伤及齐、秦的颜面，咱们撺掇齐、秦伐楚，自然是水到渠成。

晋文公依计而行，楚成王断然拒绝了齐、秦的和谈动议。同时，楚成王也看到了眼下形势对于楚国的诸多不利：其一，晋国具有力保宋国的决心；其二，晋文公流亡在外十九年，百折而不挠，其胆略不可等闲视之；其三，齐、秦被打了脸，必然会与晋国联手，三打一，楚国没多少胜算。因此，楚成王决定采取收缩策略，将主力撤入方城之内，并下令令尹成得臣从缗邑撤围，连先前驻守于谷邑的军队也一并回撤，以缓和与齐国的紧张关系。

客观地说，楚成王此时选择全线收缩，不失为明智之举，因为楚国确实还没有做好与晋国（同时还有助力的齐、秦）全面交锋的准备。然而，晋文公的身边有一群“狼队友”，楚成王的身边却不乏“猪队友”，官居令尹的成得臣第一个站出来，拒绝执行后撤的命令。

成得臣坚持打下去是有原因的。他派属将斗椒（字子越，斗伯比之孙）前去向楚成王请战，声称自己不是想出风头、争战功，而是想以实际行动堵那些奸邪之人的嘴（“非敢必有功也，愿以间执谗慝之口”）。

这话从哪儿说起呢？原来，楚国在对宋国用兵之前，前任令尹斗谷于菟、现任令尹成得臣都曾主持操练兵马。斗谷于菟练兵，一天下来军容严整，没有惩罚过一人，这当然也跟斗谷于菟宽厚的性格有关；成得臣练兵呢，一天有七人挨鞭子，三人被穿耳朵。退了休的老同志们（称为“国老”）纷纷向斗谷于菟道贺，称赞他治兵有方，唯独一个名叫蔿贾的年轻人不以为然，反倒说斗谷于菟太糊涂，遇人不淑、识人不明，令尹这么重要的职位，偏偏让给了刚愎无礼的成得臣。蔿贾认为，以成得臣的能力统帅超过三百乘（大约两万余人）的军队，必然是有去无回。

蒍贾就好比那个在一片赞许声中说皇帝没穿衣服的小孩，他对令尹成得臣的不屑在楚国风传，成为朝野茶余饭后的笑谈。背负这样的舆论压力，难怪成得臣一门心思地想要证明自己。

听了成得臣让子越带回来的话，楚成王相当生气，但成得臣坚持不退兵，他也没办法，只好派出少量兵马增援，让任性的成得臣自己去折腾。

逼着楚成王就范之后，成得臣更来劲了，派大夫宛春去跟晋国人交涉，要求恢复卫成公、曹共公的君主之位，以此作为楚国从宋国撤兵的条件。

狐偃等人认为成得臣狂妄无礼，建议用战鼓之声来答复这个疯子。先轸力排众议，说咱们千万别中成得臣的圈套，他这是玩道德绑架呢！成得臣要求卫、曹复国，然后宋国解围，晋国如果严辞拒绝，一下子就把卫、曹、宋三国都得罪了，岂不是正中成得臣的下怀？

见招拆招，先轸建议拖延回复楚国来使，先暗中向曹、卫许诺，帮助他们复国，从而离间两国与楚国的关系，再将前来交涉的楚国大夫宛春羁押，以此激怒成得臣。曹共公、卫成公的小命此时毕竟捏在人家晋国手里，因此在得到复国的承诺之后，赶紧派人去跟楚国断了交。宛春也当即遭到扣押。成得臣怒火中烧，转而攻击晋国军队。

为了诱敌深入，挫其锋芒，晋文公声称要兑现当年“退避三舍”的庄严承诺，与宋、齐、秦等国军队退守于卫国城濮（今山东鄄城附近）。成得臣因愤怒而丧失理智，不顾众将竭力反对，挥师向前与晋军对峙，大战一触即发。

大战在即，晋文公竟然又怯了场，多亏“狼队友”狐偃站出来做工作，说这仗打赢了，晋国必得诸侯，如果败了也没关系，晋国依山傍河，恃险而居，楚国能把咱怎么着？大不了从头再来！晋文公依然惴惴不安，又深情回忆起自己当年流亡楚国时，楚成王以诚相待的场景，掩饰自己怯阵。另一位“狼队友”栾枝怒怼说：“‘汉阳诸姬’早已成为楚国的饕餮盛宴，咱们岂能只顾及小恩小惠，而忘了姬姓诸侯的血海深仇？”

“狼队友”的再一次苦苦相逼，让晋文公在大战之前下定了最后的决心。公元前632年四月，春秋时期的第一场大规模战役——城濮之战爆发。

相比于战前的各种阴差阳错、利弊权衡，战役本身的看点并不多，大致的过程是这样：晋军的下军佐胥臣率先出战，将战马蒙上虎皮，冲散了陈、蔡两支弱旅，楚军右师也阵形大乱、全面溃败。上军将狐毛携中军帅旗向后狂奔，下军将栾枝率领战车拖曳着树枝，搞“扬尘”作业，将晋军主帅后撤的假戏演得更加逼真。成得臣果然上当，下令追击，遭到中军将（此战真正的主帅）先轸和中军佐郤溱从两侧夹击，狐毛、狐偃则率上军夹攻楚军左师。最终，楚军左、右师均一溃千里，遭到伏击的成得臣首尾难顾，勉强收拢残众，惨败而归。晋军闯入楚营，以对方来不及带走的辎重给养，敞开肚皮吃了三天。

楚成王收到战报，派人前去问候成得臣，让他好好琢磨琢磨，还有没有脸回来？如果厚着脸皮回来，又怎么跟楚国的父老乡亲交代？成得臣羞愤难当，在半道上自杀以谢国人。晋文公得知成得臣这个楚国最大的“鹰派”人物被逼自尽，不由得喜出望外，认为楚国已经无足惧也。的确，楚成王蹂躏中原的美梦，被这一仗击了个粉碎，只能全线收缩防御，自保于方城之内。一败涂地已成事实，还要一时置气而逼迫“鹰派”自戕，就气度上来讲，楚成王跟晋文公、秦穆公这样的雄主真是没法比。

践土之盟开先河

城濮之战挽救了东周王朝、中原诸侯乃至整个华夏文明的命运。

在齐桓公称霸之前，南蛮、北狄交相侵扰，中原文明命悬一线，齐桓公适时采取“尊王攘夷”的策略，方才扭转乾坤。齐桓公死后，无首的中原群龙成了群虫，南蛮、北狄的侵扰愈演愈烈，以至于鲁、郑、卫、曹、陈、蔡等诸侯相继沦为楚国的附庸，狄人南侵更是导致周天子蒙尘。危急关头，晋文公在一群“狼队友”的逼迫之下挺身而出，解东周王朝于倒悬。仅从这一点来说，晋文公的功绩就超过了前任霸主齐桓公，周天子给予他多么崇高的礼遇，都是理所应当的。

这一仗打得很不容易（特别是促成此战需各种机缘巧合，斗智斗勇），结果令人欣喜，所以有必要通过一次会盟，巩固胜利的果实，构建新的诸侯体系。此次会盟举办于郑国的践土（今河南原阳），所以被称为“践土之盟”。通常来讲，大范围的诸侯会盟无非是一个诸侯出风头，其他诸侯拜码头，践土之盟也不例外。

套路还是那个套路，但玩法可以推陈出新。相比于以往的若干次会盟，特别是与齐桓公时期的鄄之盟（齐桓公始称霸）和葵丘之盟（齐桓公巩固霸业）相比，践土之盟至少在三个方面开了先河：

第一，参会诸侯的范围史无前例。齐桓公称霸，核心是齐、鲁、宋、卫、郑五国，外加一群吃瓜小诸侯，晋、秦、楚等大佬都不买账。如今晋文公称霸，当年“齐集团”的五大成员一个不缺，秦国也派人前来捧场，加上晋国自己，除了被踢出局的楚国，有影响力的诸侯悉数到场。

第二，周天子首次“应召”赴会。也就是说，周天子是被晋文公叫到践土来开会的。这在尊王攘夷的大环境之中，绝对属于蛮横非礼的行为。后来孔子编纂《春秋》，觉得这出戏实在太过火，“以臣召君，不可以训”，但事情已经发生了，掐掉不写也不妥，于是搞了一个变通，说周天子当时正在附近游猎（“天子狩于河阳”），顺便跟诸侯们见个了面。这就好比宋人将徽、钦二帝被俘称作“北狩”一样，只是玩文字游戏糊弄后人而已。

第三，周天子不仅策命晋文公为诸侯之长（侯伯），给予丰厚赏赐（包括服饰、弓箭、虎贲三百等），还首次对晋文公委以“敬服王命，以绥四国，纠逖王慝”的重大使命。“敬服王命”是尊王要义，诸侯的本分，“以绥四国”彰显了侯伯地位，更是职责所系，这两点都没什么问题。关键来看最后一点，“纠逖王慝”，翻译成白话是惩治王室的奸邪之徒，换句话说就是维护宗法制在王室的权威。晋文公能够得到如此重托，根本原因在于周襄王痛定思痛，认为在当前的形势下，天子已经很难自行纠偏了，另外，晋国是同姓诸侯，又有夹辅周室的优良传统，值得王室信赖。这一项血缘上的先天优势，齐、楚、秦、宋也好，后来的吴、越也罢，都是可望而不可即的。总的来说，晋国之所以能够碾压其他霸主，成为春秋时期的中坚力量，血缘优势着实发挥了至关重要的作用。

霸主上位烧把火

通过践土之盟，几乎只有象征意义的周天子和用脚投票的吃瓜诸侯，共同确认了晋文公在中原的霸主地位。作为继齐桓公之后又一位具真资格的霸主，晋文公上任伊始便立即烧了一把火，着手解决晋、楚激烈较量后遗留的两个尾巴。

首先是卫国的问题。卫国因为归附楚国，挨了晋国的收拾，卫成公被迫逃往陈国避难。在大夫元咺的支持与辅佐之下，卫成公的弟弟叔武暂时摄理国政，并出席了践土之盟，与晋国交涉有关善后事宜，焦点是卫成公复国和归还卫国的土地（晋文公先前割了一部分给宋国）。

周襄王亲自过问，替卫国说情。晋文公碍于王室的面子，勉强同意让卫成公回国复位。

但是，卫成公还在陈国的时候就听信了元咺拥立叔武的传言，当即杀掉了追随自己流亡的元角（元咺之子）。回到卫国之后，卫成公更是不问青红皂白，下令诛杀叔武。卫国的国人不答应了，这不是忘恩负义，滥杀无辜吗？为了缓解舆论压力，卫成公又站出来惺惺作态，承认叔武无罪，还趴在叔武的尸体上痛哭一场。大夫元咺深知卫成公是在作秀，缓过劲之后必然会要他的性命，于是鞋底抹油，一溜烟跑到晋国避难。

元咺向晋文公告状，请霸主出面主持公道。

为了让卫成公心服口服，同时也是想堵住周天子的嘴，晋文公特意安排卫成公和元咺当面对质，将前因后果掰扯清楚。任凭卫成公怎么狡辩，滥杀无辜的事实是非常清楚的。晋文公当即下令，将随从卫成公前来应诉的两位大臣拉出来，一个处决，一个砍脚，替主子受罚。至于卫成公本人，毕竟是周襄王放话让他回国的，就把他抓起来送往洛邑，让周襄王自己看着办。

说是看着办，晋文公还是给出了自己的建议，认为这个祸害断不能留。周襄王没同意，说得饶人处还是且饶人吧，只是将卫成公囚禁在了洛邑。元咺则回到卫国，拥立卫成公的弟弟公子瑕为君。

晋文公对周襄王姑息养奸十分不满，暗中派出一名医生前往洛邑，下药把卫成公毒死。然而，这名医生被卫国的大夫收买，药倒是下了，但剂量没给够，让卫成公侥幸逃过了一劫。公元前630年，鲁僖公出面替卫成公说情，给周襄王、晋文公都送了厚礼，终于换回卫成公的自由身。

卫成公这个人心狠手辣，坐了两年牢也是本性难移，刚放出来便贿赂卫国的两名大臣，诛杀了大夫元咺。公子瑕深知大事不妙，撒腿逃离卫国，从此不知所终，卫成公得以复位。

卫成公翻盘靠的是狠毒，而同样成为阶下囚的曹共公，复国靠的就是运气了。晋文公把卫国的事儿处理得虎头蛇尾，归根结底还是碍于周襄王的情面。曹国可不一样，弹丸诸侯一个，周襄王懒得过问，晋文公也不想让他插手，所以一直将曹共公羁押在晋国。

机缘巧合的是，晋文公生了一场病。那时候的人迷信，生病之后除了求医还要问卦。受到医学发展和医疗条件的限制，医生下毒比治病在行（譬如奉命毒杀卫成公），治愈的概率与求神卜卦的瞎蒙相比，也高不了多少，筮士的话往往比医生的方子管用。

利用这个机会，曹共公的侍从贿赂了给晋文公看病的筮士。筮士拿人钱财，替人消灾，将晋文公的病因归结到了灭曹这件事上面。筮士给晋文公讲，当年齐桓公做霸主，存续同出一脉的姜姓之国（邢、卫），到您这里却要灭同姓之邦（卫、曹都是姬姓诸侯，曹国始封者是周文王的第六子姬振铎），真是没有对比就没有伤害。再者说，您先前做出承诺，要复曹、卫之国，无论是不是权宜之计，总之一口唾沫一颗钉，岂能食言自肥？眼瞅着异姓的卫国复了国（当时卫成公被羁押，元咺拥立公子瑕），同为姬姓的曹国人会怎么想，天下诸侯又怎么看待咱们？

听了筮士的一席话，晋文公不由得笑逐颜开（病有得治了），下令释放曹共公，让他回国复位。

利益永恒

卫、曹的问题得以解决，但与齐桓公称霸时一样，总有诸侯不想看到首领太清闲，偏要找点事儿出来让霸主忙活。

晋文公登上霸主之位以后，最先站出来闹别扭的是郑国。楚成王侵扰中原的时候，郑国因为地缘政治的关系（地处天下之中），表现得异常积极，堪称“楚集团”的骨干成员，还在城濮之战中做过楚国军队的向导。楚国败得一塌糊涂，失去大国庇护的郑国生怕被秋后算账，抢在诸侯大规模会盟之前，率先与晋国单独会盟，算是拜了码头，所以确立晋文公霸主地位的盟会，举办地正是郑国的践土。

郑国看似诚意十足，其实郑文公这个人是相当典型的功利主义者。当年晋文公作为流亡公子来到郑国，相国叔詹（郑文公之弟）主张给予厚待，郑文公怎么说的呢？“诸侯亡公子过此者众，安可尽礼？”郑国是天下中枢，过境的流亡公子多如牛毛，咱们哪里接待得过来？换而言之，公子重耳眼下自身难保，对郑国能有什么用，何必去巴结笼络？

作为功利主义者的杰出代表，郑文公除了目光短浅，不见兔子不撒鹰以外，还具备另外一个性格特点：只要有1%的获利机会，便不惜承担10%的风险，投入100%的热情。晋国虽说是霸主，但中原对它而言属于外线，隔着一条黄河，出入有诸多不便。郑文公觉得，这正是郑国发挥地缘优势的绝佳机会，于是打起百倍的精神，今天欺负这个，明天教训那个，将中原的弹丸诸侯们搞得鸡犬不宁，不断挑战霸主的底线。

郑文公判断，晋国应该不会为这些吃瓜诸侯劳师动众。但他没有意识到，在强势霸主晋文公看来，弹丸诸侯事小，江湖规矩事大，晋文公岂能坐视中原冒出一个二等小霸主？

公元前631年，晋文公让狐偃出面，组织王室（周襄王之子姬虎）、齐（上卿国归父）、鲁（鲁僖公）、秦（秦穆公之子嬴慭）、宋（公子目夷）、陈（大夫辕涛涂）开会，专门讨论收拾郑国的问题。

次年春天，晋国率先出兵，对郑国发起试探性的征伐。到了秋天，晋文公、秦穆公率师亲征，联手教训不老实的郑国，并提出护送公子兰回去，抢他爹郑文公的饭碗。

不得不说，晋国的这个点踩得很准。公子兰虽然是庶出，贱妾燕姞（南燕之女）所生，但在郑文公的子嗣中最年长。嫡夫人陈妫原本是郑子婴的妃子，严格论起来，郑文公还得管她叫一声婶娘，这不是乱伦吗？再者说，嫡出的太子华、公子臧早被郑文公杀掉了。有嫡立嫡，无嫡立长，这样的安排没毛病！

以晋国和秦国的体量，随便一个都能把郑国揍趴下，更何况是两个大块头一起上。眼瞅着郑国命悬一线，大夫佚之狐向郑文公举荐了一个被称作烛之武的人，说他一定能够救郑国于危难。

烛之武、佚之狐和介之推一样，只知名而不知姓，以其居邑（烛、佚、介）代之，从侧面反映出他们混得不咋地。烛之武这辈子一直怀才不遇，据说当时只是一个小小的“弼马温”（圉正）。见到郑文公的时候，烛之武不忘发点牢骚，说自己年轻的时候就不如人，老了更是不中用。郑文公还算会来事儿，接过烛之武的话头，承认自己有不能识人用人之失。牢骚归牢骚，烛之武还是能以大义为重，丝毫不计较个人的安危与得失，连夜用绳索吊出城外，前去游说秦穆公退兵，拆晋文公的台。

得益于入选《古文观止》和中学语文教材，“烛之武退秦师”的故事很出名。我觉得，烛之武仅凭磨嘴皮子便让秦师打道回府，并不是他特别能忽悠，而在于他以深邃的洞察力参透了背后的玄机——晋、秦之间的隐性利益冲突。

当着秦穆公的面，烛之武并没有倒苦水，博同情，求放过，说郑国多么悲惨，多么无辜，而是站在秦国的角度来分析当前的形势，设身处地做了一番换位思考，得出的结论是：亡郑，于晋国有百利，于秦国则无一益，因为秦国跟郑国不接壤，还隔着诸如崤山、函谷关之类的天险。所以呢，秦国劳师动众，不过是助力晋国搞扩张，白忙活一场。

结论简明扼要，背后的寓意却非常深厚。首先，出现强大而蛮横的晋国，对秦国而言是弊大于利的，随着各自的发展壮大，秦、晋在利益上的冲突将不可避免。其次，晋国有赖账的前科（晋惠公曾经拒绝兑现割让河外地区给秦国），翻脸比翻书还快，不值得信赖，一旦东向拓疆成功，便会将矛头指向西面的秦国。最后，郑国地处天下中枢，交通便利，商业发达，是秦国通向中原的必经之地，关乎秦国与其他诸侯开展贸易往来的经济命脉，如果晋国将其霸占，岂不是断了秦国的财路？

坦承利弊之后，烛之武向秦穆公提议：如果秦国能手下留情，郑国必然感恩戴德，将来秦国有能力染指中原的时候，郑国甘愿做东道的主人，肩负起招待犒师之责（“东道主”的称谓就是从这里来的）。

烛之武一番话，句句切中要害，不由得秦穆公犹豫和拒绝。秦穆公当即决定与郑国结盟，还安排杞子、逢孙、扬孙三位将领协助防守，公然拆晋国的台。

获悉秦国突然反水，狐偃仍旧主张出战。来都来了，不打一场回去，心有不甘哪！这一次的态势不同于以往，晋文公审时度势，最终没有意气用事。郑文公也释放出足够的诚意，主动迎接公子兰回国，册立为太子，算是给晋国一个台阶下。两年之后，即公元前628年，郑文公去世，太子兰嗣位，是为郑穆公。

郑文公去世的这一年，还发生了两件大事。一是楚成王派大夫斗章出使晋国，晋文公也派大夫阳处父回访楚国，兵戎相见的对手终于握手言和。这也是周室东迁以来，晋、楚两大诸侯之间的首次和平交往。

二是一代雄主晋文公溘然长逝，走完了他短暂而辉煌的霸主生涯，由太子欢嗣位，是为晋襄公。尽管在位不到十年，称霸区区四年，但晋文公凭借城濮之战、践土之盟，在春秋时代的霸主群中占据数一数二的地位，确实令人由衷钦佩！

霸业自有后来人

晋国大丧期间，先前被派往郑国协防的杞子给秦穆公传回去一个好消息：他自从戍守郑国以来，深得郑文公的信赖，如今已经拿到了郑国都城北门的钥匙。杞子向秦穆公建议，晋国刚刚死了君主，估计啥也顾不上，咱们此时不吃独食，还想等到什么时候呢？

秦穆公被杞子忽悠得热血沸腾，又问蹇叔怎么看（举荐他的百里奚已经去世）。蹇叔认为，讨伐郑国无名无分，又是劳师以远，所以不建议出兵。

秦穆公觉得晋国不会年年大丧，杞子也未必一直受到信任，机不可失，时不再来，于是委任孟明视（百里奚之子）、西乞术、白乙丙为将，挥师东向。

蹇叔劝谏无效，只能以嚎啕大哭为孟明视等人送行，说此番出征必然是有去无回。尚未出门就挨了诅咒，秦穆公岂能不恼火，当即派人前去怼蹇叔："你懂个屁！要是早点死，你坟头上的树都有合抱那么粗了！"（"尔何知？中寿，尔墓之木拱矣。"）秦穆公认为蹇叔是个老糊涂，既浪费粮食又煞风景，但蹇叔始终坚持自己的意见。因为儿子奉命随军出征，蹇叔又大哭了一场，约定在崤山给儿子收尸。

蹇叔两番哭师，并没有让秦穆公幡然醒悟，回心转意，秦军浩浩荡荡向东开拔。据说路过周王室地盘的时候，年幼的王孙满只瞅了一眼，便从军容不整的表象洞悉骄傲轻敌的本质，断定这支队伍要吃败仗。

秦军的运气也真够衰的，路过滑国的时候，竟然迎面撞上一个名叫弦高的郑国商人。前面说过，郑国地处天下之中，交通便利，商业发达，吃贸易饭的人很多，在大道上巧遇的概率自然也很大。一般商人忙于自己的生计，顶多驻足看看热闹就过去了，但秦军在滑国碰到的弦高，是个既精明又爱国的商人。士、农、工、商，商人属于平民，是垫底的那一层，基本上没有什么地位可言，如果干得不好破了产，只有再往下当奴隶了。所以呢，精明的商人多如牛毛，爱国的商人则凤毛麟角。秦军点子背，偏偏跟爱国商人弦高撞个正着。

弦高不用开口问，便知道这支队伍是冲着郑国去的。如果只是借道郑国，官方层面早就协调好了，自己四处行商，岂能半点消息都没听到，稀里糊涂玩一场偶遇？弦高遇事相当淡定，一面暗中派人回国报信，一面假托郑穆公之命，用自己携带的货物犒劳秦师，暗示郑国已经知情。

郑穆公接到弦高送来的消息，考虑到兹事体大，没有轻信，而是派人前往杞子等人的住所侦察，发现这里厉兵秣马，已经做好了策应秦军的准备。郑穆公也不含糊，当即将杞子、逢孙、扬孙三人“礼送出境”，并下令全国备战。在滑国这边，弦高打着郑穆公的旗号犒师，令主将孟明视疑窦丛生：郑国已经有所准备，那还偷袭个屁？转念一想，难得出趟远门，岂能空手而归呢，索性就地灭掉滑国，班师凯旋。

秦、郑终究没有打起来，弹丸诸侯滑国躺了枪，事情是不是就这样结束了呢？没有！因为晋国也接到了秦军偷袭郑国未遂的消息。中军主帅先轸认为，这是秦国的一次重大战略失误，咱们应当果断出击，抖一抖霸主的威风，让秦穆公搞清楚，尽管晋文公已经不在了，但霸业自有后来人，中原的场子，晋国护定了！下军将栾枝表示反对，认为不管怎么说，秦国对咱们晋国有恩（例如护送晋文公回国）；再者说晋国还在大丧期间，不可轻言动武。先轸回怼道，秦国不顾晋国之丧，甚至利用大丧作为契机，讨伐晋国的同姓诸侯（郑、滑都是姬姓），他先不仁，咱们何必死守一个“义”字？

晋襄公寻思着，先轸说得有道理，同时自己身为新立之君，需要一场胜利来证明：“霸二代”依然是霸主，中原的天并没有变！

一声令下，晋国三军几乎倾巢而出，会同姜戎之师在崤山设伏，截断了秦军的退路，史称“崤之战”。孟明视、西乞术、白乙丙力战不敌，成了晋军的俘虏。先前浩浩荡荡的东征大军应了蹇叔不详的预感，几乎全军覆没。

孟明视、西乞术、白乙丙三名高级战俘被押往翼城接受处理，晋文公的夫人文嬴（秦穆公之女）赶紧出面替他们求情。文嬴对晋襄公讲：“这三人违背君命，擅自开启战端，留在晋国是死，回去也活不成，不如做个顺水人情，将他们遣返回去领罪算了。”文嬴毕竟是嫡母（晋襄公的生母是偪姞），晋襄公碍于情面，勉为其难地将三个人释放了。

先轸第二天才知道消息，顿时暴跳如雷，也不管文嬴是什么身份，破口大骂说：“将士们浴血拼杀得来的战果，竟毁于几句妇人之言，晋国的好日子算是到头了！”骂完之后，只听呸的一声，先轸又将一口唾沫吐在晋襄公的面前。

激动不已的先轸相当失态，晋襄公也追悔莫及，赶紧派大夫阳处父带人去追。阳处父马不停蹄，一直追到黄河边，孟明视等人已经上了船。阳处父灵机一动，向孟明视隔空喊话，说自己奉君主之命前来送礼，让他们先上岸来，拿了东西再走。孟明视可不傻，坚决不上当，站在船上稽首说：“这次回去如果活得成，三年以后一定会回来拜君之赐。”

同样是吃了败仗，秦穆公的气度足以甩城濮之战时的楚成王好几条街。他非但没有治孟明视等人的罪，还身穿素服到郊外迎接他们，承认此次战败是自己的过失，勉励他们放下包袱，有朝一日定能报仇雪恨！

未竟的事业

崤山之战既让秦穆公认清了现实的残酷，也使晋襄公在诸侯面前树立了威名。当然，称霸之路任重而道远，前人未竟的事业，还需要“霸二代”继续努力，走好自己这代人的漫漫长路。

晋文公在位和称霸的时间都不长，面对南蛮、北狄交相侵扰的局面，只来得及解决南蛮楚国的问题。对于北狄，晋文公生前有过一些准备，譬如在公元前632年，将两行步军扩充为三行，曾经担任过御戎的荀林父将中行（其后裔遂以中行为氏），屠击将右行，先蔑（先轸的弟弟）将左行，这三行步军就是专门对付狄人的。

公元前630年，晋文公联合秦穆公讨伐郑国的时候，狄人伺机向东侵扰齐国，次年又打卫国的主意，逼得复位没多久的卫成公赶紧卷起铺盖搬家，迁都到了帝丘，暂避狄人的锋芒。

话说回来，相比于“熊孩子”楚国，“野孩子”狄族明显要好对付一些。楚国毕竟是一个整体，当仁不让的南方第一强国，而活跃于北方的狄族有很多分支，彼此之间还经常互不买账，发现猎物的时候一拥而上，群狼不怕虎，靠的就是人多势众，可一旦消停下来便互撕互咬。就在晋文公去世的那一年，卫成公抓住狄人内部生乱的机会，坚决果断地报了一次仇，还跟狄族结了盟。

晋文公尸骨未寒，白狄（狄族的一个分支）便开始找事，出兵侵扰齐国，想看看初闯江湖的“霸二代”会有什么反应。当时秦穆公也在借机惹事，晋襄公忙于对付秦国，齐国那边暂时还顾不上。霸主没吭声，白狄胆识愈壮，调转矛头来征讨晋国。晋襄公刚刚取得崤山大捷，正是威名远扬、如日中天之际，岂容“野孩子”造次。不需要身边的“狼队友”发话，晋襄公再度披甲亲征，在箕地（今山西蒲县附近）迎战狄军。结果白狄损失惨重，首领也被时任下军大夫的郤缺抓个正着，晋军大获全胜。

说起这个郤缺，原本是没有机会到战场上立功的，因为他爹是郤芮。郤芮是晋惠公的党羽，当年差点儿一把火将晋文公烧死，最后被秦穆公诱杀。郤芮丢了性命，其采邑冀被剥夺，儿子郤缺也受到牵连，从大夫阶层一下子跌成农民，回冀邑种地去了。

说来也巧，曾经做过晋文公老师的下军佐胥臣，有一回路过冀邑，看到郤缺正在田间劳作，妻子给他送饭，夫妻俩相敬如宾。身处逆境，最能看出一个人的本性，胥臣很受感动，回去之后便跟晋文公讲：“郤芮罪有应得，但他儿子郤缺是个有德行的人，咱们可不能埋没人才啊。”于是，晋文公起用了郤缺，安排他到胥臣的下军担任大夫。

箕之战，罪臣之子郤缺用战功证明了自己，功勋卓著的中军主帅先轸则殒命沙场。更令人唏嘘的是，他就没打算活着回去。个中缘由，其实不必追溯得太远。晋襄公将孟明视等人放走的时候，先轸情急之下骂街、吐槽外加诅咒，喷了一大堆难听的话。尽管晋襄公没说什么，但先轸事后相当自责，认为无礼就该受罚，不能坏了规矩，君主不追究，自己岂能安之若素？于是，身为主帅的先轸脱下甲胄，冲入敌阵，最后壮烈而死。

晋襄公感其忠烈，让其子先且居接任中军元帅之职；郤缺凭借生擒白狄首领的战功，恢复了卿大夫的爵位和采邑；胥臣也因举荐得力而受了赏。

北方的狄族因箕之战走向衰颓，南面的楚国却利用晋国大丧的契机，蠢蠢欲动，谋求重返中原，还成功策反了弹丸诸侯许国。箕之战之后没多久，晋襄公便联合郑、陈讨伐倒戈相向的许国。楚成王好不容易招纳到一个小马仔，岂能坐视被晋国抢回去，所以派令尹斗勃（字子上）率兵讨伐陈、蔡。

细胳膊嫩腿的陈、蔡招架不住，被逼无奈之下重新归附了楚国。楚成王大喜过望，进而讨伐郑国，准备将两年前逃奔楚国的公子瑕（郑文公之子）送回去，抢郑穆公的饭碗。关乎君位安危，郑穆公自然是拼死抵抗，结果楚成王没能得逞。随军出征的公子瑕不幸成为俘虏，最后死于郑穆公之手。

楚成王卷土重来，晋襄公当然不会袖手旁观。大夫阳处父奉命出征，伐蔡以救郑，与前来增援蔡国的楚军隔着泜水对峙。

阳处父是典型的文臣，并不在诸军将佐之列。先前两次出镜，头一回是晋、楚通好时出访楚国，后一回是去追赶孟明视，都跟领兵打仗无关。这个人挺有意思，他身上出过一个典故——华而不实。据说，阳处父出使卫国的时候路过宁邑。一个姓嬴的人（称为宁嬴）看他仪表堂堂、举止不凡，便跟妻子商量，要跟着这个人去闯荡一番事业。宁嬴说到做到，阳处父也同意把他收下，可没走多远，宁嬴就自己跑回去了。妻子很诧异，问："你先前还雄心勃勃的，怎么这么快就改主意了？"宁嬴解释说："此人看上去一表人才，走了一段才发现他华而不实。跟着他混，没什么出路。"

阳处父是不是真的如宁嬴所说虚有其表、华而不实呢？我觉得恐怕有失公允。外交方面，阳处父应该是一把好手，否则不会频繁出使。尽管他行军打仗不在行，但也没见他吃过什么亏。就拿这一回来说吧，晋襄公选择讨伐许、蔡这样的马仔，还把缺乏战争经验的阳处父推到最前沿，明显是不想跟楚国撕破脸皮。阳处父深谙君主的用意，所以与楚军夹水对峙，他所想的不是怎么打赢这一仗，而是如何了断这个局。

若论玩心眼，楚国令尹斗勃还真不是阳处父的对手。阳处父派人前去跟楚军交涉，说咱们隔着一条河，只能对骂，没法开打，干耗着也不是个事儿，干脆这样吧，要么我后退，让你过河，要么你后退，让我过河，咱们摆开阵势，大战三百回合。

斗勃觉得有些道理，但楚军吃过“退避三舍”的亏，一朝被蛇咬，十年怕井绳，所以选择了自己后退、让晋军过河的方案。

斗勃刚挪窝，喜形于色的阳处父便声称楚军已经逃之夭夭，当即下令班师回国。楚军想打仗却没了对手，只能悻悻而归。谁承想，斗勃刚回到楚国，太子商臣便煞有介事地给楚成王进谗言，说他收受了晋军的贿赂，故意放水。

楚太子商臣为什么要凭空捏造，陷害令尹斗勃呢？原来，楚成王册立太子的时候，斗勃坚决反对，认为商臣颜值太低，“蜂目而豺声”，这种品相的人早晚是个祸害。再者说，子以母贵无可厚非，但宫里这么多女人，眼下受宠并不意味着永远受宠，早早册立太子（楚成王当时还年轻），将来要想换人，可就不太容易了。

尽管楚成王没有采纳斗勃的意见，但隔墙有耳，商臣从此记了仇。听太子说得有鼻子有眼，楚成王自毁长城的老毛病又犯了，下令将斗勃处决。

一年之后，斗勃当初说过的话竟然一语成谶。楚成王有了新欢忘旧爱，打算废掉商臣改立公子职。太子商臣勾结党羽发动兵变，将楚成王围困在宫中，逼他自行了断。楚成王想拖延时间，提出吃一顿熊掌再上路，惹得商臣怒了：“做什么白日梦呢！哪有闲工夫给你炖熊掌，赶紧上路！”

楚成王被逼自缢之后，太子商臣嗣位，是为楚穆王，继续重返中原的事业。

公元前624年，晋国出兵讨伐归附楚国的弹丸诸侯沈国。来而不往非礼也，楚穆王讨伐江国。晋襄公再度安排阳处父挂帅（还是不想真打），联合王室之师讨伐楚国。阳处父故技重施，声称侵扰江国的楚军已经撤走了。次年，楚国灭掉江国，后来又相继灭了六、蓼等诸侯，势力在淮水流域得到恢复。

“霸二代”的烦恼

既然继承了晋文公的霸业，面对卷土重来的南蛮楚国，晋襄公为什么选择一味妥协退让，一宽二松三软呢？事实上，不是坐享其成的“霸二代”比不上艰辛创业的“霸一代”，而是真的忙不过来。

晋襄公嗣位以来，各方势力轮番上阵，搞得正逢大丧的晋国手忙脚乱。闹事的除了秦、楚、狄以外，竟然还有捏不死的小强——卫成公。当初要不是周襄王护短，下药的医生贪财，卫成公早被晋文公弄死两回了，所以卫成公回国复位之后，一直记着晋国的仇。

晋文公还在世的时候，卫成公收拾了狄人，转而派大夫孔达率兵侵扰郑国，存心给行将就木的霸主难堪。还没来得及做出反应，晋文公便撒手人寰，继任的晋襄公忙于对付蠢蠢欲动的秦国，一时还顾不上他，只能先记着这笔账。

公元前626年，晋襄公服丧期满（十三个月，称为“小祥”），派先且居、胥臣率军讨伐卫国。从委任的将领级别可以看出，晋襄公教训卫国的决心很大。卫成公终究不是“霸二代”的对手，不得不跪地求饶，请陈国出面调停，还将大夫孔达抓起来，做了一回替罪羊。

记仇的卫成公服了软，在崤山之战中损失惨重的秦国却时时刻刻不忘一雪前耻。晋襄公伐卫的第二年，秦穆公再次委任孟明视为将，率兵东征晋国。晋襄公也不示弱，安排先且居、赵衰率军御敌，同样是奔着痛揍对方一顿去的，否则就该让“大忽悠”阳处父出马了。结果呢，秦军在彭衙（今陕西合阳附近）这个地方挨了一顿胖揍。还记得吗？当年孟明视从晋国侥幸得脱，识破了阳处父的诡计，亲口说过一句话：“三年之后回来拜君之赐。”因此，晋人将秦国的这次东征戏称为“拜赐之师”。

孟明视惨败而归，却依然得到秦穆公的重用。史载孟明视“增修国政，重施于民”，助力秦国转向西面发展。不久之后，秦穆公、孟明视还巧施离间之计，策反了效力于西戎的著名谋士由余（晋国宗室后裔）。

虽说在西戎的身上找到了成就感，但秦穆公还是不甘心。公元前624年，秦穆公亲自率军东征。为了表明必胜的决心，渡过黄河的时候还放火把船烧了。赵衰认为，秦穆公这一次亲自出马，无论是求胜之心，还是力战之勇，都大大超过先前的“拜赐之师”。所以呢，咱们不能跟他硬拼，愣的怕不要命的，哪个正常人会跟疯子干仗？

晋襄公采纳了赵衰的建议，坚持守而不战的御敌方针，“他强由他强，清风拂山岗”，总有秦军啃不动的城池。秦穆公痛痛快快地撒了一回野，却自觉无趣，夺了几块地盘便打道回府了。

此后，晋、秦之间虽然小有冲突，但双方的关系总体上还算平稳，毕竟势均力敌，谁也没有十足的把握，何必搞得两败俱伤呢？

秦穆公愈发意识到，想征服晋国进而控制中原，以秦国目前的实力无异于痴人说梦。与其好高骛远争个头破血流，倒不如在西戎的广阔空间自由翱翔。在孟明视、由余等人的助力下，秦穆公在西面“益国十二，开地千里”，“遂霸西戎”，也被后世认定为一方霸主。

公元前621年，秦穆公去世，太子罃（穆姬之子，晋襄公的表弟）嗣位，是为秦康公。按照秦国惨无人道的殉葬传统，共计一百七十七个大活人陪同秦穆公下了黄泉，其中就包括三位贤臣——子车氏三子。国人为此赋诗《黄鸟》，悲情控诉秦穆公“歼我良人”，这也是《诗经·秦风》中唯一一首讥刺秦国君主的诗。舆论普遍认为，秦穆公欲争霸中原而不得，正是“死而弃民”的必然结果，纯属咎由自取。

除了卫、秦交相找茬以外，“霸二代”晋襄公还有一个难以破解的烦恼：人才危机。

光阴似箭，岁月无情，两代晋国国君身边的“狼队友”们相继走到了人生的终点。

公元前629年，晋文公将三军、三行整编为五军（中、上、下、新上、新下），对应有十名将佐：先轸、先且居、郤溱、狐偃、栾枝、胥臣、赵衰、箕郑父、胥婴和先都。毫不夸张地说，他们是维系晋国霸业的中坚力量。

晋襄公嗣位以来，威风凛凛的十大将佐不断凋零。先轸战死，郤溱、狐偃、胥婴先后离世，先且居、栾枝、胥臣、赵衰在同一年（公元前622年）相继亡故，只剩下箕郑父、先都二人。赵衰的儿子赵盾子承父业，代行执政之权。

由于缺乏合适的将佐，当然也结合形势的变化，晋襄公下令裁撤新上、新下两军，恢复了过去的三军建制。围绕中军将佐人选，晋国内部争论了很长一段时间。晋襄公最初的想法是让硕果仅存的老将箕郑父、先都担纲，但先克（先且居之子，先轸之孙）第一个站出来反对，认为狐氏和赵氏为晋国立下了不朽功勋，应当让这两家出人统领中军。晋襄公觉得有些道理，便委任狐射姑（狐偃之子）为中军将，赵盾为佐。

对于这样的安排，还是有人表示异议。谁呢？咱们的老熟人——阳处父。他认为，赵盾贤，狐射姑仁，以贤佐仁不太像话，应该把他俩对调一下。阳处父明面上这么说，其实藏着自己的小九九。他能够走上仕途，全得赵衰的举荐，过去还做过赵衰的属臣，关键时刻自然要为赵氏发声。

阳处父此时官居太傅，是晋襄公的老师，可谓一言九鼎。为了老师的一句话，晋襄公不惜收回成命，重新调整了中军的领导班子，改由赵盾出任中军将。

按照晋国的官职体系，赵盾既是中军将，也是三军元帅，还主持国政，这权力可就大得没边儿了。根据史料记载，赵盾执政期间有九个方面的政绩，归纳起来是二十七个字："制事典，正法罪，辟狱刑，董逋逃，由质要，治旧洿，本秩礼，续常职，出滞淹。"翻译成白话文，大概的意思是：定章程，行律令，清积案，追逃犯，明账目，肃吏治，明礼仪，任贤臣，挖人才。

这短短二十七个字里面其实大有玄机！如果把它看作一场改革，那么按照所涉及的领域来划分，基本上只有行政、司法和人事。直白一点说，这场改革为赵氏培植党羽，掌控权柄大开方便之门。因此，晋国表面上是稳固了，大权却逐渐落入赵氏之手。

从历史演进的过程来看，赵盾专权就好比埋下了一颗影响极其深远的炸弹，引爆了后续的一系列政治事件：夺嗣纷争，五将乱晋，下宫之难（即传说中的赵氏孤儿惨案），六卿坐大，三家分晋。直至将这个春秋第一诸侯国炸得灰飞烟灭。

然而当局者迷，晋襄公看不到那么远，也管不了那么多。公元前621年，秦穆公去世，晋襄公也走完了自己短暂的"霸二代"之路，将来会是什么样，他再也操不了心了。

祸起萧墙

晋襄公死后，理应由太子夷皋嗣位，然而诸位大臣觉得实在不妥。众臣倒不是对合法的太子有什么成见，而是因为夷皋年纪太小（应该不超过五岁），主幼国疑，如何应对纷繁复杂的局面，维系晋国来之不易的霸主地位呢?

合计一番之后，大臣们达成一致，将太子夷皋晾在一边，改循“兄终弟及”的原则，在晋文公的其他子嗣中选择合适的人选。到底扶持哪一个公子上位，众臣却发生了严重分歧。要想把这个问题扯清楚，恐怕还得回到晋文公那里，看看他的诸多女人到底是怎么排的序，以及她们的出身如何，子嗣都有谁。

在晋文公的妻妾当中，秦穆公的女儿文嬴是正夫人，但没有子嗣。晋襄公的生母偪姞排名第二，出自某个姞姓小诸侯（可能是南燕），因为是太子的生母，所以也被封为夫人。狄人当年送给晋文公的季隗排名第三，子嗣不详，与丈夫分离八年之后重逢，晋文公感念她的贤德，破例封她为夫人，与文嬴、偪姞同掌后宫。排名第四的是杜祁，出自某个祁姓小诸侯，生公子雍。曾经与狐偃合谋，将晋文公带出齐国的齐姜排名第五，子嗣不详。第六、第七和第八，都是秦穆公当年送给晋文公的女子，姓名、子嗣不详。“二手货”怀嬴（嫁给晋文公之后也称为辰嬴）排名第九，生公子乐。

这场嗣君纷争，主要围绕着公子雍、公子乐两人展开。赵盾主张拥立公子雍，理由有三：一是年长；二是品行端正，深得晋文公的宠爱；三是正在秦国做官（官居亚卿），跟秦国关系密切。

先前阳处父的一句话，硬生生地把狐射姑的中军将抢过来给了赵盾，所以狐射姑想借策立之功扳回一局，便站出来唱起了反调，力主扶持公子乐。事实上，无论年纪还是生母地位，公子乐都没有什么优势，狐射姑的理由更是牵强，说怀嬴服侍过怀、文二君，具有比较广泛的代表性。

赵盾一针见血地指出：怀嬴排名垫底，还是服侍过两位君主的“二手货”，哪里轮得到她的儿子嗣位？公子雍的生母杜祁虽然排名第四，不在夫人之列，但那是有历史原因的。她原本排名第二，先是因为太子的缘故，接着考虑到与狄族搞好关系，牺牲小我，顾全大局，两次主动腾出位置，让偪姞、季隗排在自己前面，这才屈居第四。再者说，公子乐远在陈国，公子雍却在秦国做着官，外援孰轻孰重，你狐射姑难道拎不清？

赵盾说得入情入理，无可辩驳，但狐射姑不肯就此罢休，而是派人前往陈国召回公子乐，想打一个时间差，造成既成事实。

关键时刻，赵盾比狐射姑还要狠，一面安排先蔑（先轸的弟弟）、士会（士蔿之孙）前往秦国迎回公子雍，一面派人劫道，将公子乐杀死在回国的途中。

满盘皆输的狐射姑惹不起赵盾，只能拿阳处父泄愤，指使族人狐鞫居将他暗杀。太傅死于非命，赵盾岂能善罢甘休，追查出狐鞫居之后当即处决，狐射姑被迫逃往北狄。赵盾斩草必除根，将狐氏家族全部驱逐出境。

狐氏势力被清除出了晋国，但更大的麻烦接踵而至。获悉太子夷皋竟然靠边站，他的生母穆嬴不干了，将儿子抱在怀中（这也说明夷皋确实还是一个小屁孩），没日没夜地“上访”，白天在朝堂上哭诉，晚上跑到赵盾家里闹腾。

虽说穆嬴、夷皋孤儿寡母不足为虑，但晋国正处于极其敏感的权力真空期，各种势力暗流涌动，一旦被别有用心的人加以利用，局面将不可收拾。不胜其烦的赵盾最终服了软，当即改变主意，决定拥立太子夷皋嗣位，是为晋灵公。君主尚幼，大小事务都交给赵盾处理，史载其“益专国政”。

赵盾改主意容易，秦国那边的一群利益相关方可就尴尬了。先蔑、士会被派去迎接公子雍，新嗣位的秦康公相当爽快，不仅欣然应允，还派兵护送。先蔑、士会先行回国复命，做好迎接的准备，而公子雍在秦军的护送之下，此时已经在赶回晋国的路上了。面对如此戏剧性的局面，赵盾充分发扬了翻脸比翻书还快的传统，亲自挂帅出征，前去抵御秦师。为了打赢这一仗，晋国三军几乎是倾巢出动：中军将赵盾、中军佐先克、上军佐荀林父、下军将先蔑、下军佐先都全部参战，只有上军将箕郑父留守在都城。

秦军原本是应约来送人的，并不是来干仗的，哪里想到晋国人会这么无耻，措不及防之下，在令狐（今山西临猗附近）遭遇了一场惨败。先蔑、士会对赵盾朝三暮四的做法极为不屑，索性投奔了秦国。赵盾则乘胜邀集诸侯会盟，开了大夫主盟的先河。

大夫主盟，从一个侧面反映出霸主晋国已经颠倒了乾坤。赵盾一手遮天，还在大夫郤缺的怂恿之下，打着君主的旗号，擅自做主还地给卫国。

眼瞅着赵氏专权无极限，老资格的箕郑父、先都极度不满，于公元前618年邀合士縠、梁益耳（梁国宗室之后）、蒯得三位大夫作乱，将一腔怒气往先克身上撒，先克因此丧命，史称“五将乱晋”。

明明专权的是赵盾，先克招谁惹谁了呢？往远了说，当初晋襄公将五军裁撤为三军，就因为他“狐、赵之勋，不可废也”这句话，令箕郑父、先都与中军将佐的职位失之交臂。再近了看，先克仗着有赵氏在背后撑腰，恣意妄为，曾公然抢夺蒯得的采邑。冤有头，债有主，杀他一点儿都不冤。

先克成为众将反抗赵氏专权的牺牲品，赵盾又岂能袖手旁观，当即下令将五人处死。

伴随着晋国祸起萧墙，经过文、襄两代君主励精图治开创的霸业陷入了重重危机之中。多灾多难的东周王朝，恐怕又要变天了。

汾水
狄
戎
河
齐
莱
夷
长狄
济
临淄
卫
赤狄
晋
沫（朝歌）
帝丘
鲁
曲阜
秦
绛
周
曹
犬戎
雍
成周
郑
新郑
宋
泗
商丘
陈
汝
颍
蔡
汉
淮
吴
舒
会稽

第七章 天下尽丛林

出来混，迟早要还

晋文公、晋襄公两代君主开创的霸业，前后只有十来年光景，连齐桓公称霸时间的三分之一都不到。单就实力而言，晋国并不在齐国之下，为什么差距会这么大呢？我觉得主要有两个方面的原因：

一是晋国内部的政治势力缺乏制约，内耗比较严重。

晋献公时期骊姬谋乱，将太子、群公子纷纷赶出都城，给自己的儿子奚齐让路腾位置。尽管最终没有如愿，但由此给晋国定下了一个后患无穷的规矩：公子不得居于国内。因此，晋国与其他诸侯不同，没有“公族”（宗室公子）这股政治力量，公卿大夫便得以利用从亡、策立之功“野蛮生长”，最终造成了赵氏专权的格局。长远地看，春秋时期的诸侯只有晋国惨遭瓜分，正是拜这种畸形的政治格局所赐。用现代的话来说，晋国的政治生态已经遭到了严重破坏，君与臣的矛盾、臣与臣的矛盾复杂而激烈。文臣也好，武将也罢，都各有各的山头，而赵氏为了维系既得利益，不惜自毁长城，对战功赫赫的将领大开杀戒。而新嗣位的晋灵公，还是一个赖在母亲怀里撒娇的幼主，又谈何继承霸业？

二是多年来各大诸侯持续“打怪练级”，争雄天下的形势已非齐桓公时代可比。齐桓公时期，中原文明曾受到北狄、南蛮的夹击而命悬一线，从而催生出了“尊王攘夷”的时代最强音。晋国作为霸主，需要应付的对手不仅数量更多（秦、狄、楚），而且实力更强。大家都在战争中历练，拼的是毅力，比的是速度，霸主稍微有一点变故或者闪失，就会被对手找到一击致命的机会。晋文公大丧期间，晋襄公身着孝服打了好几回仗，便是四面皆有窥伺之敌的必然结果，也是最有说服力的证明。

如今，晋文公、晋襄公两代雄主已经作古，晋国深陷主幼国疑的危机，周边强敌自然不会错过这绝佳的机会，真是应了一句俗话："出来混，迟早要还。"

最先找霸主麻烦的，是与晋国的新老交替有着直接利益关系的秦国。秦康公先前在令狐吃了一回瘪，见识到晋国人玩起赖来是多么地泰然自若，理所当然。从此以后，这两个因政治联姻而留下"秦晋之好"美名的诸侯不断刀兵相向，在黄河以西互有征伐，你打我一拳，我还你一脚，谁也奈何不了谁。公元前615年，也就是晋灵公嗣位的第六个年头，秦康公憋出一个大招：亲率大军东渡黄河，闯进了晋国的腹地河曲（今山西芮城附近），史称"河曲之战"。

秦国过往在门口吵嚷几声也就算了，如今竟然气势汹汹地往家里闯，怒不可遏的赵盾决定举全力还击，给两国持续数年的争端做一个了结。所谓"举全力"，对晋国而言就是上、中、下三军倾巢出动。当时的将佐是这样的：中军将（全军主帅）赵盾，中军佐（全军副帅）荀林父；上军将郤缺，上军佐是个新人，名叫臾骈，一直在赵氏的圈子里做属吏；下军将栾盾（栾枝之子），下军佐胥甲（胥臣之子），两个都是"将二代"。

以双方对阵的态势来看，晋军无疑具有数量优势，战斗力也强于秦军，更何况是在自己的地盘上作战，占据着地利先机，而秦国背靠黄河，无论后路还是后勤都堪忧。毫不夸张地说，晋军这一回是稳操胜券的。

虽说是十拿九稳会赢的仗，但也不能乱打乱撞，只凭一股蛮劲和运气。大约十年之前，秦穆公亲征东渡，把船只烧了个精光，当时晋襄公采纳了赵衰的建议，守而不战，让秦穆公在晋国的地界自娱自乐，结果大挫其锐气。如今，新提拔的上军佐臾骈也提出了深垒固军、守而不战的策略，以消磨秦军的锐气与锋芒，等磨得差不多了，晋军再伺机而动，不敢说一定会大获全胜，至少也能让秦军劳而无功。

赵盾采纳了臾骈的建议，搞得秦康公浑身不自在，特意把逃亡到秦国的晋臣士会找来咨询："怎么才能破掉对手的这个龟缩之策，引诱晋军出来交战呢？"士会跟秦康公讲："这个战术必是出自足智多谋的臾骈，要想破它，似乎不太可能，但晋国的上军当中还有一个人，不妨在他身上试一回。"

士会提到的这个人名叫赵穿，是赵盾的族兄弟，当时以大夫的身份跟随上军行动。说到这个人的特点，归纳起来不外乎九个字：后台硬，没能耐，妒心强。后台有多硬呢？他是晋襄公的女婿、赵盾的族兄弟，还深得赵盾的宠幸。至于能耐，士会对他的评价是年少轻狂，勇而无谋，不会打仗。既有背景又狂妄，自然不乏嫉妒之心，而他嫉妒的不是别人，正是赵盾新提拔的臾骈。三军六将佐，几乎都出自公卿将门，唯独臾骈是属吏出身，难怪赵穿瞧不上人家，觉得正是臾骈抢了本应属于自己的位置。因此，赵穿此次随军行动，绝不是为了游山玩水顺便混资历，而是迫切地想要立下战功，向赵盾证明自己，以便将臾骈挤对下去。

立功心切又不懂军事的赵穿，正是秦军引诱晋军出战的绝佳突破口。按照士会的谋划，秦康公派出一队人马前去向晋国的上军挑衅。郤缺、臾骈严守避战之策，岿然不动，但赵穿压根不听从号令，独自出营应战。前来挑衅的秦军按计划迅速撤离，赵穿没能追上，回来发了一通牢骚之后，执意带着自己的兵马去找秦军比试高低。

赵穿以大夫的身份随军行动，并没有指挥权，能带走的只有少量亲兵，此去不是送死就是送俘。赵盾相当着急，说赵穿一旦被俘，自己回去没法交代，于是不再顾及深垒固军的既定战术方针，下令全军出动策应赵穿，最后与秦军打了个平手。

先前晋军守而不攻，秦军千方百计地要把对方引出来交战，可真正干了一仗之后，秦康公意识到了双方实力的差距，知道了想啃下晋国三军这块硬骨头，并不是一件容易的事情。秦康公打算见好就收（至少没输），派人连夜前往晋军递战书，约定明日再战，为自己撤退赢得时间。

臾骈察言观色，从使者的眼神和言语中，判断出秦军要跑路，建议晋军立即出击，把秦军撵到黄河里去。将佐们还在营帐里商量，赵穿却撺掇起下军佐胥甲，一同堵在军营门口阻止晋军出击。理由有二：第一，白天交战死伤了不少士兵，还没来得及收拾，扔下他们不管，这叫不惠；第二，既然已经约定明日交战，咱们却搞偷袭，这叫无勇。对自己人不惠、胜之不武的事儿，不符合晋军素来的风格，这事儿绝不能干！

经赵穿这么一闹腾，赵盾犹豫不决，结果错失了战机，致使秦军连夜逃遁，还顺道剽掠了瑕邑（今河南三门峡）。回去之后，大臣纷纷要求追究该胜而未胜（实际上就是战败）的责任，赵盾护起了犊子，将跟着起哄的胥甲拿来顶罪，处以流刑，赵穿却毫发无伤。次年，赵盾安排大夫詹嘉坐镇瑕邑，戍守函谷关，堵住了秦国的东征之路。秦康公被迫继续向西发展。

河曲一战让赵盾意识到，士会替秦国效力，对晋国而言终究是个隐患，于是召集公卿们密议，计划召回逃亡的大臣。荀林父借机提出召回狐射姑的主张，认为他有外交才能，又是勋旧之后，理应给人家一条活路。郤缺回怼道："狐射姑曾经谋乱，还杀了阳处父，是戴罪之身，与晋国属于'敌我矛盾'，而士会与晋国属于'内部矛盾'，不能等量齐观。"

最终，公卿们决定只召回士会。具体的办法是这样的：安排魏邑大夫寿余假装叛逃至秦国，以献魏邑投秦为饵，先见到士会传递消息，再设计将他带回晋国。为了把戏演得足够真，赵盾还羁押了寿余的家眷，寿余连夜逃往秦国。

得知有人来献地，秦康公兴致盎然地在朝堂上接见了寿余。寿余趁机踩了士会一脚，士会当即心领神会。秦康公决定亲自去接收地盘。走到黄河西岸的时候，寿余建议停下来等一等，先派出一名大臣跟他一起渡河，前往魏邑做工作、打前站，以确保万无一失。寿余说，鉴于使命的需要，这位大臣至少应该具备两个条件：首先得是晋国人，其次要在官场上有些人脉和交情。

虽然没有点名（担心引起秦康公的怀疑），但两个条件圈下来，无异于因人设岗的“定向招录”，只有士会一人符合标准。士会配合寿余演戏，百般推托说：“晋国人虎狼成性，翻脸比翻书还快，我过了河之后，他们要是不认账，不但我的性命难保，留在秦国的家眷恐怕也会遭殃。”秦康公求地心切，当众指着滔滔不绝的黄河水发誓，不管结果如何，都会将士会的家眷送回晋国。

士会极不情愿地跟着寿余准备过河，一个名叫绕朝的大夫为他送行，还说了一句意味深长的话：“别以为秦国无人，只是君主不听我的而已。”原来，绕朝早就意识到寿余前来投奔是别有用心，建议秦康公不要答应任何条件，可惜他的意见没有得到采纳。

等到士会顺利过河，在众人的簇拥欢呼之下离去，秦康公才意识到自己上当受了骗，但依旧履行誓言，将士会的家眷送回了晋国。至于看破玄机的绕朝，后来竟然因为他人的谗言而惨遭杀戮。

“熊孩子”的机会

昔日不可一世的霸主陷入主幼国疑的尴尬处境，除了秦国上门找麻烦以外，南面的“熊孩子”楚国也看到了卷土重来的机会。用楚国大夫范山的话说，晋国的幼主不晓事，执政的赵盾忙着对付政敌，其心志已经不在于称霸诸侯了，所以北方可图，时不我待！

公元前618年，楚穆王兴兵讨伐郑国，一仗就俘虏了三位大夫：公子坚（郑穆公之子，即后来的郑襄公）、公子龙和乐耳。赵盾连忙召集宋、鲁、卫等诸侯会盟，商量出兵救郑，可是等到诸侯联军抵达郑国的时候，郑国业已在强压之下服软，楚军早就跑没影了。

逼服郑国之后，楚穆王按照既定的部署讨伐陈国。公子朱（息国宗室之后）也从东夷方向再度伐陈。结果却是阴沟里翻了船，楚军战败，楚国的公子茷被俘。陈国担心遭到报复，主动向楚国求和。如此一来，郑、陈重新成为楚国的马仔。蔡国也紧随其后，与郑、陈、楚国会盟于厥貉（今河南项城），四国共谋讨伐宋国。

嗣位不过两年的宋昭公（宋成公之子）知道大事不妙，心想晋国这个霸主已经靠不住了，与其先挨揍再服软，不如直接服软，免得挨揍，便主动投向了楚国的怀抱，不仅会盟，还邀请楚穆王到宋国的孟诸（今河南商丘东北）打猎。其间，宋昭公、郑穆公极尽奉承之能事，亲自为

楚穆王领阵，以示完全服从。

郑国地处天下之中枢，宋国西连中原，东接齐鲁，都是关乎中原局势的风向标。随着郑、宋、陈、蔡倒向楚国，这个蛮横无礼的“熊孩子”终于利用晋国衰颓的机会，重新现身于中原。楚国到底有多蛮横呢？咱们举两个例子。

一是在孟诸打猎时，时任左司马的申舟（楚文王后裔）要求宋昭公准备好取火之物早点出发，但宋昭公没搭理他（可能是嫌他官小）。按理说，既然是在宋国的地盘上打猎，主人自然会把一切安排妥当，轮不到申舟冒出来说三道四，吆五喝六，宋昭公没理睬，一点儿也不出格，但申舟认为自己吃了瘪，竟然抽了宋昭公的侍御几鞭子，还拉出来示众，给宋昭公难堪。有人劝申舟不要做得太过，人家好歹是一国之君，该给的面子还是得给，申舟却义正词严地回答说，自己职责所系，不容懈怠，岂能看人下菜碟，乱了规矩？！

二是厥貉之会时，麇国的君主应召赴约，做了一回吃瓜群众，可能是觉得没他什么事儿，未跟楚穆王打招呼，便私自回去了。楚穆王大为光火，派成大心（字孙伯，成得臣之子）、潘崇（时任太师）两番讨伐麇国，差点儿就把这个弹丸诸侯国灭了。

楚国此番北略中原是因时而动，准备得并不充分。被称为“群舒”的六个偃姓诸侯国趁着楚穆王北征的机会造起了楚国的反。楚穆王只得抽身回来，派新任令尹成嘉（字子孔，成大心的弟弟）前去镇压，拘捕了舒、宗两国君主，进而围困巢国，方才平息事态。

仓促之间北略，后方又动荡不安，使得楚国没办法全身心地投入到称霸中原的伟大事业当中。晋国作为老资格的霸主，影响力和余威尚存，一时半会儿也不会甘心谢幕。在如此焦灼的态势之下，夹缝求生的中原诸侯被逼无奈，纷纷做起了骑墙派。

公元前614年，鲁文公亲自出面，前往晋国拜码头。在路过卫国的时候，卫成公设宴款待，请鲁文公顺便替卫国说几句好话，重修晋、卫之好。

从晋国返回途中，鲁文公又在郑国被郑穆公强行“劫道”。席间，郑国的执政大臣子家（公子归生）引用《诗经·载驰》大倒苦水，说“控于大邦，谁因谁极”，意思是郑国先前投靠楚国，纯属被逼无奈之举，请求鲁文公从中斡旋，与晋国修好。鲁文公好人做到底，转身重返晋国，替郑穆公请和。

鉴于卫、郑都通过鲁国向晋国表达了诚意，赵盾便召集诸侯在新城（今河南商丘西南）举行会盟，宋、鲁、郑、卫、陈等国悉数到场，唯独蔡国担心开罪于楚国，拒绝与会。结果很悲催，晋国派郤缺前去讨伐蔡国，直到逼迫蔡国订立了城下之盟，方才罢休。

为了进一步彰显霸主的声威，赵盾接下来还做了两件事儿。头一件是召集诸侯讨伐弹丸诸侯邾国，原因倒也不新颖，还是君位继承的老问题。邾文公的元妃是齐国女子，次妃是晋国女子。邾文公死后，元妃的儿子貜且嗣位，是为邾定公。次妃的儿子捷菑不干，在母亲的支持下闹事，结果被国人孤立，便跑回母国寻求支持。

貜且是嫡长子，嗣位理所应当，但赵盾并不这样想。在他看来，邾国将出身于晋国的子嗣晾在一边坐冷板凳，就是目无霸主，此等风气岂能助长？于是不容分说，操起家伙要护送捷菑回去抢位置。结果呢，邾国上下同仇敌忾，跟赵盾讲事实摆道理：貜且以大宗嗣位，理所应当，这是其一；捷菑以小宗谋求篡位，国人不支持，这是其二；捷菑背后有人（晋国），貜且背后也有人（齐国），两者都是大国，谁也不虚，这是其三。赵盾自知理亏，更不希望晋、齐两个大国因此交恶，只得悻悻作罢。

还有一件事是调停王室纷争。当时，周顷王（周襄王之子）去世，儿子姬班嗣立，是为周匡王。王孙苏与周公阅两位大臣争权夺利，互不相让，准备前往晋国争讼，让这个诸侯之长主持公道。周匡王原本支持王孙苏，但没过多久就反悔了，又派人前往晋国替周公阅说好话。赵盾出面调停，派兵前往王室坐镇，方才平息事态。

作为即将谢幕的老牌霸主，晋国烈焰不再，余温尚存，但这点余火很快就会因为不地道地处理宋、齐两大诸侯的内乱而导致熄灭。

拿人手短，吃人嘴软

宋国的内乱还要从几年前说起。公元前620年，宋成公去世，公子御（宋成公的弟弟）杀太子自立。国人奋起除逆，杀掉公子御之后，拥立了宋成公的少子杵臼为君，是为宋昭公。

宋昭公一上台，便谋划着驱逐跟自己素来不合的穆、襄二公之族。有大臣出面劝阻，说公族是宗室的枝叶，不应该轻易摈弃。宋昭公不听劝，结果穆、襄之族怂恿国人闹事，不仅杀掉了公子目夷，还非把宋昭公轰下台不可。多亏公卿们出面调停，才把这一波内乱强摁了下去。

尽管宋昭公保住了君位，穆、襄之族也没有遭到驱逐，但双方已然结下仇怨，还没消停多久，便又闹将起来。穆、襄之族的代表人物是襄夫人，她既是宋襄公的遗孀，又是周襄王的姐姐，号召力和影响力都不可小觑。

公元前619年，襄夫人怂恿华、乐、皇三族（都是戴公之后，统称为戴氏之族）发难，诛杀了宋昭公的一干党羽，包括孔叔（宋襄公之孙）、公孙钟离和时任大司马的公子卬，标志着宋国高层的政治斗争进入白热化。

宋昭公、襄夫人两大政治集团明争暗斗，致使宋国的政治空气异常恶劣和凶险。当时，出任司城之职（六卿之一）的公子荡去世，其子公孙寿竟然拒绝继任，而是让给了自己的儿子荡意诸。公孙寿的理由是：国君无道，这个官位离得太近，将来轻则溅一身血，重则丢掉性命，做不得！但既然觉得这个官位有生命危险，为什么又选择“坑儿子”呢？公孙寿也有一番道理：不做司城之官，家族更不可能得到庇护，让儿子出面挡枪，即便牺牲掉一个，只要他公孙寿还在，家族便能得以保全。

公孙寿的担忧很快就变成了残酷的现实。为了扳倒宋昭公，襄夫人决定扶持公子鲍（宋昭公之弟）抢夺君位。公子鲍这个人可不简单，早就有浑水摸鱼的想法，多年来仗义施财，大肆笼络公卿、贤臣、族亲、国人乃至平民。据史料记载，襄夫人选择支持公子鲍，主要是因为他的颜值高。估计他是人见会花痴、仙女见了想下凡的小鲜肉吧，祖母辈的襄夫人不由得春心荡漾，还曾经动过与他私通的念头，不支持他支持谁？

公元前611年，襄夫人、公子鲍认为时机成熟，可以下手了。具体办法是安排宋昭公前往孟诸打猎，伺机暗杀。宋昭公用脚趾头都能想到襄夫人搞的什么鬼，但党羽尽失，他已经成了孤家寡人，毫无招架之力。司城荡意诸建议宋昭公赶紧逃亡，或许还能保住一条性命。宋昭公则认为，自己在宋国都得不到祖母和国人的支持，流亡于诸侯，又有谁会待见咱，而且也实在是丢不起这个人，故而断然拒绝了荡意诸的好意。襄夫人觉得荡意诸是个人才，特意派人劝他离开宋昭公。但荡意诸也是一根筋，不愿意在危急关头背弃故主，保全自己。最终，宋昭公慷慨赴难，被襄夫人派人劫杀于前往孟诸的途中，荡意诸一同殉难。公子鲍顺利嗣位，是为宋文公。

眼瞅着宋国发生这么大的事儿，以霸主自居的晋国当然不会坐视不理，便派荀林父召集郑、卫、陈等诸侯一起讨伐宋国。

但等到诸侯大军赶到，这场夺位之争已经尘埃落定。襄夫人、宋文公不惜重金贿赂晋国，晋国拿人手短，吃人嘴软，也就默认了既成事实。

几乎与宋国内乱同时，齐国也上演了一出争夺君位的好戏。

稍作对比可以发现，其他诸侯的夺嗣之乱更像拍一部电影，唯独齐国人最能折腾，从一代雄主齐桓公死后，几位公子便轮流坐庄，竟拍起了连续剧，一季接着一季，断断续续地拍了三十多年。第一季前面已经讲过了，公子无亏被宋国的干涉军干掉，齐孝公上台。第二季发生在齐孝公去世的公元前633年，前面也讲过，公子潘在开方等人的支持下杀掉太子自立，是为齐昭公。

齐昭公的夫人是鲁国女子叔姬，生子舍，早年被册立为太子，但叔姬并不受宠，所以太子舍的存在感一直比较低，反倒是公子商人（齐桓公之子）四处招贤纳士，谋逆之心昭然若揭。

公元前613年，齐昭公去世，齐国夺嗣之乱的第三季震撼登场。蓄谋已久的公子商人先是杀掉太子舍，接着为了掩人耳目，又表示要拥立自己的哥哥公子元。公子元可不傻，拒绝得相当直白："你为君，我为臣，我没意见；我为君，你为臣，你会甘心吗？别在我面前扯犊子了！"于是乎，公子商人自立，是为齐懿公。

齐懿公轻而易举夺取了君位，故事却才刚刚开始。鲁文公觉得叔姬继续留在齐国，保不齐哪一天会有性命之忧，便想请王室出面，劝说齐国将叔姬送回鲁国。周匡王自然乐得做个顺水人情，还能刷一下王室的存在感，便派大臣单伯前往齐国传话。谁承想，齐懿公非但不放人，还把单伯、叔姬一并囚禁，公然向王室、鲁国示威。

齐国为什么不愿意放人？大概有三种说法。一是说叔姬天姿国色，齐国人舍不得放。后来叔姬被放回鲁国，齐国人还念念不忘，上卿高固甚至不惜扣押鲁国国君，将叔姬强娶了回去。二是说单伯假公济私，与叔姬私通，结果东窗事发，双双下狱。三是说齐懿公跟鲁国赌气，你鲁国想要人，应该直接来齐国要啊，让王室出面是几个意思？

不管怎么说，单伯终究是没把事儿办成，鲁文公又派出执政大臣季孙行父前往晋国，请晋国出面调停。晋国虽说黯淡了不少，但好歹是名义上的诸侯之长，面子还是比王室好使，齐国多少买点账，把单伯放了。

放人归放人，该清算的账一笔也不能省，齐懿公兴兵讨伐鲁国。鲁文公向晋国寻求支持，晋国便召集宋、郑、卫、陈、蔡等诸侯会盟，共谋讨伐齐国。齐懿公跟宋文公一样会来事儿，不惜重金贿赂晋国，还主动释放叔姬以表诚意。晋国再一次拿人手短，吃人嘴软，伐齐的行动不了了之。

晋国被忽悠回去了，但冤有头，债有主，齐懿公继续对鲁国大打出手。鲁国难以招架，被迫求和。当时鲁文公有病在身，受不了旅途颠簸，便安排季孙行父前去会盟，结果他却吃了闭门羹。齐懿公认为级别不对等，非要鲁文公亲自来。不得已，鲁文公又派出自己的叔叔公子遂（字襄仲，鲁庄公之子）作为特使，前往齐国拜码头。齐懿公依然不肯罢休，再度讨伐鲁国，逼得鲁文公抱病前往齐国朝见，才逃过再一次挨揍的命运。

公元前609年，随着鲁文公去世，鲁国的夺嗣之乱也爆发了。公子遂支持次妃敬嬴，杀掉了长妃哀姜生的两个儿子，拥立敬嬴所生的公子俀嗣位，是为鲁宣公。

耐人寻味的是，长妃哀姜作为齐国女子，却没有得到母国的支持，齐国居然选择站到公子俀一边。看似不合乎常理，但齐国人有自己的逻辑：哀姜身为长妃，儿子嗣位天经地义，与母国无关，而公子俀原本无缘君位，自然会感恩于齐国的支持。

鲁文公去世的同一年，齐国夺嗣之乱的最后一季也血腥上演：齐懿公在外出游玩的时候，竟然被自己身边的两个车夫杀了！

这事儿说起来也挺有意思，两位车夫一个名叫邴歜，另一个叫阎职。邴歜的父亲曾经跟齐懿公（当时还是公子商人）争夺田产，而且还赢了，齐懿公嗣位之后，竟将他父亲的遗骸从坟里刨出来砍脚解恨。阎职呢，妻子长得很漂亮，不幸被齐懿公看上了，强行抢回宫中，供自己淫乐。一个背负辱父之仇，一个心怀夺妻之恨，也不知道齐懿公咋寻思的，可能就是想侮辱人家吧，竟然将两人留在身边做自己的车夫。这一次出游呢，邴歜和阎职因为一点小事闹起了别扭。邴歜盛怒之下，揭起了阎职的伤疤，说你老婆都被人睡了，连屁都不敢放一个，枉为人夫。阎职也不示弱，说你亲爹被人刨尸砍脚，也没见你有啥表示啊，枉为人子，还有脸说我？

邴歜、阎职你来我往，互揭伤疤，最后决定联手复仇。两人利用职务之便将齐懿公暗杀，扔进了一片竹林里。国人怨恨齐懿公暴政久矣，便将他的子嗣晾在一边，拥立公子元坐上君位，是为齐惠公。

祸不单行

自从晋、楚两大诸侯展开拉锯战，中原诸侯便纷纷骑墙，而地处天下之中枢的郑国，无疑是骑墙界的高手。高手归高手，偶尔穿帮还是在所难免的。晋国在忙着应付宋国内乱的时候，就已经对郑国两面讨好的做派有所察觉，晋灵公甚至拒绝与郑穆公会面，以表达自己的不满。

意识到郑国可能会挨揍，执政大臣子家特意给赵盾写了一封信。子家在信中表示，郑国的心始终是向着晋国的，正是因为受到郑国的牵制，陈、蔡才不敢完全倒向楚国。我本将心向明月，反倒落下一通埋怨，郑国到底要怎么做，才能让晋国满意？郑国是小国，惹不起你们这些大佬，“居大国之间，而从于强令”，谁的话咱都得听，这难道就成罪过了？郑国虽小，但要是逼人太甚，小国也只有铤而走险，豁出性命跟大国赌一把了！

子家的这封信，态度恳切之余，暗藏着锋芒，着实令晋国有些汗颜。赵盾并不想真的把郑国推到楚国那边去，于是借坡下驴与郑国结盟，双方还互遣人质作保。

然而，面对宋、齐、鲁等诸侯的内乱与纠葛，晋国的处理方式相当欠妥，这让踩在晋、楚两个鸡蛋上跳舞的郑国备感失望。郑穆公在参与了两次虎头蛇尾的征伐（伐宋、伐齐）之后，得出了“晋不足与”的结论，转而与楚国结盟。至此，晋、郑短暂的蜜月期宣告终结，骑墙界的高手——郑国跳下墙头，毅然决然地投向了楚国的怀抱。

对于楚国而言，投怀送抱不能只是说说而已，更要付诸行动。公元前608年，楚、郑联手讨伐陈、宋两国。两国向晋国求救。

赵盾意识到，这可不是先前诸侯的内乱，理不理也就那么回事儿，谁做君主都差不到哪儿去，陈、宋两国特别是宋国，一旦屈服于楚国的淫威，那么晋国在中原的影响力将丧失殆尽，岂能置之不理？

为了解宋国之危，赵盾召集宋、卫、陈等诸侯讨伐郑国。楚国也不示弱，派司马蔿贾率军前往郑国增援。晋、楚激战于北林（今河南新郑附近），结果晋军遭遇惨败，大夫解扬被俘（后被释放回国），灰溜溜地撤退了。

次年，郑国大举讨伐宋国。宋军主将华元被俘（后逃归），副将乐吕阵亡。

宋国饱受楚、郑欺凌，而晋国先前在北林挨过楚国一闷棍，暂时顾不上这个可怜巴巴的盟友。为了便于集中精力与楚国争夺中原的主导权，赵盾决定与秦国握手言和，希望能借上一把力。然而，赵穿突然冒出来反对，认为就这么去跟秦国讲和，面子上过不去，不如先干上一仗，再谈条件也不迟。当然，干仗不是干秦国，而是收拾归附于秦国的崇国。小弟挨了收拾，大哥必然会出面撑腰，咱不就可以趁势会盟了吗？

赵盾觉得赵穿说得有道理，未开战而请和，那是小国的做派，不符合晋国的身份。但是，秦国毕竟不是由赵盾、赵穿说了算，没有配合晋国演戏的义务。晋国打崇国，秦国免不了替马仔站台，但晋国抛出和谈绣球的时候，秦国躲开了，装作没看见。不接球不要紧，嗣位没多久的秦共公（秦康公之子）还兴师围困晋国焦邑，替崇国报仇。赵盾竹篮打水一场空，只得率军去解焦邑的围，顺道联合诸侯联军讨伐郑国，帮宋国出一口恶气。

楚穆王岂能示弱，派司马斗椒率军救郑。斗椒决心与晋军比个高下，放言欲得诸侯，就必须迎难而上。可赵盾这边呢，实在不想给自己找不痛快，主动撤了兵。为了让自己有一个台阶下，赵盾竟然诅咒斗椒，说斗氏这个家族在楚国争强好胜多年，就快物极必反了，犯不着跟他一般见识。

虽说是自我安慰，但赵盾竟然一语成谶，斗氏在两年之后遭遇了一场灭族之灾，当然这是后话。就当下而言，晋国面临的麻烦明显要大得多：公元前607年，晋灵公竟然被赵氏干掉了！

赵氏弑君的桥段是春秋时期著名的悬案。根据《左传》《国语》《史记》等权威史料的记载，晋灵公暴虐成性，赵氏是在忍无可忍的情况下才奋起反击的。不过，鉴于赵氏是这场政治斗争的胜利者，这明显偏袒于赵氏的记载一直受到后世史学家的质疑。

按照史料记载，晋灵公暴虐的证据主要有三条：其一，对百姓横征暴敛，而且竟把大肆搜刮来的民脂民膏用于装饰宫墙。其二，在高台上弹人取乐。其三，因为熊掌没有煮熟，便将厨子诛杀，并令宫女挑着装有尸体的箩筐招摇过朝。

三条证据当中，第一条明显不靠谱。晋灵公嗣位以来，国政一直被赵盾把持着，晋灵公想增加税赋，恐怕连门儿都没有！第二条只能信一半，晋灵公的童年和少年毕竟是在国君的位置上度过的，哪个男孩子小时候没玩过弹弓？所以弹人取乐恐怕是少年国君的一时顽皮，当不得真。第三条或许确有其事，但跟其他荒淫暴虐的君主，譬如“淫于妇人，数欺大臣”的齐襄公、与庶母乱伦的晋献公、夺人妻子的齐懿公比起来，实在是小巫见大巫，给晋灵公扣上这么大一顶帽子，着实有点冤枉。

赵氏怎么就被逼无奈了呢？上述权威史料也有解释。当时发生了两件事，头一件是晋灵公派了一位名叫鉏麑的死士去刺杀赵盾，结果鉏麑被赵盾的忠义深深感动，一头撞在树上自杀了。第二件是晋灵公设下鸿门宴，想趁机结果赵盾的性命，但赵盾命大，在力士提弥明、灵辄等人的帮助下侥幸逃脱。赵穿随即发动兵变，将晋灵公诛杀。

晋灵公想致赵盾于死地，这一点毋庸置疑，但究其根由，并非像史料中所说，厌倦于赵盾的屡次进谏，而是随着年纪的增长，晋灵公想拿回原本就属于自己的权力而已。

赵盾这个人呢，狐射姑在亡奔狄族之后，将他跟赵衰做过一个对比，说这爷俩都像是太阳，但区别在于：赵衰是冬天的太阳，令人暖心；而赵盾是夏天的太阳，异常毒辣。赵盾专权这么多年，到底是谁忍无可忍？历史应该还晋灵公一个公道了！

如此看来，晋灵公派刺客去暗杀也好，设下鸿门宴也罢，符合当时的态势（晋灵公没什么权力，只能使阴招）。而鉏麑撞树、提弥明斗恶犬、灵辄知恩图报的细节，明显是出于渲染赵盾忠义形象的需要而做的艺术加工，可信度不高，只能当作小说看看而已。

尽管历史是由胜利者写成的，但晋国史官董狐还是值得称道，他仗义执笔，写下了“赵盾弑其君”，并示之于朝。赵盾大呼冤枉：“对晋灵公动刀子的人又不是我，凭什么把弑君的屎盆子往我头上扣？”董狐的理由很简单：“你是不是晋国的正卿（执政大臣）？是！君主被杀的时候，你逃亡出境而不归了吗？没有！（按照当时的规矩，逃亡出境而不归，可免弑君之罪）你回来之后，追究赵穿的责任了吗？也没有！一是二否，说破大天去，弑君首犯是不是你赵盾呢？”

董狐将赵盾怼得哑口无言，但笔杆子终究无法改变既成事实。众臣经过商议，决定从周王室迎回公子黑臀（晋文公之子）嗣位，是为晋成公。

别看晋成公的名字很俗气，其实是有一番来历的。据说，公子黑臀刚生下来的时候，他妈做了一个梦，梦见一位天神用黑墨在儿子的屁股上写了几个字，大意是这个孩子有朝一日会成为晋国君主，所以给他取名为“黑臀”。

确有其事也好，故弄玄虚也罢，“黑屁股”公子终究坐上了君位。为了弥补晋国缺失公族的境况，晋成公嗣位伊始便下令以宦卿的嫡长子充任公族大夫，其余的嫡子称为“余子”，庶子为“公行”。

值得一提的是，赵盾并没有将赵氏的公族大夫身份据为己有，而是让给了同父异母的弟弟赵括（与战国时期纸上谈兵的那位仁兄同名不同人），自己只做“公行”。这里面有一段渊源。还记得吗？晋文公流亡于狄族的时候，获赠了廧咎如的一对姐妹花公主，但他只娶了妹妹季隗，姐姐叔隗则被他转赠给了赵衰，叔隗给赵衰生的儿子便是赵盾。后来，赵衰跟随晋文公回国，又娶了晋文公的女儿赵姬，生子赵括。当时，叔隗、赵盾母子还寄居于狄族的篱下，苦苦等待着赵衰的召唤。赵衰害怕得罪晋文公，一直不敢提这茬，还是赵姬深明大义，坦言“得宠而忘旧，何以使人”，坚持迎接叔隗、赵盾母子回到晋国，并力主册立年长的赵盾为赵氏嫡子。如今赵盾知恩图报，将赵氏公族的位置让给赵括，客观上也扩大了赵氏的势力。

宦卿的大宗充任公族，公卿势力得以升级，晋国的政治生态进一步恶化，外部则再度面临楚国的挑衅与威胁。

初闯江湖多坎坷

连续两代君主称霸的晋国陷入主幼国疑的危机，为南方的楚国重返中原创造了机会。然而，楚国称霸雄心有余，怎奈运气不佳，终楚穆王之世，除了让一群骑墙诸侯闻风而动投靠过来以外，并没有多少像样的起色。称霸大业，有待于后人继续努力。

公元前614年，楚穆王去世，儿子熊侣嗣位，是为大名鼎鼎的楚庄王。作为争议相对较少的三位霸主（有关“春秋五霸”的说法比“上古五帝”还要多），齐桓公、晋文公、楚庄王有一个共同的特点：命运多舛，人生坎坷，堪称“天将降大任于斯人也，必先苦其心志，劳其筋骨，饿其体肤，空乏其身，行拂乱其所为”的完美诠释和励志典范。不同之处在于，齐桓公、晋文公是历经坎坷之后荣登宝座，楚庄王则是轻轻松松嗣了位，但上位伊始，未及尽享欢愉，麻烦便很快找上了门。

楚庄王嗣位的时候，年纪不算小，但也大不到哪儿去，估计也就十多岁。这样的岁数虽已通晓人事，却缺乏足够的威信，结果屁股还没坐热乎，便吃了一记杀威棒：公子燮和斗克作乱，史称“斗克之乱”。

公子燮一生的终极梦想是官居令尹，但令尹成大心死后，楚穆王又安排其弟成嘉继任，所以公子燮一直怀恨在心。斗克曾经跟秦军交过手，但不幸被俘，放回来之后也是郁郁不得志。眼瞅着少主新立，令尹成嘉、太师潘崇奉命征讨群舒，公子燮和斗克一拍即合，决定利用留守的机会劫持楚庄王。

虽说近水楼台先得月，但公子燮、斗克还是差点儿运气。他们派人去前线刺杀令尹成嘉没能成功，只好带着楚庄王离开郢都，计划前往商密，路上却被庐邑大夫劫了道。公子燮、斗克死于非命，楚庄王也有惊无险地逃过一劫，被护送回郢都，继续自己的君主生涯。

勉强过了几年安生日子，楚庄王的麻烦又来了。公元前611年，楚国爆发了严重饥荒，山夷趁机偷袭楚国的西南面。他们在遭到楚军驱逐之后，又转向东南面滋扰。庸、麇率领百濮等群蛮部落也纷纷反水。面对群起而攻的危险处境，楚庄王紧急下令北方边境全面戒严，谨防中原诸侯伺机而动，大臣们也将迁都提上了议事日程。

争论不休之时，司马蒍贾一语惊醒了乱作一团的众臣："我们能去的地方，敌人也能去，跑到哪儿才是个头？"蒍贾认为，对手看上去很多，但主次关系还是清晰明了的，咱们只要能把庸国打趴下，山夷、麇、百濮等群蛮凑热闹起哄的必然作鸟兽散。

楚庄王采纳了蒍贾的建议，集中全力对付庸国，巧施示弱骄敌之计，并在秦国、巴国的增援之下完灭庸国，化解了这场危机。

楚庄王嗣位后，屈指数来仅三年光景，但君主之路走得磕磕绊绊。《韩非子·喻老》记载，楚庄王主政三年，不发政令，没有任何作为。右司马伍举（伍子胥的祖父）进谏，说南方出现一只大鸟，三年没有振翅高飞，不知道是怎么回事。楚庄王心领神会，接过话头回答说："大鸟不飞，是为了长翅膀。此鸟不飞则已，一飞冲天；不鸣则已，一鸣惊人！"《史记·楚世家》采录了这个著名的典故。几乎完全雷同的桥段，又出现在《史记·滑稽列传》之中，只不过这番对话的主角，变成了战国时期的齐威王和淳于髡。

同一个典故，却有截然不同的出处，到底哪个为真，不好妄加推断。不过，接下来的这个典故，确实发生在楚庄王身上无疑，他还借此留下了“勤学好问”的千古“美名”，这个典故就是“问鼎中原”。

公元前606年，也就是赵盾弑君、拥立晋成公的第二年，楚庄王率军讨伐洛水流域的陆浑之戎。楚国跑这么远去干仗，或许是应新即位的周定王（周匡王的弟弟）之请。为了表达感激之情，周定王派大夫王孙满前去犒劳楚师。本着“搞不懂就问人”的求学精神，楚庄王向王孙满询问九鼎的大小和轻重。周王室特使王孙满一脸黑线，并没有回答的打算。毕竟九鼎不是普通的玩意儿，相传铸造于夏朝，从周成王时期开始就置于洛邑，象征着至高无上的王权，岂是你一个诸侯想问就能问的？

楚庄王揣着明白装糊涂，肆意挑衅王权，王孙满当然不能丢王室的脸，当场回怼说：“周德虽衰，天命未改，鼎之轻重，未可问也！”周成王定九鼎于洛邑的时候，曾经卜卦问天，卦象显示周王朝将传世三十、寿数七百，如今才到哪儿啊！

刮骨疗毒

开“问鼎中原”之先河的楚庄王碰了一鼻子灰，接着，一场比“斗克之乱”规模更大、危险系数更高的内乱发生了，史称“斗椒之乱”。

前文写过，两年之前，赵盾为了避免与斗椒兵戎相见，曾经下过一道诅咒，说：“彼宗竞于楚，殆将毙矣。”“彼宗”指的就是斗氏之族，而要将楚国多年以来的权力格局和眼下的“斗椒之乱”搞清楚，还得从斗氏的起源说起。

斗氏的历史最远可以追溯到楚国君主熊仪。按照楚国的规矩，没有谥号的君主一律称为“敖”，再冠上所葬之地加以区别。熊仪死后葬于若地，称作若敖。若敖有一个儿子名叫伯比，别封于斗邑，以地为氏，称为斗伯比。他在楚武王时期官居令尹，为楚国的崛起立下了汗马功劳，也奠定了斗氏异常显赫的政治地位。

有斗伯比强基固本，斗氏这一族愈来愈壮大。特别是子元乱国被杀以后，令尹之职基本上都被斗氏承包了。据粗略统计，从楚成王到楚庄王嗣位初期，六十来年的光景里，有六位斗氏族人担任过令尹之职：

斗谷于菟，斗伯比之子，楚成王时期三度出任令尹之职，是一位传奇人物，也是楚国历史上的一代名相。

成得臣，斗伯比之子，斗谷于菟的弟弟，因为是小宗，所以从斗氏分离出来自成一氏，属于斗氏的旁支。他在楚成王时期担任令尹，城濮之战败北，因楚成王的逼迫而引咎自尽。

斗勃，辈分不详，楚成王末期担任令尹，曾经被阳处父忽悠过，因为反对册立公子商臣为太子，遭到反攻倒算，被楚成王处死。

成大心，成得臣之子，楚穆王时期担任令尹，助力楚国重返中原争雄。

成嘉，成得臣之子，成大心的弟弟，在成大心死后继任令尹，“斗克之乱”后不久去世。

斗般，斗谷于菟之子，现任令尹。

唯一的例外出现于成得臣自杀谢罪之后。或许是想控制一下斗氏野蛮生长的态势，楚成王特意安排蒍吕臣（蒍贾的父亲）担任令尹，用堪称后起之秀的蒍氏制衡根深叶茂的斗氏。结果呢，蒍吕臣根本镇不住场子，频繁遭到斗勃、斗般、成大心的联手攻讦，勉强支撑一年便郁郁而终了。

还有先前怂恿公子燮作乱，并打算暗杀令尹成嘉的斗克也出身于斗氏，他的父亲名叫斗班，与成嘉的父亲成得臣是亲兄弟。由此可见，斗氏一族为了争权夺利，一家人内部都闹得你死我活。

斗氏不仅权倾朝野，还将触角伸到了群舒、庸等属国，使之听命于己，成为其搞政治斗争的筹码和外援。“斗克之乱”以前，楚穆王北略中原，斗氏为了将成大心轰下台，暗中授意群舒造反，楚穆王只得抽身回来扑火。后来庸、麇率百濮反水，也是斗氏躲在背后搞鬼，以此震慑有意制约斗氏权势的楚庄王。在蒍贾等大臣的鼎力支持下，楚庄王成功平叛，令斗氏的险恶用心落了空。

楚庄王问鼎中原之后，斗氏再次围绕权力分配而祸起萧墙，这一次的主角便是官居司马的斗椒。斗椒是斗谷于菟的侄子，名声向来比较差。据史料记载，斗椒刚出生的时候，斗谷于菟就对这个侄子有一种不详的预感，说他是“熊虎之状而豺狼之声”，成语“狼子野心”就来源于这段评价。斗谷于菟甚至还奉劝斗椒的父亲：“赶紧把这个儿子掐死算了，省得将来祸害全族。”

斗椒的父亲当然不会因为别人的一句话，就把亲儿子往死里整，所以斗谷于菟在临终的时候，忧心忡忡地召集族人说：“一旦斗椒执政，你们就赶紧逃命去吧！”楚穆王北略中原之初，斗椒曾经奉命出使鲁国。鲁国大夫叔仲彭生评价说，这个人骨子里透露着一股傲气，“必灭若敖氏之宗”。最近的一次评价，便是赵盾在两年前给斗椒下的诅咒。总而言之，时人对他的评价没有一句中听的好话。

当时，斗椒官居司马，顶头上司是自己的堂兄斗般。斗椒一直想把斗般赶下台，自己做令尹，甚至不惜联合斗氏政敌——时任工正的蔿贾。蔿贾巴不得斗氏搞窝里斗，主动配合斗椒，给斗般罗织罪名。楚庄王下令将斗般处死，斗椒如愿以偿坐上了令尹的位置，蔿贾则继任司马之职。

楚庄王利用蔿贾制衡斗氏，引起斗椒的极度不满。在挑起族人杀掉蔿贾之后，斗椒孤注一掷，转而攻向楚庄王。出于稳定政局的考虑，楚庄王有所妥协，提出以文王、成王、穆王的子孙作为人质，与斗椒坐下来谈判，但骄狂自傲的斗椒拒绝接受。

楚庄王决定武力解决，率军与斗椒激战。斗椒也是个神勇之辈，搭起弓朝楚庄王连射了两箭。虽说差了点儿准头，没能射着，但楚军着实吓得够呛，惶恐不安之中有了退却之意。楚庄王急中生智，临场发挥编了一段故事，说楚文王当年攻克息国，曾经缴获三支利箭，被斗椒偷走两支，现在他已经射完了，不足为惧。紧接着，楚庄王亲自击鼓，下令全线出击，彻底平息了叛乱，由蔿贾的儿子蔿敖继任令尹。

斗椒殒命沙场，斗氏也遭遇了一场覆巢之灾，盛极一时的若敖家族在一夜之间灰飞烟灭。对于楚国而言，翦灭斗氏更像是一次刮骨疗毒，将楚国从“贵族专权”的悬崖边缘拉了回来。楚庄王不再受到斗氏的掣肘，新任令尹蒍敖则是《史记·循吏列传》的开篇人物，史载其“尽忠为廉以治楚”，堪称楚国的一代贤相。

在蒍敖的助力之下，楚庄王整装待发，踏上了争霸中原的新征程。

送礼引发的内乱

楚庄王重返中原，最初争夺的焦点，依然是地处天下中枢的郑国。

在晋退楚进的时代，郑国人的心理既矛盾又无奈。一方面，郑国通过反反复复的亲身体验，逐渐意识到“晋不足与”这个残酷的现实；另一方面，郑国虽然与晋国纠葛不断，但从感情上讲，对晋国的好感还是要超过对南方的楚国。且不说两国具有同姓、同种、同文化的亲近感，如果没有当年晋文公出手干预郑国政局（特别是“烛之武退秦师”那一回），郑穆公依然是流亡在异乡的公子兰。就凭这一点，即使是为了谋求自保而选择骑墙，郑国终究不会背离晋国太远。

公元前606年，郑穆公去世，太子夷嗣位，是为郑灵公。自古新君不背旧主的债（尤其是感情债），楚庄王认为这是拉拢郑国的好时机，于是派人前去送礼，以增进彼此的感情。谁也没有想到，楚国人送的一只鼋（甲鱼）竟然在郑国引发了一场弑君之乱。

整件事情的经过是这样的：某一天，公子宋与公子归生（郑文公之子）结伴去见郑灵公。两人走在路上，公子宋的食指突然跳动了几下，这应该是肌肉疲劳导致的抽筋反应，但那个年代的人迷信，胡乱拉扯一些因果联系，诸如左眼跳财、右眼跳灾之类。公子宋煞有介事地跟公子归生讲：“往常我这食指一动，就会有好东西吃，看来今天运气不错噢！”进去之后，正巧碰见厨子在宰杀楚国人送来的甲鱼，两人不禁相视一笑。郑灵公有点蒙，问他们在那儿傻笑什么呢，公子归生便把前因后果讲了一遍。

按常理来说，事情到此就算结束了，大家当个乐子笑笑而已。偏偏郑灵公是一个不按常理出牌的人，或许是想戏耍一下公子宋，或许是因为他心里不是特别舒坦：我让你俩来吃甲鱼了吗？总之不管什么原因，甲鱼汤端上来的时候，在场的大臣们见者有份，唯独缺了公子宋的。公子宋也是个愣种，不给我吃是吧，我自己动手！于是伸出手指头往鼎里蘸了蘸，咂上两口，拂袖而去。现在常用的词语“染指”就来自于这个典故。

公子宋如此无礼，新嗣位的郑灵公岂能善罢甘休，不把他收拾了，以后还怎么在君主界混？公子宋也意识到自己情急之下闯了大祸，索性勾结公子归生作乱，打算先下手为强。公子归生一开始不同意，说家里种地的耕牛老了，咱都舍不得杀，更何况是国君呢？在公子宋的威逼利诱之下，公子归生还是选择了屈从，二人成功干掉了郑灵公。

郑灵公死后，国人打算拥立公子去疾（郑灵公之弟），但公子去疾百般推辞，让给了哥哥公子坚。公子坚得以继承君位，是为郑襄公。

新君主上位，便迅速改变了骑墙两边倒的策略，选择归附晋国，对抗楚国。于是乎，弱小的郑国再度四两拨千斤，将晋、楚两个重量级诸侯玩得团团转，二国继续在中原腹地反复争夺。

郑襄公选择归附晋国，势必引发楚国的激烈反应。楚庄王大为光火，兴兵讨伐郑国，并在公元前603年成功威逼郑国认怂求饶（“取成而还”）。虽说郑国没能顶住楚国的军事压力，被迫一度屈服于强权，但翻过一个年头之后，郑襄公又采纳公子宋的建议，再度反水倒向晋国。

公元前602年冬，晋成公召集诸侯在黑壤（今山西翼城附近）会盟，并以没有朝贺晋国新君主嗣位为由，软禁了应约赴会的鲁宣公，狠狠地敲了鲁国一笔竹杠。

眼瞅着晋国的霸业有中兴之象，楚庄王决定调整一下节奏，转身向南，灭掉了打着为斗氏“讨公道”的旗号频繁反叛的舒、蓼等国，并与地处东部沿海的吴、越等国结盟，巩固了对江淮流域的控制。

天下奇观邲之战

公元前600年，安定了后院的楚庄王卷土重来，兴师征伐郑国。晋国派郤缺率兵增援，在郑国境内击退了来犯之敌。

尽管晋国打了胜仗，但公子去疾忧心忡忡，认为晋、楚的新一轮交锋刚刚开始，负责提供场地的郑国恐怕要大难临头。不管谁战胜，争抢的都是对郑国的控制权，郑国到底图个啥？

郑襄公也意识到了这个问题，决定屈从于楚国，以结束这场纷争。然而，大国之间激烈交锋，岂容小国站出来裁判叫停？晋国再度召集诸侯继续施加压力，逼迫郑国“转会”。这一次由士会挂帅，他不仅成功击退了楚军，还乘机戍守于郑国，索性赖着不走了。

两年之后，楚庄王又一次征伐郑国。

晋、楚频繁拉锯，郑国被折腾得够呛。公子去疾提出：“晋、楚不务德而兵争，与其来者可也。晋、楚无信，我焉得有信？”什么意思呢？晋国、楚国都不是什么好鸟，咱们谁也惹不起，谁来就听谁的好了！他们都没有什么信誉可言，咱们又何必守信呢？

在“与其来者”策略的指引下，郑国反复“转会”，搞得晋、楚也差不多要精神崩溃了。公元前597年，忍无可忍的楚庄王彻底丢掉笼络、招服郑国的幻想，倾尽全力将郑国都城围困了三个月之久。郑襄公实在是顶不住了，参照微子启臣服于周武王的方式，肉袒牵羊，出城投降。楚国的大臣们恨透了反复无常的郑国，纷纷主张不受降，灭了他再说，但楚庄王得饶人处且饶人，同意与郑国讲和。为了表示诚意，郑襄公派遣弟弟公子去疾前往楚国做人质。

要想维系霸业，扼守交通要冲的郑国不容有失，晋国决定倾尽全力，不惜一切代价救郑国于水火。

争霸的双方不约而同，都掏空家底，倾尽全力，不惜代价。公元前597年，春秋时期第二场大规模会战在中原（今河南郑州附近）爆发，史称“邲之战”。与三十多年前的城濮之战一样，邲之战也成为一道关口，胜利者继续向前，追求梦想，失败者回去疗伤，下次再来。

邲之战的过程并不复杂，结果也简单明了：初现霸业中兴的晋国最终一败涂地。耐人寻味的是，出现这样的状况，并非因为晋军的战斗力不如楚军，其实是另有玄机的。我粗略统计了一下，《左传》对邲之战的描写有三千来字，但交战的过程描述不足一千字，剩下大约三分之二的篇幅，重点讲发生在晋军内部的两件奇葩事：一是将领之间频繁爆发口水仗，二是有人在紧要关头冒出来捣乱。这堪称诸侯交战的奇观！

一手遮天的赵盾已在公元前601年去世，此次三军倾巢出动，主要的将领有十三名。首先是三军六将佐：中军荀林父、先縠（先轸之子）；上军士会、郤克（郤缺之子）；下军赵朔（赵盾之子）、栾书（栾盾之子）。其次是随军的六名大夫，地位仅次于各军将佐：中军赵括、赵婴齐（都是赵盾的弟弟）；上军巩朔（士会族人）、韩穿；下军荀首（荀林父的弟弟）、赵同（赵盾的弟弟）。还有“落单”的韩厥（曲沃桓叔的后裔），担任司马之职。

大军刚走到黄河边，将领们就吵上了（这是第一波口水仗）。上军将士会主张打道回府，理由有四：第一，咱们出师的时候，郑国还在奋起抵抗，但现在业已投降，失去了救援的意义。第二，此次楚伐郑事出有因，谁让郑国朝三暮四，把楚国当猴耍呢！第三，郑襄公投降之后，楚国并没有赶尽杀绝，善后还算仁义。第四，此时的楚国今非昔比，新任令尹蒍敖理政有方，咱们恐怕惹不起。

荀林父赞同士会的意见，但作为三军主帅，他肩负着重大使命，率兵出征毕竟不是观光，连敌人的影子都没见着就往回跑，没法跟君主交代，所以他做了一下变通：先按兵不动，等楚军回去之后，再渡过黄河征伐郑国。

荀林父与士会的主张却挨了先縠一顿炮轰。先縠认为，晋国称霸于诸侯，靠的是将士神勇，臣属得力，像你们这样畏畏缩缩的，等着霸主的位置从天上掉下来吗？一番话义正词严，貌似挺有道理，毕竟狭路相逢勇者胜，一味避战是没有前途的。不过，先縠打着维护霸业的幌子力主出战，背后的动机却是想仗着自己的出身（他爹先轸是助力晋文公创霸的元老），跟荀林父争夺军权。紧接着的一幕充分暴露了先縠的狼子野心：主帅荀林父尚未表态，先縠就带着自己的人马渡过了黄河。

中军将还在原地组织商议，中军佐放了一阵嘴炮之后竟擅自行动，晋军上下顿时陷入尴尬的处境，于是第二波口水仗隆重上演。下军大夫荀首当然要维护哥哥的权威，说先縠不听号令，简直是翻了天了！他声言自己卜了一卦，这小子擅自过河，必败无疑，要么战死，要么回国挨收拾，没跑！司马韩厥则认为，先縠擅自行动也好，战败也罢，难辞其咎的其实是荀林父。您老人家是主将啊，下面的人不听话，吃了败仗，您脱得了干系吗？事到如今，只有硬着头皮过河干一仗，即使打不赢，罪责也是三军六将佐共同承担，不至于让您一个人背黑锅！

荀林父采纳了韩厥的建议，挥师渡过黄河与先縠会合，驻扎于敖山、鄗山之间的郔地。郑襄公虽然投降了楚国，但也不想吃眼前亏，便派人前来接洽，说郑国先前投降是迫不得已，对晋国并无二心，眼下楚军骤胜而骄，疲惫不堪（围了三个月的城），又没有什么防备，所以郑国愿意全力配合晋军打一场漂亮的反击战，绝无二话。

郑国人耍心眼不要紧，惹得晋军的将领们又打起了第三波口水仗，争论的焦点依然是该不该打。先縠还是那句话：“败楚服郑，在此一举，犹豫不得！”下军佐栾书站出来跟他掰扯，认为郑国人的话信不得。楚军胜了吗？胜了。骄了吗？未必！楚国灭庸之后，楚庄王居安思危，以商纣王胜百败一、以致亡国的教训给军队敲警钟，又以若敖、蚡冒主政时期“筚路蓝缕，以启山林”的优良传统教导臣属，这是骄吗？楚庄王此次出征，戎车、兵士轮流值岗，井然有序，这能叫不设防？再者说，郑国的公子去疾还在楚国做人质，郑国还屁颠屁颠地跑来说配合我们打反击，忽悠谁呢？依我之见，郑国这是拿咱们做赌注，挑起庄家相斗，谁赢了他就上谁的船。

先縠、栾书争执不休，谁也说服不了谁，其他将领也是各执己见。赵括、赵同支持先縠，荀首、赵朔选择站在栾书一边。双方展开激烈辩论，还没吵出一个像样的结果，楚庄王竟然派人来谈判了。

其实，不光晋军将领围绕战与不战的问题闹得不可开交，楚军内部也出现过分歧。听说晋军过了黄河，楚庄王毕竟没有经历过大规模战事，心里难免有点发怵，打算班师回家。令尹蔿敖表示支持，说这一次北略中原，捞到的好处够多了（郑、陈两国均被征服），见好就收吧，万一被晋军打败，上哪儿去买后悔药吃？

得到楚庄王首肯之后，令尹蔿敖号令全军调头向南。宠臣伍举站出来反对，认为晋军虽然人多势众，但不足为虑。伍举为何这么有信心？因为晋军内部的山头实在是太多了，将佐的关系太复杂，谁也不买谁的账，统帅的号令没人听，大军不知道该听谁的，这样的军队还想打胜仗？听完伍举的分析，楚庄王非常高兴，当即下令全军折返向北，决心让晋军吃一回瘪。

双方对峙，大战一触即发，楚庄王的热乎劲头过去之后，心里还是有点虚，所以派人来跟晋军交涉。来使按照楚庄王的交待，向晋军将领解释说：楚国此番兴兵北上，只是想训导和安定郑国，并没有跟晋国过不去的意思，你们要是觉得差不多，就赶紧回去吧！

楚国派人前来交涉，引爆了晋军内部的第四波口水仗。士会敏锐地意识到，这是一次晋、楚交锋“软着陆”的契机，于是顺势回复来使说：“周室东迁之初，晋国受命与郑国共同夹辅王室，但眼下郑国目无天子，晋国有责任给他拧几扣！”言外之意，晋国也是冲着郑国来的，与楚国无关。先縠觉得士会这话说得太软，真要传回楚庄王的耳朵里，仗还能打起来？于是，先縠自作主张，让赵括出面更正了先前的说法，改为：“晋国君主交给咱们的任务就是要把楚国人从郑国赶出去，没有半点商量的余地！”

楚庄王并不甘心，怀疑先前的使臣把话带岔了，才惹得晋军将领这么大反应，所以决定再派使臣继续交涉。

这一回，荀林父、士会的意见占了上风，与楚国人约定结盟日期，同时派人回访楚军，接洽具体事宜。谁承想，奉命前往楚军接洽的人，竟然是两个积怨已久的“内鬼”，一个是魏犨的儿子魏锜，另一个是赵穿的儿子赵旃。魏锜是次子，想做公族大夫而未得，赵旃想做卿大夫，也没能如愿，于是二人怀恨在心，巴不得晋军大败一场，以泄其私愤。（如此人品，着实令人不齿！）

两人一拍即合，将接洽盟会的使命抛之脑后，跑到楚军那里大放厥词，公然挑衅。与此同时，晋军将领们爆发了第五波，也是最后一波口水仗。上军佐郤克认为，魏锜、赵旃这两个人平日里就牢骚满腹，派他们去恐怕要坏事，咱们应该有所防备。因为和谈而憋了一肚子火的先縠发了飙：“郑国人建议打，你们不听劝；楚国人主张和，你们又要防着对方。想一出是一出，防不防有个屁用！”上军将士会站出来表态，说还是防备一下更稳妥，如果楚国人有诚意，咱们就撤掉好了，又没有什么损失。

吵来吵去，还是吵不出共识。士会懒得搭理先縠，自行安排上军大夫巩朔、韩穿在敖山设伏，中军大夫赵婴齐也不想跟着先縠冒险，派人到黄河边准备船只，一旦形势有变就开溜。

魏锜、赵旃骂完就跑，怒发冲冠的楚军紧追不舍，一上来就把晋军打蒙了圈儿。措手不及的主帅荀林父决定后撤，并下令先过河者有赏。此令一出，中军、下军竟然为了争抢船只而大打出手。一旦岸上有人攀到船舷，船上的人举刀便砍，据说掉到船里的手指头都多得能捧起来了（“舟中之指可掬。”）！

一仗下来，除了有所防备的上军得以保全之外，晋军的中军、下军都败得惨不忍睹，丢人丢到了姥姥家。有意思的是，晋军仓皇逃窜的同时，楚军士兵却不失风度。看到对方的戎车陷进泥坑，马匹原地打转，追赶上来的楚军士兵亲身示范，教他们如何脱险。晋军颜面扫地却不自省，居然耍起了嘴皮子功夫，大言不惭地说还是楚国人的逃跑经验更丰富，这真让人无语！

夏姬的传奇人生

逼降郑国、打蒙晋国之前，楚庄王其实还征服了另外一个骑墙诸侯国——陈国。

与其他弹丸诸侯相比，陈国的出镜率挺高，但其实力确实对不起抢来的戏份。与郑国类似，打不赢仗就靠演技，是这伙骑墙诸侯的惯用伎俩。不过演技有高低，诸侯分大小，郑国可以凭借位置和体量玩"四两拨千斤"的把戏（最后还是把自己玩进去了），陈国这样的诸侯就比较悲催了，时而服晋，时而附楚，反倒落得两面不是人，少不了受晋、楚两大诸侯的夹板气，隔三岔五地挨收拾。

陈国最近一次被收拾，是在公元前600年，楚庄王出兵征讨郑国之前。这一年，晋成公召集宋、郑、卫等诸侯在扈地会盟，商议讨伐变节分子（依附楚国的诸侯）。陈国先前已经被楚国逼服，又拒绝参加此次会盟，自然首当其冲，率先成为"晋集团"讨伐的对象。然而，晋军尚未讨出个名堂，晋成公便病逝于扈地，由太子据继承君位，是为晋景公。晋国上下忙活着举行丧礼，此次征伐只得不了了之。

虽在晋国的刀锋之下逃过一劫，陈国却爆发了一场弑君之乱。要想说清楚这场内乱，不得不提及一位闻名遐迩的传奇美女——夏姬。夏姬是郑穆公的女儿，《列女传》说她"三为王后，七为夫人"，具体所指已无从考证，但“公侯争之，莫不迷惑失意”，还是比较符合她的传奇经历的。

夏姬的传奇，归结起来就是“两多”：跟她有过关系的男人多，因为她而送命的男人更多！根据《左传》记载，夏姬正儿八经地嫁了至少四个男人。第一任丈夫是郑国的公子蛮，据说是郑穆公的儿子、夏姬的庶兄。两人没过几年日子，公子蛮就因为纵欲过度，英年早逝了。后来，夏姬嫁到陈国，成为大夫夏御叔（陈宣公之孙）的夫人，所以史书上称她为夏姬。她给夏御叔生下一个儿子，名叫夏征舒。夏御叔也死得早，夏姬年纪轻轻二度守寡，但日子过得一点儿也不寂寞，国君陈灵公和孔宁、仪行父两位卿大夫都是她的公开情人。要按辈分，夏御叔是陈灵公的堂叔，陈灵公还得管夏姬叫一声堂婶，但在美色面前，一切都不是障碍。

除了单独幽会以外，君臣三人还经常相互邀约，一起前往夏姬的家里寻欢作乐。夏姬的家在株邑郊外，时人赋诗讥讽说：

胡为乎株林？从夏南。
匪适株林？从夏南。
驾我乘马，说于株野。
乘我乘驹，朝食于株。

翻译成白话文（引自《先秦诗鉴赏辞典》）是：

为何去株邑之郊？只为把夏南寻找。
不是到株邑之郊？只想把夏南寻找。
驾大车赶起四马，停车在株邑之野。
驾轻车赶起四驹，抵株邑早餐息歇。

由于涉及国君的禽兽之行，这首诗讽刺得还是比较隐晦的。百姓们看到君臣三人驾着马车，兴高采烈地奔株邑而去，明知故问他们去干啥，接着自问自答，说他们去找的人是夏征舒（字子南，所以称为夏南），大家千万别想歪了。

百姓尚有廉耻之心，陈灵公、孔宁、仪行父却反以为荣，甚至穿上夏姬赠送的贴身汗衫，公然在朝堂上嬉戏。大夫泄冶义愤填膺地进谏说："公卿宣淫，民无效焉。"希望陈灵公爱惜名誉，好自为之。陈灵公当面认了错，却暗中指使孔宁、仪行父将泄冶谋害。

公元前599年夏季的一天，君臣三人又相约前往株邑，与夏姬饮酒寻欢。几碗黄汤下肚，君臣愈发没有正形。陈灵公指着夏征舒对仪行父说："我看这个儿子长得像你。"仪行父谦让道："哪里，哪里，长得更像您一些！"言毕狂笑不止。

夏征舒受此奇耻大辱，满腔的怒火在一瞬间迸发出来。陈灵公从屋里走出来的当口，躲在马房里的夏征舒突然射出一支利箭，陈灵公应声倒地，呜呼哀哉。陈灵公死于非命，陈国顿时陷入一片混乱，孔宁、仪行父见大事不妙，逃亡去了楚国，太子午则投奔到晋国避难。

次年，楚庄王以讨逆为由，出兵征伐陈国，杀掉了夏征舒。陈国此时没有君主，楚庄王便动起了灭国设县的念头，想仿照对申、息两国的吞并模式，将陈国纳入楚国的版图。众臣无不附和，大夫申叔时却站出来反对。他举了一个例子说："有人牵着牛踩进别人的田，田主占着理，就夺走了牛，这叫作处罚过重。您要是灭陈国而设县，诸侯会觉得咱们是打着讨逆之名，行掠夺之实，楚国声誉受损，以后在诸侯界不好混，得不偿失。"

楚庄王采纳了申叔时的建议，将太子午从晋国迎回，复其封国，是为陈成公。史载"诸侯闻之，皆朝于楚"，说得未免有些夸张，不过后来孔子对这件事大加赞赏，认为楚庄王"轻千乘之国，而重一言之信”，堪称一代贤主！

陈国的故事告一段落，夏姬的传奇经历却还在继续。楚庄王看上了这位绝色佳人，想纳为己有。大夫屈巫劝谏说：您是来讨逆的，不是来把妹的，贪色就是淫，面子重要还是妹子重要？听屈巫这么一说，楚庄王兴致全无，可又怜香惜玉，舍不得杀掉夏姬。公子侧（楚庄王的弟弟）见哥哥没要，便想自己留用。屈巫又冒出来劝他，说天下的美女多得是，这个女人你可要不得！都是因为她，夏御叔、陈灵公、夏征舒丧命，孔宁、仪行父出逃，陈国险遭灭亡，哪一个落得好下场？公子侧可不想豁出性命去体验激情，也就作罢了。

随后，夏姬被楚庄王赏赐给了将领连尹（官名）襄老。作为夏姬的第三任丈夫，襄老的艳福比前两任（公子蛮、夏御叔）还要浅，不仅在邲之战中殒命沙场，尸体还落到了晋国人的手中。襄老有一个儿子名叫黑要，顾不上抢回父亲的尸身，竟与庶母夏姬勾搭成奸。差不多十年之后（公元前589年），夏姬又被一个人“拐”跑了，她以讨要襄老的尸首为名，潜逃去了郑国。

“拐”走夏姬而成为她第四任，也是最后一任丈夫的人，正是先前劝楚庄王、公子侧“珍惜生命，远离夏姬”的大夫屈巫！为了能与夏姬长相厮守，屈巫竟然连官位都不要了，借着出使齐国的机会，途经郑国与夏姬会合成婚，并带着她投奔到晋国，从此开启了成双入对、白首偕老的新生活。

专治各种不服

威服陈、郑，打蒙晋国之后，楚庄王争霸中原的征程，仅剩下最后一个风向标——宋国。

邲之战大获全胜以后，楚庄王率师讨伐归附于宋国的弹丸诸侯——萧国，拉开了楚、宋两国激烈对抗的序幕。当时，宋国出兵增援小兄弟，楚军似乎阴沟里翻了船，熊相宜僚和公子丙被萧国俘获，成为要挟楚军退兵的筹码。楚庄王答应退兵，萧国人却撕了票。如此一来可就热闹了，楚军奋勇攻城，细胳膊嫩腿的萧国立即崩溃。

眼瞅着中原被“熊孩子”搅得鸡犬不宁，晋国尽管刚挨过收拾，依然委派先縠出面，召集宋、卫、曹等诸侯在清丘（今河南濮阳附近）会盟，商议对策，达成了讨伐变节分子的基本共识。应召赴会的诸侯之中，宋国的处境无疑是最危险的，所以执行盟会决议的态度最为坚决，一散会就打陈国去了。

出乎意料的是，一起开过会的卫国竟然置决议于不顾，帮着陈国打宋国。宋国气得要吐血。卫国大夫孔达的解释是：“卫成公（卫穆公之父）与陈共公（陈灵公之父）曾经立下攻守同盟，任何一方挨了大国的收拾，另一方都要誓死相助，责无旁贷！”

人心散了，队伍很不好带，但晋国终究还是有实力把卫国逼得走投无路的。大夫孔达被迫自缢而亡，卫穆公以此向“老领导”做出交代。

卫国人服了软，晋国找到了满血复活的感觉，于公元前595年兴师讨伐郑国。晋军主帅依然是楚庄王的手下败将荀林父。他在邲之战惨败而归的时候，曾经向君主请求死罪，但晋景公采纳大臣的意见，充分吸取了楚成王逼死成得臣的历史教训，不仅没有同意，还让他继续统领三军。

与前一次出兵有所不同的是，最擅长打口水仗的先縠已经丧了命。至于原因，一是他先前挑动窝里斗导致战败，二是后来他里通狄族做起了卧底，罪上加罪，岂容宽宥？晋景公下令将他处死，并灭其族。因此，主帅荀林父不再受到掣肘，制定的战术方针执行得也比较到位。

为了应对来势汹汹的晋国，郑襄公派出一名公子前往楚国做人质，将公子去疾替换回来主持大局，接着亲自南下，与楚庄王商讨应敌之策。楚庄王认为，晋军虽然在邲之战惨败，但精锐尚存，如今又少了先縠这个“猪队友”，咱们跟他硬拼，未必能占到什么便宜，恐怕得找个帮手才行。

纵观天下，谁有意愿和实力联手楚、郑对抗晋国呢？楚庄王想到了齐国。在晋文公、晋襄公称霸时期，齐国是“晋集团”的骨干成员，但时过境迁，物非人更非，如今齐晋之间存在着各种微妙与尴尬。不久之前，齐国对弹丸诸侯莒国大打出手，理由是莒国仗着归附晋国而不朝齐。晋国召集清丘之盟，齐国收到邀请却拒绝与会，搞得鲁国也不敢去参加。晋、齐之间的矛盾，不言自明。

俗话说得好：“敌人的敌人就是朋友。”楚庄王派大夫申舟前往齐国接洽。申舟先前出过镜，当年跟随楚穆王应邀前往宋国孟诸打猎，将宋昭公的侍御抽了几鞭子的人就是他。正所谓仇人相见，分外眼红，申舟途经宋国地界的时候，没有事先打好招呼，被宋国人抓个正着。宋文公新账旧账一起算，干净利落地将申舟处死。

楚庄王此次北上志在必得，专治各种不服，宋国人自己找死，楚国当然得成全。于是乎，楚军摧枯拉朽一般，攻至宋国都城，连鲁国也跑来凑热闹，打了一场太平拳。晋景公想救宋国于水火，大夫伯宗表示反对，还打了一个比方说："虽鞭之长，不及马腹。"成语"鞭长莫及"就来源于此。

说起这个伯宗，出身倒挺有意思。他的祖父叫公子遨，是宋襄公的弟弟，当年奉命出使晋国，完事儿之后就留在晋国做官，还改了姓氏。既然伯宗的身体里流淌着宋国的血，为什么主张见死不救呢？因为伯宗的性格特点就是喜欢讲大实话，而且事君讲究一个忠字，看问题从不掺杂个人情感，后来还因此惹来杀身之祸。他认为，楚国眼下如日中天，晋国已经不是人家的对手，贸然出战只会自取其辱，倒不如等楚庄王退了兵，咱们再出面收拾残局。

晋景公采纳了伯宗的意见，没有派一兵一卒去增援，只安排大夫解扬去给宋国人打气鼓劲（其实就是开空头支票），让他们一定要顶住，说晋国的援军马上就到。宋国人倒是好忽悠，但来势汹汹的楚军并不容易对付，他们仗着人多势众，将宋国的都城围得水泄不通。宋国人翘首企盼援军，但过去了五个多月，一个人影也没见着，史载"城中食尽，易子而食，析骨而炊"，怎一个惨字了得！

眼瞅着实在撑不下去了，卿大夫华元（华督的曾孙）趁着夜色潜入楚军军营，劫持了公子侧（据说还是从床上把他抓起来的），要挟楚国讲和。楚庄王同意放宋国一马，与宋文公结盟，立誓"我无尔诈，尔无我虞"，国无大小，两不相欺，华元也动身前往楚国充当人质。

至此，鲁、陈、郑、宋都认楚国为大哥，楚庄王的霸业大功告成。曾经站在墙根开会的"二等公民"楚国终于成功逆袭，坐上了霸主的宝座。

第八章 霸主归来

失之南蛮，收之北狄

晋国虽然在争霸中原的交锋中落败，致使霸主的地位一时名存而实亡，但并没有像齐国那样就此沉沦。打不赢南蛮楚国，倒不是因为实力差人家多少，归根究底还是公卿争权、将佐不和惹的祸。与邲之战时的灰头土脸不同，晋国在面对另外一个异族劲敌——北狄的时候，还是彰显出了强藩应有的风范。

北狄跟南蛮、西戎、东夷一样，是按照活动地域对异族加以区别的泛称，其实内部的种族相当复杂，部落众多。通过搜集史料的零散记录可以发现，北狄在春秋时期主要包括赤狄、白狄、长狄三大种族。为了避免造成干扰，本书前面只以北狄、狄族、狄人进行笼统的表述，现在来详细说一说其区分。

赤狄的活动区域大约在今天山西省的东南部地区，主要有六大部落：潞氏、皋落氏、留吁氏、甲氏、铎辰氏和廧咎如氏。狐射姑在与赵盾的政治斗争中落败后，所投奔的狄族便是赤狄的潞氏。

白狄聚居在陕北地区，跟秦国做邻居，主要有四大部落：鲜虞氏、肥氏、鼓氏和仇由氏。据考证，公子重耳当年从晋国逃亡，最初的落脚之地便是白狄，他在那里生活了十二年之久。白狄与赤狄的关系并不好，曾经讨伐过赤狄的廧咎如氏，分别嫁给重耳、赵衰的季隗、叔隗，便是那场征伐的战利品。

长狄在史书中又被称作“鄋瞒”，活动区域大致位于今天河北、河南、山东、山西四省的交界地区，与晋、齐、鲁、卫、宋等华夏诸侯近在咫尺，经常四处滋扰。因为长狄对中原的威胁最大，所以收拾他的诸侯也最多。早在周室东迁之初，长狄的首领缘斯就被宋国俘杀。后来长狄的首领家族是四兄弟，大哥侨如于公元前616年征讨鲁国，被大夫叔孙得臣杀死，叔孙得臣还把“侨如”作为儿子的名字，以彰此功。侨如的三个弟弟分别是荣如、简如和焚如，也在频繁的征战中殒命沙场。其中，荣如死于齐国人之手，简如被卫国人诛杀，公元前594年，晋国攻杀焚如，长狄至此灭亡。

与诸侯群起而攻长狄不同，赤狄是晋国需要独自面对的劲敌。早在晋献公时期，太子申生率师讨伐赤狄的皋落氏，并大获全胜，皋落氏自此衰败，消失于史料记录中。公元前620年，潞氏第一次出镜，史载其侵扰了鲁国。鲁国派人到晋国告状，恰逢潞氏收留了从晋国畏罪潜逃的狐射姑，赵盾便派使者前去责问潞氏的执政大臣酆舒。酆舒问狐射姑，赵盾这个人怎么样？狐射姑说这个人像夏天里的太阳，相当毒辣！或许是这个形象的比喻起了作用，潞氏乃至整个赤狄消停了很长一段时间，至少没有主动去招惹晋国。

晋成公主政之初，晋国实力渐衰，又忙于与楚国争雄，赤狄便不再安分，直接找起了晋国的麻烦。晋成公想对赤狄特别是潞氏饱以老拳，但荀林父认为，事情应该分个轻重缓急，对付楚国已经够呛了，如果再跟赤狄翻脸，两面受敌，咱们的日子岂能好过？荀林父建议，不妨让赤狄的子弹再多飞一会儿，“使疾其民，以盈其贯”，累他的人，花他的钱，咱们不必着急，等待合适的时机去捡漏。晋成公采纳了荀林父的意见，不仅没有跟赤狄开战，还把女儿嫁到潞氏，做了首领的夫人，称作“伯姬”。

为了对付赤狄，晋国在耐心等待的过程中，还打算联合白狄，以分化狄族部落。白狄饱受强邻秦国的欺凌，又向来与赤狄不怎么对付，彼此的积怨甚深。因此，秦国和赤狄正是晋国和白狄共同的敌人。近乎完美的利益契合度使得晋国、白狄一拍即合，晋景公还亲自前往白狄会盟，完全孤立了赤狄。

邲之战以后，担心被追责的先縠勾结赤狄挑事儿，结果偷鸡不成反送了性命。公元前594年，晋国苦苦等待的机会终于到来：潞氏执政大臣酆舒作乱，夫人伯姬（晋景公的姐姐）被杀，潞氏首领受伤。

围绕是否兴师讨伐的问题，晋国内部展开了一场争论。绝大部分大臣认为，酆舒这个人很有贤才，不太容易对付，咱们应该继续等待弱一些的对手出现。只有当年说“鞭长莫及”的大夫伯宗力排众议，掰着指头历数潞氏的五宗罪：其一，不祭祀祖先；其二，嗜酒如命，夏桀因嗜酒而亡国，所以周朝初期下达过禁酒令（《尚书·酒诰》），他们明面上尊奉周朝，却有令不行；其三，弃用贤臣，吞并了黎国；其四，虐杀伯姬，挑衅晋国；其五，伤其君，公然犯上！有这五条，可谓恶贯满盈，现在正是讨伐的最佳时机，咱们还想等到什么时候？

真理往往掌握在少数人的手中，晋景公决定出兵，主帅荀林父不辱使命，一举灭了潞氏。逃亡到卫国的酆舒被拘捕，并被遣返回晋国伏诛。晋景公派使者献俘于王室，以彰显“尊王攘夷”的创霸初衷。

在赤狄的六大部落当中，潞氏的实力应该是最强的。晋国灭掉潞氏之后，经略狄土，复封黎国，国力得到极大补充，很快又打了一场胜仗，挨揍的一方是西面的秦国。当时，晋国与白狄是盟友，还联手讨伐过秦国，秦国出于报复而侵扰晋国，结果被魏颗（魏犨之子）率师击溃，秦军将领杜回被生擒。

在这场规模不是太大的战役中，发生了一段传奇故事，叫作“结草亢杜回”。当时，魏颗与杜回交战甚酣，杜回是有名的力士，魏颗根本拿不住他。恍惚之间，突然冒出来一名老者，用草绳套住杜回，魏颗才得以将他活捉。那天夜晚，魏颗梦见那位老者自报家门，说魏颗是他女儿的救命恩人，今日特来报答。原来，魏犨有一位爱妾，没有生下子嗣，魏犨生前嘱咐魏颗说，等他死了以后，一定要让爱妾重新嫁个人家。没隔多久，病危的魏犨又嘱咐魏颗，要把爱妾一起带走，让她给自己陪葬。魏犨死后，魏颗认为家父病重的时候神志不清，说的话不能算数，便做主将父亲的爱妾改嫁他人。帮助魏颗活捉杜回的那位老者，便是这位爱妾的父亲，“结草亢杜回”也成为知恩图报的经典故事。

灭潞败秦之后的第二年，士会奉晋景公之命，率师灭掉了赤狄的留吁氏、甲氏和铎辰氏，并献俘于周王室。经历邲之战惨败后的晋国，失之南蛮而收之北狄，衰颓的态势终于得到扭转。主要表现在三个方面：

第一，邲之战惨败而归，但毕竟没有伤及元气，如今恢复得还不错。

第二，长狄灭亡，赤狄距离灭亡只有一步之遥（硕果仅存的廧咎如氏于五年后，即公元前588年被晋、卫联军消灭），白狄已经被发展成为牵制秦国的盟友，晋国基本上没有了后顾之忧。

第三，赵盾去世，先縠伏诛，使晋国公卿争权的激烈程度有所遏制。借献俘之机，晋景公还请了王命（堵其他公族的嘴），赐服给士会，让他领中军，任太傅，出任首席执政大臣。士会为官清廉，淡泊名利，公道正义，一定程度上净化了晋国的政治生态，史载“晋国之盗逃奔于秦”便是最接地气的证明。这是大夫羊舌职说的话，他认为正是因为有士会这样的贤臣执政，晋国的百姓才不会心存侥幸，所以盗贼全跑到秦国去了。

齐、鲁、晋的三角恩怨

晋国借消灭北狄恢复了元气，晋景公决心重返中原，继续与楚国争夺霸权。不过，前任霸主晋国重新出山，尚未与现任霸主楚国展开交锋，东方的两大诸侯——齐国和鲁国却闹得不可开交了，以至于准备重出江湖的晋国也被绕了进去。

齐、鲁以邻为壑，彼此的恩怨由来已久，一直没有扯明白过。这一次闹僵之前，齐惠公、鲁宣公都是依靠内乱登上君位，惺惺相惜之余相互利用，开启了一段蜜月时光，为何突然之间又翻脸了呢？要搞清楚事情的原委，恐怕还得从鲁国的“三桓”说起。

鲁桓公有四个儿子，嫡长子同嗣位做了鲁庄公，公子庆父（庶长子）、公子叔牙和公子季友这三个家族则统称为“三桓”，按排行称为孟孙氏、叔孙氏和季孙氏，在鲁国的历史上举足轻重。

“三桓”第一代的纠葛发生在大约七十年前，季友毒杀叔牙，在齐国的支持下扶立鲁僖公，被认定为祸乱根源的庆父自杀。季友借助策立之功，执政长达十六年之久，直至去世，随后由公孙敖（庆父之子）继任相国。

至鲁文公时期，公孙敖的权势和野心急剧膨胀，渐有僭越之势，却遭到了后起之秀——东门氏的制约。东门氏的代表人物是鲁庄公的儿子公子遂（史称襄仲），因居住在鲁国都城的东门附近而得氏。公孙敖与公子遂既争权又争妻，叔孙氏的公子彭生（叔牙之孙）还给公孙敖拉偏架。当时，公孙敖前往莒国为公子遂迎亲，见那位待嫁女子长得可人，便想纳为己有。虽然莒国没有同意（公孙敖先前已经娶过两名莒国女子了），但公子遂得知后很生气，打算收拾公孙敖，结果被公子彭生和了一把稀泥，不了了之。后来周襄王驾崩，公孙敖前往洛邑吊丧。公子遂趁机积极筹备，准备新账旧账一起算。公孙敖不敢回去送死，选择逃奔莒国，最终客死异乡。

公孙敖的孟孙氏落败之后，叔孙氏迅速补位，与东门氏争权，代表人物是叔孙得臣、叔孙彭生兄弟俩。叔孙得臣战功多、地位高，公子遂资历老、声望重，双方可谓势均力敌。鲁文公去世之后，公子遂得到齐国的支持，杀嫡立庶，扶持鲁宣公上位，时任太子傅的叔孙彭生不幸罹难。东门氏再度胜出，“三桓”的另外一门季孙氏选择了韬光养晦，依附于东门氏。

公子遂死后，其子归父继续执政。大夫晏弱（著名政治家晏婴之父）认为，公子归父与他爹相比，差得不是一点点，此人留恋权位，贪婪成性，最擅长的就是搞阴谋，必然会把官场上的人全部得罪光，最后成为众矢之的。

事情果然如晏弱所料，公子归父逐渐失去人心，从而为季孙氏的崛起提供了机会。公元前594年，鲁宣公采纳季孙行父（季友之孙）的建议，全面推行税亩制度，也就是按照田亩的数量征税，标志着井田制彻底废除，土地私有得到了官方的承认。从长远来看，这一制度促进了生产力的释放，对经济发展起到了根本性的推动作用。但就改革的动机和眼前的利益而言，这其实是季孙行父争取民心之举，以至于鲁国上下只知有季孙氏而不知有国君。

执政的公子归父对这样的状况深感忧虑，打算清除“三桓”，名为彰显公室，实则排斥异己，并得到了鲁宣公的积极响应。为了提高保险系数，鲁宣公提议借助晋国的力量，公子归父奉命出使晋国去接洽。然而，公子归父尚未回国，鲁宣公便撒手人寰了。季孙行父先声夺人，给东门氏扣上了“杀嫡立庶，以失大援”的罪名。

济济朝堂之上，大臣们要么同仇敌忾，要么缄口不言、明哲保身，唯独大夫臧孙许一语道破季孙行父的险恶用心，说杀嫡立庶是公子遂干的事儿，当时不追究，与后人何干？说归说，作用却微乎其微，失势的公子归父逃奔齐国，改由季孙行父执政。

公子遂也好，公子归父也罢，东门氏很大程度上仰仗于齐国的支持。“三桓”重新崛起之后，必然会设法摆脱齐国的控制，齐、鲁岂能继续和平共处？

齐、鲁重起矛盾的时候，齐、晋的关系也在急剧恶化。原因主要是两个方面：其一，鲁宣公先前绕开齐国这个“老大哥”，找晋国帮忙清除“三桓”，以及后来东门氏被驱逐，都让齐国很不高兴，并迁怒于“躺枪”的晋国。其二，齐、晋之间本身也存在矛盾，这矛盾最初起因于一场私怨。

私怨的主角是参加过邲之战的晋国将领郤克。郤克的腿部有残疾，走起路来一瘸一拐的。有一次出使齐国的时候，齐顷公的母亲萧同叔子躲在暗处观察，看到郤克上台阶的样子很滑稽，忍不住笑出了声。郤克伤了自尊，发誓必报此仇，尚未完成出使的任命便先行回国，向晋景公请兵讨伐齐国。晋景公问清楚原委之后，只是淡淡地说了一句：“子之怨，不足以烦国。”就这么一丁点破事儿，忍忍也就过去了，怎么值得两国之间大动干戈？郤克不肯罢休，提出率家族的兵士出征，不劳烦动用三军。晋景公还是没有同意，打仗用你的人，打的旗号不还是晋国吗？

接着齐顷公派上卿高固、大夫晏弱等人回访晋国，高固听说郤克有怨气，担心此行挨收拾，半道就折返了。齐国使臣如此无礼，晋景公相当生气，不仅拒绝齐国参加诸侯盟会，还拘捕了晏弱等人。只有大夫苗贲皇（楚国令尹斗椒之子，逃奔晋国后封苗邑，改为苗氏）替晏弱说情，认为晋国最大的对手是楚国，没必要树敌于齐国。晋景公这才下令放松监管，晏弱得以逃归。

苗贲皇想息事宁人，但也有人不希望因此埋下隐忧。借助王命而执政的士会认为，郤克对齐国的怨气如果撒不出去，有朝一日必然会泄愤于国内。为了确保晋国的安宁，士会决定告老赋闲，将首席执政大臣的位置让给了郤克，以逞其报仇之志。郤克如愿以偿，以执政大臣的身份说服了晋景公，于公元前591年联合卫国讨伐齐国。齐国自知理亏，主动向晋国请和，还送来一位公子作为人质。得饶人处且饶人，晋景公答应与齐国握手言和。

先不论郤克的怨气撒得痛快与否，此时的鲁宣公内心感到无比的失落：本来指望着借晋国之力收拾齐国，结果他们还没怎么交锋，竟然称兄道弟结了盟，你们想过鲁国什么感受吗？

鲁宣公病急乱投医，派使臣前往楚国请兵，非得收拾齐国不可。不过，鲁国寻求外援之际，恰逢楚庄王去世，其大约十岁的儿子熊审嗣位，是为楚共王。国君年幼又值大丧，楚国并没有同意鲁国的请求。鲁宣公不得已，转而投向晋国的怀抱。

齐国人醋劲十足，看到鲁国绕开自己与晋国会盟，心里相当不爽快，于是背着晋国与楚国眉来眼去，勾肩搭背。楚国人倒也实在，只要不向我请兵，开会结盟都好说，多个朋友多条路嘛！

背靠楚国这棵大树好乘凉，齐国又找起了鲁国的麻烦。应鲁国的请求，卫国的执政大臣孙良夫率兵增援，结果败得一塌糊涂，多亏卫国大夫仲叔于奚出手搭救，才捡回来一条命。卫穆公想给仲叔于奚赏田分地，仲叔于奚没有接受，而是讨要诸侯国君所用的乐器以及装饰马匹用的繁缨。这有点类似于晋文公当年向周襄王请隧葬之礼，周襄王知道轻重，让晋文公碰了一个软钉子，脑子里差根弦的卫穆公却竟然答应了，惹得孔老夫子后来痛心疾首地批判说：“唯器与名，不可以假人。”这规矩坏得大了去了！

母取笑，儿买单

客观地讲，卫穆公坏了规矩事小，鲁、卫两国挨了齐国人的欺负，似乎麻烦更大。孙良夫、臧孙许分别代表卫、鲁两国，前往晋国大倒了一通苦水，请老大哥出面主持公道。郤克的怨气先前没撒够，主动请兵八百乘（约六万人），非打这一仗不可。晋景公也觉得理不辩不明，齐国不收拾不行，于是派出了三军的一半，由臧孙许充当向导，孙良夫、季孙行父分别率领卫、鲁两国的军队与晋军会合，共同讨伐恃强凌弱的齐国。双方在齐国境内的鞌地（今山东长清）激烈交锋，史称“鞌之战”。

论参战兵力，鞌之战远不及晋、楚之间的城濮之战和邲之战，却是晋、齐之间第一场大规模战事。由于晋国没有倾尽全力（齐国毕竟不是争霸的主要对手），三军只出动了一半，实力上稍微逊色一些的齐国自信爆棚，决心利用主场优势打赢这一仗。

上卿高固最先出击，凭借一股子勇猛的劲头，不仅全身而归，还顺手抓了俘虏。先前出使晋国吓得半路逃归的高固此时高兴坏了，大言不惭地对士兵们说：“谁要是缺乏勇气，可以来找我买，我这里有的是！”

齐军斗志昂扬，志在必得，还表现在齐顷公本人身上。他跟身边的侍御们讲：“等消灭了眼前的晋军，咱们再吃早饭也不迟。”简直是狂得没边！

双方势均力敌，所以鞌之战打得异常激烈，而这场激战的背后，其实还存在着一个不容忽视的因素：晋、齐两方都严重低估了对手。

在齐国人看来，晋军八年前惨败于中原，如今元气恢复得如何，要打上一个问号，何况此次晋军并未全军开动，又是在齐国人的地盘上干仗，胜算能有几何？但晋国人可不这样想，邲之战的失败只是一个意外（将佐不和），对赤狄诸部落的作战如风卷残云，证明晋军依然是一支无往不胜的铁军，以齐国的实力，勉强能欺负一下鲁、卫这样的二流诸侯，想在晋国身上找便宜，简直是活得不耐烦！

因为轻敌，晋军主帅郤克冲杀到了最前面，结果被一支流矢射伤，鲜血一直淌到了鞋子上。郤克刚开始还能咬牙坚持，但没隔多久，实在是忍不住了，就跟身边的侍御说自己受伤了。负责驾车的侍御名叫解扬，听说主帅受伤，丝毫没有惊慌的表情，而是相当淡定地告诉郤克："我一开战就被箭射穿了手肘，流淌到车轮上的血都变暗了，也没敢说自己受伤，您还是忍着点吧！再者说，将士出征，旨在完成国君交付的使命，生死早已置之度外，何况这么点小伤无关性命。您可要竭尽全力啊！"听了这名侍御的话，郤克备受鼓舞，率领晋军拼命冲杀。参战将领士燮（上军佐，士会之子）、栾书（下军将）和韩厥（司马）戮力同心，凭借顽强的斗志和强悍的战斗力，将齐军揍得一溃千里。

因为轻敌，齐顷公同样是靠前指挥，冲到了第一线，结果溃败逃奔的时候，被晋军司马韩厥咬上了。一片慌乱之中，韩厥左右的侍御都被射落车下，韩厥独自驾车，依然紧追不舍。策马追赶的路上，遇到了失去戎车的将领綦毋张，韩厥让他上车，并侧身将他护在自己身后，谨防被射。趁着这个空当，齐顷公与车右逢丑父互换了衣服和位置。韩厥追上来的时候，误将逢丑父认作了齐顷公。逢丑父急中生智，命令齐顷公下车去取水，齐顷公趁此机会逃之夭夭。韩厥意识到自己上当的时候，已经来不及去追了，只好拿逢丑父回去交差。郤克感念其忠义之举，加之杀俘不祥，就当场把逢丑父释放了。

虽说没有抓住齐顷公，但晋军一路撵着齐军猛追，在华不注山绕了三圈，其胜利毋庸置疑。下过象棋的朋友应该明白，这类似于“调戏”对手孤帅的“推磨”战术。除此之外，我觉得“三周华不注”还有另外一种诠释：第一圈是庆祝，第二圈意在炫耀，第三圈则是赤裸裸的示威！

敢赌就得服输，齐顷公不惜重金与土地，只为与晋国讲和。郤克没有同意，另外提出了两个条件：一是让齐顷公的母亲萧同叔子充当人质，二是要求齐国将境内所有的田埂都改成东西走向。第一条容易理解，心胸狭隘的郤克一直没有忘记当年萧同叔子的无礼取笑。第二条能起到一石二鸟的功效，既是军事制裁，也是比较原始的经济制裁。军事方面，晋国地处齐国西面，将齐国的田埂改成东西走向，晋国的戎车便能不受阻碍，轻而易举地闯入齐国腹地；经济方面，齐国地处高纬度地区，太阳的高度角比较小，为了能够充分地利用阳光，农作物普遍按南北走向耕种，如果改成东西走向，必然会影响粮食产量，而粮食一旦减产，齐国国力就会下降，从而与晋国进一步拉开差距。

面对如此蛮不讲理而用心险恶的和谈条件，齐国的使臣义愤填膺，挨个跟郤克掰扯。首先，如果要萧同叔子出面当人质，那么按照对等原则，晋景公的母亲也要到齐国来。这种陷君主于不孝之地的行为，你家主子知道吗？你郤克回去怎么交差？其次，晋国只考虑自己的戎车之利，全然不顾别人的物土之宜，这叫做不义！不孝不义的要求，齐国是断然不会接受的。如果你一意孤行，齐国只有收拢残兵败卒，与晋军决一死战，但求尊严，无关胜败！

眼瞅着双方即将谈崩，鲁、卫两国赶紧站出来打圆场，劝郤克不要把事儿做得太绝。人无千日好，花无百日红，你能保证每次都是晋国获胜吗？得饶人处且饶人，见好就收吧！最终，郤克同意与齐国讲和，齐国也归还了先前侵占的鲁、卫两国土地。

虽说获胜又结盟，但郤克的内心深处始终记着那份仇。鞌之战后的第二年，齐顷公亲自前往晋国朝见，向晋景公进献美玉。郤克借机泄愤，半开玩笑半认真地说，齐顷公是为母亲的一次取笑前来受辱买单（“君为妇人之笑辱也。”）。不得不说一句，士会当初将执政大臣的位置让给郤克，确实是具有防患于未然的远见卓识，否则，以郤克如此深重的执念，撒不出这口恶气，真不知道他会在晋国惹出怎样的乱子。

踩在鸡蛋上跳舞

晋国凭借强大的实力，征服了不太安分的齐国，下一个目标自然是抢占了霸主之位的楚国。为了应对重出江湖的晋国，楚国也在做着临战前的强化训练，包括清查人口、减免欠税、施舍孤老、救济困乏、赦免罪犯等，以凝聚人心，众志成城。

鞌之战后不久，楚共王下达总动员令，全国军队几乎是倾巢出动，连最精锐的“王卒”（楚王的护卫军）也奉命出征，在令尹子重（楚庄王的弟弟熊婴齐）的率领下，北上讨伐卫、鲁两国，替新盟友齐国出头。晋国刚刚经历过一场恶仗，虽然大获全胜，但自己的损失也不小，所以选择了中立，没有与楚国展开正面交锋。

鲁成公意识到鲁国要遭殃，让臧孙许赶紧去向楚军请和。然而，臧孙许的判断出现失误，认为楚军远离本土作战，出来的时间不短了，过一阵就会自己撤退，没必要上杆子跑去求饶；他自己也不愿意贪图“退楚师”的虚名，毕竟无功而受禄，寝食难安！

然而，现实并没有臧孙许想象的那么美好，楚国人并没有打道回府的意思，反倒越战越勇，让鲁国苦不堪言。大夫仲孙蔑（公孙敖之孙）主动请缨，向楚军送礼请和，并以鲁成公的弟弟公衡作为人质（不久后逃归），与楚国结了盟。

逼服鲁国之后，令尹子重代表楚共王（因年幼未去）召集诸侯在泰山脚下会盟。据史料记载，有十四个诸侯参加了此次会盟，创下了春秋以来参会数量之最。其中，鲁、蔡、许、曹、邾、薛、鄫七个诸侯国国君亲自赴会，楚、秦、齐、宋、卫、郑、陈委派大臣参加。饱受战祸的中原诸侯，被迫再一次踩在晋、楚两只惹不起的鸡蛋上面翩翩起舞。

楚国借会盟之机出尽风头，晋国却因为一次向王室的献俘之举吃了瘪。先前力克赤狄，晋国两番献俘于王室，都得到了周定王的褒奖。鞌之战后，晋景公再度派出使臣，兴致冲冲地前往洛邑献俘。出人意料的是，奉命出使的晋国大夫巩朔这一回不仅吃了周定王的闭门羹，还替晋景公挨了王室的一通数落。周定王让单襄公（单国国君）出面，义正词严地表明了自己的态度：“攘夷献俘，我欣然接受，以此慰劳和勉励；但诸侯内部有纷争，通报一声就行了，献俘未免太过，也不符合礼制。再者，晋国派遣的使臣巩朔，区区上军大夫，连将佐都不是，级别太低，不值得见！”

虽然态度坚决而生硬，但周定王终归忌惮晋国，不仅私下里宴请巩朔，还送了不少财礼给他，只是特意提醒大臣，千万不要往史书上面写。

为了报复楚国，一雪邲之战惨败的耻辱，晋国又联合鲁、宋、卫、曹等国，于公元前588年兴师讨伐郑国。然而，郑国并非任何时候都是任人拿捏的软柿子，这一次似乎打了鸡血，公子偃（郑襄公的弟弟）设下埋伏，击退了来犯的诸侯联军。

两度吃瘪的晋景公意识到，鞌之战确实极大地消耗了晋国的实力。打郑国都翻船，贸然与楚国交锋，岂不是自找不痛快？于是乎，晋国向楚国释放了一个缓和关系的强烈信号：提出交换高级战俘。具体来说，晋国愿意归还受伤被俘的楚军将领公子縠臣，以及夏姬的第三任丈夫——连尹襄老的遗骸，希望能换回被楚国俘虏的晋国将领荀罃（荀首之子）。楚国不想跟晋国闹得太僵，更何况荀首当时官居中军佐，晋国三军的副帅，可谓举足轻重，做个顺水人情，楚国亏不了，于是欣然同意。

据史料记载，楚共王亲自前往大牢与即将被开释的荀罃有过一段精彩的对话。楚共王问："你恨我吗？"荀罃回答："两国交兵，我自己没能耐，才成为俘虏，没有什么可怨恨的。"楚共王又问："那你感激我吗？"荀罃回答："晋、楚两国基于利益的考量，通过交换战俘的方式缓和关系，我并没有参与谋划，更没有什么值得感激的。"楚共王再问："你打算怎么报答我？"荀罃乐了："您讹我呢？无怨无恩，何来报答？"楚共王不甘心，继续追问："尽管如此，可你到底是怎么想的呢？"荀罃相当坦荡地回答："做好以命抵罪的准备，国法也好，家法也罢，我甘受其诛；如果君主、家父饶我不死，我只有殚精竭虑，尽忠而无悔。除此之外，别无他图！"

听完荀罃的慷慨陈词，楚共王不由得大发感慨，认为"晋未可与争"。回到晋国之后，荀罃矢志不渝，践行自己的庄严承诺，助力晋国霸业冲向巅峰，这是后话了。

不久之后，郤克、孙良夫率领的晋、卫联军消灭了赤狄的廧咎如氏。为了全力争略中原，晋国进一步扩充军队，新增三军组成六军，韩厥、赵括、巩朔、韩穿、荀骓（荀首的弟弟）和赵旃六名将领跻身将佐之列。

晋国正在积极地扩军备战，但通过交换高级战俘，晋、楚两大诸侯的紧张关系还是在很大程度上得以缓和。踩在鸡蛋上跳舞的中原诸侯们结合自身的利益与诉求，展现出了不同的舞姿。总的来讲，大致可以分成三种情形：

一是在感情上更倾向于晋国。晋国是姬姓诸侯，又是老资格的方伯，而楚国最初不过是"二等公民"（子爵），始终贴着"蛮夷"的身份标签。用季孙行父的话说，"非我族类，其心必异"，南蛮楚国岂能信任？

二是顾及眼前之忧，选择归附离自己更近的诸侯，避免成为大国的撒气筒、泄愤桌。卫国大多时候依附晋国，陈、蔡大多时候依附楚国，就属于这一类心理作祟。

三是身处夹缝之中，仍然念念不忘四两拨千斤的平衡把戏，在晋、楚两大巨头的嘴边抢食，争当二流小霸主。哪个诸侯这么会玩？当然是地处天下之中的郑国了。

人在江湖，身不由己

同样是踩在鸡蛋上跳舞，郑国的舞姿无疑是最具有随机性和危险性的。果不其然，两位势均力敌的大佬刚刚释放出一点和睦共处的善意，唯恐天下不乱的郑国便站出来挑事，频繁讨伐邻近的许国，直至将晋、楚两大诸侯重新拖入战争的泥潭。

当时，晋国应许国的请求，由荀首（中军佐）、栾书（下军将）、士燮（上军佐）率师增援。六军十二将佐出来四分之一，又都是旧三军的老将，规模不算小，决心也很大，指望着能够毕其功于一役，让郑国长点儿记性。

看到晋国派出三员大将参战，楚国没时间弄清原委，赶紧派公子侧率师北上，替郑国撑腰。好在晋、楚各打各的仗，时间上完美错过，这一次并没有发生激烈的交锋。

楚军登场的时候，郑襄公、许灵公不约而同，争先恐后跑来与公子侧会面，恳请楚国为自己主持公道。郑说郑有理，许说许无辜，公子侧只会打仗，哪里搞得清楚这些烂账，只是让他们前往楚国“上诉”，本公子不予受理。

郑襄公占了便宜，加之抱病在身，命不久矣，上不上诉无所谓。许灵公受了欺负，岂能轻易罢休，次年便跑到楚国告状去了。此时，郑襄公已经入了土，嗣位的是他的儿子郑悼公。楚共王接了许灵公的状子，但光有原告开不了庭，就把郑悼公召来坐上了被告席。

说到这桩案子呢，郑国动武在先，事实清楚，证据确凿，所以郑悼公没辩解几句就认了栽。楚共王大为光火，下令将陪同郑悼公前来应诉的公子发（郑襄公的弟弟）和大夫皇戌羁押，郑悼公新主不背先君的锅，回去反省。

郑悼公回国之后，哪里咽得下这口气，迅速倒向了晋国。为了向楚国示威，晋国特意召集齐、鲁、宋、卫、郑、曹、邾、杞等一干诸侯会盟。来的诸侯没有先前楚国组织的会盟的参会者多，但主要的中原诸侯全部到齐，滥竽充数的吃瓜诸侯忽略不计，影响力着实不小。晋景公尝到了号令天下的甜头，提出第二年咱们再聚一回，但宋共公（宋文公之子）率先掉了链子，说家里有事儿，不太方便出门。

宋国确实出了一点状况，事情的起因还得从几年前说起。当初，楚国逼服宋国，执政大臣华元亲自前往楚国充当人质。后来宋文公去世，宋共公上台，考虑到治国缺不得人，宋共公便安排自己的弟弟——公子围龟前往楚国为质，把华元换了回来。公子围龟替华元长期外派回来之后，心中无比愤恨。听说华元要给自己接风，公子围龟架起军鼓，带着手下咋咋呼呼地操练上了。别人问他这是在搞什么鬼，公子围龟毫无掩饰地回答说："演习呢！准备杀华元去！"此言既出，那还得了，宋共公防患于未然，直接把公子围龟杀掉了事。

在晋景公看来，这点破事儿根本值不得作为告假的理由，更何况已经了结，所以认定宋共公心怀异志，于是联合卫、郑、伊洛之戎、陆浑之戎和蛮氏讨伐宋国。但宋国人并未屈服于强权，最后此战草草收了场。

为便于全面争霸，晋景公采纳了韩厥的建议，于公元前585年将都城迁至新田（今山西侯马附近），并更名为新绛。与此同时，楚国人也在摩拳擦掌，打算与晋国争个高低，晋、楚交锋进入到了白热化阶段。在短短一年多的时间里，中原就发生了五场战事：

一是鲁国在晋国的责令和怂恿之下兴兵讨伐宋国。这一仗没毛病，晋国作为老大哥，有责任专治各种不服，自己不方便出面，让其他小弟代为兴师问罪也行。

二是楚国令尹子重讨伐“叛变投敌”的郑国。这一仗也没毛病，郑国理应为自己的朝三暮四付出代价，省得它总是惦记着投机取巧的平衡把戏。

三是晋军主帅栾书（郤克去世后接任）率师救郑，驱逐了楚军，并顺势讨伐蔡国。从这一仗开始就有点变味了，救郑归救郑，关人家蔡国什么事呢？

四是楚国大夫公子申率师救蔡，晋军将佐则发生了激烈争论。赵同、赵括主战，荀首、士燮、韩厥则反对与楚国交锋，主帅栾书最终拍板，决定撤兵。为此，栾书受到了不小的非议：六军十二将佐，只有三人投反对票，为什么要让多数服从于少数？栾书并不后悔自己的决定，说判定多寡要分场合，关乎隐患与风险的抉择，三人为众，票数够多了！由此也可以看出，晋国对抗楚国的底气还是略显不足。

五是楚国令尹子重再度兴师伐郑，“晋集团”的诸侯联手增援，战场上小有斩获，俘虏了楚国公族钟仪（封郧公，当时是宫廷的琴师），并将他送往晋国。接着晋国组织诸侯会盟，对于先前不战自退勉强挽回了一点面子。

一条妙计

实事求是地讲，晋国此时的实力并不足以与楚国爆发全面冲突。不过凡事尽在人为，办法总比问题多，就有人适时地提出了一条妙计：联合遥远的吴国，共同对抗楚国。不得不承认，这一全新战略方针的施行成为晋、楚争雄至关重要的转折点。

庄子说得好：“井蛙不可以语于海者，拘于虚也。”晋国与吴国之间毕竟隔着千山万水，对于晋国人而言，吴国到底是什么状况，有没有结盟的意愿，结盟之后管不管用……这一切都是未知数，差不多两眼一抹黑，怎么能琢磨出如此高明的令人拍案叫绝的策略呢？

其实，这事儿仔细追究起来，真得感谢绝色美女夏姬，以及子重、公子侧两位“猪队友”的推波助澜。当年，大夫屈巫为了抱得美人归，不惜舍弃官位与族人，带着夏姬私奔。两人最初打算投奔齐国，但恰逢齐国在鞌之战中被揍得灰头土脸，屈巫觉得跟着战败国混，不会有什么光明的前途，于是义无反顾地逃向了晋国。屈巫与晋国执政大臣郤克的族侄郤至有些交情，通过这层关系被封为邢大夫，开始为晋国效力。当时，公子侧向楚共王建议，通过贿赂晋国，使屈巫遭到禁锢。楚共王没同意，说屈巫这个人对晋国有用没用，人家自有评判，绝不会按照咱们的意旨行事，何必花些冤枉钱。

公子侧跟屈巫有仇，这一点众所周知，起因就是迎娶夏姬的问题。公子侧想娶，屈巫跳出来反对，说人家夏姬克丈夫、克情人、克儿子，没一个有好下场。结果呢，屈巫自己把夏姬带走了，公子侧当然是恨得牙痒痒。令尹子重跟屈巫也有旧怨，据说是子重曾经向楚庄王讨要申、吕两地作为采邑，屈巫反对说，申、吕是抵御北方诸侯的边境重镇，不能赏，结果子重就没要成。子重和公子侧哥俩一合计，联手诛杀屈巫的族人，还瓜分了屈氏的财产，这事儿发生在公元前584年，子重伐郑打了败仗之后。

屈巫接到噩耗，顿时怒火中烧，专门写了一封信给子重和公子侧，让他们做好疲于奔命的准备，自己是绝不会让他们消停的！（“余必使尔疲于奔命以死！”）屈巫这还真不是装腔作势，过嘴巴瘾，看似强横的楚国，七寸到底在哪里，晋国人抓瞎，屈巫却心知肚明：吴国（其实还有越国，只是距离晋国更远，实力也不及吴国）牵动着楚国最为敏感的神经！

公元前601年，为了集中全力与晋国争夺中原霸权，楚国灭掉舒、蓼等弹丸诸侯之后，“盟吴、越而还”，这也是吴国和越国第一次出现于《左传》。十七年之后，屈巫为了报复子重和公子侧，向晋景公提出了联吴抗楚的战略方针。

吴国的疆域大致位于长江下游一带，而说到它的来历，情况就比较复杂了。

根据《史记·吴世家》的记载，吴国的始祖是周太王的长子太伯和次子仲雍。当时，周太王非常宠爱小孙子姬昌（周文王），希望有朝一日能够把位置传给他，然而姬昌的父亲季历排行第三，按照姬姓部落创立的嫡庶制，根本轮不到他。太伯、仲雍不想让父亲为难，就结伴逃亡到了荆蛮之地，从而建立吴国。

这段记载虽然出自司马迁的笔下，但一直受到史学界普遍的质疑，因为根据《左传》记载，太伯和仲雍（也称为虞仲）是姬姓诸侯虞国的始祖。因此，关于吴国的来历，《史记》说的并不算数，还有以下三种推测：

第一，由南蛮部落演进发展而来。之所以认定太伯、仲雍为始祖，其实是吴国后来为了争霸中原，刻意伪造的“户籍”，盗用了人家虞国的家谱（当时，虞、吴是同一个字，而且虞国已经灭亡）。

第二，是虞国的别封支庶。曾经是“汉阳诸姬”之一，后来东迁至长江下游一带。

第三，是楚国衍生出来的支族。据《史记·吴世家》记载，吴国的某一代君主名叫熊遂，与楚国公室之姓吻合。再者，楚国君主熊渠曾经册封自己的小儿子做了越章王，越章当时正是指长江下游地区，与吴国的疆域吻合。

总的来看，第二种推测是对《史记》记载的补充，第三种推测则是第一种推测的具体化，我比较倾向于采信第三种推测。

尽管吴国的来历不详，但有明确记载的是，君主寿梦于公元前585年嗣位之时，吴国的实力已不可小觑。在屈巫提出联吴抗楚战略的前夕，吴国出兵讨伐地处淮水以北的郯国，走出了闯荡中原的第一步。或许，这也是屈巫认定吴国足以与晋国联手抗楚的重要原因。

联吴抗楚，让晋景公看到了出奇制胜的一条捷径。屈巫丝毫不敢耽搁，立即动身，经莒国前往吴国接洽。为了表示结盟的诚意，晋国主动提出向吴国提供军事援助，包括派出将士充当教员，为吴国的士兵训练车战、阵法和射御，屈巫还把自己的儿子狐庸留在吴国做官，当然也不乏充当人质的意思。狐庸后来凭借自己的贤能，成为吴国的执政大臣。《左传》总结得精辟，晋国所做的这一切，归根究底都是为了四个字：“教之叛楚。”

作为一只“潜力股”，吴国果然没有辜负“操盘手”屈巫的殷切期盼，史载“蛮夷属于楚者，吴尽取之”。尽管有夸大之嫌，但徐、巢等外围诸侯乃至楚国本土，都遭到了吴国的频繁滋扰。正如屈巫当初放出的狠话，令尹子重一年救了七次火，率师抵御吴军，忙得焦头烂额，楚国也受到严重牵制。

栾书趁机率领晋军策应吴国的军事行动，南下征讨蔡国，进而侵扰楚国及其附属诸侯沈国，沈国国君、楚大夫申骊被俘。随后，晋、鲁合兵讨伐郯国，开辟出通往吴国的道路。

赵氏惨案的真相

通过联吴抗楚的战略方针，晋国占据了争霸中原的主动权。但是，此时的“晋集团”以及晋国内部依然存在着诸多隐患。

先说“晋集团”。齐国一手难敌众拳，鞌之战落败，被迫将先前侵占的鲁、卫两国土地物归原主。然而仅仅过去了六年，晋景公便派遣韩穿出使鲁国，说服鲁国将齐国还回来的土地再给齐国送过去。晋国对此的解释是：听说齐顷公战败之后，这些年来竟然不饮酒、不吃肉，晋景公对其生出了恻隐之心。其实明眼人都看得出来，晋国这是拿鲁国的利益作为筹码，换取齐国对晋国的拥护。

鲁国实力不济，惹不起这些强横的诸侯，更何况一得罪就是俩，鲁成公哪有这样的胆略，只得乖乖就范。作为执政大臣的季孙行父，台面上要顾全大局，不能违拗君命，只能在私下里对韩穿大发雷霆，说这种牺牲小国利益来笼络大国的做法，实在是有失盟主的风范。晋国言而无信，朝令夕改，甚至置道义于不顾，岂能得到各方诸侯的尊重与拥护？

季孙行父说得没错，晋景公搞这么一出，让跟着晋国混的小兄弟们相当寒心。于是，晋国再度组织诸侯会盟，希望借此缓解怨气，增进感情。季孙行父却毫不客气地跟士燮讲：“德则不竞，寻盟何为？”做了缺德的事儿，重温旧好有个屁用？

再说晋国内部，戏份比鲁国的无可奈何还要精彩，这就是著名的赵氏孤儿惨案。赵氏孤儿惨案之所以闻名遐迩，流传至今，主要得益于元代杂剧的艺术演绎和《东周列国志》的文学创造。不过，元代杂剧也好，《东周列国志》也罢，改编的依据主要是《史记·赵世家》和民间传说。前面讲过，赵氏毕竟是“三家分晋”的合谋者和胜利者，史家的记载明显偏袒于赵氏。譬如“赵盾弑其君”的桥段，《左传》《国语》和《史记》都将晋灵公定义为大反派，对于赵盾专政、晋灵公收权的核心诱因却选择性地过滤掉了，从而掩盖了真相。

赵氏孤儿惨案是否也存在被刻意隐藏的真相呢？答案是肯定的，《史记》和《左传》记载的出入很大！

结合当时的历史形势来看，《史记·赵世家》应该是掩盖了不少的真相，同时也虚构了一些小说化情节，可信度远远低于《左传》。大致归纳一下，主要体现在五个方面：

第一，在《史记》当中，赵氏惨案发生的时间是晋景公三年，也就是公元前597年。这个时间存在两个疑点：赵盾业已去世，但赵氏依然枝繁叶茂，大权在握，晋成公都没辙，嗣位不过三年的晋景公哪能有如此气魄和胆略，这是其一。直到联吴抗楚之际，赵同、赵括依然官居将佐，过得生龙活虎，这是其二。

第二，《史记》记载，背着晋景公戕害赵氏的罪魁祸首是时任司寇的屠岸贾。其实，历史上是否真的有屠岸贾这个人，一直受到广泛的质疑。除了《史记》，《左传》《国语》都没有提到过此人，稍微靠点边儿的名字只有屠岸夷，在《国语》里面出现过，他曾经奉里克、丕郑之命前往白狄，给流亡在外的公子重耳送信。《史记》上说屠岸夷因功居大夫，屠岸贾是他的孙子，缺乏足够的佐证。退一步讲，即使真有屠岸贾这么个人，世袭了大夫的爵位，但等级显然是很低的，并不见于将佐和军大夫之列。反观赵氏，一门三将佐（赵同、赵括、赵朔），最次也是军大夫（赵婴齐），屠岸贾区区一介大夫，还得背着晋景公搞事，能成功吗？

第三，按照《史记》的说法，屠岸贾将赵同、赵括、赵朔、赵婴齐诛杀于下宫，一网打尽，并顺势灭了赵氏之族。但根据《左传》记载，赵婴齐此时已经被驱逐（原因后面再说），而赵朔应该已经去世了，不可能有韩厥得到消息之后，苦劝赵朔逃亡的桥段。

第四，关于赵氏孤儿的母亲，也就是赵朔的妻子，《史记》说她是晋成公的姐姐（即晋文公之女）。这问题可就大了。还记得吗？晋文公回国嗣位之后，将自己的女儿嫁给了追随他流亡的功臣赵衰。赵朔是赵衰的孙子，能娶自己的姨奶为妻吗？

第五，公孙杵臼、程婴两个人舍命搭救赵氏孤儿的桥段，应该是来自于民间传说，独见于《史记》，缺乏《左传》《国语》的佐证。

既然《史记》的说法存在诸多硬伤，赵氏孤儿惨案的真相究竟如何呢？我不敢说《左传》的记载完全符合历史真实，但至少比《史记》要靠谱得多。

根据《左传》记载，这桩惨案最初的起因，来源于发生在赵氏内部的一场不伦之恋：赵婴齐与赵庄姬好上了！赵庄姬何许人也？说出来吓人一跳。她是晋成公的女儿、赵朔的妻子、赵婴齐的侄儿媳，也是后来赵氏孤儿的亲生母亲。

家族内部发生这样的丑事，立场上偏袒于赵氏的《史记》当然不会去写，但作为有头有脸的公族大夫，赵括、赵同肯定不会视而不见，听之任之，随即把赵婴齐驱逐去了齐国。赵婴齐不肯走，说执政大臣栾书一直想致赵氏于死地，只是因为有他赵婴齐在，栾书才不敢动手，自己真要走了，赵氏必将大祸临头。赵婴齐说得有鼻子有眼，但在赵括、赵同看来，他不是耍贫嘴，就是犯了失心疯，乱伦乱出了幻觉，真把自己当成了救世主。

赵婴齐遭到驱逐的三年之后，赵庄姬一心想为情夫报仇，便向晋景公举报说，赵括、赵同这哥俩正在密谋作乱，还煞有介事地表示，栾氏、郤氏都可以出来作证。栾氏、郤氏巴不得赵氏起内讧，从而减少一个争权夺利的政敌，于是借势栽赃陷害，令晋景公最终下定了翦灭赵同、赵括的决心。

灭门之祸最初只涉及赵括、赵同两家。前面说过，赵盾为了报恩，将赵氏公族大夫的位置让给了赵括，灭赵括差不多就等于灭赵氏宗族。即便如此，栾氏、郤氏依然意犹未尽，为了将赵氏赶尽杀绝，又提出追究赵盾当年的弑君之罪，将这场灾难扩大到赵盾一家，并没收了赵氏的采邑。

幸运的是，赵朔的儿子赵武跟随母亲赵庄姬藏匿在舅舅家（晋景公宫中），故而得以幸免。由此可见，赵武并不是所谓的孤儿（父亲早亡，母亲还在），也不是赵氏存活下来的唯一血脉，至少赵婴齐这一支，以及血缘关系更远一些的赵旃，都没有受到波及，只是他们的地位没有达到公族大夫的级别而已。

两年之后，重病缠身的晋景公梦见赵括、赵同化作厉鬼来寻仇。幼年时曾被赵盾抚养的韩厥趁机替赵氏发声，认为无论后人怎么着，毕竟赵衰当年从亡有功、赵盾执政尽忠，却沦落到爵位不继的窘境，于情于理都说不过去，更无法勉励为善之人。于是，晋景公复立赵武为公族大夫，并将赵氏的采邑悉数返还。

和平的曙光

晋国不惜失信于天下，出卖弱旅取悦强藩，令加盟“晋集团”的诸侯们无比寒心，其内部的政治斗争更是如火如荼，根本无暇顾及与楚国全面对抗。楚国这边呢，被屈巫的联吴之策搞得焦头烂额，国力、体力渐显不支。为了利用“晋集团”人心涣散之机，争取到中原头号风向标——郑国的归附，楚共王居然一改武力征服的惯用套路，改成用钱砸了。

考虑到自身的实际状况，晋、楚两大巨头都有停下来歇一歇的念头，唯独郑国争当二流小霸王的痴心不改。收下楚国人送来的贿赂，郑成公（郑悼公的弟弟）相当爽快地与楚国的公子成在邓国会盟，随后又动身前往晋国朝见晋景公，指望着两面讨好，投机取巧。

郑国人做生意做成了精，但晋国人也不是黄土高原上的憨厚大叔。郑成公想搞什么鬼，晋景公心知肚明，二话不说就把郑成公扣下了，随即由栾书率师讨伐郑国。郑国赶紧派人来请和，栾书压根不顾两国交战、不斩来使的基本礼节，索性将其杀掉了事，非要把郑国收拾舒坦了不可。楚国倒也不含糊，由令尹子重率师讨伐叛楚投晋的陈国，逼迫晋国从郑国退兵。

栾书作为“鹰派”，态度一向强硬，而晋国内部“主和”的势力逐渐抬头。利用此次晋、楚间接交锋的机会，士燮给晋景公做了不少工作，终于释放出缓和紧张关系的善意。晋景公不仅将先前俘虏的钟仪释放回楚国，还恳请他充任和平使者，希望能与楚国达成和解。

然而，晋景公、士燮的和平意愿，换来的却是一场此起彼伏的“反晋大合唱”。先是楚国出兵伐莒，想截断晋、吴之间的通道。接着秦国撺掇白狄，给晋国制造麻烦。还有遭到晋军征伐的郑国，在使者惨遭杀害之后，态度比栾书还要强硬。公孙申（郑成公的堂兄弟）急中生智，力主出师讨伐许国，以此向晋国表明“不急君”（不在乎郑成公被晋国人扣押）的态度，并放出烟幕弹，打算改立新的君主，让晋国人手中的“期票”变成一张废纸，认为此举肯定能让晋国把郑成公放回来。

郑国人闹得很欢，而楚共王在钟仪的劝谏之下终于冷静下来，意识到关系缓和对晋、楚两国都有好处。于是，楚国主动派出使臣前往晋国通好，晋国也派大臣回访楚国，达成了一个关乎中原局势的共识：楚国承诺不替郑国撑腰，晋国也同意不会直接找郑国的麻烦。

基于双方的共识，晋景公责成卫国出面去讨伐郑国，郑国也恰逢其时地发生了一场内乱：公子班借公孙申的迷敌之计，竟然假戏真做起来，拥立公子繻（郑成公的庶兄）为君。公子班想浑水摸鱼，但国人不答应，群起而攻之，把公子繻杀了，改立太子髡顽，公子班被迫逃奔许国。随后，晋景公采纳栾书的建议，把郑成公放了回去，给混乱不堪的郑国再添一把火。郑成公回国之后，不问青红皂白，就把招祸之媒公孙申杀了。

释放郑成公之后不久，病入膏肓的晋景公跌入粪坑而亡，太子州蒲嗣位，是为晋厉公。复兴晋国霸业的一代雄主就这样退出了历史舞台，确实令人唏嘘。

适逢晋国大丧，宋国的执政大臣华元四处奔走，运用自己的人脉关系（与楚国令尹子重、晋国执政栾书都有交情），发起了所谓的“弭兵运动”。

弭兵，就是尽量不要打仗，诸侯之间，特别是晋、楚之间有什么恩怨瓜葛，坐下来好好谈。鉴于晋、楚两国都有和平的意愿，并且先前已经成功实现互访，所以华元的斡旋颇有成效。公元前579年，晋国大夫士燮与楚国的公子罢、大夫许偃在宋国会盟，约定“无相加戎，好恶同之，同恤菑危，备救凶患”“交贽往来，道路无壅，谋其不协，而讨不庭”，史称“第一次弭兵之盟”。

作为楚国的铁杆盟友，秦国也同意与晋国举行会盟。然而，秦晋之好的蜜月期早已成为遥远的过去，相互的猜忌大大超过彼此的信任，于是就出现了戏剧性的一幕。当时，秦桓公（秦共公之子）与晋厉公如约前往边境赴会，虽然只隔着一条黄河，两人却杠上了。秦桓公提出请晋厉公过河，晋厉公担心秦国人使坏，不同意。晋厉公提出请秦桓公过河，秦桓公心想，你都不愿意过来，我怎么可能上当，也不同意。既然是会盟，总不能隔河喊话吧，那成个什么体统？俗话说得好：“车到山前必有路。”“牛人都是被逼出来的。”面对如此尴尬的境地，双方琢磨出了一个变通的办法：两位国君互派特使，代表自己过河会盟。

士燮对这样的无信之盟表示十分无语，相互猜忌成这样，还盟个什么劲呢？果不其然，秦桓公刚回都城就违背了盟约，暗中指使白狄讨伐晋国。结果惨遭败绩。秦国依然不肯罢休，又怂恿楚国去对抗晋国。楚国人可不傻，弭兵之约墨迹未干，你这是打算让我失信于天下吗？因此，楚国非但没有同意，还将秦国人的阴谋告知了晋国。

晋厉公气坏了，看来秦国人不收拾不行啊，于是派魏相（魏锜之子）前往秦国宣布断交。入选《古文观止》的《吕相绝秦》记载的就是魏相（魏家的采邑在吕邑，所以魏相又称吕相）在秦国慷慨激昂的陈词，短短七百余字把秦桓公说得五毒俱全、十恶不赦，替晋国狠狠地出了一口恶气。

骂归骂，该动手的时候也绝不含糊，晋国的四军（先前的六军已经裁撤了两军）八将佐，包括中军的栾书、荀庚（荀林父之子），上军的士燮、郤锜（郤克之子），下军的韩厥、荀罃，以及新军的赵旃、郤至，一个不落，悉数出场，联合诸侯之师将秦国一顿海扁，卓有成效地打击了秦桓公的嚣张气焰。

大战鄢陵

毫不夸张地说，由宋国发起的这场“弭兵运动”代表了中原诸侯企盼和平的美好夙愿。然而就眼下的形势而言，实现持久和平的时机并不成熟。晋厉公初入江湖，不争霸无以树威，楚共王这些年来也不断向霸主的终极目标发起冲刺，却总是受到晋国的羁绊和压制，迫切地需要一场胜利来证明自己。弭兵，不过是双方在势均力敌的胶着状态之下，稍事歇息，暂时休战而已。

郤至出使楚国的经历，便是对当下形势最为直观的诠释。当时，公子侧按照诸侯国君的礼节接待郤至，但面对高规格的礼遇，郤至却表现得十分不悦。理由很容易理解：贵国以国君的顶格之礼接待区区一介大夫，将来两国的国君会面，又该怎么安排接待呢？

面对郤至的质疑，公子侧倒是显得异常轻松，夹枪带棒地回答：“两君相见，无亦唯是一矢以相加遗，焉用乐？”公子侧可谓大放厥词，说晋、楚两国的国君只可能在战场上相见，到时候互赠箭矢就行了，用不着这些繁文缛节。

公子侧这话算什么？赤裸裸的挑衅啊！所以士燮听到郤至提起这事儿的时候，忧心忡忡地说：“楚国如此无礼，必然会食言自肥，晋、楚之间终归会爆发一场大战！”

士燮不祥的预感在三年之后，即公元前576年不幸成为现实。楚共王打算重返中原，收拾郑国和卫国。公子贞（楚共王的弟弟）认为，违背弭兵盟约，必将失信于天下。公子侧则表示只有利益永恒，该下手时就下手，不必犹豫。楚共王显然与公子侧的意见不谋而合，于是出兵伐郑。

显然，此时晋国尚未做好与楚国正面交锋的准备。尽管身为执政大臣兼全军主帅的栾书主张出兵参战，但韩厥欲擒故纵的策略占了上风。晋厉公决定对楚、郑的冲突不予理睬，转而与吴国再度会盟，充分利用联吴抗楚这张牌，假以时日憋大招。

在楚共王撕毁盟约的同时，发起这场“弭兵运动”的宋国爆发了一场内乱。当时，宋国掌握实权的卿大夫总共是九个人，按世系分成三个山头：右师华元、司徒华喜是宋戴公的后裔（戴氏），两人算作一党；司城公孙师是宋庄公的孙子（庄氏），自成一系；其他六个都是宋桓公的后裔（即“桓族”），包括左师鱼石、司马荡泽、大司寇向为人、少师寇鳞朱、太宰向带和少宰鱼府，尽管氏有所不同，但彼此的关系较前面二党更为亲近。

公元前576年，宋共公去世，司马荡泽趁机作乱，杀掉了理应嗣位的公子肥，以达到削弱公室的目的。华元虽说是执政大臣，但一手难敌众拳，桓族靠的就是人多！好在左师鱼石很快就被策反，与华元、华喜、公孙师联手攻杀荡泽，终于将内乱平息。不过，华元翻脸比翻书还快，包括“盟友”鱼石在内的桓族之党全部被驱逐出境，逃亡去了楚国。其他人倒还好，毕竟愿赌服输，唯独鱼石咽不下这口气：卸磨杀驴也太快了吧！

江湖险恶，生闷气是不起作用的，鱼石打算借楚国之力，替自己讨回公道。处心积虑要重返中原的楚共王，当然乐于接受与风向标宋国有关的申诉。鉴于郑国还在负隅顽抗，楚共公临时改变策略，通过割让地盘与郑成公达成和解，合兵讨伐宋国。晋国尽管还没有想好到底动不动手，但显然坐不住了，要求卫国出兵讨伐郑国。至此，第一次弭兵之盟宣告破产，一场诸侯大战蓄势待发。

该不该出兵压制楚国的狼子野心，在晋国内部引发了不小的争议。士燮认为，全面开战的时机尚不成熟，应该耐心等待。其实，士燮不愿意与楚国全面对抗，并非因为惧怕，或者是认为备战不充分，而是有着更深层次的忧虑。在士燮看来，晋国现时的问题很严重，归纳起来就是八个字：国君骄奢，大臣不和。如果全面开战之后大获全胜（以目前的实力对比来看，获胜的几率很高），无疑是给头脑发热的君臣添柴加薪，所以应该尽可能地延缓开战，让晋国有足够的时间解决内部隐患。

当然，背后的这些担忧，士燮不可能明说，所以拒绝出兵的理由听起来十分牵强。栾书呢，作为晋国的头号“鹰派”，拒战、缓战都不符合他的风格，他表示“不可以当吾世而失诸侯”，岂能让晋国的霸业在我们这一代人手里丧失？

不得不承认，栾书的这句话很有煽动性，可以视为“政治绑架”，搞得朝堂内外一片热血沸腾，晋厉公不可能有其他的选择。于是晋国四军再度开足马力，除了下军佐荀罃留守国内以外，栾书、士燮、郤锜、荀偃（荀庚之子）、韩厥、郤犨（郤至的大伯）、郤至七位将佐均在晋厉公的率领下挂甲出征，奔向沙场。

晋国大兵压境，楚国也不示弱，楚共王亲征迎敌，双方会战于鄢陵（今河南鄢陵），史称“鄢陵之战”。屈指算来，这是晋、楚之间爆发的第三场大规模战事。前面两场（城濮之战、邲之战），双方各胜一回，打成了平手，眼下可以说是决胜之局，双方都不敢掉以轻心。

大战在即，晋军的将佐们还在争论不休。士燮始终不想打这一仗，一路上都在闹着班师回国。晋厉公和栾书懒得搭理他。士燮之子士匄当时是一名军吏，年轻人血气方刚，也冒出来讲话，向栾书建议阵列应该怎么摆。士燮气得够呛，大人说话，哪里轮到小孩子插嘴，于是操起一柄戈，撵得儿子四处跑。

栾书作为主将，战略上比较激进，战术上则趋于保守。这一仗毕竟关系到晋国未来的命运，以及他个人的生死荣辱，断然不可贸然行事。因此，栾书提出的作战方针是固垒等待，认为不出三日，楚军便会自退。

听了栾书的提议，郤至不乐意了：既然知道楚军会自行撤退，咱们何必跑这么远来当“观察员”，闲得慌吗？当着晋厉公以及众将佐的面，郤至掰起指头数出六大速战速胜的理由：其一，令尹子重和公子侧这哥儿俩平日里并不对付，恩恩怨怨多得是。其二，楚国士兵大多来源于旧族，如今已经衰老不堪。其三，郑国军队摆开了阵势，但看上去并不整齐，没什么战斗力。其四，蛮军连阵势是什么都不知道，凑热闹可以，打仗不行。其五，对方选择在月末（晦日）布阵，有违天时（古人用兵忌讳晦日）。其六，楚军军纪不严，异常嘈杂。总而言之，楚军内部不睦，楚、郑、蛮相互观望，缺乏统一指挥，几无斗志可言，此时不出战，更待何时？

熟知楚军情况的苗贲皇也献计说，中军的“王卒”是全军的精锐，只要将这支队伍打垮，楚军必将全线崩溃。

郤至志在必得，晋厉公下令出击，双方展开激烈厮杀。晋军出营之后，运动到楚军的两翼，将左、右军击破。楚共王认为晋厉公所在的中军薄弱，随即率领楚中军“擒王”，结果遭到迎头痛击。混战之中，当年邲之战的“内鬼”魏锜立下奇功，举箭射瞎了楚共王的一只眼睛。楚国人自然也不是吃素的，楚共王的手下就有一位名叫养由基的神射手，以百步穿杨而闻名后世，一箭就将魏锜射杀倒地。

然而，养由基再能射，也改变不了战场的总体形势（除非能把晋厉公射下去）。双方鏖战一日，晋军无疑占据着上风，还俘虏了楚公子茷。当夜，楚共王想召公子侧前来商议，但不巧的是，公子侧因为有人送酒来犒师，一时贪杯，竟喝得酩酊大醉。楚共王觉得这是天意（也有推脱责任之嫌），便连夜撤了兵。次日，晋军将城濮之战的最后一幕再现于鄢陵：闯入楚军营地，敞开肚皮大吃了三天。

鄢陵惨败使得楚国基本上丧失了争霸中原的本钱。与城濮之战时的楚军主将成得臣一样，久经沙场的公子侧在楚共王、令尹子重的逼迫之下自杀谢罪。半个世纪的时光过去了，楚国君主一打败仗就让臣属背黑锅的品性，真是一点儿也没变！

晋厉公的“神操作”

凭借鄢陵之战的辉煌胜利，晋厉公对夺取霸主之位信心满满，史载“晋由此威诸侯，欲以令天下求霸”。然而出人意料的是，关于“春秋五霸”的说法虽多，却没有一个将晋厉公的名号列入其中。“浮生着甚苦奔忙”的晋厉公，虽有大战鄢陵的辉煌战绩，却以竹篮打水一场空而惨淡收场，到底是出了什么状况？

解开这个疑问并不难，答案就是晋厉公在鄢陵大捷之后采取了一系列“神操作”。其实，晋厉公的“神操作”，晋景公曾经也魔魔怔怔地做过：对外，拿鲁国的地盘讨好齐国，造成了诸侯不睦；对内，支持栾氏、郤氏翦灭赵氏，激化了内部矛盾。父子俩“魔怔”的区别在于，晋景公有限度而不失运气，晋厉公则既离谱又缺乏火候，最后把自己的性命操作没了。

先来说一说对外的情况。鄢陵之战获胜以后，晋厉公召集诸侯在沙随（今河南宁陵附近）会盟，但拒绝与鲁成公会面。表面上看，是因为鲁成公应召参加鄢陵之战的时候晚到了一步，背后的玄机呢，则是有人拿鲁成公姗姗来迟做文章，向晋厉公进了不少谗言。

要想把这事儿掰扯清楚，恐怕还得回到鲁国内部的政治斗争上去。毋庸置疑，但凡说到鲁国内讧，必然与“三桓”有关，这一次也不例外。此时执政的依然是季孙行父，但叔孙氏的掌门人——叔孙侨如（叔孙得臣之子）与鲁成公的母亲穆姜有染（胆子真够大），便想利用这层关系除掉季孙氏和孟孙氏。

鲁成公动身前往鄢陵的时候，穆姜要求他下达命令，将季孙行父和仲孙蔑（孟孙氏族长）驱逐。鲁成公不想节外生枝，于是打起了马虎眼，说回来之后再议。穆姜可不是容易糊弄的人，指着鲁成公的两个弟弟——公子偃和公子鉏说：“你不行，我就换人，国君的备胎多得是！”这无论只是穆姜情急之下的气话，还是她心中早有废立的盘算，鲁成公都不敢掉以轻心，只得暗中部署防备，这才延误了动身的时日。

叔孙侨如一计不成，再出阴招，亲自向负责接洽东方诸侯的晋国大夫郤犨告密，煞有介事地说鲁成公先前参战延误，是想观望一下胜败的态势，搞清楚行情再下注。为了达到清除季孙氏、孟孙氏的险恶目的，叔孙侨如继续编故事，说季孙行父、仲孙蔑认为晋国政出多门，没有什么前途可言，一直主张向齐、楚两国靠拢。叔孙侨如还向郤犨献计说，如果晋国想收拾鲁国，可以将跟随鲁成公赴会的季孙行父扣押，他再出面解决留守在国内的仲孙蔑。

俗话说得好：“谣言一张嘴，辟谣跑断腿。”信以为真的晋厉公根本不容鲁成公辩解，当即将季孙行父扣押。鲁成公苦苦哀求，士燮也出面向栾书陈情，晋厉公才逐渐意识到有人在背后搞鬼。最终，鲁成公与晋国结了盟，季孙行父得以释放，叔孙侨如则被驱逐去了齐国。有意思的是，叔孙侨如一面将女儿嫁给齐灵公（齐顷公之子），一面又与齐灵公的母亲声孟子私通。既当岳父又做“继父”，叔孙侨如的地位蹭到了两位上卿（国氏、高氏）之间。据说，叔孙侨如后来自知罪孽深重，最终放弃爵位和官职，跑到卫国去了，地位依然介于卿大夫之间。

与鲁国的宫闱丑闻相比，晋国内部的政治斗争更加激烈而残酷。晋文公嗣位以来，从亡者、归附者组成了盘根错节的公卿集团。由于缺乏公室的制衡（诸公子不允许在国内居住），公卿的势力得以肆意滋长，一方面造成了公室式微的局面，尤以赵氏专权时最甚，另外一方面，公卿之间也在相互倾轧，争抢实权。

晋灵公在位期间，除了赵氏一门专权以外，郤氏、栾氏、荀氏、士氏也是枝繁叶茂。因为士会的采邑有随、范等地，所以士氏后来演变成了范氏。荀氏则分成两支：荀林父曾经担任过中行将之职，他这一门后来成为中行氏；荀林父的弟弟荀首，采邑是智邑，这一门后来就成为智氏。

成年之后的晋灵公想从赵盾手里夺回权柄，结果非但没有如愿，反而丢了性命。至晋景公时期，栾氏、郤氏利用赵氏的内讧，除掉了这个强大的竞争对手。尽管晋景公临终时恢复了赵武的公族地位，但赵氏元气大伤，满血复活尚需时日。

前人未竟的事业，后人继续拼搏，晋厉公也动起了收拾公卿、夺回大权的念头。胥童向他献计，可以先拿郤氏开刀，原因有两点：其一，郤氏族群很大，一门三卿（郤犨、郤锜、郤至），一旦将其翦灭，公室受到的压力必然会明显减轻；其二，郤氏树敌甚多，这事儿比较容易搞成。

客观地讲，胥童的分析相当精准而到位。自从士会让位给郤克之后，郤氏得以迅速崛起。郤克去世之后，栾书继任执政和统帅，发现自己根本镇不住场子，四军八将佐里面，郤氏独占三席，这队伍还怎么带？

势力庞大的家族通常比较蛮横。譬如公元前578年，郤锜出使鲁国，鲁国大夫仲孙蔑从他的举手投足之间，预感到郤氏必将惹来一场灾祸。郤氏出使外藩都表现得蛮横无礼，在晋国内部更是无法无天，可以说是恣意妄为，作恶多端。《左传》有针对性地记载了几件事：郤锜抢了夷羊五的田；郤犨夺了长鱼矫的地，还霸占施孝叔的老婆。至于向晋厉公献计的胥童，与郤氏的恩怨更为久远：当年他父亲胥克身体抱恙，郤缺以此为由，将其下军佐的职位撸了！后来，胥童、夷羊五、长鱼矫、施孝叔都成为晋厉公赖以翦灭郤氏的骨干力量。

话说回来，要想把树大根深的郤氏一锅端，仅靠胥童等人的力量，无异于蚍蜉撼树，关键还得有其他公卿的鼎力支持与积极配合。诸公卿当中，谁最希望郤氏彻底消失呢？恐怕非执政大臣栾书莫属！原因很简单：首先，郤氏三将佐自成一系，独掌一军（新军的将佐都由郤氏担任），大有喧宾夺主的气势；其次，郤至在鄢陵之战中大出风头，让务求稳妥的主帅栾书很没面子。

有栾书助力，将郤氏搞死搞残的事儿就好办了。先是栾书指使被俘的楚公子茷做“污点证人”，指证郤至是内奸，曾经派遣密使向楚共王请兵，打算除掉晋厉公，迎立公子孙周（晋襄公的曾孙，当时身在洛邑）。晋厉公接下案子之后，问执政的栾书应该怎么处理。栾书建议派人前往洛邑，暗中监视孙周，随即又安排郤至前往周王室办差，再暗中要求孙周与郤至见个面、吃顿饭，至于两人谈了什么，显然已经不重要了。

几步棋走下来，晋厉公有了对郤氏下手的借口。郤氏也预感到大难临头，但在如何应对的问题上，却发生了严重分歧。郤锜认为应该先下手为强，绝不能坐以待毙。郤至则念叨说：“信不叛君，知不害民，勇不作乱。”总之犯上作乱的事儿咱可不能干。就在郤氏争执不下、犹豫不决的时候，胥童、夷羊五、长鱼矫、施孝叔等人按照原定计划，仅率领八百士兵偷袭，便将郤犨、郤锜、郤至干净利落地收拾了，陈尸于朝。

这事儿本可到此为止，但胥童、长鱼矫等人打算毕其功于一役，顺带劫持了毫无防备的栾书和荀偃，等着晋厉公发话。千钧一发之际，晋厉公却突然认了怂。八将佐一下干掉仨，这场戏已经够惊险了，如果再干掉仨（杀荀偃必杀荀罃），其中还包括执政大臣，晋厉公真不知道该怎么收场。胥童等人见晋厉公迟迟下不了决心，意识到这事儿要黄，只得悻悻作罢。

晋厉公的恻隐之心换来的却是栾书、荀偃的疯狂报复。尽管士匄（士燮已经在几个月前去世）、韩厥明确表态不会参与弑君行动，但栾书、荀偃执意要对君主下狠手。踌躇满志的晋厉公终于被自己的“神操作”带进了万劫不复的旋涡，再也无缘霸主的争夺。随后，栾书安排荀罃、士鲂（士会之子）前往洛邑迎回公子孙周，拥立为君，是为晋悼公。

经历了这场惊心动魄的内乱，晋国还能否在争霸的道路上砥砺前行呢？让我们拭目以待。

第九章 神话的终结

强晋君臣多奇志

在跨越三百余年的春秋时期，晋国争霸、称霸、复霸的历程，无疑是最为精彩纷呈的绚丽华章。用史学家的话说，晋、楚两国相争的历史堪称整部《春秋》的中坚。清朝学者全祖望版的“春秋五霸”，更是将齐桓公以外的四个席位全都给了晋国君主（晋文公、晋襄公、晋景公、晋悼公）。

如此壮观的场面，普天之下独此一藩，我觉得这里边既有晋国综合实力的原因，也跟晋国历代国君的鲜明个性密不可分。从晋文公往下数，除了晋成公次一点，没什么存在感，历任君主甭管好与孬，个顶个都是能人，传奇故事一箩筐。先前见识过的几位君主，咱们不再赘述，单说如今中了大奖、登临宝座的晋悼公。

为什么说他是中了大奖呢？栾书、荀偃合谋弄死了晋厉公之后，当然不会扶持晋厉公的子嗣上台，给自己埋雷。撇开晋厉公的子嗣，可供选择的对象就不多了，晋悼公算一个，另外还有他哥。既然有哥在，按理说不会有弟弟什么事儿，不过晋悼公的那个哥哥有智力缺陷，说得俗一点就是个白痴。因此，栾书第一时间想到的国君人选，便是在翦灭郤氏时曾经“友情客串”过的公子孙周。

荀罃、士鲂奉命来到洛邑，迎接公子孙周回国嗣位。这种事儿咱们见得太多了，换作一般人，哼着小曲儿、屁颠屁颠地就去了。但时年十三岁的公子孙周还真是稳得住，面对这样的飞来之福，既淡定又从容，他先不急着嗣位，而是提出与诸公卿、臣属歃血为盟。

盟什么呢？公子孙周主要表达了两点意见：其一，君位落到我的头上，这是天意。啥意思呢？我嗣位与众臣拥戴无关，以后谁也别拿策立之功说事儿，我孙周只欠天账，不欠人账。其二，既然立了我，那就得听我的，“立而不从，将安用君”！政出多门，是晋国这些年来的痼疾，我孙周可不想做下一个晋厉公，国君该有的权力，一项也不能少。总共就这两条，到底同意不同意，你们赶紧商量，给个痛快话。要行，咱们继续；要不行，我还待在洛邑为周天子效命，你们另外找人！

事儿都做到这个份上了，哪里还有从头再来的道理，栾书只得带着众卿与他歃血立誓，公子孙周这才正式嗣位。

作为晋国历史上最后一位霸主，后世对晋悼公评价很高，说他集晋文公的谋、郑庄公的智、齐桓公的略、楚庄王的才、宋襄公的仁和秦穆公的势于一身，听起来像是神话般的存在。虽然未免有夸饰之嫌，但嗣位之前盟誓，着实彰显出晋悼公老成持重，深谋远虑。

嗣位之初，晋悼公便大刀阔斧地做了三件大事：一是来一个下马威，将不服从新领导的晋厉公党羽（譬如夷羊五）全部驱逐。二是推行新政，改善民生。具体包括减赋税、免债务、赈贫乏、救灾患等，让百姓得以安居乐业。三是选贤任能，整顿吏治。先是扶持以韩厥为首的韩氏（与公室同为姬姓），弥补了翦灭郤氏之后的权力失衡态势，对一家独大的栾氏构成牵制。接着重用荀罃（后出任执政大臣）、魏绛（魏犨之孙）、魏相、魏颉（魏颗之子）、赵武、祁奚（晋献公四世孙）、荀会（荀息裔孙）、栾黡（栾书之子）、韩无忌（韩厥之子）、羊舌职等一批贤才，重现了晋文公时期人才济济的盛况，而且诸多公族雨露共沾，缓和了彼此之间的矛盾。

在这些得到重用的人当中，祁奚和魏绛两个人的故事很能说明当时晋国官场的风气。祁奚在担任中军尉期间并没有什么突出的业绩，其临退休时的荐贤之举却成了千古美谈。

当时，晋悼公问告老的祁奚，谁可以继任中军尉之职。祁奚举荐了解狐，此人据说是他的杀父仇人。晋悼公很惊讶，说："这人跟你不是有仇吗？"祁奚回答说："您问的是谁可以胜任，又不是问仇人，一码归一码。"结果解狐未及任命就死了，祁奚又举荐了自己的儿子祁午。晋悼公有点儿不乐意，说："他不是你儿子吗？"祁奚还是那句话："您问的是胜任与否，又不是问关系亲疏。"此时祁奚的老搭档羊舌职去世，祁奚举荐羊舌职之子羊舌赤继任。时人评论祁奚"称其仇，不为谄；立其子，不为比；举其偏，不为党"，其胸襟之坦荡，堪称楷模！

讲完祁奚，再来说魏绛。作为魏氏的小宗，魏绛能够得到晋悼公的重用，源自于他做了一件有损晋悼公颜面的事儿。有一次，晋悼公的弟弟扬干干扰军队训练，魏绛按律将扬干的车夫处死，以儆效尤。晋悼公脸上挂不住，想杀掉魏绛泄愤。羊舌赤在一旁好言相劝，说魏绛这个人，"事君不避难，有罪不逃刑"，一定会主动前来说明情况的。话音未落，魏绛就来了，送上一封书信之后，抽剑准备自刭，被士鲂等人拦了下来。晋悼公读了魏绛的信，意识到是自己徇私情而罔顾军法，鞋都来不及穿，光着脚跑出来向魏绛认错，并委任他为新军佐，跻身四军八将佐之列。

除了治军严明以外，魏绛在外交和经济方面也相当在行。外交方面的主要业绩是和戎，咱们后面再讲，这里只说经济方面的贡献。经过常年战事，晋国已是财政空虚，民不堪命，晋悼公就琢磨着如何才能让百姓休养生息。魏绛认为，府库没钱不要紧，公族家里多得是，不如让他们把积聚的财物都掏出来，向百姓放贷；百姓有了资金，便可以解决燃眉之急，扩大生产规模，公族则坐享利息收入，从而实现双赢。用现代经济学的话讲，这就是所谓的资本驱动。古人的智慧，咱还真不能小瞧！

君臣协力使得晋悼公治下的晋国欣欣向荣。《左传》总结说，此时晋国的受提拔者不失职，为官一任者不乱作为，爵位与德行相匹配，上下有序，百姓无谤言，霸业得以复兴。后来，秦国向楚国请兵讨伐晋国，时任楚国令尹的子囊（楚庄王之子熊贞）认为，眼下的晋国“君明臣忠，上让下竞”，不可与之为敌。此番来自对手的评价无疑是最有说服力的。

霸主的风范

晋国形势一片大好，但放眼天下，依然很不太平。就拿楚国来说吧，尽管经历了鄢陵惨败，但其争雄中原的野心始终有增无减。

晋厉公被弑之前没多久，吴国趁着楚国惨败，撺掇舒庸到处点火，今天围困这里，明天滋扰那里，打算让楚国一直疲于奔命。谁承想舒庸实在不争气，仗着有吴国撑腰，真把自己当成了南方第三强国，结果被楚国出兵剿灭，国亡了个通透。

等到晋悼公嗣位的时候，楚国已经卷土重来，联合起郑国找宋国的麻烦。在夺取宋国彭城之后，楚国将先前逃亡来楚的鱼石、向为人、鳞朱、向带、鱼府等一批权斗失势者安置于此，对宋国构成牵制，公然打起了“代理人战争”。宋平公（宋共公之子）忧心忡忡，大夫西鉏吾却认为不必费心，因为楚国这样做已经严重损害了晋、吴两国的利益，它们绝不会坐视不管。

西鉏吾说得没错，宋国向晋国一求援，晋国执政大臣韩厥（此时栾书已去世或赋闲）便力主出兵，认为霸业是打出来的，援助宋国无疑是最佳的突破口。为了彰显一代霸主的风范，晋悼公果断出兵，会合诸侯替宋国撑腰。

逼退楚军之后，晋悼公又兴师讨伐郑国，滋扰楚国。面对晋国黑云压顶般的军事压力，一直靠骑墙谋生的郑国人其实也挺纠结。公元前571年，郑成公病重，公子騑（郑穆公之子，郑成公的叔叔）建议背楚投晋，省得总是挨收拾。郑成公认为，楚共王的一只眼睛就是因为援救郑国才被射瞎的，咱们不能忘恩负义，不然以后在江湖上就没法混了。郑成公死后，太子髡顽嗣位，是为郑僖公，诸大夫又动起了投靠晋国的念头，但公子騑坚持先君遗命，继续将郑国绑在楚国的战车上。

毋庸置疑，郑国一意孤行的结果就是挨收拾，但平心而论，晋国此时还真是不想揍它。为什么呢？这事儿还得从齐国说起。

作为"晋集团"的骨干成员，齐国的实力超出其他诸侯一大截，就连与晋国相比，也似乎逊色不到哪儿去。长这么大的个儿，却屈居人下，受人使唤，齐国越寻思心里越别扭，总想脱离集团单干。先前诸侯们联手救宋，齐国就没有出兵，为此晋国派人声讨齐国。齐灵公尚未做好与晋国翻脸的准备，吓得够呛，赶紧将儿子光（后来被册立为太子）送到晋国做人质，以示归服诚意。

如今晋国召集诸侯会盟，商议讨伐郑国，齐国竟然又无故缺席。另外，在先前的一次盟会中，齐国大夫崔杼（姜子牙长子齐丁公的后裔）说过一些不利于团结的话，惹得晋悼公的心里很不爽快。荀罃据此认为，晋国当前最大的隐忧其实是齐国，至于郑国嘛，能放就先放一放，反正也成不了什么气候，没必要因为一点小事乱了大局。

鲁国大夫仲孙蔑提议说，既然楚国能用彭城牵制宋国，咱们也可以在毗邻郑国的虎牢（今河南荥阳附近）驻防，让郑国人时时刻刻感受到威胁，也就不敢轻举妄动了。这一招还真管用，郑国人不再纠结于倒向哪边，直接归附了晋国。

眼瞅着在中原无机可乘，楚国转而讨伐吴国。外围打得还算顺利，楚军轻松愉快地进抵吴国边境，主帅子重派出三千步兵、三百车兵，在将领邓廖的率领下偷袭吴国。结果楚军的损失相当惨重：将领邓廖被俘，三千三百名士兵回来的不足四百，吴军乘胜反击，占领了楚国的驾地（今安徽无为附近）。失地亡将令子重饱受非议，时人评论说这一仗打得实在是烂，“所获不如所亡”，得不偿失。尚未等楚共王追责，急火攻心的子重便撒手人寰了。

楚共王见识了晋、吴联盟的威力，晋悼公却正因为山戎问题抠破头皮。山戎又称北戎，跟北狄一样，成分复杂，部落众多，过去没少让最北方的燕国吃苦头。后来齐桓公提出“尊王攘夷”，山戎损失惨重，越来越衰颓，很长一段时间没有什么作为。

如今山戎找上晋国的门，不是来干仗的，而是来求和平。无终（山戎的部落之一）国君代表山戎诸部落，派使臣前来拜见晋悼公，希望能与晋国达成和平协议。晋悼公的心里比较纠结，还是那句话——“非我族类，其心必异”，戎狄靠得住吗？

秉公执法的魏绛出场，一口气摆出了和戎的五点好处：其一，戎狄靠游牧为生，逐水草而居，重财物轻土地，咱可以花钱找他们买地，从而开疆扩土。其二，与山戎和解之后，边境地区不再高度戒备，百姓可以安居乐业，发展生产。其三，晋国可借和戎树威，四周邻国必然受到震动，增强附晋的向心力。其四，晋军不必出战，省去了鞍马劳顿、将士拼杀的艰辛与代价。其五，以德服人，既能让近邻安心，又能召来远客归心，何乐而不为？

晋悼公采纳了魏绛的建议，并委任魏绛全权负责和戎事宜，为晋国争取到了相当有利的国际环境。对于力主和戎的魏绛，晋悼公丝毫不吝溢美之词，说：“自吾用魏绛，九合诸侯，和戎、翟，魏子之力也。”魏氏后来跻身六卿，并在三家分晋的时候分到一杯羹，其基业就是在魏绛手上奠定下来的。

陈国的纠结

初闯江湖的晋悼公服郑，和戎，敲打齐国，可谓招招出彩，忙得不亦乐乎。而争霸中原的楚共王，这些年的日子过得着实悲催：郑国用脚投票，吴国饱以老拳，都让楚国威风扫地。俗话说得好："客走旺家门。"眼瞅着楚国一副倒霉相，连素来亲楚的弹丸诸侯陈国也决定弃暗投明，另攀高枝了。

据陈国自己讲，选择背楚投晋，不是陈国不仗义，而是因为老大哥楚国欺人太甚。子重死后，子辛（楚穆王之子、楚共王的叔叔熊壬夫）继任令尹，频繁敲诈像陈国这样的弱藩。陈国不堪其扰，这才投向了晋国的怀抱。

在楚共王看来，甭管什么理由（当时貌似也并不知道背后的故事），叛徒就得挨收拾，否则楚国毫无威信可言。楚国要横，陈国也不示弱，打不打那是你的事儿，跟谁混是我的选择，谁怕谁啊？

楚国正打算出兵，恰逢陈成公一命呜呼，楚共王下令先缓一缓。一来"讨丧"既晦气又不道德，传出去名声不好，二来也想观望一下新任君主的反应。结果呢，新嗣位的陈哀公（陈成公之子）也好，公卿臣属也罢，反楚的态度依然坚决。鲁国大夫臧孙纥（臧孙许之子）听说之后，替陈国人捏了一把汗，说他们这么不知好歹，早晚得亡国。

陈国到底会不会亡，下定论还为时过早。至少在陈国人看来，自己占着理，打遍天下都有话说。楚共王觉得奇怪，陈国人到底是吃了枪药还是打了鸡血，怎么一反往日唯唯诺诺的常态呢？派人前去责问，陈国人回答："要怪就怪你们的令尹子辛太不是东西，贪得无厌，根本不给咱活路。不造反，难道等着穷死？"听陈国人这么一说，楚共王明白了，这事儿恐怕假不了，合着是被自家人套了进去。于是乎，楚共王继送礼、割地之后，玩出了笼络诸侯的第三招——苦肉计，一声令下就把子辛剁了，算是给陈国一个交代。

子辛伏诛之后，先前提到过的子囊继任令尹。晋国的士匄有了一种不详的预感，认为陈国终将背晋投楚，晋国在这场马仔争夺战中恐怕要输。理由很简单：楚共王杀掉子辛，堵了陈国人的嘴，继任的子囊力主通过武力逼服，而陈国毗邻楚国，嘴巴再硬，实力在那儿摆着呢，根本经不起几回折腾。

复兴霸业的重任在肩，晋悼公不会轻言放弃。楚国讨伐陈国不要紧，晋国可以邀集诸侯们替小兄弟撑腰。然而，俗话说得好："远水难解近渴。"更何况救急不救穷。楚国想打陈国，伸手就是一巴掌，诸侯想来救，往往跋山涉水，累个半死。晋国是盟主，打碎牙也得往肚子里咽，其他诸侯多跑上几回，却难免会寻思："咱招谁惹谁了，啥好处没捞到，却跟着受些冤枉罪。费自家柴，添人家的火，凭什么？"

跟班的诸侯不乐意，嘴上不敢明说，背地里出工不出力，所以诸侯联军几次替陈国解围都有点搞"面子工程"的意思，糊弄糊弄就过去了。一来二去，陈国人愈发忧虑。在他们看来，楚国就像身上的顽疾，隔三岔五发作一回，"晋集团"这群庸医又不济事，药没少灌，却是治标不治本，始终断不了根，陈国再不放弃治疗，非闹出人命不可。

趁着陈哀公前往晋国求援的空当，庆虎、庆寅两位执政大臣将公子黄（陈哀公的弟弟，也是二庆的政敌）送到了楚国人手里，随即派人前往晋国，向陈哀公告难，暗示楚国将拥立公子黄。陈哀公担心自己的位置不保，赶紧跑回来拜了楚国的码头。事情果然如士匄所预料的那样，晋国没能打赢这场马仔争夺战，楚共王在屡次落败之后，勉强扳回了一局。

郑国的心眼

楚国使尽浑身解数终于将陈国拉回自己的身边，但纵观天下，弹丸诸侯陈国实在是微不足道，晋、楚之间真正的较量，还得看中原的头号风向标（同时也是苦主）——郑国倒向哪边。

地处天下之中枢，郑国人有两大特点：一是特别能赚钱，商人们不辞辛劳，用脚步丈量着各地的贫富，为自己也为郑国赚得盆满钵满；二是特别能折腾，手里有了闲钱，觉得自己的实力也还凑合，沉浸在二流小霸主的美梦中。

晋、楚两个大国强藩都曾经被郑国以四两拨千斤的招数耍得团团转，但自古玩人终害己，郑国并没有在这场游戏中得到自己想要的东西，反倒引火烧身，饱受战祸，日子过得相当艰辛。公元前566年，在位仅仅五年的郑僖公便被自己人玩死了。

郑国的弑君之乱以及由此引发的权力争斗，归根究底在于郑僖公的曾祖父郑穆公的子嗣实在是太多了！生个女儿夏姬，改变了多少人的命运，这事儿咱们就不再提了，毕竟搞乱的是别人家。祸起萧墙，主要还是因为儿子多。说到郑穆公的儿子，有明确记载的至少十三个：太子夷（郑灵公）、公子坚（郑襄公）做过国君，后面几任君主均出自郑襄公这一门，郑悼公、郑成公和公子繻都是郑襄公的儿子，郑僖公是郑成公的儿子、郑襄公的孙子。其他十一位公子当中，先前出过镜的有公子去疾（字子良，让贤给了郑襄公）和公子騑（字子驷，曾遵循先君附楚的遗命），另外还有公子喜（字子罕）、公子发（字子国）、公子嘉（字子孔）、公子偃（字子游）、公子舒（字子印）、公子平（字子丰）、公子志（字子孔）和子羽（名不详）、子然（名不详）。

郑僖公嗣位之后，郑国的权力格局显得相当奇怪。在郑僖公与执政大臣公子騑之间，隔着一个“当国”的公子喜。《春秋左传正义》解释说，这是因为郑国夹在晋、楚两大诸侯之间，“国家多难，丧代之际，或致倾危”，所以郑成公在临终时做出特殊安排，让公子喜以“托孤”之名当国摄政。公子喜摄政，公子騑执政，外加年岁渐长的郑僖公主政，这场当家作主的戏可就热闹了。

根据《左传》记载，郑僖公召来杀身之祸，是因为不懂礼数，得罪了公子騑、公子喜和公子丰三位叔公。据说早在嗣位之初，公子丰就动过借晋国之力废掉郑僖公的念头，结果被公子喜拦下了。表面上看，做小辈的不懂事，做长辈的当然得教训一下，其实呢，讲不讲礼数，那都是扯，权力才是永恒的话题。

在这场权斗中，公子騑毫无争议地成为胜利者，因为郑僖公最后死在他的手里。《左传》说是公子騑派刺客暗杀，《史记》则说是他买通厨子在饭菜里下药，真相如何并不重要，郑僖公终归是死了。“当国”的公子喜也在不久之后去世，时年五岁的公子嘉（郑僖公之子，与子孔同名不同人）在公子騑的扶持下嗣位，是为郑简公。

郑僖公死得不明不白（对外声称暴病而亡），公室不干了，群公子密谋除掉公子騑，为郑僖公讨还公道。谁承想，公子騑根本没有留给群公子任何机会，果断下了狠手，将子狐、子熙、子侯、子丁一干人等悉数诛杀。

换掉君主，人也杀了不少，权力的重新分配告一段落。然而，在对外政策的问题上，公族内部依然存在着严重的分歧。总的来说，公子騑、公子发和子耳（公子去疾之子）主张继续依附楚国，公子嘉、子蟜（公子偃之子）和子展（公子喜之子）则认为投靠晋国更为有利。

附楚归附楚，公子发和子耳偏偏喜欢“加戏”，竟然自作主张地讨伐了同在“楚集团”的蔡国。此番兴师动众，收获还真不小，连时任蔡国司马的公子燮都成了俘虏。打了胜仗，郑国人都欢喜，唯独少年老成的子产（公子发之子）阴着一张小脸，忧心忡忡地说：“小国无文德而有武功，祸莫大焉。”郑国这回玩得有点儿大，恐怕往后四五年都收不了场。

公子发怒斥儿子胆大妄言，但事实正如子产所料。打着替蔡国讨公道的旗号，楚国令尹子囊率领楚军前来兴师问罪。

大兵压境，公子嘉、子蟜和子展力主固守，等待晋国施以援手。子展认为“晋君方明，四军无阙，八卿和睦，必不弃郑”，而楚军远道而来，粮食吃完了自然会回去，不足为虑。再者说，郑国先前与晋国五次会盟，如果友谊的小船说翻就翻，郑国将失信于天下，“小国无信，兵乱日至，亡无日矣”。

子展的分析可谓入情入理，但公子騑担心楚国责问伐蔡之余，再问出别的什么来（譬如弑君之罪），便仗着执政大臣的地位力排众议，与楚国讲和。为了两面讨好不吃亏，公子騑又派人去向晋悼公解释，说郑国收拾蔡国是有原因的（蔡国不听话），屈服于楚国也是有苦衷的（兵临城下，百姓要求讲和的呼声太高），您可千万别想多了。

郑国人耍心眼，晋国见识得太多了，想把晋悼公当成三岁孩子哄，门儿都没有。执政大臣荀罃派人送给郑国一句言简意赅的答复：别搁这儿扯淡了，回家等着挨收拾吧！

晋国好歹是盟主，一口唾沫一颗钉，既然已经把狠话放了出去，该办的事儿就得抓紧办，别让郑国君臣等得不耐烦。于是，在公子騑派人前往晋国无理辩三分之后，不出一年光景，晋国四军倾巢出动，会合齐、鲁、宋、卫等诸侯的军队，浩浩荡荡地杀向郑国。

以郑国的实力，单挑楚国都够呛，更别说被“晋集团”合起伙来群殴了，唯一明智的选择便是投降。然而，屈服之后订立盟约时，郑国人又要起了心眼。由晋国人拟定的誓书上说：今日盟誓之后，“郑国而不唯晋命是听，而或有异志者，有如此盟”。公子騑却脱稿发誓，噼里啪啦说了一通，将最关键的一句话——“唯晋命是听”，改成了“唯有礼与强可以庇民者是从”。意思是说，要想得到郑国的归服，这个诸侯应该是合于礼仪的，并有足够的实力保护郑国，否则无效。

荀偃气得够呛，你公子騑怎么张着嘴巴尽胡扯呢，照着稿子重念一遍！子展不同意，说公子騑的话已经一字不差地传进神祇的耳朵里了，“若可改也，大国亦可叛也”，咱们既然是结盟，得讲究严肃性，岂能任性而为？

城下之盟终以闹剧收场，闯荡江湖多年的晋国吃了一个哑巴亏。晋国脸上挂不住，不足一个月便卷土重来，将郑国痛扁一顿之后，才心满意足地班师北还。

公子嘉提议，趁晋国回师之际打一场反击。子展不同意，说咱别再自找不痛快了，更麻烦的事儿还在后头呢。果不其然，晋军刚抽身回去，楚共王便亲率大军前来问罪。郑国在盟辞上面要什么心眼，楚共王不关心，只知道郑国先前归服于楚国，如今却在晋国面前服了软，和晋国结了盟。楚国的态度很明朗：郑国要是说不出个子丑寅卯来，这一关恐怕过不了。

为了能够迅速通关，公子騑打算叛晋投楚，过去的就让它过去吧，以后一门心思跟着楚国混。公子嘉和子蟜不同意，说咱们与晋国的盟誓口血未干，岂能说翻脸就翻脸？公子騑和子展（显然已投向公子騑的阵营）辩解说，盟辞说得明明白白，郑国将“唯强是从”，如今晋国不能救郑国于危难，自然得认楚国为强，咱们可没食言。于是乎，郑国又与来势汹汹的楚国结盟，从而送走了楚共王这尊“瘟神”。

战火不燃，霸业难成

郑国人机关算尽，却使得自己陷入两头受气的尴尬境地，也将中原搅和成了一锅粥。郑国重新屈服于楚国的第二年，即公元前563年，比以往要热闹许多。根据《左传》记载，这一年，排得上号的诸侯全在干仗，一个也没落下。大概数了数，有记录的战事不下六场。

第一场仗是晋国邀集诸侯讨伐偪阳。

偪阳是妘姓诸侯，故址位于如今的台儿庄境内，毗邻薛、郯、鄫、徐等弹丸诸侯。跟这些邻居们比起来，偪阳连弹丸都算不上，姑且称之为“芝麻诸侯”吧。因为实在太小，偪阳压根接不到什么戏，连群演都没他的份，唯一一次露名，是在西周末期，太史伯向郑桓公纵论天下形势的时候，点了一群诸侯的名，说它们偏居要荒，数量庞杂，统计不清楚，其中就包括偪阳。

区区一个“芝麻诸侯”，在地图上还得用放大镜仔细找，晋国何必跟它过不去，并动用了诸侯联军呢？其实，讨伐偪阳的建议是荀偃、士匄提出来的。荀罃表示极不理解，认为“城小而固，胜之不武，弗胜为笑”。偪阳的地盘小，所以防守集中，打赢了呢，这叫恃强凌弱，算不上什么能耐，万一没打赢，岂不是遭人耻笑？晋国堂堂盟主，什么时候做过赚了不见钱、亏了丢颜面的生意？

尽管受到荀罃的质疑，荀偃、士匄还是坚持打这一仗。他们并非贪图战功（打蚊子能有什么功），而是因为偪阳亲近楚国，又地处吴国北面，晋国理应有所表示，替南方的盟友扫一扫门前雪，顺便打开一条通路。

偪阳虽小，对晋、吴联盟的意义并不简单，这一仗打得也甚是艰难。凭借坚固的城防工事，偪阳人硬是顶住了诸侯联军的猛烈攻势，打得荀偃、士匄都丧失了信心，提议退兵。主帅荀罃坚决不同意，向荀偃、士匄下达了死命令：七天之内破城，否则提头来见！这句威胁果然好使，只用了五天，荀偃、士匄便将偪阳翦灭，昙花一现的“芝麻诸侯”就此凋谢。鉴于距离本土太远，晋国做了个顺水人情，将偪阳送给了宋平公。

宋平公白拿一块地，还没来得及笑出声，便挨了楚、郑联军的收拾。领头的是楚国令尹子囊和郑国的子耳，这也是本年度的第二场战事。

第三场仗是荀罃率领晋军回师之后打的，对手是秦国。前一年，秦景公（秦桓公之子）派人前往楚国请兵，准备联手讨伐晋国。楚共王满口答应下来，但令尹子囊不同意，说当下的晋国可了不得，“君明臣忠，上让下竞”，“吾不能与晋争”。楚共王觉得有道理，但先前既然已经答应人家了，就不能食言，于是打了一下折，亲率楚军前往武城（今河南南阳附近），替秦国人吆喝几嗓子。仗着有楚国人撑腰，秦国跟晋国干了一仗。如今，荀罃是一报还一报来了，只不过征讨规模不算太大。

第四场仗是郑国讨伐卫国，因为卫献公（卫穆公之孙）竟敢亲率大军增援宋国。当时，郑国饱经战火洗礼，已是困乏不堪，公子騑并不想节外生枝。子展则认为，不出兵讨伐卫国，楚国那边没法交代；先前已经得罪了晋国，眼下再得罪楚国，郑国的日子还怎么过？抱着勉为其难的态度，将领皇耳带着队伍跟卫国人干了一仗。结果一败涂地，皇耳也成了对方的俘虏。

子囊、子耳率领楚、郑联军滋扰鲁国边境，莒国也趁机揩鲁国的油，构成了这一年的第五场战事。规模不大，各方退兵也很迅速，意犹未尽的子耳又顺道入侵宋国。鲁国大夫仲孙蔑认为，穷兵黩武，频繁用兵，连周天子都不敢这么干，何况是区区郑国？国力透支，必生灾乱，执政的三大夫（指公子騑、公子发和子耳）恐怕命不久矣！

仲孙蔑言中了，果然在“晋集团”兴师讨伐（本年度的第六场战事）的紧要关头，郑国发生了针对公子騑、公子发、子耳三位权臣的内乱。《左传》将这场内乱归咎于公子騑得罪的人太多，譬如刻意打压大夫尉止，跟人家争抢功劳，还以兴修水利为名，将司臣、堵女父、侯晋、子师仆等几位大夫家族的私田据为己有。这些或许都是内乱的原因，但更不应该忽视的问题是，正如仲孙蔑所言，郑国做了很多与国力不相符的事儿。公子騑自己也承认，小国的生存之道，无外乎“牺牲玉帛，待于二竞，以待强者，而庇民焉”，瞅谁的腿粗抱谁，站队精准，大腿抱稳，从而换来自身平安。但在实际操作中，郑国为了讨好楚国，既跟着打仗，也自己找仗打，全然忘记了自己只是二流诸侯的尴尬身份，跟晋、楚两大巨头拼家底，郑国玩得起吗？

这年初冬，尉止、司臣、堵女父、侯晋、子师仆联合一批郁郁不得志的公室族人攻入西宫，将公子騑（执政）、公子发（司马）、子耳（司空）当场诛杀，并劫持郑简公前往北宫，史称“西宫之难”。据说公子嘉（司徒）提前接到线报，这一天没有上朝，故而幸免于难。

子西（公子騑之子）听说发生了叛乱，连忙从家里跑出来收尸，并拔腿追赶这群乱贼。尉止等人挟持郑简公进入北宫，子西这才发现自己出来得太急，既没装备又没兵，这不是去送死吗？因此，子西只好转身回去，想召集家丁平乱。回到家一瞧，能跑的人都跑了，值钱的东西被抢个精光。

眼瞅着大难临头，子产依旧表现得沉稳而老练。两年前公子发、子耳率军讨伐蔡国，子产认为是替郑国招灾惹祸，被父亲公子发痛斥了一顿，如今一语成谶，公子騑、公子发、子耳悉数送命。子产并不像子西那么莽撞，而是有条不紊地进行部署，安排警卫，配备人员，封闭府库，整训士兵，倒饬一番之后兴兵讨逆，率领十七乘战车、一千余士兵杀向北宫，将郑简公成功解救。发动叛乱的尉止、子师仆当场伏诛，侯晋逃奔晋国，堵女父、司臣等人则逃亡去了宋国。

叛乱平息之后，资历最老的公子嘉执掌国政，并在子产的鼎力协助下稳定了局势。此时，“晋集团”的诸侯联军驻扎在虎牢，楚国军队也来替郑国撑腰。眼瞅着晋、楚之间又将爆发一场中原大战，晋军主帅荀罃却选择了不战而退。他认为，晋军既不能抵抗楚军，又不能为郑国提供持续有效的庇护，稀里糊涂打这么一仗，实在是没什么意义。话不太中听，但事实的确如此，从郑国的角度来讲，要生存就得拜码头，“唯强是从”无可厚非，晋国没理搅三分，反倒落人耻笑。

权衡一番利弊之后，晋国决定放郑国一马。但刚刚经历过内乱的郑国似乎并不领情，翻过热闹非凡的公元前563年，郑国人又开始谋划惹事了。

郑国的大臣们认为，去年中原大战没打起来，对郑国而言明显弊大于利。为什么这么说呢？如果晋、楚两大巨头分不出胜负，郑国依然要“牺牲玉帛，待于二竞”，继续过着提心吊胆、随时准备挨收拾的日子，这钝刀子割肉的滋味真不好受！看如今的架势，晋强楚弱已是大势所趋，万事俱备，就差那么一把火。

理是这个理，但晋、楚能听候郑国的调遣前来干仗吗？根据以往的经验，还真有这种可能。子展想了一个办法：咱们尽情往死里作，从而激怒晋国，非把郑国掐死不可，届时楚国来援必然会挨揍，郑国便能顺理成章地投入“晋集团”的怀抱。

按照舍身套狼的战术，子展率领郑军讨伐宋国。荀罃率领的诸侯联军如约而至。眼瞅着楚国那边没什么动静，郑国便与“晋集团”的诸侯会盟。楚共王大为光火，撺掇起秦国一起出兵伐郑。郑简公瞬间翻脸，会同楚、秦两国军队进攻宋国。

俗话说得好：“不怕不要命，就怕不要脸。”晋悼公被朝三暮四的郑国人气得够呛，责令“晋集团”所属的诸侯倾巢出动，刮起一阵狂风暴雨，再度席卷郑国。看到这样的阵势，楚、秦联军顿时傻了眼，能退多远退多远。郑国人暗自庆幸自己料事如神，随即按照既定计划，由子展出面与晋悼公会盟，耗费巨资，上下打点，表示真心归服的诚意。至此，郑国的骑墙策略暂告一段落，晋悼公的霸业也水到渠成，真可谓战火不燃，霸业难成，这霸业确实来之不易！

冥冥之中的巧合

从公元前562年郑国归服于晋国，到公元前557年晋国组织溴梁（今河南济源附近）之会，前后间隔差不多五年光景。时间并不算长，战事也不多，但冥冥之中似乎有一种巧合，晋、楚、吴这三大“一线诸侯”都发生了耐人寻味的悄然变化。

先说逐渐走向衰颓的楚国。

楚庄王算得上一霸，儿子楚共王却总是差点儿运气，特别是晋国推行联吴抗楚的战略之后，楚国的日子便愈发艰难，仿佛走进了一个怪圈：每次交锋都很努力，却一直够不着霸主的位置。公元前560年，在位三十一个年头的楚共王走到了人生的终点。

正所谓“人之将死，其言也善”，楚共王临终之际，反思自己三十余年的君主生涯，实在是感触良多。他当着群臣的面，讲此生最大的罪责莫过于“亡师于鄢，以辱社稷”。因此，楚共王特意交代群臣，给他上的谥号无外乎“灵”“厉”，二者选其一。

按照当时的《谥法》，灵和厉可都不是什么好字，譬如“不勤成名曰灵”“乱而不损曰灵”“杀戮无辜曰厉”。平心而论，楚共王再没能耐，也不至于把屎盆子扣到这样的地步。令尹子囊说了一句公道话，认为楚共王在位期间，“抚有蛮夷，奄征南海，以属诸夏”，不应该背负骂名下黄泉，故而更改遗命，改谥“共”（通“恭”，“尊贤贵义曰恭”），以彰显其功绩。

楚共王死后，儿子熊昭嗣位，是为楚康王。主政伊始，楚康王便下了一步深谋远虑的棋：将两年前俘获的郑国大夫良霄（子耳之子，公子去疾之孙）释放回郑国。楚康王断定，良霄这个人记仇，既埋怨国君又怀恨公卿，回到郑国肯定会惹事，从而能给楚国重返中原创造机会。楚康王的这步棋走对了，良霄果然将郑国搅得鸡犬不宁，当然这是后话，暂且按下不提。

楚康王的手段再高明，令尹子囊也看不到了。楚共王去世后的第二年，子囊率师讨伐吴国，却中了吴国的圈套，惨败而归之后撒手人寰，给自己的人生画上了一个不圆满的句号。

再说“入伙”时间最短的吴国。

《史记·吴世家》说：“寿梦立而吴始益大。”评价算得上公允。在位二十五年，吴王寿梦通过与晋国结盟，将偏居东海之滨的吴国带进了争霸中原的核心圈。在楚共王去世的前一年，也就是公元前561年，吴王寿梦先走了一步，由长子诸樊嗣位。

自己突遭大丧没关系，紧接着楚共王的大丧便是机会，吴国兴师讨伐楚国。曾经在鄢陵之战中扬名天下的楚国神射手养由基临危受命，配合将领子庚（楚共王的弟弟）击退了来犯之敌。

过了一年，令尹子囊率军伐吴，作为吴国讨丧的回报。吴军先前伐楚吃了瘪，此次主场作战玩起了心眼，任凭对方怎么叫阵，坚持固垒不出战。楚军自觉无趣退了兵，却被突然杀将出来的吴军揍得蒙了圈。

总得来讲，吴王诸樊和楚康王相隔一年嗣位，开启了两大南方诸侯交锋的新篇章。一开场，双方便各凭借主场优势胜了一局，打成了平手。梁子结得够早，往后的戏份也会更加精彩。

南方诸侯借大丧较劲，北方霸主晋国也没闲着。既然说是冥冥之中的巧合，那么楚、吴忙着发丧的时候，晋国当然也不能独善其身。在楚共王去世的那一年，荀罃、士鲂也相继去世。两年之后，晋国历史上最后一位公认的霸主——晋悼公竟然英年早逝，将一个表面上同心戮力，背地里却暗中较劲的执政班底，交到了儿子晋平公的手里。

晋国公卿表里不一，集中体现在晋悼公在世时发生的几桩事儿上，具体包括让贤、伐秦和裁撤新军。

让贤发生在荀罃（时任中军将）、士鲂（时任下军佐）去世之后，需要重新对将佐进行人事安排。晋悼公最初的打算是让中军佐士匄继任荀罃的中军将之职。我们知道，中军将这个职位非同小可，论武是全军主帅，论文是首席执政大臣，谁都想坐这个位置。

说来也挺巧，前有士会主动让位给郤克，以逞其伐齐之志，如今士匄继承发扬祖父的高风亮节，在百般推辞的同时，举荐比自己年长的荀偃（时任上军将）接任。晋悼公采纳了士匄的建议，委任荀偃为中军将，士匄原地踏步，还是中军佐。既然荀偃转任主帅，上军将的位置便出现空缺，晋悼公准备提拔上军佐韩起。谁承想，韩起也主动让贤，举荐赵武（时任新军将）出任。至于士鲂去世之后空缺的下军佐，则由新军佐魏绛出任；下军将栾黡、中军佐士匄和上军佐韩起三人都没挪窝。

士匄、韩起让贤这件事似乎印证了楚国令尹子囊的那句话——“君明臣忠，上让下竞”。《左传》更是不吝溢美之词，说“晋国之民是以大和，诸侯遂睦”。事实真的如此吗？暂且不作评价，咱们先说说伐秦和裁撤新军两件事。

公元前559年，为了给不知天高地厚的秦景公一个教训，晋国邀集鲁、卫、郑等诸侯兴师讨伐秦国。晋悼公非常重视这场仗，亲自前往边境坐镇，四军六将佐（原来是四军八将佐，先前死了俩，尚未补齐）倾巢出动，非把秦国揍得满地找牙不可。结果呢，六将佐仗没怎么打，架却吵得热火朝天。究其根由，在于新任主帅荀偃下达了一道命令，要求晋军上下“唯余马首是瞻”。下军将栾黡一听这话，不乐意了，说晋军从来没有过这样的命令。看你的马首？我的马首还想奔东边去呢！发完牢骚之后，栾黡竟然擅自带起队伍，扭头便撤。下军佐魏绛见顶头上司撤了，也跟着打道回府。眼瞅着四军少了一军，剩下的三军又议论纷纷，这仗还怎么打？主帅荀偃被迫下令全军撤退。

伐秦无果之后，晋悼公下令裁撤新军。在霸业势头强劲，府库还算充盈的情况下，主动将四军缩编为三军，八将佐削减为六将佐，是哪儿出了问题？官方的说法是因为没有合适的人选，毕竟将佐只能从栾氏、士氏（即范氏）、荀氏（分为中行氏和智氏）、赵氏、韩氏和魏氏这几大公族里面选，新一代没成长起来，便会出现后继乏人的状况。看似言之有理，其实经不起推敲，莫非几大公族的各门各户娶媳妇生子都是扎堆的？

结合先前讨伐秦国之时，栾黡给荀偃甩脸子的事来判断，无人可选不过是托辞，背后隐藏着公族之间权力分配的问题。对于现有编制内的将佐而言，让贤可以成为相互结盟的手段，放眼望去，其乐融融；可一旦涉及招录新人，各种利益纠葛油然而生，谁家欢乐谁家愁，省不了惹麻烦，根本就扯不清楚。晋悼公也真够狠，大笔一划，新军裁掉，咱不招人了，看你们还怎么争！

实事求是地说，晋悼公的办法顾得了眼前，却管不住长远。对于初登君位的晋平公而言，公族表里的巨大反差无疑将是一场极其严峻的考验。

霸业的巅峰

晋国内部的暗流涌动让齐国人的心思愈发活泛起来。虽说是“晋集团”的骨干成员，但前面已经讲过，齐国这些年来心怀异志，早就翅膀硬了想单飞。

早在公元前571年，齐国便对毗邻的弹丸诸侯莱国大打出手，四年之后更是将莱国吞并，由上卿高厚和大夫崔杼出面主持“分赃”（“定其田”）。

为了与老大哥晋国争个高下，齐灵公不仅与南方的楚国眉来眼去，还将女儿嫁到王室，扯起周天子的大旗作虎皮。周灵王（周定王之孙）相当配合，特意派大臣前往齐国，向齐灵公赐予荣宠，攀亲道故地讲了一堆没营养的废话，追忆姜太公的卓越功勋，最后敕令齐灵公“兹率舅氏之典，纂乃祖考，无忝乃旧”，大意是让他追寻先人的足迹，发扬祖上的精神，继续效命于王室。

周天子给齐灵公“开光”是公元前559年发生的事儿，仅仅间隔一年，霸主晋悼公便去世了。先是用女儿换来一番王室的表彰，接着公认的霸主撒手人寰，齐灵公的野心愈加膨胀。《左传》挺有意思，竟然将齐国人对晋国的异志二心归因于“老赖”：士匄向齐国借了装饰仪仗用的羽毛，却一直赖着不还，齐国人讨要无果，所以决定反水。

“老赖”的桥段，咱们姑且当作黑色幽默看吧。对于初闯江湖的晋平公而言，齐国人心怀异志，如果不能及时地加以控制，必然会形成楚、秦、齐联手抗晋的局面，晋国将完全陷入被动之中。

公元前557年伊始，晋平公刚刚举行了嗣位典礼，便召集宋、鲁、卫、郑、曹、莒、邾等诸侯在溴梁会盟，史称“溴梁之会”。此次盟会的目的很明确：一是责令诸侯归还相互侵占的土地，二是商议联合讨伐齐国。莒、邾两国国君因为“通齐、楚之使”，而被晋国当场扣押。

溴梁之会的紧张空气预示着晋平公已经下定最后的决心，准备跟齐国人翻脸。不过，在晋、齐两国爆发全面冲突之前，还有一段晋、楚两大宿敌中原交锋的插曲。

事情的起因是许国。因为无法忍受楚国长年累月的军事威胁，许灵公决定迁都，并希望晋国施以援手。晋平公挺爽快，召集诸侯前去帮忙，许国却起了内讧：国君想搬家，大夫们不同意。晋平公怒了：这不是玩人吗？你们能不能商量好了再求人？

晋国很生气，后果很严重。奉晋平公之命，荀偃、栾黡率军讨伐许国，进而入侵楚国。或许有人会问，这出戏是不是演得过了头？惹恼晋国的是许国，关楚国什么事？其实动机很简单：晋国接下来打算全力对付齐国，不把楚国摁住怎么行？难得出趟远门，把事儿全办完了再回去！

关于这场战事，《左传》着墨不多，只有区区两句话：“战于湛阪，楚师败绩。晋师遂侵方城之外。”相比先前的城濮之战、邲之战和鄢陵之战，湛阪（今河南平顶山）之战的记载实在是简约到了极致。其实对于晋、楚乃至全天下而言，这场战事的意义非同小可，主要体现在两个方面：

其一，晋军侵至楚国境内。这在晋文公、晋襄公在位时没发生过，在晋景公、晋悼公在位时倒是各有一次，但规模都不大。而将楚军逼入方城，更是开天辟地的第一回。其二，湛阪之战堪称晋、楚争雄近百年的收官之战。晋吴联合抗楚二十年有余，楚国被折腾得够呛，国力渐显不支，在湛阪几乎是望风而逃，全然没有当年楚庄王争雄中原的风范了。

总而言之，湛阪大获全胜以后，晋国不再将楚国视为主要威胁，转而将精力投入到稳固中原、维系霸业当中去了。

公元前555年，晋、齐继鞌之战后的第二场激烈交锋终于在齐国境内的平阴（今山东平阴）打响，史称“平阴之战”。

晋国这边，“晋集团”里面能到的诸侯全部到齐，总共有十二个诸侯国，主力是晋、宋、卫、鲁、郑五国，曹、莒、邾、滕、郳、薛、杞也出兵捧了场。面对十二国联军气势汹汹地跑来群殴，一心求霸的齐灵公并不怯场，亲率齐军在平阴一带修筑工事，组织防御，准备让晋平公吃一回瘪，见识一下什么叫作江湖险恶。

与先前的历次大规模交锋不同，此役晋军在战争中学习战争，战术运用得十分灵活。除了部署主力与齐军交手以外，诸侯联军还派出一支偏师，经鲁、莒两国地盘，包抄到齐军背后，袭扰齐国都城临淄，掏齐灵公的老巢。在平阴战场上，联军玩起了心理战，广布旗幡，拖柴扬尘，虚张声势，吓得齐灵公连夜逃窜。

顺利攻克平阴之后，晋军继续策马狂追，一路上如同风卷残云，几乎把齐灵公的家当翻了个底朝天。齐国危在旦夕，齐灵公却只顾着自己逃命，太子光劝不住，索性抽剑砍断缰绳，方才把他拦了下来。

按理说，北方盟友有难，楚国不应该视而不见，置身事外。但入齐增援，楚康王没有这份胆略，只能乘虚偷袭一下郑国，意思意思而已。巧合的是，当时留守郑国的公子嘉打算背晋投楚，楚康王觉得应该有戏，于是命令子庚挥师北上。谁承想，楚国即便小心翼翼，还是应了那句老话：“人一旦倒了霉，放屁都会砸到脚后跟。”怎么回事呢？平阴之战发生在这一年冬天，楚国讨伐郑国、声援齐国的时候，已经是寒冬腊月了，中原大地一片凛冽不说，竟然还下起了大雨，史载“楚师多冻，役徒几尽”。打仗没死多少人，冻死的倒不少，尤其是随军的杂役几乎全部死光。甘当楚国内应的公子嘉，更是被有所察觉的子展、子西看管得死死的，根本翻不起多大的浪。一年之后，郑简公新账旧账一起算，将独断专行的公子嘉诛杀。

早在楚国出兵之时，晋国乐师师旷便信誓旦旦地向晋平公保证：南方人的曲调过于婉转，听起来跟死了爹妈差不多，楚军此行必然是徒劳无功。大夫羊舌肸（羊舌职之子，羊舌赤的弟弟）认为这个推断太牵强，战争胜负取决于君主之德，而楚国君主就是一副打败仗的德性。两人的说法到底哪个迷信，哪个科学，不大好说，但可以看出，晋国人算是把难成气候的楚国看透了。

楚国不足为虑，胜券在握的晋平公也不想逼人太甚，毕竟齐国的体量摆在那里，可不比那些弹丸诸侯，咽下去最多打个嗝。因此，考虑到此次伐齐已经达成了既定的目标，晋平公决定就此收手。班师途中，晋军主帅荀偃染上恶疾，不治身亡。

平阴惨败之后，齐灵公病入膏肓，齐国爆发了一场夺嗣之乱。齐灵公的正妻是鲁国女子，名叫颜懿姬，可惜没有子嗣，反倒是她陪嫁来的侄女鬷声姬给齐灵公生了公子光。公子光曾经到晋国做过人质，后来被册立为太子，砍掉缰绳阻止齐灵公逃跑的人就是他。

尽管太子光已经是合法的继承人，但还是有人趁着这个节骨眼冒出来闹事。齐灵公的姬妾当中，有一位叫戎子，还有一位叫仲子。戎子受宠而无子，仲子有子却无宠，她跟戎子的关系比较好，便将儿子牙托付给了戎子。眼瞅着齐灵公行将就木，戎子仗着受宠，一哭二闹三上吊，逼着齐灵公改口，另立公子牙为太子，由上卿高厚出任太傅，算是托孤。出乎所有人的意料，最先表示异议的竟然是公子牙的生母仲子。她认为，废立之事违背礼制，也容易引起诸侯的强烈反应。齐灵公不听劝，或许还因为对砍断缰绳的事儿耿耿于怀，执意将太子光废黜，并撵出临淄，改立公子牙为太子。大夫崔杼不无惊喜地发现，这正是建立拥戴之功的大好时机，于是暗中将太子光接了回来。趁着齐灵公病得不省人事，公子光将戎子诛杀，陈尸于朝，恫吓大臣。

齐灵公死后，公子光顺利嗣位，是为齐庄公，随即拘捕了公子牙。借着此番推戴之功，大夫崔杼将受命辅佐公子牙的上卿高厚诛杀，侵吞了高氏的财货与采邑，后来成为齐国历史上的著名权奸。

尘埃落定之后，齐庄公审时度势，决定与晋国握手言和，重新回到“晋集团”的大家庭。公元前553年，晋平公召集齐庄公、鲁襄公（鲁成公之子）、宋平公、卫殇公（卫献公的弟弟）、郑简公以及曹、莒、邾、滕、薛、杞、郳等诸侯国国君在澶渊（今河南濮阳附近）会盟。北方各主要诸侯终于聚拢在一起照了一张全家福，这也寓意着晋国霸业终于登上了“大满贯”的巅峰！

你方唱罢我登场

晋平公将晋国的霸业推向了极致巅峰，但晋国公卿之间的纠葛非但没有得到有效的缓解，反而呈现出愈演愈烈之势。

晋国公卿相互倾轧而引发的政治地震，过去已经发生过三回。先是赵氏驱逐狐氏，接着栾氏、郤氏联手，利用赵氏的内讧发难，后来栾氏又助力晋厉公翦灭了郤氏。俗话说得好："三十年河东，三十年河西。"如今，灭族惨剧终于轮到栾氏的头上了。

栾氏遭遇覆巢之祸，最关键的导火索应该是与范氏（士氏）的恩怨情仇。两冤家原本是亲家，栾黡娶了士匄的女儿栾祁，还生下儿子栾盈。按理说"一荣俱荣，一损俱损"，怎么会发展到水火不容的地步呢？

若要追根究底，栾、范交恶与先前的伐秦之役有直接关系。当时，下军将栾黡跟主帅荀偃抬杠，导致劳而无功。时任车右的栾针（栾黡的弟弟）认为，"役又无功，晋之耻也"，擅自号召勇士违抗撤退军令，执意向秦军发起进攻，士鞅（士匄之子）也在应召其列。结果栾针战死于沙场，士鞅活着回来了。栾黡顿时炸了毛，一口咬定栾针是受了士鞅的蛊惑才进攻并最终死的，气势汹汹地威胁老丈人士匄道："如果不把你那个倒霉孩子驱逐，我这个姐夫非亲手宰了小舅子不可！"

士匄知道栾黡绝不是说说而已，赶紧安排士鞅逃亡去了秦国。当时秦景公还问过士鞅："说晋国的大夫谁会先灭亡？"士鞅想都没想便脱口而出道："非栾氏莫属。因为这家人太骄横了！栾黡骄横之余尚能有所施舍与恩德，因此暂时还能免祸，灾祸恐怕会落到他儿子栾盈的头上！"后来，秦国出面说情，让士鞅回到了晋国，范氏从此与栾氏势不两立。

公元前552年，士鞅终于等到了报仇雪恨的机会。与当年赵氏罹难一样，栾氏也是因为一场私情而被仇人抓住了把柄。事情是这样的：栾黡去世之后，妻子栾祁与管家勾搭成奸。为了达到霸占家产的目的，栾祁与父亲士匄、兄弟士鞅合谋，诬陷栾盈阴谋作乱，随即诛杀其党羽，惊慌失措的栾盈被迫逃亡去了楚国。

斩草必除根，晋平公亲自出面与"晋集团"的诸侯会盟，要求各国禁锢栾氏之党，对逃亡之人一律不得任用。与会的齐庄公表面上服从于盟主晋国，暗地里却等待着翻盘的时机，因此丝毫不以为意，反而为逃亡到齐国的栾氏亲族提供政治庇护。随后，栾盈从楚国逃往齐国，与一干亲族会合。晋平公再度召集诸侯开会，重申禁锢栾氏之令。

齐庄公认为，晋平公的要求越是急迫，越说明这是搞乱晋国的最佳时机。于是，齐庄公暗中将栾盈等人送回晋国，安置在颇具造反传统的曲沃。栾盈幻想着重演当年曲沃武公的神话，借曲沃一隅逆袭翻盘，然而今时毕竟不同于往日，他成功的可能性微乎其微。

先说内部，栾氏执政多年，得罪的人多了去了，因此在几大公族当中，支持栾氏的只有魏氏，而中行氏、智氏、赵氏和韩氏都站在范氏一边。再说外部，栾氏倚仗的外援只有心怀异志的齐国。齐庄公出兵策应栾氏，讨伐晋国，战果挺不错，据说还收拢晋军阵亡士兵的尸体，做成"京观"（为炫耀武功而聚集敌尸、封土而成的高冢），算是报了平阴之战惨败之仇。但是，齐庄公"恃勇力以伐盟主"的失信行为，不仅在国内受到一些大臣的抵制（譬如著名大臣晏婴），“晋集团”的诸侯们更是一片哗然，鲁国还主动出兵替晋国解围。失道寡助，孤掌难鸣，齐庄公被迫从晋国退兵，还在袭击莒国的时候，大腿上中了一箭，怏怏而归。

齐庄公自顾不暇，栾氏也就翻不起什么大浪了。为了彻底翦灭栾氏，先是士鞅出面，连威逼带利诱，成功策反了魏舒（魏绛之孙）；紧接着，几大公族联合起来进攻曲沃，毫无悬念地杀掉了栾盈，并尽灭栾氏亲族。栾氏成为继狐氏、郤氏之后，第三个从晋国政坛消失的公族。

正所谓“你方唱罢我登场”，栾氏几乎被清空（只有个别族人侥幸逃亡），接下来便轮到范氏坐大了。士鞅曾经断言，栾氏终将为自己的骄横付出代价，但范氏在取而代之以后，其骄横的程度与栾氏相比有过之而无不及。

范氏掌权之后，捞钱的手段真可以说是无所不用其极。首先将附属诸侯当作无本万利的提款机、印钞机，通过提高诸侯朝见盟主的频次与贡品额度，从中牟取暴利。“会费”如此高昂，连擅长经商的郑国都不堪重负。子产特意给士匄写了一封信，主要讲了三层意思：其一，君子治国，不患没有充足的财货，而患没有好的名声。其二，聚财货于一国，实则招祸之媒，既玷污了名声，也容易造成内部不和。其三，晋国内部不和，范氏的利益必然会收到损害。士匄读了子产的这封信，大肆搜刮诸侯的行为才稍微收敛。

对外剥削，有来自诸侯的舆论压力；对内巧取豪夺，就没有那么多顾虑了。根据《国语》记载，士匄利用手上的职权频繁侵占大夫们的田产，稍有不从便以武力相威胁。有一回，士匄争夺田产未果，便谋划着大动干戈。为了寻求支持，士匄询问过好几个人的意见，但大部分人选择了明哲保身，以各种理由搪塞，拒绝发表看法。最终还是一个名叫訾祏的大夫出面，历数范氏先人辅佐晋国公室的丰功伟绩，打消了士匄借着权势兴风作浪、扰乱朝纲的念头。

从赵、狐之争算起，赵氏罹难，翦灭郤氏，到如今栾氏受戮，晋国公卿们内讧不断，但为什么历任君主都没能借机夺权呢？我觉得有三个层次的原因：

第一，晋献公时期尽逐群公子，后来的君主们为了一己私欲（屏蔽竞争对手），坦然接受这一既成事实，继续维持现状，使得公卿阶层长期缺乏公室宗亲势力的制约，其手中的权柄滋长蔓延，发展成了不可逆转之势。

第二，晋成公时期将公卿升格为公族，为几大氏族借权成势、相互倾轧大开方便之门。

第三，从晋文公嗣位算起，公卿经过长达八十多年的发展壮大，已成为晋国赖以称霸、生存的四梁八柱，如果冒然采取悉数翦灭的"休克"疗法，势必造成房倒屋塌的双输局面。譬如晋厉公翦除郤氏的时候，党羽们打算搂草打兔子，将栾氏、荀氏一道收拾，甚至距离成功只有一步之遥，但晋厉公在紧要关头还是选择了悬崖勒马，因为他不希望看到公室与公卿玉石俱焚的局面。

相比于公卿当道的晋国，饱受"三桓"困扰的鲁国走的是另外一个极端。"三桓"以及与之较量多年的东门氏都是公室后裔，他们同样在缺乏有效制约的土壤中肆意生长。曾经跻身"方伯"之列的鲁国从此深陷泥潭不能自拔，直至沦落为像郑国那样的"牺牲玉帛，待于二竟"的"抱腿"小马仔。

纵观天下诸侯，君臣权力分配处理得当的，还得数楚国。尽管也走过斗氏专权的弯路，但楚国从中汲取了深刻的教训，历任君主非常善于察微知著，防患于未然。就拿如今的楚国来说，子庚去世之后，子南（楚庄王之子，楚康王的叔叔）继任令尹之职。有一个名叫观起的人深得子南的宠信，家里养着能驾数十乘车的马匹。楚康王毫不手软，下令

将观起车裂，令尹子南也受到牵连，被当朝处死。大夫薳子冯继任令尹之职，而他宠信的几个人也养着不少马匹，于是有好友私下里提醒薳子冯：“你可别忘了子南、观起的前车之鉴啊！”薳子冯如梦初醒，赶紧辞退了那几个人，也不敢自己驾着马车在大道上招摇过市了，楚康王这才对他放了心。

只有君主掌控着臣属的生杀大权，上下纲纪有序，诸侯才得以健康发展。仅就这一点而言，登上巅峰的晋国霸业恐怕难以为继了。

无人不辛酸，和平终有望

晋国的霸主之位岌岌可危，除了自身陷入公卿倾轧的泥潭以外，对于卫国内乱的处置令其尽失带头大哥的威信与声望。

卫国内乱发生于公元前559年（当时还是晋悼公在位），起因是卫献公与执政大臣孙林父（孙良夫之子）之间发生了矛盾。卫献公想除掉孙林父，可惜慢了一步，反倒被孙林父逼入绝境。卫献公两度认怂，但派去求和的人都被孙林父杀了。迫不得已，卫献公逃亡去了齐国。孙林父与卿大夫宁殖等人将卫献公的弟弟扶上君位，是为卫殇公。

大臣公然驱逐国君，作为盟主的晋国是什么态度呢？晋悼公说，孙林父这事儿做得太过分。但乐师师旷认为，过分的恰恰是卫献公自己，理由很简单：在其位而不忧其民，以至于“匮神乏祀，百姓绝望”，这样的国君留着做什么？

君臣之间的纠葛本来就是公说公有理、婆说婆有理的事儿，孰是孰非，不好妄加评判。稳妥起见，晋悼公又征求了荀偃的意见。荀偃认为，谁对谁错不重要，重要的是卫国已经有了新的国君，咱们这时候出手将他轰下台，于情于理都说不过去，不如接受既成事实，尽快安定卫国。最终，晋悼公采纳了荀偃的建议，由士匄出面召集诸侯的大夫们会盟，承认卫殇公的合法性，也在事实上默认了孙林父驱逐国君的正义性。

盟主晋国一心求稳，全然不讲什么君臣之义，唯独齐国对流亡的卫献公礼遇有加。十年光阴倏忽而过，寄人篱下的卫献公从未放弃复位翻盘的希望。公元前547年，卫献公利用宁氏与孙氏的矛盾，承诺事成之后“政由宁氏”，成功将宁喜（宁殖之子）策反。宁喜率兵发难，杀掉了卫殇公，将卫献公迎回卫国复位。孙林父干不过卫献公和宁喜，便找晋国帮忙。晋平公决定继续支持孙氏，召集诸侯讨伐卫国。

卫献公被逼无奈，出面与诸侯会盟，结果被晋国扣押。齐景公（齐灵公之子）和郑简公觉得这事儿做得有点过，亲自跑到晋平公面前去说情。晋平公态度很强硬，历数卫献公的罪过，坚决不放人。然而，当卫国大施美人计，将卫献公的女儿卫姬送到晋国的时候，晋平公的态度来了个一百八十度的大转弯，当即下令释放卫献公，史载“君子是以知平公之失政也”。为了一个妹子，盟主的面子掉了一地，捡都捡不起来。

在处理卫国内乱的问题上大失水准，晋国自损了声誉。与此同时，素有异志的齐国正处心积虑地梦想着取而代之，再现齐桓公当年的辉煌岁月。

鉴于实力上存在差距，齐国人觊觎盟主之位，主要还是靠搞小动作。具体来讲是三管齐下：其一，暗中支持栾氏搞乱晋国，结果没能得逞。其二，千方百计地讨好王室，寻求周天子的支持，先是嫁女，后来又帮着修缮城池。周天子倒是乐得做个顺水人情，对齐国褒奖有加，怎奈王室的威严早已扫地，发挥的作用实在有限。其三，与楚国结盟对抗晋国。相比之下，这一项还算靠谱。当晋国平定了栾氏之乱，邀集诸侯准备报复齐国的时候，楚康王果断出兵，伐郑以救齐。晋平公只得放下与齐国的恩怨，转而增援郑国。这一仗的规模不大，晋国也好，楚国也罢，谁也没占着多少便宜，齐国倒是凭此躲过了“晋集团”的群殴，转而讨伐鲁国。

鲁国受齐国欺凌不是一天两天了，鲁襄公赶紧派人前往晋国求援。

大夫孟公绰认为，崔杼作为齐国的执政大夫，此次率师伐鲁一反常态，“来也不寇，使民不严”，打的是文明仗，说明他另有所图，咱们大可不必着急。

果不其然，就在齐国为谋求盟主之位而竭尽全力的时候，偏偏发生了一场弑君之乱，罪魁祸首便是这个崔杼。事情源于一位名叫东郭姜的女子，她原本是棠公的妻子，所以也被称为棠姜。棠公死后，崔杼前去吊唁，一眼就把棠姜看上了，责令家臣东郭偃（棠姜的弟弟）牵线，将棠姜娶了过来。正所谓“窈窕淑女，君子好逑”，齐庄公也对棠姜爱慕不已，公然跑到崔杼家与她私通。

崔杼被扣上一顶绿油油的帽子，这还了得，于是与大夫庆封（公子无亏之孙）联手，暗中设下埋伏，趁着齐庄公前来幽会之机，怂恿党羽发难。齐庄公想翻墙逃走，却被一支飞箭射中大腿而掉落下来，当场毙命。国君做了风流鬼，大臣们非死即逃，只有晏婴置个人生死于度外，跑到崔杼家中伏尸痛哭。有人劝崔杼把晏婴一道办了，但崔杼有勇气弑君（自己捉奸占理），却没有胆量诛杀主动送上门来的晏婴，因为此人德高望重，崔杼担心自己收不了场。

齐庄公死后，崔杼扶持公子杵臼（齐庄公的弟弟）上位，是为齐景公。齐国史官与当年晋国的史官董狐一样，也是个狠角色，秉笔直书“崔杼弑其君”。崔杼可没有赵盾那样的好脾气，辩解一句不听，直接命令手下将史官拖出去杀掉。史官的两位弟弟继承遗志，一个字不改，也先后被崔杼下令杀掉。眼瞅着史官的第三位弟弟矢志不渝，依然秉笔直书，崔杼这才认了怂，默许他如实记载。

经历这场内乱之后，齐国内部群情汹汹。为了稳定局面，右相崔杼、左相庆封要求贵族们歃血为盟，约定“不附者死”。不出所料，晏婴第一个站出来表示反对。庆封想杀掉晏婴，以儆效尤，被崔杼劝住了，他担心惹出更大的麻烦。对付晏婴都够呛，崔杼、庆封当然也顾不上争夺什么盟主了，先把家里的一摊子破事儿处置妥当了再说。

齐国空有觊觎之心，却少了一点运气。而作为晋国最强劲的对手，楚国是否有意重振雄风呢？

实事求是地说，在楚康王的励精图治之下，楚国的实力有所恢复，主要表现为有效地压制了吴国。公元前549年，吴王诸樊策动舒鸠反叛。短短一年之后，令尹屈建（在薳子冯去世后继任）率领楚军一举荡平了舒鸠，前来增援的吴军也惨遭败绩。吴王诸樊不肯善罢甘休，在家准备了三四个月，亲自率军伐楚，结果非但没能挽回颜面，还丧命于楚军的箭下。对此，《吴越春秋》丝毫不留情面地说，诸樊这是“轻慢鬼神，仰天求死”。

吴国元气大伤，此时楚国似乎也难以对中原产生兴趣。就在楚、吴激烈交锋的这一年，北方接连发生了两桩事儿：一是郑国的子展、子产率兵讨伐陈国，陈哀公甚至躲进了坟地里，而作为大哥的楚国竟然一声没吭，更别说像过去那样出兵增援了。二是晋国与自己的宿敌——同时也是楚国的铁杆盟友——秦国讲和，楚国还是没什么反应。

一直到公元前547年，许灵公亲自前往楚国，请求楚康王出兵伐郑。楚康王原本不想揽这费力不讨好的活，但许灵公脸皮够厚，态度坚决，立誓楚国一天不出兵，他就一日不回国。更麻烦的是，许灵公一语成谶，真就死在了楚国。楚康王这下尴尬了，只好硬着头皮出兵伐郑。郑国上下一片恐慌，洞察天下之势的子产却从中看到了和平的契机，预言“晋、楚将平，诸侯将和”，楚军伐郑，不过是在盟友的面前做一做样子而已。

纵观天下之势，在东周这个大家族里，曾经热衷于闹事儿的几位刺头眼下各有各的心酸。

晋国虽然名义上是诸侯之长，但一言九鼎的霸主风范已损耗殆尽，家里公卿的倾轧此起彼伏，让晋平公相当闹心。内不安，攘外难，晋国的锋芒收敛了不少。譬如齐国有一位名叫乌余的守将叛逃，武力侵夺卫、鲁、宋等国土地，并献给晋国以寻求政治庇护。晋平公采纳了赵武的意见，设计诱捕乌余，将他劫掠的地盘物归原主，同时也向齐国释放了和解的善意，史载“诸侯是以睦于晋”。

家里出了叛徒的齐国，日子过得也很艰难。刚刚经历一场弑君之乱，还没缓口气，崔杼、庆封两大权臣便因为分赃不均掐了起来。根据《史记·齐太公世家》记载，事情的起因还是与醮夫再嫁的棠姜（东郭姜）有关。崔杼拥立年幼的齐景公嗣位之后，官居右相，权力首屈一指，但家里面一点儿也不和谐。崔杼有两个儿子，一个叫崔成，一个叫崔强，生母早逝，棠姜嫁过来之后，生下儿子崔明，双方围绕着大宗的继承权，争夺相当激烈。棠姜一边，除了弟弟东郭偃（崔杼的家臣）以外，还有棠姜先前所生的儿子棠无咎（棠公之子），也搭着母亲的关系在崔氏管事，如此一来，支持崔明的力量便占据了上风。庆封意识到，此时正是翦灭崔氏、实现专权的最佳时机，于是先怂恿崔成、崔强干掉了棠无咎和东郭偃，接着撺掇崔氏的仇人发难，将崔成、崔强杀死，灭崔氏之族。作茧自缚的崔杼和棠姜在被逼无奈之下，选择了自行了断。

曾经被晋吴联手摧残的楚国，家里还算安稳，但打打杀杀这么多年，貌似看淡了不少。实践出真知，楚康王越来越务实：既然没有实力将晋国彻底掀翻在地，何必再做无谓的抗争呢？因此，楚国对大家族事务的热心程度大不如前。

同样趋向务实的还有秦国。过去跟着楚国打晋国，便宜没占到多少，罪却没少受，如今学聪明了，一边与晋国讲和，缓解紧张关系，一边继续维持与楚国的传统友谊，还应邀讨伐了一回吴国。

晋、齐、楚、秦，加上君主战死、元气大伤的吴国，最能折腾的几个“捣蛋鬼”安分了不少。其他柔弱的诸侯更不用多说，他们早就厌倦了无休无止的战事，以及“牺牲玉帛，待于二竟”的忐忑岁月，宛如身处幽暗的夜晚，企盼着和平的阳光。

在这样的形势之下，当宋国再度提出“弭兵之盟”的动议后，得到了几乎所有诸侯的积极响应。公元前546年，晋、楚、齐、秦、鲁、郑、卫等诸侯的大夫齐聚宋国，举行和平盟会，共同约定停止相互征伐，史称“第二次弭兵运动”。通过此次会盟，诸侯承认晋、楚为“共主”，楚国还以拒绝会盟相要挟，抢到了率先歃血的机会，意味着一国称霸的诸侯体系被彻底打破。自晋文公称霸以来，几乎是晋国一家独大的神话宣告终结。

沐浴在和平的阳光下，各方诸侯将何去何从？

第十章 外宁内不安

君当家，卿做主

纵观春秋三百余年的历史，“天下第一强藩”的称谓，晋国是当之无愧的。周室东迁，晋国与郑国一道夹辅王室，经历了近百年的内讧与徘徊（曲沃与翼城之争），晋国终于迈着铿锵的步伐隆重登场，文襄创霸，景悼复霸，演绎了一幕幕精彩纷呈的大戏，奠定了“天下莫能与之争”的江湖地位。俗话说：“瘦死的骆驼比马大。”衰败的晋国即便惨遭瓜分，也能在后来的“战国七雄”中独占三席，其国力之强悍可见一斑。

话说回来，春秋时期的“一线诸侯”除了被田氏“借壳上市”的齐国以外，基本上都能平稳地过渡到战国时代，唯独晋国灰飞烟灭，成为春秋崩盘最大的牺牲品。细究个中缘由，其实并不复杂，一言以蔽之：公卿之间相互倾轧不断耗散着晋国的元气。晋平公嗣位以来，不过十多年光景，伴随着公室日益衰微，晋国从盟主跌落成了所谓的“共主”，与南方的楚国平分秋色。如今签订弭兵之约，对外战事骤减，各家公卿可以腾出更多的精力投入到相互兼并与倾轧的“伟大事业”之中。

当时，晋国数得上名号的公卿大族有我们熟知的韩氏、魏氏、智氏（荀氏的一支）、中行氏（荀氏的另一支）、范氏（即士氏），以及经历灭族惨案后艰难复兴的赵氏（赵武于公元前546年封正卿大夫），此外还有两家新进登场的“后起之秀”——祁氏和羊舌氏。

祁氏应该是唯一来源于晋国公室的同姓公卿，创始人名叫祁奚，他是晋献公的四世孙，封于祁邑，遂以采邑为氏。祁奚虽然位列公族大夫，但职位并不高，曾经做过中军尉，后来退居闲职，基本上不问政事，自然也没有什么卓越的政绩，仅留下了外举不避仇、内举不避亲的美名，宗族势力比较薄弱。

羊舌氏的历史比祁氏稍微早一些，据说出自姬姓（缺乏佐证，来历不详），也是以采邑羊舌为氏，始祖是晋献公时期担任中军尉的羊舌突。羊舌突死后，由儿子羊舌职继任中军尉之职。羊舌职有四个儿子，因官居要职，地位显赫，时人称之为“羊舌四族”。长子羊舌赤（字伯华），封铜鞮大夫，曾经得到祁奚的举荐，继任父亲的职位。次子羊舌肸（字叔向），曾经做过太子傅（当时的太子即晋平公），后来官居太傅、正卿，在几兄弟当中名气最大，是与郑国子产、齐国晏婴齐名的杰出政治家。老三羊舌鲋（字叔鱼）的名气也不小（可惜是臭名声），“代理”专业户（两次出任代理职务），堪称史上第一贪官，后面会讲他的故事。老四羊舌虎最悲催，政治上站错了队，因追随栾盈而被杀。

满打满算八家公卿，晋国想不热闹都难！譬如翦灭栾氏之后分赃，赵、魏、韩三家铆足了劲，争抢栾氏的一处采邑，闹得不可开交，最终谁也不服谁，只能暂时搁置，以后再议。

弭兵之盟后没多久，吴国季札（吴王寿梦之子）出使晋国，在他认为还算正直的羊舌肸面前讲了一番掏心窝子的话。季札认为，眼下晋国君主奢侈，能人众多，公卿大夫富得流油，夺利之后必争权，因此他奉劝羊舌肸谨慎从事，平日里多琢磨琢磨，怎样才能避免自己的宗族罹祸。

实事求是地说，季札的分析还算到位，但毕竟晋、吴相距遥远，出公差的季札不过是走马观花，管中窥豹而已。对于晋国当下的态势更为全面的论述，还是来自于深陷这滩浑水之中的羊舌肸。

公元前539年，晏婴出使晋国的时候，与羊舌肸有过一次著名的长谈。两位杰出的政治家分别就各自国家面临的艰难处境发表了自己的看法。

羊舌肸痛心疾首地表示，如今的晋国全身上下都是病。首先是军事方面，“戎马不驾，卿无军行，公乘无人，卒列无长”。战马不驾车，大夫不领兵，战车无御戎，步军无官长，虽说好战必亡，但忘战必危啊，弭兵不足十年，武备竟废弛到这样的地步，真是触目惊心。其次是经济方面，“庶民罢敝，而宫室滋侈；道堇相望，而女富溢尤。民闻公命，如逃寇仇”。百姓困乏，宫室奢华；饿殍遍及乡野，宠姬聚富无算。两极分化，苛政盘剥，并没有因为战事的消弭有所缓解，反倒由于为政者的穷奢极欲而愈演愈烈，以至于百姓一听到国君的命令，便避之如仇雠。最后是政治方面，公卿相互倾轧，使得权力与土地日益集中于大族之手，栾氏、郤氏、胥氏、原氏、狐氏、续氏、庆氏、伯氏等族，要么彻底销声匿迹，要么沦落为吏役之流，“政在家门，民无所依，君日不悛，以乐慆忧。公室之卑，其何日之有”。政出私门，百姓无所依靠，国君不思悔改，夜以继日地寻欢作乐，借酒消愁，公室卑微至此，晋国已是日暮西山，没剩下多少时日了。

这就是晋国残酷的现实！羊舌肸痛心疾首之余，却也无计可施，只能坐等“宗族枝叶先落”的悲惨结局。他对晏婴坦言，自己将来能得善终便属侥幸，不敢再奢求还能留下后人祭祀先祖了。

羊舌肸预感到，羊舌氏将会遭遇一场灭族之灾。而面对君当家、卿做主的尴尬局面，晋平公并不愿意就此沉沦，怎奈君主的权力已被公卿们瓜分殆尽，他可以任性腾挪的空间实在小得可怜。公元前533年，下军佐荀盈（智氏宗主）去世的时候，晋平公装聋作哑，躲在宫里觥筹交错，以泄心头之愤，接着打算安排亲信继任其职，但终究敌不过盘根错节的公卿势力，被迫按照所谓的惯例，让年幼的荀跞（荀盈之子）补了缺。一年之后，晋平公带着不甘、愤恨与遗憾撒手人寰。

六卿强，公室卑

晋平公去世之后，儿子姬夷嗣位，是为晋昭公。君主换了人，公卿之间的倾轧与兼并更加激烈，对内大伤元气，对外则严重地损害了晋国的形象与声誉，史载“诸侯朝而归者，皆有贰心”。凡是到晋国朝见过的诸侯，回去之后就想着翻脸，他们打心底里认为，晋国不足为虑，也没有能力和资格继续充任所谓的“共主”了。

在诸侯们貌合神离的情况下，晋国决定利用晋昭公新立的机会，召集一次会盟，搞搞团建，凝聚一下人心。想法是好的，但真正落地实施却遭遇了未曾预料的尴尬，有点弄巧成拙了。

首先是邾、莒两个弹丸诸侯，借着盟会之机告了鲁国的状，说鲁国恃强凌弱，令他们几近亡国。晋昭公大为光火，还有没有王法了！于是，晋昭公要起了“共主”的威风，拒绝鲁昭公与会，并派羊舌肸前往鲁国大肆恫吓。羊舌肸威胁鲁昭公说：“我们有四千乘的军队枕戈待旦。”还打了一个形象而直白的比喻，“晋国这头牛虽然瘦了点，但真要压到鲁国这只小猪的身上，还怕压不死吗？”鲁昭公担心晋国真的要起横来，把鲁国当成刚冒出地头的韭菜一通乱割，只好低头认错，做出保证。

威逼鲁国就范，表面上是一场外交胜利，事实上却令此次盟会的效

果大打折扣。对于一心想挽回威严的晋国而言，耍了一阵威风不假，却有点因小失大的味道。其实，真正令晋国难堪的事儿还在后面：刚把恃强凌弱的鲁国搞定，紧接着就有人勇敢地站出来，啪啪地打晋国的脸。

勇气可嘉的人正是郑国一代名臣子产。对于郑国而言，子产堪称治世能臣，可对于老牌盟主晋国而言，子产就是一个相当不听话的刺儿头。早在范氏借铲除栾氏之机掌权后，子产就给执政大臣士匄写了一封信，义正词严地要求减少诸侯朝见的频次和贡赋。如今参加盟会，子产还是那句老话："晋国也是一个恃强凌弱的主，盘剥诸侯太甚！特别是郑国，负担过重，百姓不堪其命，应该给予减免。"晋国君臣当然不答应，哪有自断财路的道理，你们不出钱，让盟主喝西北风去？

子产据理力争，跟晋国人从中午一直吵到晚上，搞得面红耳赤。最终，理屈词穷的晋国被迫做出让步，答应减免诸侯的贡赋。盟主被怼得无话可说，子产相当长脸，陪同子产赴会的大夫游吉（子蟜之子）却吓得心惊肉跳。吵完架之后，游吉就提醒子产，咱们闹得太过，让晋国伤了颜面，小心招来报复。子产根本不以为意，说晋国政出多门，自己的烂摊子都收拾不过来，哪里还顾得上找咱们的麻烦？

不得不承认，子产的眼光相当独到。"三桓"当道的鲁国正是因为缺少洞若观火的贤臣，才会被晋国的恫吓讹诈，吃了眼前亏。

晋国在对诸侯虚张声势的背后，上至公卿，下至普通贵族，依然在相互倾轧与兼并，并因为一桩土地纠纷案牵扯出了史上第一贪官——羊舌鲋。

同为"羊舌四族"，羊舌肸的名望颇高，羊舌鲋却是个贪婪成性之徒，早有收受贿赂的前科。晋国组织诸侯会盟时，羊舌鲋出任代理司马，公然向卫国的使臣索贿。如今他代理理官之职，掌管司法刑狱，上任伊始便处理了一桩积压多年的土地纠纷案。案件的当事人分别被称为邢侯和雍子，两家为争夺一处田产，打了好几年的官司，却一直得不到妥善的解决。雍子的消息灵通，听说羊舌鲋要重审此案，便抢先行贿，将年轻貌美的女儿嫁给了羊舌鲋。羊舌鲋抱得美人归，当然要向着老丈人，不但将发生纠纷的田产判给雍子，还强行夺占原本属于邢侯的土地。邢侯不服，也不打算上诉或者上访（信不过上面），直接把羊舌鲋、雍子杀掉了事。

争地争出两条人命，其中一条还是“羊舌四族”之一，肯定是捂不住的。案子最后递到了韩起的手里，韩起有点犯难，便去问羊舌肸怎么处理。羊舌肸倒是挺爽快，说这三个人呀，一个行贿，一个受贿，一个杀人，都是死罪，有啥犯难的？韩起照此办理。羊舌肸认为因贪婪而败坏职责就是不干净（“贪以败官为墨”），鉴于羊舌鲋已经死于非命，遂将他曝尸示众。在当时的文化背景下，这样的下场算是相当凄惨了，羊舌鲋创造了一个极不光彩的记录：他是有史料记载以来第一个遭到惩处的贪官，“贪墨”一词便来自于羊舌肸对这个弟弟的评价。

羊舌鲋一案三死罪，不过是晋国贵族相争的一个缩影。后来，鲁国大夫子服回（子服氏的宗主）陪同鲁昭公前往晋国朝见，回国之后跟执政大臣季孙意如（前执政大臣季孙行父的曾孙）讲，晋国“君幼弱，六卿强而奢傲”（“六卿”指三军六将佐），公室必然会彻底卑微。季孙意如刚开始不信，说子服回还是太年轻，不懂国家大事，随口乱说。没隔多久，晋昭公去世，季孙意如前往晋国参加丧礼，亲眼见证了晋国“六卿强，公室卑”的现实处境，才相信年轻的子服回所言不虚。

在晋昭公之后，继任君主之位的是晋顷公。从他嗣位开始算起，在长达十二年的光景里，晋国内部表现得异常平静，似乎公卿之间的相互倾轧在一夜之间销声匿迹。事实上呢，不是公卿们幡然悔悟，决定“从良”，而是经过晋平公、晋昭公两朝的争斗之后，权力格局达成了新的平衡，一时找不到重新洗牌的突破口。直白一点说，几家公卿表面上其乐融融，背地里都憋着一股劲，巴望着有一天谁家出点什么事儿，便可群起而攻之，搞死一门算一门。

公元前514年，也就是晋顷公嗣位之后的第十二个年头，祁氏最先出了状况。细究起来，事儿算不上有多大，但着实令人不齿。祁氏有两个家臣，一个叫祁胜，另一个叫邬臧，把能想到的玩法都玩腻了之后，竟然做起了“通室”的勾当。所谓“通室”，说白了就是换妻淫乱，你说无耻不无耻？当时，祁氏的宗主是祁盈（祁午之子，祁奚之孙），摊上这样的事儿也是相当无语，毕竟家丑不可外扬，便下令将二人秘密拘捕。

或许看管不严，祁胜竟然让人找到智氏宗主荀跞，重金贿赂之外，还反咬祁盈一口。荀跞求之不得，当即怂恿晋顷公下令，逮捕了祁盈。祁氏族人不干了，这不是颠倒黑白，好赖不分吗？因为没地方讲理，族人索性将祁胜、邬臧杀掉泄愤。祁氏此举正中荀跞的下怀，他又唆使晋顷公以叛乱为由将祁盈处死，灭祁氏之族。

与祁氏一道遭遇灭族之灾的，还有羊舌氏。此时，羊舌肸已经去世，招来祸端的是他的儿子杨食我（羊舌肸的采邑在杨地，后人以邑为氏）。关于杨食我的出身，又是一段传奇往事。当年，楚国大夫屈巫带着传奇女性夏姬逃到晋国落脚，两人生下一个女儿。后来，羊舌肸看上了这名女子，却遭到母亲强烈反对，说女子的母亲夏姬可是劣迹斑斑，杀了三夫一君带一子，亡了一国又二卿，你活得不耐烦了是不是？羊舌肸听了这话，顿时就吓傻了，哪里还敢再提及这门亲事。不过呢，或许是屈巫、夏姬这边想攀附羊舌氏的高枝，竟然搬出晋平公做媒，逼着羊舌肸把夏姬的女儿娶回家，后来就生下了儿子杨食我。小杨同学呱呱坠地的时候，羊舌肸的母亲兴致冲冲地赶来看孙子，听到杨食我的几声哭喊，扭头就回去了，说他哭得跟豺狼似的，必是狼子野心，将来羊舌氏定会毁在他的手里。

虽说哭声不好听，但杨食我成年之后，并没有什么出格的举动。就拿眼下的灾祸来说吧，荀跞存心找祁氏的麻烦，其实跟杨食我没有半点关系。然而，杨食我继承了父亲羊舌肸的性格特点：好直言，讲道义。他跟祁盈平日里关系还不错，眼瞅着好友蒙冤受屈，岂能置之不理，便联合祁氏族人一起讨说法。结果呢，都说公道自在人心，人心却往往败给强权，羊舌氏与祁氏一道，成了公卿相互倾轧的牺牲品。

三桓六卿，彼此彼此

通过弭兵之约，诸侯们承认晋、楚为“共主”，而在北方各诸侯的心目之中，晋国依然是当仁不让的老大哥。有事找晋国，依然是北方诸侯的习惯性思维和例行举措。然而，正是因为公卿当权，晋国在对待鲁国内乱的问题上态度极其暧昧，客气一点说是毫无作为，直白一点说，简直就是助纣为虐，这再度令“晋集团”的兄弟们大失所望。

鲁国内乱根源同样在于公族强横，而这样的局面由来已久。前面说过，鲁文公去世之后，东门氏宗主公子遂杀嫡立庶，拥立鲁宣公嗣位。从此，鲁国国君基本上丧失了执政大权。“三桓”联手除掉东门氏之后，善于韬光养晦的季孙氏世秉国政，实力强于其他二家，并通过“税亩”（田赋改革）、“丘甲”（军赋改革）等措施挖公室的墙脚，导致大量的公田变成私产，国家军队变成了私人武装。

鲁襄公时期，执政的季孙宿（季孙行父之子）始建三军，史载季孙氏、孟孙氏、叔孙氏“三分公室而各有其一”，鲁国君主几乎成了空架子。好在孟孙氏、叔孙氏实力稍逊，不敢吃独食，各自让出一部分军队和赋税，交给公室直接控制。

诸侯订立弭兵之约以后，鲁襄公有一次前往楚国，参加楚康王的葬礼。季孙宿利用职务上的便利，擅自将卞地划为私邑，还派人给鲁襄公送信，说卞地守卒密谋叛乱，已经被收拾了。鲁襄公吓得够呛，说季孙宿早就垂涎卞地，却谎称有什么叛乱，这恐怕是要搞事儿啊！心惊胆战的鲁襄公一度不敢回国，还是前来送信的季冶（季孙氏族人）给他打气，说“君实有国，谁敢违君”，这才打消了鲁襄公的疑虑。

鲁襄公去世之后，太子姬子野嗣位不足三个月，竟然离奇死亡。根据《左传》记载，姬子野的死因是悲伤过度，但同时也强调了他一直住在季孙氏的家里，可能有些事不能说得太明太细吧。

姬子野死后，季孙宿执意拥立公子裯为君主，是为鲁昭公。叔孙豹（叔孙侨如的弟弟，时为叔孙氏宗主）提出异议，说这不符合常规。什么是常规呢？太子死了，应该立他的同母兄弟；没有同母兄弟，就立年长的；年纪差不多，应该选择贤能的；贤能也差不多，那就通过占卜，由上天决定。叔孙豹认为，公子裯不当立，理由至少有三：其一，尽管公子裯与太子子野的生母是亲姐妹（都是胡国之女），但不能据此认定为同母。其二，即使将姐妹关系视作同母，因太子子野并非嫡子，故公子裯不适用同母兄弟的优先嗣位权。其三，公子裯心智不成熟（这是关键），十九岁的人了，还跟个小屁孩一样，“居丧而不哀”，这叫不孝。不孝之人，必生祸乱。

叔孙豹的态度很鲜明，但等于没说。季孙宿一家独大，想立谁做国君，既不用广泛征求意见，更不必请示报告外加投票。你说公子裯不行，我偏说他行，你有本事弄死我？

凭借策立之功，季孙氏权倾朝野的势头更盛。鲁昭公嗣位不到五年，季孙宿又动起了歪脑筋，将三军整编成为二军，名义上归属公室的中军被撤销了番号；剩下的两军分作四股，军队连同赋税，季孙氏占二，孟孙氏、叔孙氏各占一，公室一无所有。如此一来，“三桓”彻底撕下了“维系公室”的遮羞布，全国所有军队归其指挥，赋税归其收缴，公室要吃饭，只能指望三家的所谓“贡赋”，贡多贡少全凭其心

情，稍不如意便断水断粮。当时，晋国大夫女叔齐评论说，鲁国“公室四分，民食于他”，而形同虚设的鲁昭公“难将及身，不恤其所”。

国君做到此等地步，鲁昭公真的毫不忧虑公室面临的危难吗？当然不是！然而，鲁昭公要钱没钱，要兵没兵，除了等待，别无他法。

公元前517年，也就是鲁昭公二十五年，鲁昭公终于等到了公室翻盘的一线生机。当时，秉持国政的是季孙意如（季孙宿之孙）。长期执政的季孙氏积怨甚多，史料记载了三桩颇具代表性的纷争：

一是与郈氏结怨。起因是两人斗鸡出老千。季孙意如往鸡翅膀上洒芥末，郈氏则在鸡爪子上绑铜钩，结果郈氏布下的暗器更胜一筹，季孙意如愿赌不服输，不断找郈氏的麻烦。

二是跟臧氏发生纠葛。起因是臧氏的一个族人犯了家规，跑到季孙氏那里藏身。臧氏在鲁国的地位仅次于“三桓”，属于比较横的一类，宗主臧昭伯二话不说，直接派家臣去抓人。季孙意如大为光火，这不是埋汰人吗，懂不懂规矩，当即下令将臧氏的家臣囚禁。

三是季孙氏内部的纷争。季孙意如有一个叔叔名叫季公鸟，他死了之后，由弟弟季公若、族人公思展和家臣申夜姑共同管理家务。季公鸟的遗孀季姒（齐国鲍氏之女）耐不住寂寞，与管理伙食的家臣檀私通，因为担心被捉奸，便抢先跑到季孙意如面前告黑状，说季公若非礼她，公思展和申夜姑也是帮凶。季孙意如不问青红皂白，下令杀掉申夜姑，拘捕公思展。

季公若、臧氏和郈氏同仇敌忾，怂恿并支持鲁昭公去收拾季孙氏，还说服了孟孙氏、叔孙氏保持中立。季孙氏虽然大权在握，但事发突然加之内讧，竟被鲁昭公逼入绝境。季孙意如三次提出和解方案——迁居、囚禁乃至流亡，鲁昭公都严辞拒绝，非宰了他不可。

双方僵持不下之际，叔孙氏突然醒过神来：虽说叔孙氏与季孙氏矛盾也不少，但“三桓”毕竟属于同一条战线，一旦季孙氏被剪灭，哪里还有叔孙氏的活路？于是乎，叔孙氏撺掇起孟孙氏，帮助濒临灭族的季孙氏成功逆袭，鲁昭公被迫逃亡去了齐国。

齐景公乐得做个顺水人情，当然也是出于制服鲁国的政治考量，果断出兵护送鲁昭公回国，却遭到“三桓”武装抵抗。齐国毕竟不是盟主，出兵干涉鲁国的君臣之争已属“违例”，只能点到为止。既然“三桓”态度强硬，抵抗激烈，齐景公只有表示无能为力了。

走投无路的鲁昭公动身前往晋国告状，请盟主出面主持公道。谁承想，晋国六卿都收了季孙意如的贿赂，加上强权的公卿之间“惺惺相惜”，一说起出兵护送鲁昭公回国，脑袋全都摇成了拨浪鼓。六卿不点头，晋国国君（当时是晋顷公在位）也无可奈何，只好将鲁昭公暂时安置在晋国的乾侯（今河北成安附近），从长计议，以后再说。

晋顷公去世之后，嗣位伊始的晋定公打算拾起盟主的颜面，主动提出护送鲁昭公回国。士鞅（范氏宗主，执政大臣）、荀跞（智氏宗主）从中作梗，安排季孙意如前往乾侯作秀，演了一出“布衣跣行”（身着布衣，叩拜而行）的把戏，又把这事儿搅黄了。一年以后，鲁昭公客死于乾侯，躺在灵柩之中，被送回鲁国下葬。

作为盟主，晋国对鲁昭公的悲惨遭遇不闻不问，着实令诸侯无比寒心，晋国哪里还有半点带头大哥的风范呢？

歪打正着

从公元前546年的弭兵之盟到前506年的召陵之会，晋国做了四十来年“共主”。其间，强横的公卿们在内部相互倾轧不断，对外则全然不顾道义，大失盟主水准。话说回来，身为“共主”的晋国在“尊王攘夷”方面也并非乏善可陈。当然从本质上讲，“攘夷”也好，“尊王”也罢，晋国的一番作为，不过是公卿们出于扩充势力、扩大影响的需要，歪打正着而已。

先说“攘夷”。

经过中原诸侯（特别是晋国）的多年打击，北狄三大种族当中，赤狄、长狄已经灭亡，只剩下白狄一支。白狄分为鲜虞氏、肥氏、鼓氏和仇由氏四个部落，原本聚居在陕北地区，还曾是晋国牵制秦国的重要力量。后来晋国不给力，单枪匹马的白狄干不过秦国，实在混不下去，只得东迁至今天的山西、河北一带，与昔日的盟友晋国以及种族繁杂的北戎争抢生存空间。

晋悼公时期，魏绛力主和戎政策，与北戎、白狄结盟，划定了各自的势力范围，多年来相安无事。中原诸侯订立弭兵之盟以后，局势发生了比较大的变化：一是晋国南向无战事，和戎的必要性、紧迫性不复存在；二是随着晋国日渐式微，诸侯们都跟晋国不怎么对付，更何况“非我族类，其心必异”的戎狄呢，他们也跟晋国翻了脸；三是中行氏出于扩张势力的需要，对内搞不过其他几家，便将目光转向外围，从白狄、北戎的嘴里抢食。

公元前541年，中军佐荀吴（荀偃之子，中行氏宗主）“毁车为行”，将麾下的战车部队改编为步兵，以适应山地作战的需要，并初战告捷，大败无终之戎和白狄。在荀吴的主导下，晋国彻底撕毁与北戎、白狄的和约，拉开了荡平周边游牧部落的序幕。

此后十几年的光景里，荀吴屡次出征，战功卓著。公元前530年，灭肥氏；次年大败鲜虞。公元前527年，荀吴率军灭鼓氏，将其国君俘获；后将其释放回国之后他竟敢反叛，荀吴于是又率军把鼓氏灭了一回。公元前525年，荀吴以祭祀洛水为幌子领兵南下，铲除了毗邻王室，与楚国交往密切的陆浑之戎，并献俘于王室。

白狄的四大部落当中，仇由实力最弱，或许难入荀吴的法眼，反倒保得了一时安宁，后来在三家分晋前夕，灭于智氏。至于实力最强的鲜虞，因为地处太行山区，地势险要，易守难攻，尽管荀吴屡次兴兵讨伐，也有过不少斩获，却始终难断其根。荀吴去世以后，晋国又组织了几次攻伐，同样拿躲在山沟里的鲜虞人没辙。进入战国时代，鲜虞人又建立了中山国（因城中有山而得名），虽然被魏国灭过一回，但在二十多年后便满血复活。一直到公元前296年，鼎鼎大名的赵武灵王（当时已退位，称为“主父”）攻破中山国都，活捉中山国君，才给鲜虞人顽强抗争的悲壮历史画上了句号。

“攘夷”的事告一段落，再来说一说“尊王”。

公元前520年，周王室发生了一场内乱，起因还是那个屡见不鲜的问题：儿子太多！当时在位的天子是周景王（周灵王之子），因为嫡出的太子寿早夭，寿的同母弟王子猛被立为太子。按照前面叔孙豹的说法，太子亡故，由同母兄弟顶上，理所应当，谁也没什么话说，却偏偏周景王出了幺蛾子，打算改立庶出的王子朝，并嘱咐大臣宾起务必把这事儿办妥。

废嫡立庶，事关宗法制的权威，尽管周景王贵为天子，宾起深受宠信，却不能任性而为，至少刘文公（刘国国君）和单穆公（单国国君）这一关就过不了，两人都表示反对。刘国和单国是王畿之内的姬姓诸侯、王室旁支，历任国君都出任周朝大臣，说话是相当有分量的。他们不点头，废立的事儿就难以办成。

周景王心里很清楚，自己废嫡立庶不占理，想让刘文公、单穆公改变态度，除非送他们上西天。正所谓害人终害己，周景王打算借狩猎之机，铲除刘、单二公，谁承想事儿还没办成，周景王却因心脏病发作而死。刘文公、单穆公果断出手，杀掉宠臣宾起，拥立王子猛嗣位，是为周悼王。

新天子屁股还没坐热，与王位失之交臂的王子朝便发动武装叛乱，强行将周悼王、刘文公和单穆公驱逐出境。单、刘二公赶紧向晋国告难，晋顷公安排荀跞领兵，护送周悼王返回洛邑。不料，周悼王刚入王城，便被王子朝杀死，晋国又拥立王子匄（周悼王同母弟）嗣位，是为周敬王。

说到这里，大家或许会有疑问：以晋国的实力，干掉王子朝比踩死一只蚂蚁难不到哪儿去，怎么会放任他恣意妄为，在勤王之师的眼皮底下夺周悼王的小命？其实，除了王子朝身份特殊，晋国投鼠忌器以外，最关键的一点在于：王子朝得到了楚国的支持。按照弭兵之盟的约定，晋国是盟主，楚国也是盟主，若按歃血的顺序来论，楚国还排在晋国的前面，楚国不发话，晋国哪里敢自作主张。因此，在拥立周敬王，局势稍微稳定之后，晋军便打道回府了。

勤王的晋军撤走，王子朝更来劲了，公然据洛邑自立，将周敬王撵到了邻近的泽邑。面对这一突发变故，楚国持默许态度，晋国也不便发声，王子朝胆气愈壮，下令出兵攻打泽邑，周敬王被迫四处流亡。

单穆公再度向晋国告难。晋顷公和公卿们一致认为，再这么放任下去，晋国的脸面可挂不住，于是赶紧召集齐、鲁等国会盟，趁着楚国大丧之机（当时正值楚平王去世），出兵驱逐王子朝，护送周敬王回洛邑复位。

王子朝逃奔楚国，并不甘心失败，公然昭告天下说单、刘二公扰乱天下，倒行逆施，而晋国无道，助纣为虐，大有借助楚国的支持卷土重来之势。为了应对咄咄逼人的王子朝，晋国又出面组织诸侯出兵，戍守王城。几年之后，周敬王再派大臣前往晋国，惨兮兮地诉苦，说自己“如农夫之望岁，惧以待时”，日子过得提心吊胆，希望晋国帮人帮到底，送佛送到西，驻兵之余，能不能把城墙也修一修？周天子发了话，晋国不便推辞，赶紧召集诸侯出钱出工，修缮洛邑的城防工事。

公元前505年，吴国攻破楚国都城——郢都，周敬王果断派人南下，趁乱杀死了王子朝。周敬王盘算着一劳永逸，没想到一石激起千层浪，王子朝的余党愤然作乱，借郑国之力发起反击，逼得周敬王仓皇逃窜，流离失所。应单、刘二公之请，晋国再度伸出援手，出兵打败叛军，护送周敬王复位，这场历时近二十年的风波终告平息。

谁家公卿不充大

公卿专权、公室衰微的窘境并非仅限于晋、鲁两国。从某种程度上讲，诸侯之间订立弭兵之约，其意义不仅在于消弭了持续已久的战事，更在于整个时代（至少北方是这样）从诸侯争夺霸主之位，转向了公卿相互兼并与倾轧。

试问天下诸侯，谁家公卿不充大？作为春秋时期的“一线诸侯”，齐国自然不能“免俗”，那里的公卿也都不是吃素的。与晋国的众强争锋不同，齐国的公卿格局一直比较讲究层次感。或许与其唯一异姓方伯的身份有关，齐国早在周室东迁之初便享受到了一份特殊照顾：国氏、高氏（都是齐太公姜子牙的后裔）得到周天子的任命，世袭上卿，轮流执政，史载“天子所命为齐守臣”。简单一点说，齐国的政务，国君一人说了不算，必须与国子、高子共同裁决。当年管仲推行全面改革，始建三军，公室、国氏、高氏各领一军，足见其地位之显赫，形成了权力“核心圈”。

正如孟子所言，“君子之泽，五世而斩”，国氏和高氏的历史再辉煌，也架不住岁月的无情摧残。伴随两大世袭上卿的衰微，一批“后起之秀”如雨后春笋般拔地而起。先是崔杼（姜子牙长子齐丁公后裔）、庆封（公子无亏之孙）弑君专权，取代国、高二上卿，混迹于“核心圈”，接着又因为分赃不均，庆氏伺机翦灭崔氏，开启了一家独大的专权时代。

庆氏之外，排得上号的公卿还有鲍氏、晏氏、高氏、栾氏，以及“外来户”陈氏（即田氏）。鲍氏的起源一般追溯到鲍叔牙，他是辅佐齐桓公成就霸业的二号功臣（仅次于管仲）。晏氏据说出自宋国公室，封晏邑而得氏，怎么来到齐国不太清楚，最早出镜的人名叫晏弱，据说是宋穆公的曾孙。此时，晏氏宗主是晏弱的儿子，春秋时期的一代贤臣——晏婴。这里的高氏不是上卿高氏，而是公子祁（齐惠公之子，字子高）的后裔。另外还有栾氏，也出自齐惠公，是他另外一个儿子公子坚（字子栾）的后裔。

至于“外来户”陈氏，始祖名叫妫完，原本是陈厉公的儿子。陈厉公死后，眼巴巴看着两个叔叔相继嗣位（陈庄公、陈宣公），妫完身份尴尬，一直很不受待见，甚至因为与太子来往密切而遭到陈宣公的猜忌，被迫举族迁往齐国，并以母国为氏，称为陈完。当时陈、田两字同音，所以也被称为田完（一说因封田邑而得氏）。

据史料记载，当时齐国有一位大夫想把自己的女儿嫁给妫完，特意卜了一卦，卦辞言之凿凿，说“有妫之后，将育于姜；五世其昌，并于正卿；八世之后，莫与之京”（“京”指地位极高），意思是妫完传五世之后，陈氏将跻身正卿之列，传上八世必然取代齐国。我们可以断定，这是赤裸裸的穿凿附会、故弄玄虚，但不可否认，田氏传过八代之后，的确篡了齐国的政，并成功“借壳上市”。因此，东周时期的齐国其实有两个，“原创”的称为姜齐（或吕齐），“贴牌”的称为田齐，分别对应着《史记》里面的两篇《世家》——《齐太公世家》和《田敬仲完世家》（妫完谥号“敬仲”）。

田氏代齐，那是以后的事儿，还是继续讲庆氏专权时期的政治生态。当时，庆封的手下有两个关键性的人物：卢蒲癸、卢蒲嫳兄弟俩。

哥哥卢蒲癸是练家子出身，力气大，武功高，曾经是齐庄公的贴身侍卫。弟弟卢蒲嫳靠才学吃饭，在朝中做官，还有漂亮的妻子相伴。崔氏、庆氏弑君作乱，彻底改变了卢氏兄弟的“标配人生”。卢蒲癸逃亡去了晋国，卢蒲嫳则选择忍辱负重，留下来投靠了庆封，伺机为君主报仇。庆氏翦灭崔氏的时候，卢蒲嫳便发挥了不小的作用。

一家独大之后，志骄意满的庆封将政事交给儿子庆舍打理，终日沉迷于平生三代爱好：打猎，喝酒，玩卢蒲嫳的老婆（而且是相互交换着玩）。卢蒲嫳呢，为了给齐庄公报仇雪恨，也铆足劲干了两桩大事：一是不断挑拨庆氏与其他几家公卿的关系，二是替哥哥卢蒲癸求情，召他回国任职。庆封觉得卢蒲嫳连老婆都舍得拿出来共享，应该是个靠得住的人，自然没有不答应的道理，庆舍还将女儿嫁给卢蒲癸，彼此结成了亲家。

公元前545年，庆封灭崔氏而专权仅一年，卢蒲癸便撺掇起鲍氏、栾氏、高氏、陈氏等诸公卿，攻杀执政的庆舍。值得一提的是，卢蒲癸的妻子卢蒲姜（庆舍的女儿）选择站到了“正义”的一边，帮助丈夫一举铲除了自己那个罪孽深重的父亲，演绎了一段大义灭亲的传奇。

庆舍死于非命，走投无路的庆封逃往鲁国。鲁国一向是看齐国的脸色过日子，不敢接这个烫手山芋，便对庆封百般刁难，威胁要把他遣返。庆封只好继续逃亡，去了南方的吴国。吴国跟齐国不属于一个阵营，不必顾及谁的面子，又觉得这枚败北的棋子将来或许有用，所以厚待有加，史载“聚其族而居之，富于在齐”，日子过得比在齐国的时候还要滋润。

为迅速稳定局面，齐国公卿做了不少努力，譬如将背负弑君之罪的崔杼从坟里刨出来鞭尸，庄严而隆重地为死于崔氏之手的齐庄公举行葬礼，并召回因崔氏之乱而逃散的诸公子。经历这场风波之后，政治嗅觉敏锐的栾氏和高氏玩起了心眼，一个拒绝大赏仅受小赏，另一个接受赏赐之后又归还公室，藉此得到齐景公的宠信，共同瓜分了庆氏的权势。不久之后，在翦灭庆氏时发挥了关键作用的卢蒲嫳因为得罪栾氏，竟被流放到了燕国。公卿一旦大权在握，翻脸真是比翻书还要快。

栾氏排斥异己，毫无一丝疑虑和顾忌，高氏则有过之而无不及，连堂堂的君主齐景公都敢欺负。话说有一年，晋国大夫韩起出使齐国，为晋平公迎亲。按照两国原先的约定，出嫁的应该是齐景公的女儿，但高虿（高氏宗主，公子祁之子）一时兴起，竟把新娘子换成了自己的女儿。这可是欺君之罪啊，欺的还是晋、齐两国君主！韩起完全有理由当场戳穿，断然拒绝，但转念一想，此次联姻本就是出于笼络齐国的考虑，既然权臣主动送亲上门，哪有拒之于千里之外的道理。因此，韩起决定促成这门亲事。这从一个侧面反映出高氏在齐国的蛮横与影响力。

田氏坐大靠奇招

齐国的这批“后起之秀”中，栾氏、高氏在翦灭庆氏之后成功“抢跑”，遥遥领先。鲍氏一向人微言轻（相比其他公卿而言），可以说是与生俱来做跟班的命。晏氏的第二代宗主晏婴则堪称齐国乃至春秋时期的一股清流，《晏子春秋》记载了很多关于他的传奇故事。在后世人们的眼里，晏婴是与管仲齐名的一代贤臣，争权夺利的事儿是做不出来的。

栾、高、鲍、晏挨个数完，还剩下笑到最后的“外来户”陈氏。为了方便起见，还是称田氏好了，此时的宗主是田桓子（名无宇，陈完的四世孙），正值当年卦辞里“五世其昌”的一代。纵观田氏的发家史，田桓子这一代宗主确实奠定了未来“借壳上市”的根基。人们不免有些疑惑：在这个众卿并立、步步惊心的混乱时代，田氏是如何杀出重围，完美演绎“弯道超车”的呢?

这问题似乎挺难解答，但点破之后不过如此，无外乎八个字：大智若愚，吃亏是福。至于具体的做法，晏婴在与羊舌肸的那次著名长谈中讲得比较透彻。

首先是在盛装粮食的量器上动手脚。公家的量器，四升称为一豆，四豆称为一区，四区称为一釜，十釜称为一钟，容积都是标准的，各地一致，童叟无欺。田桓子的心眼活，在公器之外另造了所谓的“私器”，容积均加大四分之一，然后私器量出，公器量入。这是什么概念呢？举个实际的例子来说，有农户向田氏借贷一钟粮食，折合640升，用私器量出的话，相当于公器的800升；而偿还时，用公器量入，妥妥的640升。那么多出来的160升，就可以放在自己家了。

其次是严控物价。在田氏的封邑里，山中的木料也好，海里的水产也罢，无论运到哪里卖，一律按原产地计价。运费谁出？田氏自己掏腰包。

仅凭这两条，晏婴便预言“齐政卒归田氏”。因为与田氏让利于民的德政相比，身为君主的齐景公却大肆搜刮，尤嫌不足，无所不用其极。晏婴跟羊舌肸讲，如果将齐国的民力分成三份，则国君夺其二，百姓只剩下一份勉强维持生计，结果就是“公聚朽蠹，而三老冻馁；国之诸市，屦贱踊贵”。这句描述极其形象：公室聚集的财货腐败生虫，国中的老人却挨冻受饿；受过刖刑的人很多，因此鞋子卖不起价，假肢却贵得惊人！晏婴认为，爱百姓如父母者，百姓必然归之如流水，这是一个再简单不过的道理，所以他断定，“公弃其民，而归于陈氏”，已是大势所趋。

田桓子收买民心有一套，把握机会的能力也相当卓越。公元前534年，高氏宗主高虿去世，栾氏宗主栾施（公子坚之孙）想侵吞高氏的家产，竟然诛杀高氏的家臣，驱逐高氏的族人。田桓子果断站出来，替高氏讨还公道，在诸公卿面前得分不少。

两年之后，曾经闹得不可开交的栾、高二氏再度联手，合谋收拾鲍氏和田氏。经过多年的苦心经营，田氏已是今非昔比。面对栾、高的挑衅，田桓子毫不示弱，撺掇起鲍氏先下手为强，将栾氏和高氏打了个措手不及。栾氏宗主栾施以及险些被栾氏吃掉的高氏宗主高强，结伴逃亡去了鲁国，家产被田、鲍两家悉数瓜分。

大功告成之际，晏婴对田桓子说了一句意味深长的话：“凡有血气，皆有争心，故利不可强，思义为愈。”意思是凡是有血气的人，都喜欢争来抢去，所以利益这种东西啊，万万不可勉强而为，一定要考虑道义。晏婴还说，谦让是德行的根本，道义是利益的根本，拿到手里的利益突然增多了，不见得是什么好事儿，要么出妖孽，要么生祸端。

晏婴这话有没有道理呢？有道理！俗话说得好：“人为财死，鸟为食亡。”凡夫俗子，谁人不爱财？从古到今，因横财而横死之人不胜枚举。远的不谈，栾氏、高氏就是活生生的例子，他们昔日凭借翦灭庆氏，赚得盆满钵满，结果怎么样，还不是竹篮打水一场空，流离失所任蹉跎。

前车之鉴，近在眼前，晏婴给田桓子提出了一个破解之法：将栾氏、高氏的家产交给国君处置。田桓子何许人也，稍一点拨便心知肚明。经济财富和政治财富相比，哪一个更重要？只要稍微有那么一点远见，相信都能够做出正确的选择。田桓子不仅采纳了晏婴的建议，还做出一系列安排，包括用自己的家产周济没有俸禄的公族，并请老退休，闲居于莒地，韬光养晦。

田桓子这套组合拳打下来，可把齐景公乐坏了，他主动将莒地旁边的城邑封赏给田氏，却被田桓子婉言谢绝。齐景公的母亲穆孟姬看不下去了，哪能这么亏待自己的女婿（田桓子的妻子是齐景公的同母姐姐）呢？于是，丈母娘出面请封，将富庶的高唐邑“强行”划拨给田氏，田氏从此走上了应势而起的快车道。

复霸之心何曾休

后来居上的田氏有日益坐大之势，屈居于晋国之下的齐国也怀揣着一颗复霸之心。

在北方诸侯当中，齐国最先举起“尊王攘夷”的大旗，昔日的齐桓公更是藉此威震天下。尽管齐桓公的霸业一去不复返，但自打晋文公称霸以来，齐国作为“晋集团”的骨干分子，但凡内部稍显安定，便会处在一种不甘与不屑交织的执念当中，除非有朝一日取代晋国的盟主之位，否则始终难以自拔。

齐国在晋国的笼罩下心怀异志，前面已经谈过不少了，现在说一说弭兵之盟以后发生的事儿。公元前539年，一直没有什么存在感的燕国“难能可贵”地出了一回镜，上演了一场内乱。当时在位的是燕惠公，可能因为深陷公卿专权的旋涡，打算摈除诸大夫，改任亲信宠臣，结果遭到公卿们群起而攻之，候任的亲信竟死于非命。燕惠公害怕引火上身，索性一溜烟逃到了齐国。

燕惠公在齐国君臣面前求爷爷，告奶奶，一心指望着齐国出手相助，让他回国复位，东山再起。齐景公呢，也想借此彰显一下“二当家”的风范，亲自前往晋国，相约出兵护送燕惠公回国。接下来发生的事情，《史记》与《左传》的记载大相径庭。《史记·燕世家》说，晋平公采纳了齐景公的动议，联手讨伐燕国，成功将燕惠公送回国去继续当差。只可惜燕惠公无福消受，没过多久便一命呜呼，其子燕悼公嗣立。《左传》则记载说，晋、齐出兵之初，晏婴坦陈了自己的看法，说燕国眼下已经拥立了新的国君（燕悼公），百姓并无二心，反观咱们齐国，君主贪财，左右溜须拍马，向来不讲信用，能成什么事？果不其然，燕国人听说齐国要替燕惠公出头，赶紧派人来送礼，齐景公收受重贿之后，便草草收了场。

无论这件事的真相如何，齐景公取晋国而代之的初衷不改。先前内部的烂摊子需要收拾时，齐国都不敢造次，类似讨伐燕国的事，还得装模作样地跟“共主”晋国打个商量；而在栾氏、高氏遭到翦灭之后，随着齐国内部的权力格局趋于稳固，没有后顾之忧的齐景公开始表现得咄咄逼人了。

公元前530年，齐景公前往晋国朝见头一年刚嗣位的晋昭公。晋昭公设宴款待齐景公，宾主双方在十分友好的氛围之中开怀畅饮，并以投壶为戏，这既是惯常的礼仪，也能助一助酒兴。晋昭公以主人的身份先投上一发，晋国将军荀吴伫立一旁赞礼道：“寡君中此，为诸侯师。”晋昭公将箭支妥妥地投入壶中，按照荀吴的说法，确实应该统帅诸侯。轮到齐景公上场，气势可不能输，眼瞅着陪臣不会来事，索性自己给自己赞礼，说：“寡人中此，与君代兴。”要是投中了怎么着？齐国就代替晋国做盟主好了！

先不论投中投不中，口出狂言，听着就呕人，这可是在人家晋国的地盘上！齐景公不在乎，不仅瞧不起你，还要让你知道，看你能把我咋整。话音刚落，齐景公投出的箭支也稳稳地落进了壶中。

晋国人气坏了，说晋国的军事实力有目共睹，齐国想翻天，还嫩了点！双方僵持不下，场面异常尴尬，陪同齐景公赴宴的大夫公孙傁这时才醒过神来，和起了稀泥，说时候也不早了，咱们都回去洗洗睡吧。齐景公逞过了口舌之快，此时便借坡下驴，离席退了场，晋国没敢把他怎么着。

投壶引发的口水仗让齐景公看穿了晋国色厉内荏、外强中干的本质。在齐国看来，“共主”就等于无主，既然天下无主，那么行事规则只有一条：谁的拳头硬，听谁的。

齐国动辄使用武力，毗邻的鲁、莒、徐等国便遭了殃。鲁国的叔孙婼（叔孙豹之子）感慨说：“诸侯之无伯，害哉！”没有盟主主持公道，小国真没什么活路。

在东方舞枪弄棒，恃强凌弱的同时，齐景公也在利用一切可以利用的机会，积极寻求诸侯们的拥护，具体表现在应对三场内乱的态度上。

首先是宋国内乱，发生在公元前522年。宋国的公卿，以华氏、向氏最为强横。横到什么程度呢？因为担心遭到国君讨伐，竟然联手作乱，强行将宋元公（宋平公之子）扣押，并大肆诛杀公族。宋元公好汉不吃眼前亏，通过交换人质，与华、向二族达成和解。没过多久，宋元公便起兵报复，一举将自以为得计的华氏、向氏驱逐。华氏和向氏不甘失败，怂恿吴国出兵，勾结内应发起反扑。眼瞅着宋元公危在旦夕，身为“共主”的晋国因为与吴国关系密切，竟然装聋作哑，置身事外。齐景公愤然起兵，与宋国联手击退了吴国的干涉军，并大破华氏。最终，另一位“共主”楚国应华氏之请出面调停，说服宋元公将华氏和向氏释放去了楚国，从而平息事态。

其次是卫国内乱，与宋国内乱发生于同一年。当时在位的是卫灵公（卫襄公之孙），他在历史上的形象呈现出两个极端。据《左传》记载，卫灵公宠信奸佞之徒，譬如相貌俊美的公子朝（宋国的公子），竟然放任公子朝与自己的母亲宣姜和妻子南子私通。不过，这一段记载的可信度严重存疑，一来卫国的公子朝是卫灵公的叔叔，与宋国的公子朝无关，二来卫灵公迎娶南子，是在公子朝离开卫国之后，两人一前一后，怎么私通？

另据《孔子家语》记载，卫灵公在卫国乃至整个春秋时期都算得上一位贤明君主。据说，鲁国国君有一次问孔子：“当今之君，孰为最贤？”孔子回答说，我没有见过什么最贤能的人，毕竟这世上没有最那啥只有更那啥，如果要在当今的君主中选一个，大概就是卫灵公吧。给这么高的评价，孔子的理由在于：弥瑕、林国、庆足、史鰌等一批贤臣都得到了卫灵公的尊重和任用。毕竟知人善任是判断君主贤明与否的关键性指标。

然而，君主再贤明，也阻止不了公卿强权的时代潮流。卫国类似于宋国，比较强势的公卿有两家，一个是北宫氏，一个是齐氏。宋国内乱后不久，北宫氏、齐氏联合大夫褚师圃、公子朝（卫灵公的叔叔）兴兵发难，名义上是报复卫灵公的哥哥，但这伙人搂草打兔子，竟然把卫灵公逼到了避祸于边邑的地步。

巧合的是，齐国出使卫国的大臣当时正在路上，听说卫灵公遭到公卿的驱逐，决定先停下脚步，派人回去请示齐景公。齐景公的态度很明确：“犹在境内，则卫君也。”只要卫灵公没有离开卫国的地盘，咱们就只认他是唯一合法的君主。按照这一指示精神，使臣以国君之礼觐见了漂泊于都城之外的卫灵公，把这个失魂落魄的君主感动得稀里哗啦。后来，北宫氏与齐氏之间发生激烈冲突，北宫氏在翦灭齐氏之后“痛改前非”（主要还是齐国的施压起了作用），迎接卫灵公复位。先前跟随北宫氏、齐氏作乱的公子朝、褚师圃等人则逃亡去了晋国。

最后是鲁国内乱，前面已经讲过。晋国六卿收受了鲁国“三桓”的贿赂，对流亡在外、求告无门的鲁昭公爱搭不理，只有齐景公愿意施以援手。但碍于齐国并非盟主，鲁昭公又寄居在晋国，齐国眼下只能是爱莫能助了。

总的来看，自从投壶之戏与“共主”公开撕破脸皮，齐国采取了一系列打压加笼络、争取诸侯支持的行动。尽管齐国的实力还落后于晋国很长一截，但毋庸置疑，只要齐国的复霸之心不死，晋、齐迟早会迎来激烈的正面交锋。

夹缝之中求生存

从诸侯争雄的格局上看，弭兵之盟的本质是晋、楚两大强藩以“共主”的形式，划分了各自的势力范围。对于居天下之中枢的郑国而言，弭兵唯一的好处是不再打仗，但“牺牲玉帛，待于二竟”的无奈与悲催并没有实质性的改变。就拿公元前539年来说吧，郑简公先是北渡黄河，毕恭毕敬地朝见了晋平公，紧接着又南下江汉，卑躬屈膝地拜楚王的码头。虽说这么些年以骑墙为生，但一年之内接连朝见南北“共主”，这样的状况并不多见。夹在两个老大中间，郑国岂会不受气？

北接强晋，南邻横楚，我相信郑国比任何诸侯都更希望沐浴在和平的阳光下。不过很多时候，战争就好比肆意泛滥的洪水，举目望去一片泽国，无论良田与劣土，都被淹没于水下，难分彼此。可洪水退去之后，一切又将恢复到本来的面目。就拿郑国来说吧，战事已休，干戈已藏，但局势之复杂，矛盾之激烈，远比战争时期还要令人窒息。

首先说官与民的矛盾。由于交通便利，商业发达，郑国长期被晋、楚视为印钞机、提款机，贡赋频繁，数额巨大，弄得民穷财尽，百姓不堪重负。在郑国的地面上，过去是商旅穿梭其间，如今则是盗贼横行乡野。子产曾经当着晋国大臣的面直言，为了应付“共主”的频繁敲诈，郑国“不敢宁居，悉索敝赋”，掘地三尺地搞钱，百姓早已怨声载道，

纷纷揭竿而起，反抗官府。

其次说君与臣的矛盾。郑国有点类似于鲁国，公卿实质上就是公族，根本没有异姓卿族的发展空间。在郑国，最有权势的公卿是所谓的“七穆”，即由郑穆公的七个儿子自立门户形成的庞大族群。细究起来，郑穆公的儿子并不止七个，史料记录有十三个之多。其中，继承君位成为公室的有两个：公子夷（郑灵公）和公子坚（郑襄公）。在政治斗争中落败的有两个：公子嘉（字子孔）因勾结楚国作乱被杀，公子然逃亡于外藩。后裔衰微不为卿的也有两个：子羽（字子羽，名不详）和公子志（字子孔）。除去这六个，剩下的七个便被称为“七穆”，包括公子去疾（字子良）、公子喜（字子罕）、公子发（字子国）、公子騑（字子驷）、公子偃（字子游）、公子舒（字子印）和公子平（字子丰）；他们的后裔以其字为氏，分别是良氏、罕氏、国氏、驷氏、游氏、印氏和丰氏。

“七穆”作为世袭的同姓公卿，轮流把持着郑国的军政大权，不晓礼数的郑僖公就惨死在这伙公族手里。其子郑简公嗣位之初，饱受排挤和打压的异姓卿族发动了“西宫之难”，差点儿大功告成，但最后还是被“七穆”强行镇压下去。在这样的权力格局下，郑简公的地位比鲁国君主好不到哪儿去，甚至要通过与公族歃血为盟，才能保住自己的君位。时人评论说：“天下已弭兵，但郑国的灾难远未终结。”

最后说公族之间的矛盾。“七穆”在“西宫之难”时联手“外御其侮”，不过是危急关头的本能反应，“兄弟阋于墙”才是他们平日里相处的常态。当时，相互倾轧与仇视最为激烈的当数良氏和驷氏。子产曾经坦言：“驷、良方争，未知所成。”斗得太厉害，根本不知道怎么调和。这是基于对两氏宗主的性格分析得出来的结论。良氏宗主名叫良霄，是子耳的儿子、公子去疾之孙。这个人的性格缺陷可不少，奢侈，固执，还特别蛮横。前面说过，良霄曾经做过楚国人的俘获，楚康王觉得这个人特别记仇，肯定会迁怒于国君和其他公卿，所以把他放回来搅浑水。驷氏宗主是公孙黑（字子皙，公子騑之子），比良霄高一个辈分，喜欢倚老卖老，临驾于人，跟良霄可谓针尖对麦芒，闹得很不愉快。

公元前543年，良霄在郑简公面前进谗言，唆使他派公孙黑出使楚国。公孙黑心里很清楚，良霄一肚子的坏水，肯定憋着什么幺蛾子，于是率领族人发难，一把火烧了良霄的宅院。良霄这个人爱喝酒，大火烧起来的时候他正烂醉如泥，怎么逃出来都搞不清楚，更别说奋起反击了。待他酒醒之后，自家府邸已经被烧成了一片冒着青烟的废墟，族人死伤无数，良霄只好逃亡去了许国。郑简公可惹不起公孙黑，担心他一怒之下再把宫室点了，所以赶紧与公卿结盟，实际上承认了驷氏收拾良氏的合法性。

良霄毕竟不是吓大的，哪里憋得住这口气，不久之后便潜回郑国，召集旧部发起反击。驷氏也不含糊，既然良霄自己跑来送死，岂能让他留下遗憾？没干上几个回合，良霄便被诛杀于大庭广众之下。还是子产不惧驷氏强权，亲自出面替他收了尸。

苟利社稷，死生以之

很多人都知道，林则徐笔下有一句名言：“苟利国家生死以，岂因祸福避趋之。”不过，恐怕很少有人知道，前半句所用的典故正是来自郑国的一代贤臣子产，他的原话是八个字：“苟利社稷，死生以之。”

郑国形势的复杂与严峻充分证明了这八个字的分量。良氏与驷氏之间的纷争平息之后，在时任“当国”的罕氏宗主罕虎（字子皮，公子喜之孙）的竭力举荐下，同样出自“七穆”的子产（公子发之子）临危受命，出任执政大臣。

前面已经说过，弭兵时期有三位卓越的政治家：晋国羊舌肸、齐国晏婴和郑国子产。晋、齐作为大国强藩，无论就实力还是就影响力而言，至少在北方都是数一数二的，出现杰出的政治人物不足为奇。反观郑国，一直在“牺牲二帛，待于二竟”的窘迫中如履薄冰，子产到底何德何能，竟然占得一席？这应当归功于子产对郑国的全方位改造。

先说经济方面。

早在公子騑执政时期，郑国曾经推行“田洫”制度。“田洫”这个词的本意是田边的沟渠，引申为重新确立土地边界。公子騑推行“田洫”，主要目的在于打击异姓公卿，结果造成了“司氏、堵氏、侯氏、子师氏皆丧田”的局面，并由此引发“西宫之难”。子产执政之后，在“田洫”的基础上进一步改革田制，严格管控贵族（无论同姓还是异姓）的土地兼并行为，竭力维护分封制的经济基础——井田制。

子产的这一举措同样遭到了强烈的抵制，险些引发暴乱。很多贵族乃至平民认为子产侵害了他们的利益，一时间愤恨不已，甚至放出话来说：“孰杀子产，吾其与之！”顶着上上下下的压力，子产坚持了三年，田制改革初见成效。贵族们发现，无论是从所承担的风险来评估，还是从最终的收益来衡量，集中精力提高现有土地的产量远比无休止的相互兼并要划算许多。于是，众人对子产交口称赞，说子产让他们的子孙得到了教诲，又让他们的田产得以增收，还忧心忡忡地表示，如果子产有朝一日撒手人寰，岂不是要人亡政息？

几年之后，子产效仿鲁国的“丘甲”，开始推行“丘赋”制度，将征兵的范围扩大到“士”的阶层之外。我们知道，自西周推行分封、宗法以来，参军入伍一直是“士”这个阶层的义务，当然更是一种特权。他们被称为“国人”，受卿大夫的管理，有别于普通的平民。尽管国人处于贵族的最底层，但与生俱来的优越感往往与其社会地位成反比：社会地位越低，对优越感看得越重，生怕别人不知道自己高人一等似的。子产推行“丘赋”，国人的特权变成了普惠，优越感荡然无存，国人的怒火可想而知。他们破口痛骂，说子产的心跟蝎子的尾巴一样毒，甚至不断发出死亡威胁。就是在这样异常紧张的态势之下，子产说出了“苟利社稷，死生以之”的慷慨之辞，矢志不渝地推进这项改革。

再说政治方面。

子产能够执政并顺利推行改革，善于团结“七穆”是其最根本的政治保障。否则，仅凭贵族们的声讨与谤言便足以让子产死上几个回合，甚至没有葬身之地了。为了维系政治上的稳定，子产的确做了不少有损光辉形象的事儿。譬如用封邑贿赂公孙段（公子平之子）以换取支持，以及纵容为非作歹的公孙黑。

公孙黑身为驷氏宗主，平日里横行霸道惯了，看上大夫徐吾犯的妹妹之后，明知她已经跟游氏宗主公孙楚（字子南，公子偃之子）订了婚，依然强行送去聘礼。大夫徐吾犯谁也得罪不起，只好找到子产，请他帮忙出个万全之策。凡事都有个先来后到，是非曲直不言自明，但子产也不想因为这么点小事开罪于公孙黑，便提议让徐吾犯的妹妹自己做选择。

在子产的倡议下，公孙黑仗着自己财大气粗，从头到脚装扮得奢华无比，带上重礼登门求亲。公孙楚呢，比阔不行，但一身戎装，显得英气十足。偏偏徐吾犯的妹妹不是拜金女子，没瞧上一副土财主相的公孙黑，选择嫁给了公孙楚。谁承想，公孙黑愿赌不服输，想杀掉公孙楚强占其妻。公孙楚也不是吃素的，索性先发制人，操戈狂撵公孙黑。公孙黑恶人先告状，再次把子产推到了风口浪尖。稀泥和不下去，子产只能违心地选择顾全大局，将公孙楚驱逐去了吴国。不久之后，郑简公与诸大夫会盟，罕虎、子产等六位卿大夫私下单独结盟，公孙黑假托君命，不请自来，强行参加结盟，子产依然选择了大事化小，不了了之。

子产对付公孙黑似乎不够给力，其实他已经很尽力了。就拿公孙黑与公孙楚的纠葛来说，子产一方面违心地驱逐了公孙楚，另一方面则竭力保全其宗庙。隔了一年，公孙黑打算对游氏赶尽杀绝。子产利用这一契机，联合其他卿族，历数其攻伐良氏、夺人妻室、伪托君命之罪，新账旧账一块算，逼迫公孙黑自行了断。后来，郑国出现良霄“阴魂索命”的传闻，一时间闹得人心惶惶，子产又趁机拨乱反正，立公孙洩（公子嘉之子）、良止（良霄之子）为大夫。

还有法制方面。

子产治民有一个显著的特点：宽猛相济。“宽”主要体现在“乡校”上，这是百姓平日里聚集之所，他们没事儿的时候来这儿逛逛，游玩之余也对国家政事品头论足。有人提议乡校以下犯上太不和谐，干脆拆掉算了。子产则认为，国家政策好不好，百姓最有发言权，听一听以明得失，又有何妨？再者说，“闻忠善以损怨，不闻作威以防怨”，只听说过以忠、善来减少怨恨的，没听说用威权来防止怨恨的，这就如同治水一样，疏通总比堵住强。可以说，子产的这一民本思想与周厉王时期召穆公的“防民之口，甚于防川”有异曲同工之妙。

“猛”则体现在铸造刑鼎方面。公元前536年，子产主持将刑法铸于鼎上。这是中国历史上第一次正式公布成文律法，一举颠覆了“刑不可知，则威不可测”的密法理念。在此之前，官府治民不是不讲法治，而是更注重礼治与德治，律法象征着威权，一直是秘而不宣的。

羊舌肸听说郑国铸造了刑鼎，当即给子产写信。尽管两人交情不浅，但信中言辞之激烈，算得上口诛笔伐了。作为守旧制、循古礼的倡导者，羊舌肸不乏忧虑地认为，百姓知律法，就会对上不恭，产生争夺之心，沉迷于钻律法的空子，弃礼制而起争端，结果必然是犯法者众，贿赂盛行。羊舌肸甚至气急败坏地“诅咒”说：“终子之世，郑其败乎！”

其实呢，从礼治、德治过渡到法治，已是时代发展的大势所趋，特别是在社会矛盾极其尖锐的情况下，律法往往发挥着定海神针的作用。羊舌肸此时将子产批驳得体无完肤，哪里想到不过二十余年之后，盗贼肆虐的晋国也效仿郑国，将士匄当年制定的刑书铸于鼎上。此举同样遭到孔子的口诛笔伐，说这部刑书有违旧礼，如今公之于众更是令贵贱失序，晋国之亡，指日可待！

“宽”与“猛”的关系，子产自己又是如何看待的呢？子产病重时对继任的大夫游吉讲：“唯有德者，能以宽服民，其次莫如猛。”治民以宽为先，这容易理解，但猛药去疴的功效，往往被片面的“施仁政”所忽略。子产打了一个形象的比方：宽政如水，容易让人掉以轻心，溺死者无算；猛政如火，一般人因为畏惧而不敢近前，反倒保得无虞。后来游吉执政，一味推行宽政，律法兜不住底线，以至于盗贼横行，他这才明白子产的良苦用心。

差不多同时代的孔子对子产的宽猛相济赞誉有加。他认为，为政过于宽大，百姓便会怠慢，所以需要严厉来纠正，为政过于严厉呢，又会伤及无辜，所以又需要宽大来补救，正所谓“宽以济猛，猛以济宽，政是以和”。

后来，儒学主要继承“宽”，法学则主要继承“猛”，皆成一家之学说，彼此纠葛了上千年。其实若是追本溯源，都得回到子产这里来。

最后说外交方面。

弱国无外交，但弱国往往更需要外交，古今中外，莫不如此。身处在夹缝中委曲求全的郑国，子产无从选择，但他依然竭尽所能维护郑国的利益与尊严。譬如写信给晋国执政大臣士匄，要求减轻贡赋，其言辞恳切，入情入理，意见得到了士匄的采纳。后来还是因为贡赋的问题，子产与晋国的大臣们据理力争，从中午一直吵到晚上，最终逼迫晋国让步，接受了郑国提出的条件。

这两件事前文叙述过，在此再讲讲另外三件事，同样发生在郑国与“共主”晋国之间。

头一件事发生在公元前542年，子产陪同郑简公出访晋国。或许是装大不重视，或许是故意让郑国难堪，晋平公一直不召见，理由是鲁国有丧（鲁襄公去世）。子产怒了，死的是鲁国君主，又不是晋平公，跟郑国朝见晋国有什么关系，这不是明摆着欺负人吗？盛怒之下，子产命人拆掉驿馆的围墙，安放满载贡赋的车马。晋国大夫士瑕（士匄的族弟）接到报告之后，专程跑来责难，问：“你们不是客人吗，怎么拆起主人家的房子来了？”子产毫不示弱，含沙射影地发起了牢骚，说：“在晋文公时期，晋国的宫室矮小寒酸，招待诸侯的驿馆却相当豪华，令各方使者有宾至如归之感；可现如今反过来了，晋国兴建的铜鞮之宫绵延广至数里，驿馆却跟奴隶住的屋子差不多，车马连门都进不去。要是在晋文公的那个时候，车马放在外面倒也无妨，可眼下的晋国，盗贼横行，疾病肆虐，万一有个闪失，小本生意的郑国可担待不起，情急之下只好拆墙。”士瑕被怼得哑口无言，自知理亏的晋平公赶紧出面，盛情款待了郑简公。

第二件事发生在公元前526年，晋国大夫韩起出使郑国，惹出了一场风波。韩起的手里有一只玉环，配对的另一只则在郑国的一个商人手里。韩起当着郑定公（郑简公之子）的面提及此事，啥意思呢，你们自己应该明白。郑定公正要答应帮他搞到手，却被子产抢了先，说：“这玉环是公家府库的器物，我家君主并不知情。”言外之意就是不给。游吉等人事后劝子产：“给他算了，又值不了几个钱，何必因为区区一只玉环，开罪于大国强藩呢？”子产还是不同意，说：“这不是玉环的事，而是关乎郑国的尊严，如果让韩起尝到了甜头，今天讨一只玉环，明天就该张口要一座城池了。”由于子产的态度很坚决，韩起只得象征性地掏点钱，与商人私下进行交易。

韩起象征性的出价太少，这位商人可不想做亏本生意，便提出要报告官府知晓。韩起只能硬着头皮来找子产。子产一口回绝说：“你打着友好的旗号，强夺商人的东西，这是不守信用之举。我实在不愿相信，以你的智商，却做出‘得玉而失诸侯’的蠢事。”韩起无言以对，只得将玉环物归原主。

第三件事发生在公元前523年，原本跟晋国没什么关系。驷氏宗主驷偃（子西之孙，公子騑的曾孙）去世，由于其子驷丝幼弱，族人便拥立驷偃的叔叔驷乞为宗主。驷丝是晋国大夫之女所生，在继嗣的关键时刻被族众闲置于一旁，晋国便最先跳将起来，要替驷丝出头。子产原本也对驷氏有违于宗法制的安排持有异议，况且驷乞的人品确实不咋地，可晋国这么一掺和，事情的性质就变了。在关乎郑国尊严的问题上，子产向来是不畏强权的，他告诫晋国使臣：“不管你们出于什么动机，干涉郑国的卿族继承，就是将郑国视为边邑，郑国是断然不会接受的。”晋国自知理亏，便不再过问此事。

身为在夹缝中求生存的郑国的执政大臣，敢于数次硬怼晋国，切实维护国家尊严，实属不易！

为了说明子产对于后世的影响力，我们不妨对这一时期三位齐名的政治家做一下对比。

羊舌肸作为“羊舌四族”的代表性人物，可谓显赫一时，但在公卿相互倾轧的恶劣环境中，羊舌肸缺乏足够的施展空间。作为“守旧”的一方，羊舌肸竭力维护的所谓“古礼”，随着时代的不断演进，愈发片面化、形式化和虚无化，既逆于时代的发展，也妨害了其他公卿的利益，以至于惨遭灭门之祸。

至于晏婴，说他是齐国乃至春秋时期的一股清流，并不为过。所谓“清”者，既是出污泥而不染，也有一点超凡脱俗、不问世事的意思。晏氏在齐国的地位谈不上显赫，在历次纷争中又通过置身事外而得以保全，所付出的代价是远离权势，几乎连施展的机会都没有。因此，晏婴的盛名主要来自于劝谏和外交活动。劝谏这种事，说得直白一点，就是旱涝保收的政治作秀，采纳与否取决于君主。采纳了，说明劝谏的大臣有思想，有见地；不采纳，甭管什么理由，先给君主扣上一顶昏庸的帽子，于站着说话不腰疼的大臣何伤？

说到外交活动，子产维护郑国的利益与尊严，都是实打实的，晏婴则有点耍嘴皮子功夫的味道。在《晏子春秋》中记载了很多脍炙人口的故事，譬如南橘北枳、狗洞狗国等，先不说这些传闻来自民间传说，艺术加工的痕迹明显，即便历史上确有其事，逞一时的口舌之快也并没有给齐国带来多少实质性利益。

如此看来，子产深得时人和后世的赞誉也就不足为奇了。公元前522年，子产去世，史载郑国上下“悲之如亡亲戚”。孔子与子产交情不错，得知噩耗也痛哭流涕，称赞他是“古之遗爱”。据《史记·循吏列传》记载，子产执政一年，郑国浪子不狎亵，老人不负重，儿童不犁田。两年之后，市场买卖公平，物价稳定。三年之后，夜不闭户，路不拾遗。四年之后，农民日夕收工，可以将耕作的器具随意放置于田中。五年之后，男子无需服兵役，但凡遇有丧事，不召即来行葬礼。在子产去世以后，举国“丁壮号哭，老人儿啼”，痛呼：“子产去我死乎，民将安归！”

清代经学家姜炳璋评价说：“春秋上半部，得一管仲；春秋下半部，得一子产；都是救时之相。”清朝另一位思想家王源更是盛赞子产为“春秋第一人”！

话说回来，孔子赞誉子产是“古之遗爱”的同时，也对这位良师挚友颇有微词。据《孔子家语》记载，子贡有一次问孔子：“当今的大臣之中，谁称得上是最为贤能的？”孔子回答说：“现在的我不知道，以前的倒是有俩，一个是齐国的鲍叔牙，一个是郑国的罕虎。”子贡有点疑惑，说：“要按治政的成效来看，齐国不是有管仲，郑国不是有子产吗？”孔子说：“你这叫做只知其一，不知其二。我得先问问你，贤的标准是什么？‘用力为贤’，还是‘进贤为贤’？”按照儒家倡导的理念，“己欲立而立人，己欲达而达人”，自己通过努力显身立名，这算不得什么，成就他人才是贤德的应有之义。子贡深谙此理，所以回答说：“应该是‘进贤为贤’。”孔子笑答：“这就对了嘛！管仲因鲍叔牙而显达，子产因罕虎而显达，却没听说他们俩显达了谁，怎么能算贤呢？”

其实不光孔子对子产有意见，后来的孟子也丝毫不留情面，斥责子产“惠而不知为政”。孔门弟子编修的《礼记》更狠，假托孔子之名，将子产比作“众人之母”（在这里是贬义），说他“能食之而不能教”，只知喂养而不懂教化，批判得真是相当有水平，有境界！

对子产的评价冰火两重天，或许正应了孔子的那句感慨：“知我者，其惟《春秋》乎！罪我者，其惟《春秋》乎！”千秋功罪，任由后人评说！

第十一章 南方的崛起（上）

黄金时代

根据历史学家的考证，黄河流域、长江流域同为中华文明的起源地。从黄河到长江，现如今乘坐高铁也就两个小时的路程，真可谓“近在眼前”，但在凭借双脚丈量天下的时代，也算得上“远在天边”了。因此，在楚、吴、越几个南方大国相继登上争霸中原的舞台之前，两大流域诞生的文明基本上是独立演进的。

在漫长的上古时期，南北文明互不知晓对方的存在，后来随着地盘的扩充，彼此才有了交集。毋庸置疑，更适宜发展农耕的黄河流域演进得要快一些，放眼四方，真是优越感爆棚！《礼记》描写了中原以外的四方族群：“东方曰夷，被发文身，有不火食者矣；南方曰蛮，雕题交趾，有不火食者矣；西方曰戎，被发衣皮，有不粒食者矣；北方曰狄，衣羽毛穴居，有不粒食者矣。”

作为长江流域孕育出来的佼佼者，楚国曾经想凭借自己的努力，在中原文化的圈子里混出个名堂，却始终无法改变中原人对待“蛮夷”的异样眼光。俗话说得好：“虱子多了不怕咬。”被中原人鄙视习惯了，楚国人倒也自得其乐。当年楚武王兴兵讨伐“出身正统”的随国（“汉阳诸姬”之一），就大言不惭地表示“我蛮夷也”，“欲以观中国之政”。

岁月流逝，时过境迁，两大流域孕育的族群与文，既经历了难计其数的战火与纠葛，同时也在潜移默化之中日渐融合。先是楚庄王问鼎中原，接着楚康王借第二次弭兵之盟，与晋国共享霸主名分。中原人的骨子里再怎么排斥，也不得不接受与昔日的“蛮夷”同台竞技的现实，这毕竟是历史演进的大势所趋。

第二次弭兵之盟，标志着中原诸侯从无休止的“外战”转向异常激烈的“内战”，从而开启了春秋时代（诸侯争霸）向战国时代（公卿争雄）长达一个世纪的“战略转型”。中原文化一骑绝尘，可对于后来居上的南方诸侯（特别是更偏远的吴、越两国）而言，争霸的时代其实才刚刚开始。因此，仅就争霸而言，从弭兵之盟到三家分晋，这一个世纪正是南方诸侯风水轮流转的黄金时期。

纵观过往，南、北方的诸侯呈现出截然不同的纷争格局。北方诸侯承袭着宗法制、分封制这两大周王朝的立国之基，规矩多，套路多，顾忌也多，所以尽管几百年来征伐与兼并不断，主流诸侯却一个不见少，只是在实力上此消彼长而已。南方诸侯呢，就像他们所处的生存环境一样，奉行优胜劣汰、弱肉强食的丛林法则。这种“野蛮生长”的模式，其结果就是“吹尽狂沙始到金”，最后拿得出手的就剩下仨：楚国、吴国和越国。

无论是资历还是实力，楚国作为老资格的大家族成员，在南方诸侯中无疑是首屈一指的。借助第二次弭兵之盟的东风，楚康王如愿以偿地登上了“共主”之位，次年便撒手人寰，也算死而瞑目了。

楚康王死后，儿子熊员嗣位，是为郏敖。按照楚国对于君王的命名规则，称“敖”的意思就是没有谥号。过去称“敖”（如若敖、霄敖），那是因为还不时兴给已故的君王起谥号，可如今仍然称“敖”，只有一种可能：死于非命。不错！熊员在位不过四年光景，便死于时任令尹的熊围之手。熊围是楚共王的次子、楚康王的弟弟，熊员还得管他叫一声二叔。因为辈分高、资格老、权势大，熊围并不把坐在君位上的侄子放在眼里。

公元前541年，熊围以使臣的身份代表楚国参加诸侯盟会。当时，鲁国使臣叔孙豹通过观察仪仗、排场，就一口咬定此人必有篡逆之意。在设宴款待晋国卿大夫赵武时，熊围当众唱赋起了《诗经·大明》，说什么“明明在下，赫赫在上。天难忱斯，不易维王。天位殷适，使不挟四方”之类，俨然以受天命的季历（周文王的父亲）自居。赵武则唱赋了一首《诗经·小宛》，言及“温温恭人，如集于木。惴惴小心，如临于谷。战战兢兢，如履薄冰”，委婉地奉劝熊围要安于天命。事后，赵武问羊舍肸：“这个熊围野心勃勃，咱们应该如何是好？”在羊舍肸看来，这件事其实一点儿也不奇怪，如今的楚国君弱臣强，熊围弑君自立不过是时间的早晚而已；不过呢，熊围即使能成功，也难以善终，因为他来路不正，势必要寻求诸侯的支持，咱们晋国又压不住阵脚，诸侯只能选择屈从，“若获诸侯，其虐滋甚”，熊围便会更加地肆无忌惮，等到民不堪命的时候，熊围又如何收得了场呢？

事态的发展正如羊舍肸所预言的那样，熊围回去之后，趁着熊员卧病在床的机会，打着探视的幌子将其勒死，一道罹难的还有时任太宰的伯州犁。说起这个伯州犁，他原先是晋国大夫伯宗之子，当年受到郤氏的迫害而逃奔楚国，得到楚康王的宠幸，哪成想躲过了初一，躲不过十五，依然没有逃过惨遭政治清洗的命运。

残忍戕害侄子熊员之后，熊围自立为君，是为楚灵王。正如羊舍肸所预见的那样，骄奢傲慢、自命不凡的楚灵王主政之后，开始不厌其烦地寻求诸侯的承认与支持。楚灵王的使臣最先来到晋国，明确要求晋国带个头，到楚国朝见新君。当时在位的君主是晋平公，心里说不出来有多别扭了，但卿大夫们对晋、楚两国的实力对比有非常清醒的认识，好鞋不踩臭狗屎，他们可不希望重启“外战”而打乱“内战”的节奏。于是，羊舍肸出面答复楚国的使臣道：“晋国在春、秋两季要开展祭祀活动，朝见的事儿实在安排不过来。至于其他诸侯，你们楚国也是平分秋色的‘共主’，歃血为盟的时候还排在第一，哪里需要晋国发号施令召集朝见呢？”

其实，楚灵王表面上蛮横，心里却没什么底，算是摸了一把老虎的屁股。他曾经咨询过子产，晋国人会有什么样的反应。子产回答得很直白：“晋平公贪图小安，志不在诸侯，而诸大夫贪婪无度，倾轧不断，在对外的态度上是硬不起来的。至于其他诸侯嘛，能取悦于楚国，又不会开罪于晋国，何乐而不为？只有鲁、卫两国，为了对抗齐国的压制而亲近晋国，应该不会轻易改换门庭；曹、邾两个弹丸诸侯，一个受制于宋国，一个受制于鲁国，也不敢自作主张。除此之外，各方诸侯都在楚国的威慑范围之内，岂敢说出一个不字。”

果不其然，得知晋国在朝见楚国新君的问题上采取默许态度，各方诸侯纷至沓来，只有鲁、卫、曹、邾找各种借口“请假”，没有前来朝见。鲁昭公说要祭祖，卫襄公说自己病了，曹、邾的国君表示国内不安定，脱不了身。这几个无关痛痒的诸侯缺席，并没有影响到楚灵王的兴致。晋国人明哲保身，还应承了楚国联姻的动议，齐国也不敢轻易造次，与宋、郑、陈、蔡等诸侯一道前来捧场，这面子已经够足了！于是，楚灵王仿照齐桓公称霸时的礼仪，与前来朝见的诸侯举行会盟，其独霸天下之心昭然若揭。

一山岂容二虎

与晋国共享霸主之名，楚康王算得上心满意足了。可在楚灵王看来，“共主”纯粹就是和稀泥，玩套路，一山岂容二虎？歃血都要分个先后，霸主也得有个高低，哪有平起平坐的道理？

晋国妥协，诸侯屈从，让楚灵王看到了楚国一家独大的契机。争取到诸侯的承认与支持之后，楚灵王便开始滥施淫威，震慑其他诸侯。具体来讲，他做了这么几件事儿：

首先是率领诸侯联军征讨吴国，意图扫除争霸天下的后顾之忧。前面说过，齐国大夫庆封在公卿倾轧中败北，逃亡去了吴国。吴国着眼于长远，对庆封厚遇有加，将他安置在一个叫朱方的城邑，“聚其族而居之，富于在齐”。为了讨好齐国，楚灵王此次大举讨伐吴国，打的就是朱方，终于杀掉庆封，灭其族众。随后，依附于吴国的赖国也被诸侯联军消灭。

尽管楚国在吴国的外围摧枯拉朽，但接下来的几次交锋，楚国都没有占到多少便宜。特别是讨伐吴国的另一个属国——徐国时，吴国兴师来援，将楚军揍得落花流水，时任令尹的薳罢为了推卸自己的责任，竟然处死了麾下将领薳泄，一时间闹得沸沸扬扬。

其次是借陈国内乱之机发难，公然将其翦灭并吞。陈国地盘小、实力弱，但麻雀虽小，五脏俱全，陈哀公与大大小小的诸侯国君一样，女人多，儿子也多。与这场内乱有关的子嗣有三个：太子偃师（嫡长子）、公子留和公子胜。公子留虽然是庶子，但因为生母十分受宠，深得陈哀公的青睐，父亲还将他托付给了公子招和公子过（两人都是陈哀公的弟弟）。公元前534年，陈哀公身染重病，公子招、公子过不负重托，坚决果断地杀掉了太子偃师，改立公子留为太子。一切准备就绪，只等陈哀公断气。

等了一个月，陈哀公竟然还扛着。公子招、公子过可等不及了，背着杀嫡立庶的罪名，夜长梦多，谁知道这么拖下去，会出现什么状况？一不做二不休，公子招、公子过索性联手将陈哀公逼死，扶立公子留嗣位。公子胜不服气，前往楚国告状。楚灵王出面干预，屁股还没坐热的公子留被迫逃亡去了郑国。

楚灵王脸皮厚，态度也坚决，只准州官放火，不准百姓点灯，他弑君自立没事儿，别的诸侯杀嫡立庶，他就道貌岸然地主持起公道来了。公子招担心楚国人找自己的麻烦，便杀掉公子过，将自己的责任推得一干二净。楚灵王管不了这么多，当即下令由公子弃疾（楚灵王的弟弟）率兵，打着护送妫吴（太子偃师之子）回国嗣位的旗号围攻陈国。陈国人放弃抵抗之后，楚灵王却食了言，没有将妫吴扶持上位，而是在陈国故地设县，将其纳入楚国版图，并召集诸侯会盟，逼迫大家接受既成事实。

还有一件事发生在公元前531年，楚灵王召蔡国国君——蔡灵侯前来盟会，蔡灵侯不敢不来，结果刚一见面就被逮了，楚灵王扬言要追究他的弑父之罪。原来，蔡灵侯当初还是太子的时候，父亲蔡景侯为他向楚国求亲，结果媳妇倒是娶进了门，却被父亲频繁扒灰。戴了绿帽子的蔡灵侯气不过，索性弑父自立。

平心而论，蔡灵侯弑父事出有因，况且事情已经过去了十年有余，楚灵王这时候想起这一茬，从明面上说是履行“共主”的责任，其实就是找个由头吃掉蔡国而已，特别是有了陈国被灭的先例，蔡国的命运着实令人担忧。

蔡灵侯被抓之后，如何申辩无关紧要，小命很快就没了。楚灵王故技重施，派公子弃疾率兵围攻蔡国。前有陈国被灭，如今蔡国遭殃，身为“共主”的晋国岂能袖手旁观？羊舌肸早就看穿了楚灵王的险恶用心。对于新立的晋昭公而言，在嗣位的头一年便遭遇这种糟心的事儿，心里着实有些不爽。他清醒地意识到，如果放任楚国继续这么蛮横下去，中原将永无宁日。于是，晋国这一次决定担当起“共主”的道义，召集齐、宋、卫、郑等国商讨救蔡事宜。然而，晋国的“恐楚症”已经到了无以复加的地步，老牌盟主的作为不过是装腔作势一番，请求楚国退兵却遭到对方的严辞拒绝，晋国终究不敢擅启战端，只能坐视蔡国步陈国的后尘，成为楚国的囊中之物。

主政十二年，楚灵王表现得异常活跃，伐吴、灭陈、灭蔡，可谓失之桑榆，收之东隅，至少有力地震慑了北方的大小诸侯。撇开弑君自立的“原罪”不谈，楚灵王还是想有一番作为的。然而，正如羊舌肸当初所预见的那样，“*若获诸侯，其虐滋甚*”，楚灵王最终也落了个死于非命的悲惨下场，究其根由，问题就出在他骄恣放纵的性格缺陷上。

客观地说，楚灵王这个人能耐不小，毛病也不少。首先是高调而张狂。他当年官居令尹，却举起国君的旌旗外出打猎，还僭越国君的服饰和仪仗参加诸侯盟会。其次是猜忌成性，肆意诛杀大臣。譬如大夫屈申被怀疑勾结吴国而惨遭屠戮，大夫成虎（成得臣之孙）以若敖氏余党的罪名被处死。再一个就是穷奢极欲，不恤百姓。楚国征战多年，经济、民生已不堪重负，但楚灵王依然下令建造规模宏大的章华宫，继续劳民伤财。

公元前530年冬天，楚灵王亲率大军讨伐徐国。只见楚军的士兵身披甲胄，手持兵器，矗立在风雪之中，难耐严寒，楚灵王却是头戴皮帽，身披翠羽，脚裹豹皮，可谓一身名牌，气宇轩昂，将士们岂能不寒心？不光是穿着上有天壤之别，此番征伐，将士们在前线奋勇杀敌，楚灵王却驻扎在乾溪（今安徽亳州附近），成天吃喝玩乐，坐等捷报，上演着前方吃紧、后方紧吃的闹剧。楚灵王哪里想到，此时的楚国已是暗流澎湃，隐患重重，大权在握的公子弃疾见国内空虚（军队几乎都被楚灵王带出去打仗了），正在密谋着伺机夺权。

公子弃疾与楚康王、楚灵王一样，都是楚共王的儿子。楚共王没有嫡子，有五个庶子都很受宠，除了这三个以外，还有公子比和公子黑肱。手心手背都是肉，楚共王在立嗣的问题上一度十分纠结，最后楚康王以年长的优势胜出。楚康王主政十五年之后，君位传到了儿子熊员的手中。楚灵王弑熊员自立时，公子比、公子黑肱担心受到殃及，分别逃亡去了晋国和郑国，只有公子弃疾与楚灵王关系还不错，留下来出任令尹。

灭蔡之后，楚灵王封公子弃疾为蔡公，以蔡国故地作为他的采邑。有大臣提醒楚灵王说，自古“亲不在外，羁不在内”（“羁”指被征讨而归附寄居的人），这方面的教训不可谓不深刻，郑国的叔段（引起“郑伯克段于鄢”之事）、公子突（借栎邑翻盘成为郑厉公），还有晋国的曲沃桓叔皆可谓“末大必折，尾大不掉”。然而，极其自负的楚灵王丝毫不以为意。

如今，高调张狂、猜忌成性、穷奢极欲的楚灵王给公子弃疾送来了取而代之的大好时机。趁着楚灵王领兵在外，公子弃疾挑起不堪忍受暴政的国人发动叛乱，并将流亡的公子比、公子黑肱召回来壮大声势，杀掉了楚灵王的太子。

眼瞅着一切顺利，公子比却很不识相，竟然鸠占鹊巢，自立为君，是为楚初王，并委任公子黑肱为令尹，让公子弃疾屈居司马，公然抢夺胜利果实。公子弃疾气得够呛：我劳心费力地辛苦奔忙，非但君位没捞着，连令尹的职务也被撸了，这不是欺负人吗？

对于公子弃疾而言，硬拼恐怕没有多少胜算，毕竟公子比、公子黑肱也有一干党羽，他们还先声夺人，抢占了发号施令的制高点。不过，公子比、公子黑肱长期流亡在外，对楚国的复杂局面比较陌生，这正是公子弃疾依靠玩心眼翻盘的机会。于是乎，公子弃疾暗中做出一系列安排，先是派人前往乾溪给楚灵王报信，说公子比等人造起了反，同时又给楚军的将士们施加压力，责令其归附新的君主。楚灵王接到消息之后，想率军打回去，怎奈将士们早就心怀怨恨，又受到威逼利诱，顿时做了鸟兽散。楚灵王独自彷徨于荒郊野岭，后来大臣申无宇的儿子申亥找到他，“奉之以归”，但楚灵王灰心丧意，自缢于其家中。紧接着，公子弃疾煞有介事地向公子比、公子黑肱报告，说楚灵王率大军杀回来了。二人不明就里，当即吓破了胆，也相继畏罪自杀了。公子弃疾不费一兵一卒，便除掉了所有的竞争对手，顺利登上君位，是为楚平王。

亡国祸根

楚灵王众叛亲离，咎由自取，但基于宗法制的理念，楚平王嗣位与楚灵王嗣位，本质上都是弑君自立。虽说各方诸侯对这样的事情早已习以为常，置若罔闻（最关键的原因还是打不过楚国），但楚平王作为当事人，难免有些做贼心虚，对外也好，对内也罢，都得有所交代才行。

鉴于楚灵王穷兵黩武、骄奢淫逸，方方面面都闹得鸡犬不宁，楚平王主政伊始，便反其道而行之，树立抚慰百姓、和睦诸侯的良好形象，从而抵消其来路不正的消极影响。

外交方面，楚平王刚上台，便主动将楚灵王时期夺占的郑国土地物归原主，并相继扶立蔡景侯的小儿子为蔡平侯、妫吴为陈惠公，为蔡、陈复了国。次年更是昭告于天下，承诺楚国在五年之内不动刀兵。

内政方面，楚平王赏功臣，赦罪人，宽税赋，举贤才，与民休养生息，在楚国开启了新的气象。

为政宽仁之余，楚平王收拾居功自傲、飞扬跋扈的权臣却是绝不手软的，最具有代表性的例子便是惩治令尹斗成然。斗成然是斗谷于菟的六世孙，他的父亲叫斗韦龟，生前一直追随公子弃疾，没想到“烧冷灶”真的烧成了正果，使斗成然得以在楚平王嗣位之后大权在握。不过，这个斗成然贪婪成性，仗着官居令尹，公然与巨富养氏（养由基之后）结党谋利。事情越闹越大，引起了楚平王的重视。在楚平王看来，斗成然的经济问题倒还在其次，政治野心才是潜在的威胁。因此，楚平王果断采取措施，处死了挟官自重的斗成然，并一道翦灭巨富养氏。为了安抚人心，楚平王又封斗成然的儿子斗辛为郧公，表示不会忘记斗氏昔日的功勋，有功者赏，有罪者罚，咱们一码归一码。

楚平王的这套“组合拳”打下来，效果如何呢？很遗憾，后世的史学家们似乎并不买账。《史记·楚世家》说他“以乱立，嬖淫秦女，甚乎哉，几再亡国”，《新语》也给了楚平王一个“奢侈纵姿”的差评，这与前面所说的抚慰百姓、和睦诸侯，反差实在是太大了！

到底是什么情况呢？楚国有一位宗亲，当时就讲了几句大实话。这个人被称为沈尹戌，他是楚庄王的曾孙，名戌，曾经做过沈县尹，遂以沈为氏，后来官居左司马。沈尹戌跟身边的人讲（他可不敢跑到楚平王面前叨叨）：“休养生息者，应该是‘节用于内，而树德于外’，百姓才能安居乐业，外部也不会有仇敌。但楚平王所标榜的休养生息其实都是些表面文章，话说得很动听，事实上宫室还在不断地扩建，百姓时刻惊恐不安，积劳倒毙之后，连收尸的人都没有。这到底是抚民还是虐民，难道还不清楚吗？”

沈尹戌对楚平王作秀的伎俩洞若观火，而楚平王更是因为“嬖淫秦女”，给势头正盛的楚国埋下了一颗威力十足的政治炸弹，以至于在二十年之后，险些亡于吴国之手。在这之后，楚国又耗费了大约三十来年光景，才磕磕绊绊地逐渐恢复了元气，回到诸侯纷争的舞台上。

追本溯源的话，“嬖淫秦女”这事儿，还得从楚平王与太子建的关系说起。太子建的生母是蔡国女子，既不受宠，也没有挟娘家自重的资本。尽管楚平王还没有动过废立的念头，但子以母贱，来日方长，谁知道将来会出什么幺蛾子？当时，楚平王为太子建安排了两位老师：太傅伍奢（楚庄王宠臣伍举之子）德高望重，深受太子建的敬仰；少傅费无极呢，却是一个宵小奸佞之徒、溜须拍马之辈，太子建很不待见他。费无极衔恨在心，又对太子建将来能否顺利嗣位持怀疑态度，于是暗中谋划着改换门庭、咸鱼翻身。

为了巩固同盟关系，楚平王派费无极出使秦国，为太子建求亲。费无极趁机动起了歪心思，回来之后便在楚平王面前磨嘴皮子，竭力鼓吹那位名叫孟嬴的秦国女子简直是“天下无双”，怂恿楚平王将她据为己有。楚平王色迷心窍，真就把准儿媳拉进自己的洞房，闹出了一桩“嬖淫秦女”的丑闻。随后，费无极继续使坏，说太子建被抢了媳妇，难免会心怀怨恨，让楚平王早做区处，省得将来收不了场。

事实上，即使没有费无极在一旁煽风点火，楚平王睡着准儿媳，又跟太子建低头不见抬头见的，心里岂能不别扭？于是，在休兵五年的承诺到期之后，楚平王便以加强边备为名，将太子建撵出都城，去驻守北部边邑。攀上高枝的费无极再度跳将出来，不断在楚平王面前进谗言，说太子建拥兵在外，又得到伍奢的鼎力襄助，打算利用北方诸侯的支持图谋不轨。

楚平王宁可信其有，将伍奢抓起来拷问，又派人前去诛杀太子建，以绝后患。太子建侥幸脱身，逃亡去了宋国。费无极岂肯罢休，又处心积虑地陷害伍奢，说他的两个儿子伍尚、伍员（字子胥）颇有能耐，必须斩草除根，否则后患无穷。楚平王采纳了费无极的提议，以赦免伍奢为诱饵，召伍尚、伍子胥前来自投罗网。

眼瞅着父亲危在旦夕，伍尚、伍子胥兄弟俩相当纠结，明知这是一个陷阱，但又不能置家父的生死于不顾。伍子胥认为，咱们哥俩与其做无谓的牺牲，不如先保住一条命，将来才有可能报仇雪恨。伍尚也坦言：“咱们兄弟俩回去只能是送死，肯定救不了父亲的性命，但我此时要是苟且偷生，将来又不能雪耻，岂不是遭天下人耻笑？论才能，我这个当哥的不及弟弟你，所以为今之计，尽孝的事儿我来，报仇的事儿就靠你了！只有如此，方能两全！”于是，伍尚慷慨赴死，伍子胥则逃往宋国，与太子建会合。在狱中等死的伍奢得知伍子胥没有回来送命，不禁大发感慨，说楚国的君主、大臣恐怕是不会有好日子过了！

没过多久，宋国发生了前文讲过的华氏、向氏内乱。太子建、伍子胥等人在宋国难以容身，便逃亡去了郑国。谁承想，晋国当时正谋划着收拾郑国，藉此树立老牌霸主的威权，并向太子建做出允诺，以奉送郑国故地作为酬劳，唆使太子建等人充当晋国的内应。既然是寄人篱下，太子建原本应该谨言慎行，小心从事，却因为权欲熏心，竟然壮着胆子满口应承下来，结果被郑国人发现端倪，枉送了性命。太子建被郑国人处死之后，伍子胥带着太子建的儿子熊胜逃奔吴国，为后来楚国人的噩梦埋下了伏笔。

公元前516年，在位十三年的楚平王一命呜呼。按照惯例，本应轮到新立的太子熊珍（秦女孟嬴所生）嗣位，但时任令尹的囊瓦（楚庄王曾孙）认为不妥，理由有二：其一，熊珍年纪太小，还不足十岁，主幼国疑可不是什么好兆头。其二，熊珍是楚平王“扒灰”的产物，出身有问题，会遭到天下诸侯的耻笑。

囊瓦的意思呢，是想扶立公子申（楚平王庶长子），却遭到公子申本人坚决反对。公子申认为，咱们将太子熊珍搁置一旁，无论是从嫡庶尊卑的制度上讲，还是就维护与秦国同盟关系的大局来看，都是乱国之举，万万不可有此念头！

在公子申的竭力支持下，熊珍得以登上君位，是为楚昭王。鉴于君主年幼，由令尹囊瓦代理国政，然而新君上位伊始，便惹出了一场风波。事情的起因，依然是那个靠整人发家的费无极在背后搞鬼。他早先陷害了伍奢，如今又将矛头对准大夫伯宛（伯州犁之子）。

当年，伯宛的父亲伯州犁因为楚灵王弑君自立而罹难，伯宛虽然躲过一劫，也陷入困顿之中。有意思的是，楚灵王后来又被楚平王如法炮制干掉了，正所谓“敌人的敌人就是朋友”，在楚平王主政时期，伯宛摇身一变成了“忠烈之后”。伯宛生性忠直，原则性强，见不得蝇营狗苟的宵小之徒，费无极感到相当碍眼，唯欲除之而后快。

利用令尹囊瓦贪婪的品性，费无极给伯宛设下一个圈套。他先是怂恿伯宛宴请囊瓦，跟上司增进一下感情。伯宛也没往深处想，说请客倒是没问题，但自己地位低、家里穷，没有拿得出手的东西来助上司的兴。费无极顺势出主意，说令尹钟爱甲兵，你就挑几件上好的铠甲摆在门口，让令尹观摩观摩，他肯定高兴。

老实巴交的伯宛真就按照费无极的建议开始筹备，而费无极回头就在囊瓦面前告了刁状，煞有介事地说伯宛已经被吴国人策反，正在厉兵秣马呢。囊瓦将信将疑，派人前去打探，结果不探不知道，一探吓一跳：好家伙！铠甲都摆到街面上来了，看来真没冤枉他！当即下令惩治伯氏。

囊瓦也是糊涂，哪有这么大张旗鼓地图谋不轨的？等他承受了巨大的舆论压力，意识到自己被费无极当枪使的时候，伯宛已经无辜葬送了性命，其子伯嚭则逃亡去了吴国。如梦初醒的囊瓦下令将费无极处死，并翦灭其族，陷害忠良的卑鄙小人总算是自食了苦果。

从楚平王埋下祸根，到楚昭王初登君位，楚国一直在政治倾轧的旋涡中扑腾，一时难以顾及在“共主”的基础上再进一步的争霸大业。更令楚国君臣忧心忡忡的是，来自老对手吴国的压力一日胜过一日，一年重过一年，原本就动荡不安的楚国已经被逼得快要喘不过气来了。

风水轮流转

吴国现身中原争霸舞台的时间并不长，过去是与晋国联手对付楚国，处于从属的地位。第二次弭兵之盟以后，老牌盟主晋国渐显日暮西山之势，盟友吴国却表现得异常抢眼，不仅频繁派出使臣出访北方诸侯，观察各国态势，还对中原文化产生了浓厚的兴趣，努力融入诸侯“主流圈”。

前面说过，吴国的崛起得益于寿梦的励精图治，历史上有“寿梦立而吴始益大”的说法。寿梦去世之后，君位从诸樊（寿梦长子）经余祭（寿梦次子）传到了夷昧（寿梦第三子）手中。寿梦还有一个小儿子名叫季札，因封于延陵（今江苏常州），也被称为延陵季子。这个人满腹经纶，才能卓越，尤其擅长搞外交，经常代表吴国活跃于各方诸侯，广结天下贤士，是名噪一时的文化和外交大家。据说，孔子十分仰慕季札的才学，曾经拜他为师，时有“南季北孔”的说法，后世甚至赞誉季札为“南方第一圣人”。

寿梦临终的时候，曾打算将君位传给季札，但季札认为此举不合礼制，断然拒绝了。寿梦不甘心，留下“兄终弟及”的遗命，指望着君位有朝一日能够自然而然地传给季札。寿梦死后，长子诸樊主政十三年，想跳过老二余祭、老三夷昧，让季札直接嗣位，季札依然没有同意，而是安之若素，尽心尽力地辅佐历代君主。

公元前544年，季札以吴国使臣的身份到北方诸侯走了一圈。在鲁国，季札十分欣赏叔孙豹，坦言他“好善而不能择人”，故而身后有不少隐忧。在齐国，季札与晏婴成了一见如故、无话不谈的好朋友。当时，季札洞悉齐国公卿纷争白热化的征兆，奉劝晏婴韬光养晦，归还封邑与权力，从而明哲保身。后来，晏婴在惊心动魄的政治清洗中得以保全，“无邑无政，乃免于难”的策略无疑发挥了至关重要的作用。在郑国，季札与子产也是相见恨晚。他直言郑国的执政者过于奢侈放纵，内乱是迟早的事儿，而子产必将临危受命。季札建议他“慎之以礼”，让郑国渡过难关。在卫国，季札与诸公子、大臣相谈甚欢，认为卫国的贤人多，眼下没有祸乱之忧（卫国发生内乱，是二十多年之后的事了）。在晋国，季札十分看重赵武、韩宣和魏舒，认为“晋国其萃于三族”。他还对羊舌肸坦言，晋国最大的问题在于“君侈而多良，大夫皆富，政将在家”，提醒羊舌肸居安思危，多琢磨如何使自己免于祸难。

季札此番出访，还流下了一段守信用、重情谊的美名。据西汉时期编纂的史料《新序》记载，季札路过徐国时，与徐国国君有过一面之缘。徐国君主不但钦佩季札的才学，谈笑之间还流露出对他所佩宝剑的垂涎之意。季札也视徐国之君为知音，怎奈君命在身，只得匆匆告辞，但心中已经暗许，将这把宝剑赠予他。令人惋惜的是，当季札完成使命，再度路过徐国的时候，昔日把酒言欢的徐国之君已经去世了。季札不忘旧情，将宝剑挂在徐国君主坟前的树上，含泪而去。时人折服于季札的人品，特意作歌称颂：“延陵季子兮不忘故，脱千金之剑兮带丘墓。”

说完插曲，言归正传，季札游走于各国，通过自己的观察，提出了许多颇有预见性的看法，也洞悉了中原诸侯所谓的“弭兵”不过是给各国公卿的兼并与倾轧创造一个和平的环境而已。基于这一判断，吴国争

霸于中原的信心倍增，而眼下亟待解决的羁绊，便是同处“蛮荒”之地的老对手楚国。

吴国与楚国交锋的历史，可比它现身于争霸舞台的时间要长得多。尽管因为史料缺乏，个中详情难以考证，但从楚国向北方积极扩张的战略可以断定，吴国始终是被强邻楚国压过一头的。直至晋国推行联吴抗楚的策略，吴国的悲催处境才有所缓解。然而，随着晋国日渐式微，吴国又回到了饱受压制的艰难岁月，君主诸樊就是在征讨归附于楚国的巢国时丧命的。

尽管季札的出访让吴王夷昧看到了染指中原的一线曙光，但眼下依然难以迈过楚国这道门槛。楚灵王主政时期，楚国对吴国及其属国用兵多达七次，胜多败少，而吴国的反击只有一回。

楚平王弑君而立之后，奉行战略收缩政策；吴国则抓住这一契机争取主动，出兵夺占了位于吴、楚两国之间，战略位置十分重要的州来（今安徽凤台）。公元前527年，吴王夷昧去世，本打算遵循兄终弟及的遗命，将君位传给季札。季札这次没有理由再推托，索性“弃其室而耕”，归隐乡野做起了农民。国人深知不可强求，只好拥立夷昧的儿子僚嗣位。

吴王僚上台之后，继续对楚国奉行强硬政策。短短六年之间，吴国便对楚国发动了两次大规模的战争，并大获全胜。其间，公子光（夷昧之子，一说诸樊之子）的表现异常抢眼。特别是公元前519年的那场战事，楚国联合陈、蔡、许、沈、胡、顿等弹丸属国，分三路与吴军抗衡。面对敌众我寡的局面，公子光向吴王僚献计，安排三千囚犯充当前阵，先打陈、沈、胡组成的左军。让囚犯冲锋陷阵，显然是指望不上他们卖命杀敌的，他们一上场就拔腿开溜了。三国联军正忙着遍地抓俘虏，没想到正儿八经的吴军趁势杀将出来，将联军揍得落花流水。紧接着，公子光又安排陈、沈、胡联军的战俘如法炮制，大败蔡、许、顿联军组成的右军。左、右两军兵败如山倒，楚军孤军奋战。祸不单行，主帅阳匄（楚穆王的曾孙，在斗成然被杀后继任令尹）又病死于征途，楚军顿时一溃千里，败得一塌糊涂。

吴军大获全胜之后，楚国太子建的母亲为了给儿子报仇，又主动召来吴国人，将郹地（今河南新蔡附近）劫掠了一番。内忧外患之际，楚国被迫转入守势，令尹囊瓦上任伊始，便忙着修缮郢都的城墙。左司马沈尹戌对此嗤之以鼻，说："苟不能卫，城无益也。"楚国的问题多了去了，加固一下城墙挽回不了败局，郢都终究是保不住的！

楚近乎亡，天下震惊

沈尹戌一语成谶，是十多年之后的事儿。吴国面对楚国，从在长期被压制中逆袭成功到全面反压制，固有楚国胡乱折腾、日渐衰颓的原因，但关键性的转折点，其实发生在吴国内部。

公元前515年，吴王僚借楚国大丧的机会（楚平王在前一年去世），大举出兵讨伐。早就心怀异志的公子光趁着国内空虚，在勇士专诸的协助下发难，杀吴王僚自立，是为阖闾（也称为阖庐）。奉命出征的公子烛庸、公子掩馀（都是吴王僚的弟弟）因为“道绝不得归”，被迫归降于楚国。

阖闾上台之后，“立城郭，设守备，实仓廪，治兵库”，为全面战胜楚国积蓄力量，并重用了两个“双重造梦者”（为吴国造争霸梦，为楚国造噩梦）：一个是背负父兄之仇的伍子胥，一个是享有兵家鼻祖之誉的孙武。

伍子胥在楚国遭遇无妄之灾，经宋国、郑国辗转逃往吴国，指望着有朝一日为父兄报仇雪恨。然而，吴王僚对这个落魄的“浪人”并没有多少好感，伍子胥不受重用，只好带着太子建的儿子熊胜“退耕于野”，并广结各方英豪。据《吴越春秋》记载，出手刺杀吴王僚的勇士专诸，就是伍子胥举荐给公子光的。公子光摇身一变，成为吴王阖闾，寄居吴国五年有余的伍子胥终于迎来了人生转机。为谋求灭楚与争霸大业，阖闾任贤使能，委任伍子胥为行人（议事幕僚），与他共商国政。

在吴国有了一官半职，伍子胥又前后七次向阖闾举荐了孙武。孙武是齐国人，后来到了吴国，长年“辟隐深居”，很多人都不知道他有什么能耐。伍子胥应该是在“退耕于野”的时候结识了孙武，觉得他是一个不世出的杰出人物。但很显然，阖闾似乎不以为意，在伍子胥不厌其烦地举荐了七回之后，才抱着试一试的态度，勉强召见了孙武。

当着阖闾的面，孙武将自己苦心钻研多年的兵法和盘托出，阖闾大喜过望，请孙武当场小试牛刀。孙武欣然应允，说咱们就拿宫女来试一试吧。于是，一百八十名宫女被挑选出来，平分成两队，由阖闾的两位宠姬充当队长。孙武告之阵法，立即开始训练击鼓列阵。这些宫女们成天养尊处优，哪里见过这样的阵势，上边鼓声连响，下边依然嬉笑不已。孙武耐住性子，重申了军令，再次演练，依旧没有任何改观。孙武大怒，下令处斩两名宠姬，阖闾想拦也没拦住。见过血腥之后，阵中的宫女方才一片肃然，认真演练阵法。孙武拍着胸脯向阖闾保证，这支临时拼凑的队伍已经足以赴汤蹈火。一眨眼的工夫痛失两名宠姬，阖闾怏怏然兴致全无，惹得孙武暗自嘀咕说：“王徒好其言，不能用其实。”

与吴王阖闾的初次谋面不甚愉快，并不妨碍孙武施展其傲视群雄的才华。为了消耗楚国的有生力量，伍子胥和孙武谋划了一招疲敌战术。具体的做法是：将吴国军队一分为三，轮番上阵去滋扰楚国，敌进我退，敌退我进，跟楚军玩捉迷藏，使其始终不得安宁。这套打法的效果如何呢？史载“楚于是乎始病”。吴国这么隔三岔五地拉警报，楚国没病也被折腾出神经病来了！

眼瞅着楚、吴两国实力此消彼长，夹在中间的弹丸诸侯们纷纷用脚投票，争先恐后地归附于吴国。公元前508年，桐国脱离楚国的控制，改投于吴国门下，吴国便串通起舒鸠给楚国人下套。舒鸠先前已经归附吴国，如今按照“带头大哥”的吩咐，派人前去报告“老东家”楚国，煞有介事地说自己正在找机会反水，请求楚国出兵逼近舒鸠，以迷惑吴国，舒鸠再出兵去打桐国。楚国君臣信以为真，令尹囊瓦亲率大军讨伐吴国，结果在豫章（一说今安徽凤阳，一说今安徽寿县）被早有准备的伍子胥、孙武迎头痛击，元气大伤。

此时，楚国内部的处境也令人担忧，特别是官居令尹的囊瓦贪得无厌。按照大夫斗且的说法，囊瓦脑子里想的都是如何聚敛财富，就像一匹永远也吃不饱的饿豺狼，执政十余年，搞得楚国民不聊生，道殣相望，盗贼横行。

有一件事很能说明囊瓦贪婪成性。在豫章惨败的前一年，蔡昭侯（蔡灵侯之孙）入楚朝见，带了两件华丽的裘衣，一件自己穿在身上，另一件进献给了楚昭王。囊瓦眼馋，公然向蔡昭侯索贿，让他把身上那件裘衣脱下来奉送。蔡国虽小，尊严和脸面还是要有的，蔡昭侯没有答应。囊瓦大为光火，竟然将蔡昭侯扣押了三年之久，直到蔡昭侯认了怂，献出裘衣，才将他释放回国。

蔡昭侯回去之后，实在咽不下这口恶气，便亲自前往晋国诉苦拜码头，并以儿子作为人质，请晋国出面替自己报仇。于是，晋国召集诸侯在召陵（今河南漯河）会盟，史称“召陵之会”。参加此次盟会的诸侯达十八个之多（齐国派大臣出席，其他诸侯均为国君亲自与会），创下了春秋时期参会诸侯最多的纪录。其核心议题就一个：讨伐楚国。

召陵之会是公元前506年召开的，执行了四十年的第二次弭兵之盟宣告破产。表面上看，蔡昭侯的一场牢狱之灾改变了天下格局，其实背后的动因还是楚国日渐没落，让晋国生出伺机恢复霸主辉煌的念头。

然而，楚国走下坡路的同时，晋国也好不到哪儿去。此次盟会，中行氏的宗主荀寅（荀吴之子）私下找到蔡昭侯，想敲一笔竹杠，结果没能得逞。荀寅倒是没敢扣押蔡昭侯，却跑到执政大臣士鞅那里掺坏水，说晋国的日子也不好过啊，水灾、瘟疫频发，中山（即鲜虞）又未能征服，真要与楚国大动干戈，胜算能有几何？士鞅觉得荀寅言之有理，不惜在众目睽睽之下出尔反尔，史载晋国“于是乎失诸侯”。一场吹响复兴号角的会盟就这样成了让晋国威严扫地的闹剧。

为了给蔡国一个像样的交代，晋国唆使蔡国去讨伐归附于楚国的沈国，理由是它没有应召参加盟会。蔡昭侯觉得这倒不失为出口恶气的好主意，既然打不过强横的，欺负欺负弱小的也行。于是，蔡昭侯将满腔怒火往沈国身上撒，一举把这个弹丸诸侯灭了。楚国见小兄弟挨了打（关键是还被打死了），岂能善罢甘休，又兴兵去讨伐蔡国。

楚国一心只想对蔡国施以颜色，根本没有顾及身后还有一个虎视眈眈的吴国。吴王阖闾、伍子胥、孙武一致认为，搞残楚国的时机业已成熟，遂由吴王阖闾亲自挂帅，率三万吴军（吴国也只有这么多军队）偷袭楚国，与二十万楚军正面交锋，这就是令天下诸侯为之震惊的“柏举之战”。

三万打二十万，差不多一比七，这差距太大了！纵观整个春秋时期，如此力量悬殊的战役，过去还没有发生过。说得客气一点，吴国这是过于自信；要是说句不好听的话，纯粹就是找死！然而，这一战的结果相当出人意料，吴王阖闾在伍子胥、孙武的襄助之下，率领区区三万吴军，真就把二十万楚军揍得呜呼哀哉，并一举攻破郢都，令昔日雄心勃勃的楚国险些成为历史。

吴军能够打出这场以少胜多的精彩战役，当然是有原因的。

首先是出其不意，三万吴军并没有像以往那样，溯长江而上征讨楚国，而是打着增援蔡国的旗号，经淮水绕过大别山区，从楚国防守薄弱的东北面展开远程突袭。

其次是拼速度，吴国舟师迂回到楚国境内之后，孙武当即提议弃舟登岸。伍子胥大为不解，说吴军的优势就是水战，怎么能够以己之短击对方之长？孙武解释说：“此番出征，克敌制胜的关键在于时间，而不是战技优势。你就是把水战打出花来，咱们三万人马也敌不过人家二十万大军。”孙武挑选了3500名精锐，接连穿过三道险隘直逼汉水，以迅雷不及掩耳之势发动闪击，令楚国措手不及。

再次是楚国在战术上出现严重失误。楚国号称有二十万大军，但此时还分驻于各地，一阵惊慌失措之后，楚昭王赶忙下令调集重兵围剿进抵汉水的先头部队。左司马沈尹戌提议，利用楚军的数量优势，将主力部署在汉水西岸设防，由他率领一支偏师，迂回到吴军后方，毁其战船，断其退路，吴军势必大乱，咱们再关门打狗，前后夹击，必能大获全胜。令尹囊瓦一开始是依此计而行的，却担心被沈尹戌抢了头功，有损他这个主帅的颜面。因此，当沈尹戌率领的偏师还在星夜兼程地赶路时，争功心切的囊瓦便擅自渡过汉水，与吴军展开了正面交锋。

最后是吴军继续采用屡试不爽的疲敌战术。面对来势汹汹的囊瓦，伍子胥、孙武主动后撤，引诱楚军追击，使得囊瓦在不经意间摆出了长蛇阵这一兵家大忌。吴军神出鬼没，穿插其间，三战三捷。囊瓦如梦初醒，收拢残兵败将，驻扎于柏举（今湖北麻城附近，此战便是以此地命名）。吴军停止后撤，趁胜出击，又将立足未稳的楚军一举击溃。此时，直扑敌军后方的沈尹戌只得仓促回援，结果迎头挨了吴军一闷棍。沈尹戌见大势已去，命令部将割下自己的首级，回报给楚昭王。

眼瞅着二十万大军被吴军撵得四处溃散，从未经历过此等危难的楚昭王斗志全无，仓皇逃亡去了随国。囊瓦则带领一干残兵剩勇，流窜到郑国落脚。伍子胥遂以替太子建报仇为名，继续率兵围攻郑国。郑献公（郑定公之子）知道伍子胥名为报仇，实则不肯放囊瓦归山，于是逼问囊瓦亡国之罪，令其在羞愧之中自行了断。

随后，吴军占领了楚国都城郢都。伍子胥命人掘开楚平王的陵墓，开棺曝尸，鞭笞三百。伯宛的儿子伯嚭当时也在场，见证了这颇具历史意义的时刻。伍子胥还是不解恨，抬起左脚践踏尸身，伸出右手抠出眼珠，为父兄当年的冤死雪恨。在伍子胥的张罗之下，阖闾将楚昭王的夫人据为己有，伍子胥、孙武等人也收纳了不少楚国大臣的妻妾，“以辱楚之君臣”。

螳螂捕蝉，黄雀在后

都城沦陷，几近亡国，楚国这一跟头摔得着实不轻。不过，说它命不该绝也好，福人自有天相也罢，楚国还是创造了劫后余生的奇迹。当然，创造奇迹靠的不是楚国自己，而是拜三个“行侠仗义”的诸侯所赐。

头一个是随国。惶惶如丧家之犬的楚昭王投奔到此之后，吴国大军紧随其后，前来找随国要人。吴国人讲：周王室册封的“汉阳诸姬”已经被楚国灭得差不多了，如今“天报其祸，加罚于楚”，而随国作为“汉阳诸姬”之一，本应同仇敌忾，岂能认贼作父，窝藏包庇？如果能把楚昭王交出来，吴国必有重酬！

据《吴越春秋》记载，随国君主一时拿不定主意，无计可施之下卜了一卦，结果显示交出楚昭王不吉。于是，随国君主回复说：“随国偏僻而狭小，又毗邻楚国，一直是在楚国的庇护之下才得以保全的，岂能忘恩负义，恩将仇报？”由于随国态度坚决，一心想“以仁义闻于诸侯”的吴王阖闾没有强人所难，使得楚昭王逃过了生死之劫。

再一个便是与楚国结盟多年的“老朋友”秦国。种种迹象表明，秦国这个故知更像是“大难临头各自飞”的酒肉之交，对于楚国面临的困境一直持作壁上观的态度。让秦国在危急时刻拔刀相助的人，是一个名叫申包胥的楚国大夫。

根据史料记载，伍子胥在楚国的时候，跟这个申包胥有些交情。避祸逃亡时，伍子胥曾经向申包胥坦承，说我有朝一日一定会颠覆楚国。胸怀坦荡的申包胥既没有责备，也没有阻挠，而是尽故友之谊，给他加油鼓劲，先说了一句“勉之”，紧接着，申包胥又尽为臣之义，话锋一转说：“你若能让它覆亡，我就能让它复兴！”

十余载光阴倏忽而过，当年直抒心意，言犹在耳，楚国果真被伍子胥逼到了君主逃亡、几近亡国的绝境。为了兑现自己的铮铮诺言，申包胥动身前往秦国搬救兵。不过，秦国自知凭借一己之力，难以对抗晋国这堵铜墙铁壁，早就心灰意懒，远离中原诸侯的纷争，投身于经略西戎的事业中去了。眼瞅着楚国被揍成了这副熊样，秦哀公（秦景公之子）更不想在这个时候冒出来充当“背锅侠”，自己吃亏不说，往后也不好与势头正盛的吴国见面。

遭受冷遇的申包胥叫天天不应，叫地地不灵，只能在驿馆昼夜不停地放声痛哭，并绝食长达七天，粒米未进，滴水未沾。最终，秦哀公被申包胥感动，或许也觉得他成天这么鬼哭狼嚎的，实在有碍颜面，当即下令出兵五百乘，助楚攻吴，后大败吴军将领夫槩（吴王阖闾的弟弟）。

随国不畏强权，秦国出兵施救，为楚国赢得了宝贵的喘息时机，而真正发挥决定性作用，让吴国功败于垂成、楚国濒死而复生的“仗义”诸侯，其实是初次现身于诸侯纷争舞台的南方第三强藩——越国。

西汉时期的小说集《说苑》记载了这么一则故事：吴王寿梦当年打算起兵征讨楚国，并放言：“敢有谏者，死！”接下来的几天，王宫里总会出现一个拿着弹弓、弹丸的舍人，在后花园里四处转悠。寿梦很好奇，问他这是在干吗呢。舍人见问，如实回答说：“这园中的大树上有一只蝉，自由自在地放声鸣叫，孰不知它的背后有一只螳螂；螳螂想捕蝉，旁边又飞来一只黄雀；黄雀正要张口去啄螳螂，哪知我手中的弹弓、弹丸已经瞄准它开射了。这三个小东西，‘欲得其前利，而不顾其后之有患’，您说可笑不可笑？”吴王寿梦听完这番话，若有所思，彻底打消了讨伐楚国的念头。

这一则“螳螂捕蝉，黄雀在后”的典故虽然说的是吴王寿梦主政时期的事儿，但对于眼下南方三大诸侯的态势而言，真是再形象而精准不过了。“老大”楚国趁着北方诸侯没落，大举兴兵谋求霸业，殊不知“老二”吴国乘虚而入，将“老大”收拾得灰头土脸，几乎断气。正当吴王阖闾沾沾自喜的时候，不甘寂寞的“老三”越国从其背后捅上一刀，令其经历了一场从全胜到落败的断崖之痛。

说起越国，它的历史比吴国还要模糊，也更加具有寓史于神话的传奇色彩。相传，大禹治水之后东巡茅山，会集诸侯，计功行赏，死后归葬于此，茅山便改名为会稽山。后来，夏朝的中兴之主少康将庶子封于会稽，为大禹守陵，号为“于越”（另有记载为“无余”）。《史记·越世家》基于这一传说，认为越国宗室是“先禹之苗裔”。事实上，从黄河、长江两大流域文明演进的独立性来看，就像吴国认周文王的大伯、二伯为始祖一样，这应该是南方诸侯为了融入中原，谋求霸业，刻意凭借寻宗认祖给自己贴金的“出身造假”行为。

在早期的发展历程中，越国可以说是原始而蒙昧，史载其“文身断发，披草莱而邑”。当中原诸侯相继从列国纷争向公卿倾轧“转型”的时候，担着诸侯之名的越国，本质上还处于部落联盟的状态，是否跻身周天子的“诸侯名单”都很难说。正因为如此，《史记》对于越国世系的记载非常简略，代际跨度极大，从始封的于越一下子就跨到了二十多代之后的允常（越王勾践之父）。《吴越春秋》的记载稍微详细那么一点，说于越传了十余世之后，越国陷入“末君微劣，不能自立”的绝境，甚至还断了祭祀（相当于亡国）。过了十几年，突然有一个人生下来就能说话，自称是先君无余之后，遂被百姓拥立为君，是为无壬。无壬生无曎，无曎生夫谭，夫谭生允常，允常之后，便是著名的越王勾践了。

身份存疑，历史模糊，并不影响地处蛮荒之地的越国发展壮大。据《管子》记载，越国在春秋早期，便已经威胁到了齐国的安全（应该是通过海路），惹得一代霸主齐桓公向管仲抱怨说：“天下之国，莫强于越。”

话说回来，齐桓公对越国的这番评价或许只是一时兴起，真正对越国如鲠在喉的，还是与之近在咫尺、纠葛不断的吴国。《左传》记载，吴国在公元前510年“始用师于越”。这其实是不确切的，吴、越之间相互征伐的历史可比这个时间早多了。因为同样是《左传》，还记载了公元前544年吴王余祭的憋屈死法，甚至比前任君主诸樊之死还要窝囊。诸樊是在讨伐楚国的时候被楚军士兵一箭射死的。余祭呢，他有一次去视察战船，结果被充当看守的越国战俘一刀结果了性命。如果吴国到公元前510年才“始用师于越”，杀死吴王余祭的越国战俘又是从哪儿来的呢？

总的来看，吴国的实力更胜一筹，所以在这场纷争中，吴国一直压制着越国。正如吴国借助晋国推行“联吴抗楚”的策略，从而在对抗楚国的格局中逐渐占据了上风，日益衰颓、渐显不支的楚国以其人之道还治其人之身，大力推行“联越抗吴”策略，越国藉此步入了诸侯争霸的主流圈。

眼下，吴国倾巢出动，吴王阖闾、夫檗、伍子胥、孙武率领三万大军，征战于讨伐楚国的最前沿。尽管已经将郢都收入囊中，吴王阖闾却还在以剩勇追穷寇，逼迫随国交出楚昭王，耽搁了不少时日。越王允常意识到，此时吴国军队迟滞于楚国，正是越国乘虚而入的大好时机，机不可失，失不再来啊！于是，越国举全国之力，出兵攻入吴国腹地，进逼其都城。

正所谓“屋漏偏逢连夜雨”，吴国老巢告急的同时，又发生了一场内乱。夫檗大败于秦国援军之后，因为畏惧阖闾问罪，索性率领部众先期回国，并自立为王。吴王阖闾既要对付火中取栗的越国，又要清剿趁乱起事的夫槩，只得下令从前线撤兵，回去灭火。最终，越国人被吴王阖闾赶回了老家，借机作乱的夫槩再度败北，投奔了楚国，封于堂溪，号堂溪氏。顺便提一句，留在吴国的夫槩后裔改为夫余氏，一部分通过海路北迁去了朝鲜半岛和长白山区，其后裔发展出了夫余、高句丽、百济等政权。

吴王阖闾回师之后，楚昭王得以返回郢都，昔日拒绝继承君位的公子申被委任为令尹。此后，吴国频繁派遣舟师溯江而上，每次都能满载而归，光是楚国的大夫就抓了七个。楚国不堪其扰，只好将都城从长江边的郢都北迁至濒临汉水的鄀邑（今湖北宜城附近），并痛定思痛，“改纪其政”，走上了重振大国雄风的艰难历程。

汾水
狄
晋
赤狄
卫
沬
（朝歌）
长狄
河
帝丘
济
临淄
齐
莱
介
鲁
曲阜
秦
犬戎
雍
绛
周
曹
成周
郑
新郑
宋
商丘
泗
淮
陈
汝
颍
蔡
汉
吴
舒
会稽

第十二章 南方的崛起（下）

养虎为患，自取其咎

虽说这一章的标题依然是“南方的崛起”，继续讲楚、吴、越前赴后继忙于争霸的事儿，但从大环境来看，中原诸侯终究是这一时代的主角。正所谓“老虎病危，猴子发威”，南方诸侯，特别是吴国和越国这两个连入伙资格都没有的“外来户”得以走上前台，成为非正常、非典型的春秋霸主。这虽然有其自身不懈拼搏的原因，但关键还是在于时运眷顾：当时，北方诸侯呈现出了整体沉沦的态势。另外，从最终的结果来看，南方霸主应运而生，搭上了春秋时期的末班车，却不过是昙花一现而已，时代发展的主流终究还是会回到中原。因此，无论是观乎当下，还是展望未来，说说北方诸侯在这段时期的“病危”状况，都是相当有必要的。

先看看在春秋时期颇具“图腾”意义的鲁国。

说鲁国是春秋时期的“图腾”，绝非溢美之词。一来，“周礼尽在鲁”是当时的普遍共识；二来，鲁国有孔子这位春秋时期最具有代表性的人物；三来，鲁国国史《春秋》独享了这一历史时期的冠名权。

不过，在貌似耀眼夺目的光环下，隐藏着鲁国政局的黑暗与不堪。咱们在前面已经见识过，鲁昭公是如何被“三桓”逼到流离失所、走投无路的地步的。正所谓上梁不正下梁歪，“三桓”强横，其豢养的家臣也绝非善茬，并因此惹出了一桩养虎为患、自取其咎的闹剧。

这场闹剧的主角是季孙氏的家臣，名叫阳虎，《论语》中称他为“阳货”。这个阳虎可真是不简单，既无家资又没背景，完全凭借自身卓越的军事才能和政治手腕，硬是在“唯出身论英雄”的时代，闯出了属于自己的一片广阔天地。当年“三桓”合力对抗鲁昭公的清洗与各方诸侯的干涉，阳虎出力甚多，功勋卓著，深得季孙氏宗主的倚重，权力也越来越大。

公元前505年，季孙意如去世，年幼的儿子季孙斯继任宗主，但因为年纪实在太小，无法掌控家务与政务。阳虎伺机生乱，公然软禁季孙斯，逼迫他交出权柄。季孙斯强撑未果，选择了屈从，委托阳虎充当季孙氏的全权代理人。

不仅季孙氏，“三桓”的另外两门也面临着新老交替的问题，而且新宗主的年纪都比较小，阳虎得以借助季孙氏这块跳板，成功主掌了鲁国的大权，对“三桓”呼来唤去，好不快活！在尊卑秩序严重失常的情况下，生不逢时的孔子黯然选择离开鲁国官场，专注于研修诗书礼乐，后来成为一代先师。

几年之后，大权在握的阳虎得寸进尺，处心积虑地谋划着清除“三桓”势力。然而，“三桓”如今表面上式微，但其根基之深厚，远非阳虎这个“政治暴发户”可比。拥有君主这一合法身份的鲁昭公都斗不过“三桓”，区区阳虎又能奈其何！“三桓”暗中联手，破解了阳虎的阴谋，阳虎只得退守阳关邑（今山东泰安附近），打算负隅顽抗，卷土重来。“三桓”重掌鲁国大权之后，最先收拾的便是这个不见棺材不落泪的阳虎。阳虎只手难敌众拳，一把火烧掉阳关，逃亡去了齐国。

阳虎执政时，曾经拒绝过齐国联鲁讨伐晋国的动议，所以齐景公对阳虎并没有多少好感。不过，考虑到阳虎鲁国“异见分子”的特殊身份，加上他也确实是个人才，齐景公还是接纳了阳虎，并将他妥善安置，借此拉拢、策反鲁国官员。

寄人篱下的阳虎本性难改，不断怂恿齐景公出兵，想借齐国之力杀“三桓”一个回马枪。齐景公被他忽悠得热血沸腾，还是大夫鲍国（鲍氏宗主）一语点醒梦中人，说阳虎这是居心不良，想玩弄借刀杀人的把戏，意欲挑起齐、鲁交恶，让自己有机会浑水摸鱼。齐景公险些上当，不禁怒火中烧，下令拘捕阳虎。阳虎也是真有本事，竟然逃出了齐国的魔掌，经宋国前往晋国，投奔到了赵鞅的门下，成为其首席幕僚参佐。孔子得知这一消息后，愤然诅咒道：“赵氏其世有乱乎！”

孔子是否一语成谶呢？咱们还得分开来看。后来赵氏生乱，并在晋国引发了一场大规模的政治倾轧，阳虎着实发挥了推波助澜的作用。但另一方面，阳虎也殚精竭虑，为赵氏家族的强盛立下了汗马功劳。当然，这主要得益于赵鞅不同寻常的驭人之术。譬如有一回，赵鞅给阳虎看了一封密折，上面写满了阳虎拉帮结派、贪污公款的详细罪行。原来，阳虎平日里做了什么见不得人的勾当，都没有逃过赵鞅的火眼金睛。从此，阳虎再也不敢造次，而是小心翼翼地尽心辅佐。俗话说得好：“一物降一物。”赵鞅或许就是阳虎的克星吧！

阳虎败北之后，鲁国仿佛翻开了新的篇章。孔子以大司寇的身份“摄相事”，也就是代季孙氏主持日常政务。他始终致力于恢复周礼、稳定局势，最简单而粗暴的举措便是“堕三都”。

“三都”指“三桓”各自掌管的私邑，包括季孙氏的费邑（今山东鱼台附近）、叔孙氏的郈邑（今山东东平附近）和孟孙氏的郕邑（今山东宁阳附近）。“堕”也写作“隳”，本意是损毁城墙。按照周朝制度，上至天子的王城，下至大夫的采邑，城墙修多高，那都是有明确规定的。就拿“三桓”的私邑来说，城墙按规定不允许超过十八尺，省得他们据此为乱。“三桓”长期把持着鲁国的大权，连鲁昭公都敢轰走，哪里还把制度当回事？孔子代理政务之后，觉得这样搞肯定不行，岂能乱了章法，于是向鲁定公（鲁昭公的弟弟）建议，拆毁“三都”的城墙，将高于十八尺的“违章建筑”全部掀掉。

按常理论，孔子力主拆“违建”，作为当事方的“三桓”势必会一跳八丈高，竭力地阻挠干扰。不过，此时“三桓”深受家臣强横之害，赶走一个率先发难的阳虎，却还有若干个伺机而动的阳虎，掌管私邑的邑宰便是相当危险的人物。因此，“堕三都”名为拿“三桓”开刀，实则助其摈除家臣之害，因此得到了各位“业主”的理解与拥护。

叔孙氏率先垂范，主动拆毁了郈邑的“违建”。但拆到季孙氏的费邑时，却遭到邑宰公山不狃的强烈阻挠，他还勾结叔孙氏的庶子叔孙辄“暴力抗法”，率领亲兵直逼鲁国都城。

鲁定公吓破了胆，躲到季孙氏的家里避难。孔子沉着应对，调兵反击，将这股乱军击溃。公山不狃、叔孙辄见大势已去，便逃亡去了齐国，后来又投奔吴国。值得一提的是，当吴国想利用这两个政治失势者对付鲁国的时候，公山不狃坚持“不以所恶废乡”的态度。不因为自己心存怨恨，便勾结外人祸害自己的国家，这也算是有一番忠肝义胆了。

成功拆毁郈邑、费邑之后，齐国人不干了，认为鲁国治理得有模有样，对齐国可不是什么好事。于是，齐景公给鲁国送来八十名美女，将鲁定公、季孙斯迷惑得神魂颠倒，并出兵边境，扬言鲁国拆毁最后一家“钉子户”——郕邑之日，便是齐、鲁两国刀兵相向之时。鲁定公、季孙斯收了齐国的好处，又害怕两国再起干戈，只得屈从于强邻的淫威。孔子深知鲁国之势已不可为，愤然挂印而去，带着一帮弟子周游列国去了。

随后几年，鲁定公、季孙斯相继去世。季孙斯临终之时，特意嘱咐儿子季孙肥，务必召回孔子，主持鲁国政务。季孙肥打算遵从遗命，一个名叫公之鱼的人却跳出来反对，说昔日季孙斯任用孔子，善始而不能善终，已经遭到诸侯耻笑了，特别是孔子游历诸侯，更是让鲁国和季孙氏转着圈地丢人，如今再用孔子，要是也不能善终，岂不是还要丢一回人？正是因为公之鱼的蛊惑，季孙肥打消了念头。

直至公元前484年，孔子方才应召回到鲁国，却无力阻止季孙氏执意推行田赋政策，损公室而肥私家，只能选择沉默，将满腔愤懑倾注于笔墨之中，以其微言大义的笔法，编著千古一《春秋》。五年之后的公元前479年，一代先师孔子与世长辞。

家家有本难念的经

接着说一说稳坐北方诸侯头把交椅长达一百多年（从晋文公称霸算起）的晋国。

公元前506年的召陵之会宣告了第二次弭兵之盟的破产，也使得晋国失信于诸侯，“共主”之位近乎不保。至公元前482年，吴国终于借助黄池之会夺取了梦寐以求的霸主之位。在这二十多年间，晋国最为显著的变化便是爆发了一场前后历时七年、声势相当浩大的内乱，史称“范氏、中行氏之乱”，《国语》又称之为“亟治①之难”。

这场改变了晋国政治格局的全面内战，名义上是范氏、中行氏作乱，最后惨遭清洗的也是这两家，但要说导火索和策源地，其实是赵氏内部出现了激烈的争端。当时，卫国向“共主”晋国进献了五百户百姓，被安置在邯郸（赵氏的地盘）。赵氏宗主赵鞅正在经营晋阳，便找到时任邯郸大夫的赵午，提出将这五百户百姓迁往晋阳城安置。

赵午虽为赵氏，却是这个庞大家族里的旁支小宗，既然宗主发了话，自己岂能违拗？不过，五百户百姓既是劳动力，又是赋税来源，这么一块大肥肉被赵鞅明目张胆地硬抢过去，赵午很不甘心。尽管表面

① 亟治（今河南孟州附近）是作乱者之一范皋夷的封邑。

上应承下来，赵午暗地里却假托民意难违，一直拖延不办。赵鞅盛怒之下，将赵午抓来杀了。抢肥肉抢出人命，这下可就热闹了。赵午的儿子赵稷背负杀父之仇，率领邯郸军民奋起抵抗宗主强权，并得到了中行氏、范氏的鼎力支持。

中行氏、范氏为什么会在第一时间介入赵氏的内部纷争呢？明面上讲，他们之间有联姻关系，赵午得管中行氏宗主荀寅叫一声亲娘舅，而范氏宗主范吉射与荀寅也是儿女亲家；内心里说，晋国公卿之间的倾轧与兼并已经成为常态，而中行氏、范氏与掌控执政大权的赵氏素来不合，他们巴望着借此削弱赵鞅的势力，敲他一百杀威棒，即使一时半会儿搞不死他，将其搞残也是好的。

赵稷仗着有两大公卿撑腰，表现得异常顽强，三方先是联手反击围攻邯郸的赵鞅，接着又将赵鞅围困于晋阳。值此千钧一发之际，韩、魏、智三家也介入了战事。韩氏宗主韩不信（韩起之孙）与荀寅同领下军，彼此龃龉不断。魏氏宗主魏侈（魏舒之孙）与范吉射共率上军，也是多有抵牾。智氏宗主荀跞时任中军帅，虽然与中军佐赵鞅面和心不和，但他当时有一个宠臣名叫梁婴父（梁益耳之后），荀跞一直盘算着让梁婴父取代荀寅，而梁婴父与赵鞅的交情不浅。于是乎，韩、魏、智三家都果断地站到了赵鞅的一边。除此之外，还有范氏族人范皋夷，因为得不到宗主的宠信，怨恨之心催生了叛逆之意，也调转枪口去打范氏。五方势力仗着人多权大，还将晋定公搬出来站台，合力群殴范氏、中行氏和赵稷。范氏、中行氏寡不敌众，被迫退守于朝歌。

就像范氏、中行氏谋划着趁火打劫一样，北方诸侯也想借助这把全面内乱的烈火，将“共主”晋国烧个家徒四壁。眼瞅着弱势的一方已无招架之力，齐国果断出面，先后与宋、卫、郑等国结盟，出兵进行干涉，还给范吉射筹备了大批粮饷，由郑国出兵负责押运。然而，郑、宋两国是世仇，从周王室东迁之初就开始互掐，数百年来纠葛不断，仇人见面分外眼红，哪里还顾得上什么反晋大计，毕竟即便能把老大拉下马，也轮不到自己去补位。结果呢，郑国还没跟晋国交上火，便跟宋国打将起来，齐、卫两国只好出面替宋国撑腰。趁着对方阵脚大乱，赵鞅果断出击，大败诸侯联军，还在半道上劫了送给范吉射的粮饷。

巧合的是，卫灵公偏偏在这个紧要关头离世，留下了一个子嗣纷争的烂摊子。在此之前，太子蒯聩与卫灵公新娶的夫人南子交恶，与党羽密谋搞暗杀，结果阴谋败露，被卫灵公驱逐出境，投奔到了赵氏门下。卫灵公去世之后，公子郢（卫灵公少子）拒绝嗣位，反而扶立了太子蒯聩的儿子姬辄，是为卫出公。

此时，为了瓦解齐国出面张罗的“反晋同盟”，赵鞅派兵护送太子蒯聩回国搅浑水。卫国忙着对付蒯聩的“还乡团”，自然无力再助齐反晋了。

蒯聩回国的过程也相当艰辛，他被国人拒之门外长达十二年，一直到公元前480年，在姐姐伯姬、外甥孔悝（伯姬之子）的策应之下，才赶走了自己的儿子卫出公，如愿坐上君位，是为卫庄公（为区别于先前的卫庄公，史称“卫后庄公”）。此是后话。

郑、宋互掐，卫国自顾不暇，齐国也就独木难支了，只能黯然撤兵。孤立无援的范氏、中行氏和赵稷遭遇惨败，赵稷死于非命，范吉射、荀寅举族逃亡去了齐国。至此，六卿时代宣告终结，晋国正式步入赵、韩、魏、智共同掌权的四卿时代。经历这场全面内乱之后，赵氏的势力非但没有被削弱，反而得到了进一步增强。在智氏宗主荀跞去世之后，赵鞅当仁不让地继任执政大臣之职，史载“赵名晋卿，实专晋权”。

至于眼巴巴地盼着取代荀寅而位列公卿的梁婴父，偏偏与赵鞅帐下的亲信董阏于相当不对付，还多次怂恿荀跞除掉此人。荀跞听信了梁婴父的谗言，指责董阏于挑起范氏、中行氏之乱（讨要五百户百姓，是董阏于出的主意），要求赵鞅依律将他处死，不能护短。赵鞅两面为难之际，替主分忧的董阏于选择了自缢抵罪。最终，赵鞅与荀跞达成和解：你想杀的人，已经死了；立梁婴父为卿的事儿，你也莫再提，莫再讲，咱们就算是两清了。

梁婴父作茧自缚，而卖族求荣的范皋夷也没落着好。早在范氏、中行氏落败之前，赵鞅就把这个不忠不义的奸邪之徒杀了。

最后来说素有“千年老二”之谓的齐国。

俗话说得好：“家家都有一本难念的经。”“共主”晋国深陷公卿倾轧而艰难自拔，在北方诸侯中稳坐第二把交椅的齐国，日子过得也很不容易。自第二次弭兵之盟以来，齐国所面临的处境基本上可以用两句话来概括：一是复霸之心不死，二是田氏的权势日渐膨胀。

咱们在前面已经说过，齐景公借投壶之戏与晋昭公撕破脸皮，复霸之心昭然若揭。此后，齐国采取一边打、一边拉的策略，仗势欺凌周边弱小诸侯（尤以鲁国为甚）的同时，还帮助宋国击退吴国的侵扰，支持卫灵公翦除内患。召陵之会，晋国在各方诸侯面前威严扫地；郢都陷落，楚国自身难保。眼瞅着两大“共主”陷入名存实亡的窘境，齐国又开始蠢蠢欲动了。

公元前503年，齐国邀集郑、卫会盟，打算另起炉灶。郑献公欣然赴约。卫灵公先前镇压内乱，得到过齐国的襄助，倒是想还齐景公这个人情，却遭到大夫们的强烈阻挠。众所周知，卫国与晋国历来关系密切，所以卫国的公卿们反对倒向齐国，也在情理之中。卫灵公难违众意，便派出亲信北宫结出使齐国，并暗中给齐景公支招，让他将北宫结扣下，再出兵袭扰卫国。卫国的公卿大夫们果然被这出双簧戏吓破了胆，卫灵公方才得以成行。至此，北方诸侯形成了两大阵营：齐、郑、卫联手对抗晋国和鲁国。随着两大阵营的较量日益激烈，终于发展为齐、晋正面交锋。

前文所述晋国内乱、齐国介入，是这场交锋的高潮。然而，原本占据上风的齐国在战略上出现严重失误，将郑国的世仇宋国拉了进来，由此引发一场窝里斗，卫国也被晋国使了阴招（助力蒯聩夺位），致使反晋复霸的大业再度劳而无功。说时运不济也好，命中本无也罢，“千年老二”的帽子，齐国还得继续戴下去。

齐国在晋国的面前始终难以翻身，丝毫不影响田氏坐大的传奇历程。从某种程度上说，君主越能“作”，田氏掌权的机会就越大。当年田桓子用大斗量出、小斗量进这类伎俩便可轻轻松松地收买民心，正是得益于高居君位的齐景公穷兵黩武，不恤百姓。用晏婴的话说，“公弃其民，而归于陈氏”，没有对比就没有伤害，这是顺理成章的事儿。

公元前523年，齐景公生了一场疟疾，一年过去仍然不见好转。有大臣提议拿两名祭司问罪，省得诸侯怀疑齐国奉鬼神不敬，使君主遭受病痛之苦。晏婴进谏说：“如果官府横征暴敛，大臣巧取豪夺，宠妾肆意劫掠，官吏恣意徇私，再多的祷告又有什么用呢？因此依臣之见，这事儿跟祭司没什么关系。”齐景公听过晏婴这番含沙射影的肺腑之言，方才有所悔悟，下令放宽管治，减轻赋税，免除债务。不过，从后面的实际作为来看（特别是出兵介入晋国内乱），齐景公并没有真正地吸取教训，其趁火打劫不成，反倒把自己搞得灰头土脸，百姓依然深陷于水深火热之中。

至公元前490年，齐景公长达五十八年的君主生涯终于画上句号，却因此引发了一场夺嗣之争。齐景公原本有嫡子，但业已早夭，受宠的芮姬倒是生了一个公子荼。公子荼乳名叫晏孺子，此时不足十岁，深得齐景公的宠爱。有一次，齐景公应晏孺子的要求，装作一头牛与之嬉戏。只见齐景公用嘴咬住绳子，让晏孺子牵着疯跑，晏孺子不慎摔了一跤，竟把齐景公的一颗牙拽了下来。齐景公顾不得自己满嘴的鲜血，反而上前抚慰嚎啕大哭的晏孺子，这便是“孺子牛”的典故。

父亲疼爱儿子天经地义，特别是老来得子，更是爱得疯狂。但齐景公如此钟爱公子荼，令诸位大夫备感忧虑：如果君主感情用事，册立公子荼为嗣，芮姬的地位低贱不说，生活作风也不太好，实在是有碍于观瞻。因此，齐景公在世的时候，诸位大夫便一再进谏，请求册立年长而贤能的公子为太子，怎奈齐景公的心里只有公子荼一人，对这件事始终不置可否。弥留之际，齐景公将公子荼托付给了国夏、高张两位上卿，并将其他公子全部赶出都城，安置在东面的边邑。

齐景公死后，刚被册立为太子的公子荼在国夏、高张的扶持下继承君位。群公子担心飞来横祸，连齐景公的葬礼都顾不上参加，纷纷选择外逃。此时的田氏宗主是田僖子（名乞，田桓子之子），利用诸位大夫对嗣立的不满情绪发难，结果导致高张被杀，国夏逃亡，上卿与君主共决政事的权力格局被彻底颠覆。随后，田僖子杀掉公子荼，将与自己关系最为密切的公子阳生（齐景公之子）迎回来嗣位，是为齐悼公，而田氏也得以在齐国独掌乾坤。

齐悼公主政的时间并不长，只有区区四年光景，谈不上有什么作为，只有一头一尾的两场闹剧。起头的闹剧，是他派兵前往鲁国抢老婆。当初，身为公子的齐悼公外逃鲁国避祸，迎娶了鲁国执政季孙肥的妹妹季姬。如今回国登上君位，自然要派人来接走。谁承想，季姬竟与叔父季鲂侯（季孙意如之子）私通，鲁国担心东窗事发惹出新的麻烦，不敢交出季姬。齐悼公不明就里，以为鲁国人反悔了，便派兵将季姬硬抢了回去。有意思的是，季姬来到齐国之后，非但没有因为私通而受到影响，反而深得齐悼公的宠幸。心系故国的季姬还吹了不少枕头风，让齐悼公主动归还了先前侵占的鲁国土地。

收尾的闹剧，发生在公元前485年。当时，在气焰上甚嚣一时的吴国联合鲁、邾、郯讨伐齐国。尽管这场战事规模不大，胜负也无碍于诸侯争霸的大局，却直接导致齐悼公死于非命。原来，田僖子力主杀晏孺子，迎立公子阳生的时候，鲍氏宗主鲍牧（鲍国的曾孙）便持反对态度，提醒田僖子勿忘齐景公当初“为孺子牛而折其齿”的事儿，不该违逆先君之意。然而，田僖子已经拿定了主意，鲍牧担心惹祸上身，勉为其难地跟着干了这一票。两年之后，齐悼公伺机翻出这笔旧账，将鲍牧诛杀，从此跟鲍氏结下了梁子。

就在齐国遭到诸侯围殴的当口，田僖子去世，田成子（名恒，田僖子之子）继任田氏宗主，当即怂恿鲍氏宗党发难，一举干掉了齐悼公，并迎立公子壬（齐悼公之子）嗣位，是为齐简公。齐简公上台伊始便提携宠臣阚止（又名监止），与田成子分任左、右相，分田氏之权。田成子屡次想除之而后快，却因齐简公、阚止以及鲍氏宗党的掣肘而未能得逞，只好继续韬光养晦，施展大斗量出、小斗量入的“祖传秘籍”笼络民心。时人以歌咏之，曰：“妪乎采芑，归乎田成子。”

创霸之路多艰辛

自打郢都落入敌手，楚国险些亡了国，只能自求多福。北方诸侯呢，这些年不是彼此纷争，便是搞窝里斗，忙得不亦乐乎。天下诸侯一个接一个沉沦衰微，无疑为雄心勃勃的吴国争霸于天下创造了绝佳契机。

吴国的霸业历经阖闾、夫差两代君主，归结起来讲，无非《史记·伍子胥列传》所载的三大武功：“西破强楚，北威齐晋，南服越人。”从时间的维度上看，“西破强楚”是吴国开启争霸之路的第一阶段，攻陷郢都、逼迫楚国将都城迁往鄀邑，足以令全天下的诸侯瞠目结舌。“北威齐晋”是霸业告成的第三阶段，咱们放到后面再说。而作为第二阶段的“南服越人”，是这场霸业的精华所在。

吴王阖闾从楚国退兵，镇压夫槩叛乱之后，马不停蹄地兴兵讨伐越国。一是为了报复越国先前的乘虚而入之举，二是想解除争夺霸权的后顾之忧。由于双方的实力悬殊，吴军此役可谓长驱直入，摧枯拉朽，就连越国都城会稽的城墙也被愤怒的吴军拆成了残垣断壁。

这场毫无悬念的报复之战还有一段神话般的插曲。据《史记·孔子世家》记载，吴军在越国获得一根人骨，有一辆战车这么长。吴国特意派人前往鲁国，向孔子讨教（实则炫耀），问天下什么人的骨头最长。孔子凭借自己的博闻广识，给吴国使臣讲了一段典故，说当年大禹在茅山会集诸侯、计功行赏的时候，巨人部落的首领防风氏姗姗来迟，被大禹枉杀并陈尸示众，防风氏身高达三丈，要说骨头最长，恐怕没人比得过他，他的一节骨头足有一车之长。吴国使臣为孔子的博学广识深深折服，不禁惊呼："善哉圣人！"

神话归神话，聊作谈资。不过数年光景，吴国的争霸之路便突然遭遇了严重的挫折。公元前496年，越王允常去世，阖闾借越国大丧之机，再度兵临城下。不料，初登君位的越王勾践率领军民拼死抵抗。尽管实力远不及吴国，又值大丧，但勾践并未屈服，反而用当年伍子胥、孙武在柏举之战中对付楚军的办法，安排一干罪犯列于阵前，表演举剑自刭的"行为艺术"。吴军士兵霎时懵了圈，越军突然鸣鼓出击，竟然大获全胜。特别是一位名叫灵姑浮的将领死缠着吴王阖闾不放，一戈戳中了阖闾的脚趾，顿时血流如注。阖闾虽然拼死得脱，终因伤重不治，一命呜呼。

创霸之路多艰辛，阖闾竟然在阴沟里翻了船，吴王夫差临危受命，闪亮登场。说起夫差这个人，还真是一言难尽，他在性格上呈现出来的多面性，归纳起来有三点：

其一，意志坚定。夫差背负杀父之仇继承君位，为了警醒自己，特意安排侍卫矗立于庭中，但凡见夫差出来进去，侍卫都要大声喝问："夫差！你可曾忘了越王杀你父亲？"夫差则掷地有声地回答："不敢忘！"在这一腔悲愤的激励之下，夫差嗣位伊始便委任伯嚭为太宰，朝夕必争地演练军队，旨在翦灭越国，告慰父亲阖闾的在天之灵。

其二，骄奢淫逸。当时，吴国除了武力压制越国，也在积极地向中原施加影响力，不断袭扰陈、蔡等二流诸侯。楚国尚处于恢复期，上下惊恐不安，唯独令尹公子申认为，没必要自己吓自己，夫差可比不了他的父亲阖闾。何出此言呢？公子申接着讲道："阖闾在位时勤俭创业，日常所居都是力求实用而严禁奢华，譬如吃饭不设两道菜，落座不铺两层席，房屋不建于高台，器皿无雕漆，宫室无亭台，车船无装饰，还时常抚恤百姓，与士兵同甘共苦。反观夫差，楼阁亭台一应俱全，宫女嫔妃充斥其间，沉迷于各种搜奇猎异，终日以享乐为务，视百姓如仇雠，恣意驱使。此等做派，将来必然会自取其咎，咱们怕他作甚？”

其三，生性叛逆。这一点主要表现在他与重臣伍子胥的关系上。阖闾临终时，除了嘱咐夫差勿忘杀父之仇以外，还将伍子胥封为“相国公”，这可是吴国的最高爵位，托孤之意显而易见。虽说换了君王，伍子胥倒还尽心辅佐，夫差却对这个先王指派的顾命大臣不屑一顾。虽说一朝天子一朝臣，但夫差做得确实太过。伍子胥诸多颇有远见卓识的主张，尤其是建议杀掉勾践以绝后患，都被夫差因人而废言，直接屏蔽掉了。正因为叛逆，夫差硬是将吴国往沟里带，最后落了个身死国灭的悲惨结局，实在是可惜又可恨！

会当凌绝顶

吴王夫差养虎为患，那是后来发生的事儿。就眼下而言，夫差化悲愤为力量，还是产生了相当显著的效果。

夫差嗣位的第二年（公元前494年），越王勾践听说吴国日夜整兵备战，要把越国往死里掐，顿时慌了手脚，全然不顾大臣范蠡苦口婆心的劝谏，执意举全国之力出兵伐吴，打算先发制人。结果呢，非但没制住，反倒败得一塌糊涂，数万大军灰飞烟灭，仅收拢五千残兵退守于会稽山。

因为自己的一时鲁莽，将父亲允常苦心经营的家底几乎败个精光，悔恨交加的勾践只好腆着脸问计于范蠡。范蠡坦言："为今之计，只有卑辞厚礼，向吴国请和。如果人家不答应，大王您恐怕还得拿自己做抵押，亲自前往吴国任人发落了。"

勾践没有强撑的资本，只能依计而行，派大夫文种出使吴国，寻求和解之道。头一回过去请和，文种便被伍子胥骂得狗血淋头。伍子胥告诉夫差，这是上天赐越予吴，如若不取，必反受其咎。然而夫差一时拿不定主意，没有当场表态。眼瞅着文种怏怏而归，勾践深感绝望，打算杀掉妻儿，焚烧宝器，亲赴疆场决一死战，却被范蠡、文种拦住了。文种表示，伍子胥那关过不了，也不打紧，吴国还有一个伯嚭呢！这个人贪婪成性，只要咱们肯出价钱，不愁他不合作。

抱着试一试的态度，勾践再度派文种出使吴国，给伯嚭奉送了八位美女和珠宝玉器若干。伯嚭拿人钱财，替人消灾，在夫差面前花言巧语了一番。夫差呢，这时候争霸心切，不想在奄奄一息的越国这里空耗精力与时日，于是不顾伍子胥的强烈反对，当即下令撤军，放勾践一马。伍子胥为此痛呼：“越国十年生聚，十年教训。不出二十年，吴国的宫殿必将成为一片池沼。”

夫差放过勾践这一节，在享有“地方志鼻祖”之誉的《越绝书》中，有着迥异于主流史料（《左传》《国语》）的说法。《越绝书》记载说，鲁国当时饱受齐国欺压，孔子派弟子子贡南下出使吴国，意图挑起吴、齐的矛盾，缓解鲁国的压力。夫差向子贡坦言，勾践虽然惨败而归，但此人吃得苦中苦，“内饰其政，外事诸侯”，有报复吴国之心，我得先把他灭掉再说。（在主流史料当中，这些话都是伍子胥的台词。）让夫差最终改变主意的，是子贡的一番说辞。子贡认为，救鲁是显名之举，伐齐是大利所在，岂能为了区区越国，误了“明诸侯以义”的大事？除了替夫差权衡利弊轻重，子贡还主动请缨，表示愿意亲自到越国走上一遭，说服勾践归服于吴国，化干戈为玉帛。来到越国之后，子贡直言夫差这个人“贪功名而不知利害”，劝勾践忍得一时之耻，必能等到夫差身死国灭的那一天。勾践听了子贡的话，方才主动服了软，向吴国请和，而夫差也借坡下驴，放过勾践，集中精力向北方谋求霸权。

事情的真相到底如何，一时难以断定，但不应否认，夫差此时没有对越国赶尽杀绝，确实有急于向北谋求霸权的考虑。

虽说暂且放过，夫差对越国依旧很不放心，后来责令勾践携文种、范蠡前往吴国效力。勾践明知此去九死一生，却不敢不从。在与家眷、臣属作别时，勾践举杯泪垂，不禁仰天长叹，一副悲戚之象。来到吴国之后，勾践卑躬屈膝，自称“东海贱臣”。然而，这一番惺惺作态并没有逃过伍子胥的火眼金睛。伍子胥不断进言，让夫差趁机结果勾践的性命，吴国从此便可高枕无忧了。可夫差既然先前放了勾践一马，此时就更不会杀他了，毕竟勾践已经臣服，贸然将他诛杀，岂不是让吴国落下一个不仁不义的名声？以后还怎么在诸侯界争大哥？越国君臣在吴国待了两年有余，表现得十分卑微，终于换得夫差的怜悯，得以全身而退。

“南服越人”告一段落，接下来便是逐鹿中原了。

吴国致力于经营北方，连通南北的陈国首当其冲。早在率兵攻陷郢都后，阖闾便曾派人召陈怀公（陈惠公之子）前来朝见。陈怀公不敢惹，但陈国的诸大夫认为，楚国对陈国有复国之恩（灭国之仇忽略不计），况且眼下的态势不甚明朗，还不知道谁吃了谁呢，不必急于改换门庭，屈从于强权却忘了道义。因此，陈怀公没有应召。三年之后，阖闾再召陈怀公。眼瞅着昔日靠山楚国自身难保，陈怀公只能硬着头皮，乖乖送上门来。阖闾记着上一回的仇，强行将他扣留，陈怀公最终死于吴国。

夫差搞残越国之后，数年之间，三番五次地讨伐陈国。楚国认为陈国这个小弟不可失，遂以豁出性命的勇气起兵相救，不料楚昭王竟病死于途中。孔子当时正游历于陈国，闻知楚国的仗义之举以后，称赞楚昭王“知大道”，之所以没有亡国，也在情理之中。

对于吴国而言，欺压陈国这样的弹丸诸侯不过是热热身而已，“北威齐晋”才是这一番争霸大业的应有之义。

齐景公去世之后，齐国主幼国疑，暗流涌动，正是“趁你病，要你命”的大好时机。夫差可不想错过这样的好机会，一面以武力逼迫鲁国结了盟（流亡吴国的公山不狃就是在此时拒绝提供帮助的），一面又召集民夫开凿邗沟，连通长江与淮水。这是最早见于史料记载的人工运河，总长约四百里。

一切准备就绪之后，夫差亲率大军北上伐齐。对此，伍子胥的意见很大，他认为凭借吴国目前的国力，过早地与北方强藩交恶，败了自不必说，即便胜了，也不见得是什么好事。夫差可没工夫搭理这个嘴碎话多的顾命大臣，带领鲁、邾、郯几个小跟班一拥而上，指望着再现父亲阖闾当年横扫郢都的荣光。

自第二次弭兵之盟以来，北方已经很久没有如此激烈的交锋了。此次吴、齐刀兵相向，也是中原在春秋时期的最后一次大规模战事。双方兵力相当，大约都是十万兵马，在齐国境内的艾陵（今山东莱芜）厮杀，史称“艾陵之战”。此役，夫差身先士卒，亲率三万精兵冲杀，将齐军截成了三段。齐军首尾难顾，大败而归，光是落入吴军之手的战车就多达八百乘。

“艾陵之战”胜负分明，夫差一战便威震中原，鲁、卫、宋纷纷归服，自此奠定了吴国的霸业。荣光与否不好说，这场仗打下来，却引发了两场悲剧。一是齐悼公被大夫鲍牧趁乱诛杀，齐国迎来了田成子、阚止共同主政的齐简公时代，这事儿在前面已经提及。二是伍子胥先前奉命出使齐国，深感自己前途暗淡，顺便将儿子一并带去，托付给了鲍牧。夫差在艾陵大败齐军之后，给了伍子胥不少白眼：要是当初听了你的劝，哪有今日之胜绩？伯嚭从中挑拨，说伍子胥里通外藩，先前将儿子托付给齐国人便是明证。夫差早就对伍子胥不耐烦了，如今有人举报，又是铁证如山，岂能饶了他的性命？为吴国的霸业立下汗马功劳的伍子胥就这样被夫差赐死。伍子胥愤然留下遗言，让门客们将自己的眼珠子挖出来，挂在朝向越国的都城东门，他要亲眼看一看越国是怎么把吴国灭掉的。夫差听得这话，发了雷霆之怒，下令将伍子胥的尸体扔到江中喂鱼。《越绝书》认为，夫差杀了伍子胥，吴国的好日子就算是到头了，从此走上了一条万劫不复的不归之路。

艾陵之战后的第三年，也就是公元前482年，夫差召集各方诸侯在黄池会盟，周天子也派大臣前来捧场，史称“黄池之会”。这是继召陵之会以来天下诸侯再度聚首，主题倒也简单，就是走个形式，确认一下新的盟主而已。

吴国借艾陵大胜之威召集诸侯，又自诩为王室之亲（始祖是周太王长子太伯和次子仲雍），表示要率先歃血。晋国偏偏冒出来反对，说姬姓诸侯当中，晋国为方伯，岂能屈居次席，暗讽吴国是往自己脸上贴金的山寨货。双方争执不下，到底闹出什么样的结果，史料的记载不尽相同。《左传》说晋国抢到了主盟，《国语》却说吴国拔得头筹。《春秋外传》进一步描述说，晋国被吴国的武力威胁吓破了胆，被迫尊奉吴国为盟主。《史记》呢，不同篇章里采信了不同的说法，也是两眼一抹黑。

事实上，无论主盟与否，吴国已经凭借“西破强楚，北威齐晋，南服越人”的硬实力称雄于江湖了。不过，夫差终究无福消受这般“会当凌绝顶”的无限荣光。黄池之会既让夫差实现了称霸中原的夙愿，也标志着这场霸业的彻底终结。来也匆匆，去也匆匆，真可谓倏忽之间已是冰火两重天。谁造就了如此尴尬的局面呢？正是屡次在夫差的屠刀之下侥幸得脱的“苦主”——越王勾践。

三千越甲，何以吞吴

蒲松龄笔下写过一副有名的自勉联，其中的下联是这样说的：“苦心人，天不负，卧薪尝胆，三千越甲可吞吴。”稍微有一些历史常识的人都知道，此联说的正是越王勾践。

平心而论，军事方面的硬实力也好，文化方面的软实力也罢，偏居于蛮荒之地的越国与吴国相比都要逊色许多。就凭这么一点家底，最后竟然灭吴创霸，勾践性格里吃得苦中苦的忍耐力与即便身处绝境也绝不轻言放弃的承受力，确实发挥了至关重要的作用。

当时有不少人，包括伍子胥、子贡，乃至吴王夫差本人，都对勾践超乎常人的“逆商”心存敬畏。越国的百姓们更是深有感触，采葛的妇女们就作歌咏颂勾践，其中有几句是这么唱的：

葛不连蔓棻台台，我君心苦命更之。
尝胆不苦甘如饴，令我采葛以作丝。

好一个“尝胆不苦甘如饴”！回想勾践当年因为一时鲁莽，数万大军被人家揍得只剩下五千，亏得范蠡献计，文种费尽口舌，方才逃过一劫。后来入吴为臣，堂堂的一国之君甘当奴仆，受尽屈辱（据说还亲口尝过吴王夫差的粪便），换来对手的怜悯之心，侥幸返回故国。昔年坐拥千里江山，如今却屈居在夫差划定的百里之地，几乎是白手起家了。试问春秋时期数以百计的国君中，何人能经受住此等炼狱般的煎熬，最后还能绝地反击？

除了在“逆商”方面卓尔不群以外，勾践以“十年生聚、十年教训”让越国满血复活，也离不开一群能臣竭力辅佐，这其中最著名的当属范蠡和文种。

范蠡本是楚国人，博学多才，只可惜出身贫贱，在这个以门第论英雄的国家没有用武之地和出头之日，很早便投奔到了越国。总的来讲，范蠡这个人既有“忠”又有“才”，楚国不能用，反倒便宜了越国，对楚国来说真是太可惜了。

先说“忠”的方面。应吴王夫差的要求，勾践携范蠡、文种前往吴国效力了两年。夫差对范蠡的能耐早有耳闻，一直想将他策反，坦言“仁贤不官绝灭之国”，勾践自身难保、前途黯淡，你范蠡是大才之人，何必自困于绝地，应该弃暗投明才对。在五次三番的威逼利诱之下，范蠡始终不为所动，甘愿跟随勾践住进石屋，充当奴仆，报答君主的知遇之恩。

再说“才”的方面。勾践被释放回国之后，处境依然十分凶险，但凡露出一丝心怀异志的迹象，惹得夫差一声令下，那可是说灭就灭的。但是，勾践日夜不忘一雪前耻，如何才能瞒天过海呢？范蠡出了个主意，说咱们还是先搞经济吧。一来打仗是花钱如流水的营生，没有丰厚的家底可不行，二来改善民生，吴国也抓不到什么把柄。

说到搞经济，就不得不提到一个神话般的存在。此人出身宋国，本为辛氏，名倪，号渔父，博学广闻自不必说，尤其擅长计算，又颇有一些不问世事的清高，时人称之为计然。计然游历到越国的时候，正值勾践困居会稽山卧薪尝胆，范蠡拜他为师，学了不少积财聚富之术，用于国则国强，用于家则家富。范蠡运用计然所授之术，劝农桑，务积谷，宽以治民，不出数年，越国百姓便得以安居乐业，呈现出一片祥和升平景象。

为了迷惑夫差，范蠡主持重建都城的时候，特意建了一个大城和一个小城。小城不堪一击，是修给吴国看的“样板工程”。大城虽是“干货”，但也残缺不全，在朝向吴国的一面没有修筑城墙。享有“沉鱼之容”美誉的越国浣纱之女西施（本名施夷光）也是在这一时期以身许国，被范蠡甄选出来送给夫差，充当烟幕弹和迷魂汤的。

在范蠡的光环之下，还有一个兢兢业业的文种。文种也是楚国人，还做过范蠡故乡的父母官，后来也是因为不堪忍受楚国的政治黑暗，投奔到了越国。尽管范蠡的才能过于突出，掩盖了文种的诸多功绩，但不应忽略，正是文种的外交努力为越国争取到了宝贵的喘息时机。再者，但凡有范蠡之处，文种几乎都是如影随形的，他说的一些话、做的一些事，是否一股脑地算进了范蠡的功劳簿，真的很难分辨。毋庸置疑，深得勾践信赖的文种，其功勋并不逊色于名气更大的范蠡，只是后来自恃功高，贪恋权势，缺乏范蠡那种“生死之外皆浮云”般的洒脱，最后落了个兔死狗烹的悲惨结局。

在范蠡、文种等人的鼎力襄助下，经过十年苦心经营，勾践终于重现江湖。黄池之会前夕，勾践趁着吴国大后方空虚，集结了将近五万大军（这也是越国的全部家底），兵分两路进逼吴国都城姑苏（今江苏苏州）。当时，夫差亲率大军北伐，滞留中原两年有余，太子友与几位大臣留守后方，既无提防之心，又无守备之资，很快就成了越军的俘虏。

正在积极筹备盟会的夫差接到后方传来的噩耗，为了指日可待的霸主虚名，竟亲手杀死七个前来报信的使者，以防消息泄露。在故作镇静地走完了会盟流程后，夫差日夜兼程，南下灭火。

为称霸的大业计，夫差并不打算与越国全面开战，将来之不易的霸主身份拱手让人。勾践这边呢，自忖以越国当下的实力，并不足以吃掉吴国。因此，双方通过外交斡旋，很快就达成了和解。

当然，和解不过是权宜之计，夫差一心想要在中原显名立威，殊不知越国这只“潘多拉魔盒”一旦打开，便没有再盖好的可能。自此，尝尽世间苦楚的勾践开启了自己的创霸之路，而贪图霸主虚名、不惜连年征战的夫差，在享受了一番烈火烹油的盛景后，即将吞下国力透支的恶果。

先不说中原那摊子事儿，仅仅着眼于南方，吴国就得面对两大劲敌：满血复活的越国，起死回生的楚国。楚、越两国又向来有联手抗吴的“传统友谊”，二者轮番上阵，吴国哪里招架得住？

从公元前480年开始，吴国几乎每年都有战事发生，不是楚国征讨，便是越国侵伐。特别是到了公元前476年，越国先是做出讨伐蔡国（此时已归服楚国）的模样，让吴国误以为越、楚交恶，接着伐蔡大军突然调转矛头，直扑吴国而来。吴军猝不及防，损失相当惨重，史载“散死者不可胜计”。昔年将勾践踩在脚底肆意蹂虐的夫差，如今也尝到了以卑辞厚礼向对手讨饶的滋味。

勾践收下厚礼，答应媾和，在稍事休整之后，次年又大举兴兵，将夫差死死地围困在姑苏城。夫差苦撑了三个年头，至公元前473年，自知翻盘无望，打算向越国称臣，却遭到勾践断然拒绝。在越国士兵的喊杀声中，盛极一时的强藩吴国就这样亡于昔日败将之手。

勾践倒也算仁义，打算留下夫差一条性命，将他安置在甬江以东。夫差悔恨当初不听伍子胥的肺腑忠言，以至于落到今天这个地步，还有什么脸面苟活于世，故而谢绝了勾践的好意，拔剑自刭而死。勾践下令将夫差收葬，并果断地杀掉了伯嚭这个吃里扒外的贪佞之徒。

乘着灭吴的威势，勾践开始着力于经营北方，不仅亲率大军渡过淮水，与齐、晋等诸侯在徐州会盟，还以盟主的身份向周王室纳贡。不想招惹是非的周天子做了一个顺水人情，册命勾践为方伯。勾践藉此走上人生巅峰，越国也迎来鼎盛时代，史载“越兵横行于江、淮东，诸侯毕贺，号称霸王”。

兴也勃，亡也忽

尽管与老牌盟主相比，勾践这个盟主的影响力打了不少折扣，但称霸这些年，倒也做了几桩实事。一是逞武力之威，以无道为由，将邾隐公轰下台带回越国，在邾另立新的君主。二是以盟主之名，强势介入卫、鲁两国内乱，只不过结果并不尽如人意，仅仅充当了收容的角色，为落败失势的卫出公、鲁哀公（鲁定公之子）提供了一个庇护之所而已。

为了便于控制中原，勾践更是将都城从偏居浙东的会稽北迁到了毗邻鲁、宋的琅琊（今山东临沂境内）。然而，任凭勾践如何雄心勃勃，现实终究是残酷而无情的。纵观整个春秋时期，勾践的这番霸业有“三宗最”：来得最快，去得最快，垮得最彻底。其兴也勃，其亡也忽，可以说是“来如春梦几多时，去似朝云无觅处”。

为什么偏偏是越国遭遇这样的局面呢？我觉得无外乎两个方面的原因。

其一，越国自身条件的限制。具体来讲，就是在文化上不被主流认可，在制度的顶层设计上没有与时俱进。

俗话说得好：“打江山容易，坐江山难。”只要拳头够硬，又得时运眷顾，开创一番霸业并不算太难。可是要想维系来之不易的霸业，不仅需要经济上和军事上的硬实力，文化上和制度上的软实力往往起到

“定海神针”的作用。如若缺乏这份内在的气质与涵养，终究难免昙花一现的残酷结局。

对于“草莽”出身的南方诸侯而言，文化恰恰是它们最大的软肋。当然，这句话的意思不是说南方诸侯没有文化，而是指黄河流域和长江流域两大文明尚处于融合初期，南方文化一直被排斥在中原的主流文化圈之外。就拿《诗经》来说吧，《风》《雅》《颂》三百余篇，囊括天下官风民情。王室、王城有《周颂》《大雅》和《王风》，公卿贵族有《小雅》，鲁国有《鲁颂》，宋国有《商颂》，晋、齐、卫、郑、秦、陈、曹乃至业已亡国的豳、桧、魏（西周时期分封的小诸侯），以及周公旦和召公奭的采邑，皆有各自的国风。主流诸侯均在其中，偏偏不见楚、吴、越的踪影。这并非因为南方三藩无风可采，无情可诉，而是因为中原人根本就不带他们玩！一直到战国时期，得益于先秦时代的大文豪屈原，楚国终于有了一部足以与《诗经》相媲美的《楚辞》。相比之下，吴、越文化几乎就是一片文化沙漠，只有一些零星散见于史料的歌咏勉强刷一下若隐若现的存在感。

说到制度，主要是指周王朝的两大立国之基——宗法制和分封制，这两项制度在吴、越也可以说是一片空白。尽管在王室以及中原诸侯当中，宗法制并没有得到严格的遵循，废嫡立庶、弑君而立的事儿时有发生，但无法可依远比有法不依还要严重得多。灭吴创霸之后，勾践大肆开倒车，搞分封，仅在吴国故地就封了不下十个大小藩王，“部落联盟”的痕迹再明显不过了。

需要说明一下，此分封并非彼分封！前面说过，周王朝的分封制是建立在宗法制的基础上，大宗等爵继承，小宗逐代递减，有削弱卿族、集权于中央的功效，只是在王室东迁之后逐渐失效。越国的分封呢，则毫无章法可循，各地藩王全凭实力论英雄，并不顾忌什么礼义廉耻。如此治国，岂能不乱？

其二，勾践性格狭隘，过河拆桥，致使越国很快就陷入了无人可用的境地。

范蠡拜“神人”计然为师的时候，曾打算将他举荐给勾践，计然执意不肯，当时就提醒范蠡说：“勾践这个人‘长颈鸟喙’，正所谓相由心生，必定是一个可与共苦、不可同甘之人。我不愿效力于他，你今后也要多长几个心眼。”

牢记师傅的谆谆教导，范蠡在功成名就之时毅然选择了急流勇退。他还写信给既是同僚又是挚友的文种，坦言“蜚鸟尽，良弓藏；狡兔死，走狗烹”，劝文种早做决断，免得惹来杀身之祸。文种其实并不傻，计然、范蠡心中不祥的预感，他也不是没有，但想到多年的艰辛与苦楚方才换来今日的荣华富贵，终究舍不下来之不易的权势与地位，侥幸心理逐渐占据了上风。一番纠结之后，文种做出了一个在常人看来难以理解的折中之举：选择留下，却称病不朝。

仅仅一年之后，范蠡一语成谶，勾践对文种起了杀心，安排他亲赴黄泉，替越国的先王谋划如何对付吴国的亡人。文种痛悔当初不听范蠡之言，接着又大笑说：“后世忠臣必以我为楷模！”伏剑而死。

至于范蠡的结局，有说他“浮于五湖，莫知其所终极”（“五湖”即今天的太湖），也有说他带着美色绝佳的西施归隐山野，过逍遥日子去了。其实呢，这不过是民间理想化的演绎而已。西施在吴国灭亡的时候沉江而死，这事儿早已有了公论。另据《史记·货殖列传》记载，范蠡离开越国之后，并非不知所终，而是辗转来到宋国陶邑（今山东荷泽定陶区）定居，化名“朱公”（后世称为“陶朱公”）。运用“神人”计然当年传授的经商之术，范蠡成为富甲一方的商界巨子，并结合实践经验，总结出了一套流传至今的经商理论，譬如研究供求与价格的关系，贱买贵卖，薄利多销，促使资金如流水一般周转等，被后世誉为“商圣”。

范蠡远走，文种屈死，给越国留下了难容贤才的恶名。别说外面的人不肯前来效力，越国本国人才也外流严重。无贤才可用，霸业从何谈起呢?

公元前464年，勾践这座“镇魔塔”轰然崩塌，越国局势愈发不容乐观。临终之际，预感到霸业难以为继的勾践其言也善，嘱咐继任的鹿郢（勾践之子）务必谨慎从事，莫学自己逞一时之勇，深受国力透支之害。鹿郢牢记父亲遗命，勉强维系了越国数年鼎盛。至盲姑（又称为不寿，鹿郢之子）嗣位，越国已从横行江、淮的泱泱霸主变回默默无闻的边缘诸侯。盲姑主政十年，竟死于太子朱勾之手。此番以子弑父的人伦惨剧，为后来“越人三弑其君”的黑暗时代开创了极其恶劣的先例。饱尝了无法（宗法制）可依的苦果，越国愈发衰落而散乱，最终覆灭于楚国之手。

第十三章 未尽的结局

从春秋到战国

《朝代歌》，相信很多人耳熟能详，其中有这么两句：“东周分两段，春秋和战国。”看起来简单明了，但要想把春秋和战国的分割线划出来，却不是一件容易的事。如果是改朝换代倒还好说，往往以旧朝覆灭之日作为分割（残存的流亡政权不算）。但春秋、战国法理上同处于东周时期，只是后世史学家根据时代格局与特征迥异做出的人为区隔而已。

如何划分春秋与战国，史家有着不同的说法。《史记》按照周王世系划分，以周元王元年（公元前476年）作为“六国时事”（即战国时期）之始，《资治通鉴》则以周天子册封赵、韩、魏为诸侯（公元前403年）开篇，都彰显出“尊王”的正统观点。

正史之外，也会依据享有“冠名权”的鲁国国史——《春秋》，给春秋时期设置终止符。这种方式存在两个时间：一是孔子编修的《春秋》，绝笔于公元前481年；二是左丘明编撰的《春秋左氏传》（简称《左传》），纪事止于公元前468年。

两个年份各有什么含义呢？先说公元前481年。这一年，鲁哀公外出狩猎，捕获了一只怪兽。孔子认得此物，说它正是传说中的麒麟。在神话故事当中，麒麟可是祥瑞之物，孔子却不是这么理解的。他认为，当今天下，王室衰微，礼崩乐坏，哪里还会出现什么祥瑞呢？再者，据说孔子出生之前世间也发现过麒麟，如今重现，似乎预示了一代先圣命不久矣。感伤于时代与个人的命运，孔子提笔写下几句话："唐虞世兮麟凤游，今非其时来何求？麟兮麟兮我心忧！"还感慨说："凤鸟不至，河不出图，洛不出书，吾已矣夫。"身处君王不明、世事不清之境却无可奈何，于是绝笔于此。两年之后，孔子溘然长逝。

再说公元前468年，这是鲁哀公在位的最后一年。说到鲁哀公，其实命运挺悲催的。他饱受"三桓"的欺压，连册立谁做太子，都要看别人的脸色。后来，他执意册立宠妾所生的公子荆为太子，"三桓"很不愉快，认为公子荆出身卑贱，全靠生母的枕头风上位，难堪其任。当时正值越王勾践称霸，鲁哀公亲自前往越国，向勾践请兵伐"三桓"。勾践倒是想送他一个人情，顺便提升一下霸主的威望，但考虑到事关重大，牵一发而动全身，单凭越国的实力难以应对不可预知的复杂局面，只能好说歹说，把鲁哀公劝回去了。

鲁哀公从越国回来的时候，季孙肥与仲孙彘（即孟武伯）两位宗主前往南部边境的五梧（今山东平邑附近）迎接，鲁哀公主持宴会，没想到席间闹了一点小摩擦。当时，仲孙彘跟一位大臣开玩笑，问几日不曾见，怎么胖了许多？未待这位大臣搭腔，憋着一肚子火的鲁哀公登时怼了一句："食言多矣，能无肥乎！"成语"食言自肥"便来源于此，暗喻仲孙彘乃至整个"三桓"都不守信用。

此事过去两个年头，到了公元前468年，鲁哀公与"三桓"之间的矛盾并无半点缓和的迹象，反倒愈演愈烈。这一年，季孙肥去世，鲁哀公又动起了借诸侯之力翦灭"三桓"的心思。可还没等他采取实质性动作，"三桓"便先发制人，出兵攻打鲁哀公。鲁哀公被迫亡命天涯，所幸得到越国的收留，最终客死他乡。"三桓"改立其子宁为君，是为鲁悼公，史载"鲁如小侯，卑于三桓之家"。

总而言之，《资治通鉴》认三家跻身诸侯为始，《春秋》以“西狩获麟”为终，强调的都是象征意义。《史记》从周元王始记六国之事，《左传》则绝于鲁哀公逃亡，都具有一定的随机性。对于春秋与战国这两段特殊的历史时期而言，象征与随机地划分未免有些简单粗暴，其原本就是循序渐进的过程，并没有一个清晰而明了的跃迁界线。

从春秋到战国，虽然没有一致认同的分割线，但我们可以通过分析时代演进的过程发现一些端倪。

先说经济方面。西周王朝以及春秋时期，主要的经济基础是所谓的“井田制”。“井田制”源自于原始村社，通过整齐地划分田地来保障族群的基本生活。在这一制度下，农户对土地只有耕种权而没有所有权。由于田地有优劣之分，所以为了公平起见，还要定期（譬如三年）在农户之间轮换耕种。

进入春秋中、晚期，传统井田的生产日益没落，而农户独享所有权的私田日益增多。在经济利益的驱使下，在分封制和宗法制当中发挥骨干作用的国人阶层，通过妥善经营与强行兼并逐步控制了大面积私田。规模小的自行耕种，成为小农；规模大的雇佣平民，成为地主。眼瞅着井田制难以为继，执政者为了解决赋税缺口，只能顺应时势，推行税亩制度，既向私田征了税，也在事实上承认了占有私田的合法性。随着私田的税赋成为官府财政收入的主要来源，小农经济逐渐取代井田制，成为各地诸侯乃至东周王朝的立国之基。

经济基础发生变化，上层建筑也没办法“独善其身”。井田制瓦解，国人成为地主或者小农，各自忙活开来，循周礼、尊周王、重祭祀、强宗族的理念便失去了生存的土壤，呈现出“邦无定交，士无定主”的混乱态势。在诸侯内部，贵族阶层从上到下，相互兼并与倾轧；放眼天下，诸侯动辄以武力相抗衡，全然以实力论英雄，纷纷变身为纯粹的战争机器，所以它们又被称为“战国”。“战国”两个字原本代指无战不欢的各方诸侯，至西汉时期刘向编撰的《战国策》面世，便被史家用来冠名这一历史时期了。

从这个角度理解，春秋演进到战国，其本质是诸侯从谋求盟主之位蜕变为战争机器。对于当时的主流诸侯（晋、齐、楚）而言，这一蜕变过程比较集中，大致从越王勾践称霸算起，至三家分晋、田氏奠定了代齐基础便基本告成，也就是公元前473年至公元前453年这二十来年之间。

十年图治，重出江湖

先来说一说楚国的情况。

柏举战败、郢都陷落，令楚国元气大伤。不过幸运的是，接踵而至的吴、越纷争，倒让楚国赢得了喘息的机会。楚昭王痛定思痛，公子申励精图治，硬是将命悬一线的楚国从死神手里拉了回来。

从楚国撤军之后，吴国先是集中力量对付越国，接着又向北发展谋求霸权，楚国面临的压力骤减，就一边医治创伤，养精蓄锐，一边恃强凌弱，欺压小国。譬如扬言要征讨蔡国，报其助吴攻楚之仇，搞得蔡昭侯惶恐不安了好一阵子。还有原先归附于陈国的顿国反水，倒向了晋国，陈国投鼠忌器不敢惹，楚国替小弟出头，直接出兵将顿国从地图上抹掉了。

公元前494年，经过十年励精图治，楚国终于重出江湖，开场第一炮就打向了积怨已久的蔡国。蔡国势单力薄，只能任由楚国摆布，相当不情愿地迁至长江、汝水之间。隔了一年，蔡国又向吴国求援，动迁到濒临淮水的州来，躲楚国远一些，在吴国的庇护之下勉强求得生存。君主这么搬来搬去的，可把蔡国的大夫们惹恼了。明面上呢，叫作故土难离，但往内心里说，人生地不熟，难免要重新洗牌。在这个世界上，最不愿意折腾的便是既得利益者。为了避免总是搬家，大夫们串通一气，暗中指使贼人将蔡昭侯刺杀，改立其子为君，是为蔡成侯。

武力征服蔡国之后，楚国打起“攘夷”的旗号北出方城，兵逼京畿之地，要趁着晋、齐两大强藩一时还顾不上，增强自己在中原的影响力。

楚国的复兴大业看似蒸蒸日上，但好景并不长。公元前489年，楚昭王在率兵救陈途中病死。临终之际，楚昭王打算让位给公子申，却遭到对方严词拒绝。公子申、公子结、公子间等几位公子（都是楚昭王的兄弟）一合计，扶立了公子章（楚昭王之子），是为楚惠王。

楚昭王去世，楚惠王新立，稀松平常的一次新老交替，却为几年之后的“白公之乱”埋下了祸根，致使楚国的复兴之路遭遇了严重的挫折。

“白公”不是别人，正是当年流亡在外的太子建之子熊胜。太子建当年逃亡到郑国，受晋国人的蛊惑充当内应，结果被郑国人发觉并果断处死，伍子胥便带着他的儿子熊胜逃奔去了吴国。楚惠王嗣位之后，本着了结这场恩怨的初衷，采纳令尹公子申的提议，派人将熊胜接了回来，封他做了巢大夫，其封地在白邑，所以又被称为“白公”。

对于接回白公这件事儿，沈诸梁（沈尹戌之子，号“叶公”）觉得很不妥当。他认为，白公这个人“好勇而阴求死士”，纯属招祸之媒，避之犹恐不及，咱们还主动把他接回来，这不是自找麻烦吗？楚惠王没有听沈诸梁此番大放厥词，但沈诸梁似乎继承了父亲沈尹戌“乌鸦嘴”的优良基因，竟然说什么来什么，一语成谶。

白公回到楚国之后，一心要报杀父之仇，三番五次地怂恿公子申出兵讨伐郑国。耐不住他的软磨硬泡，公子申勉强应承下来。然而尚未出兵，却被晋国抢了先手。郑国挨了晋国的揍，转身向楚国求援。公子申以楚国的利益为计，一时顾不上白公的私怨，原本派去伐郑的队伍，摇身一变成了救兵。白公认为自己被人当成猴子耍了一把，便迁怒于公子申，还扬言要取他的性命。公子申不以为意，极尽蔑视地讲了一句很直白的话：“胜如卵耳，何能为也？”

事实证明，公子申轻敌了。等到晋国再度讨伐郑国、公子申继续伸出援手的时候，这颗闷雷终于在一瞬间憋炸了。白公带着豢养的一群死士闯入朝堂，将令尹公子申、司马公子结当场诛杀，并胁持了楚惠王，史称“白公之乱”。

白公想一刀捅死楚惠王了事，临场却踌躇难定，便下令先将他软禁到别处去。转移途中，楚惠王在侍从的帮助下侥幸逃脱，前往母亲居住的宫中躲避。白公鸠占鹊巢，自立为王，身在叶邑的沈诸梁亲率国人平乱。白公不敌，在败亡途中自尽，楚惠王这才得以复位。

“白公之乱”时，陈国有过不少趁火打劫之举。因此在平定内乱之后，楚惠王果断出兵报复，诛杀了陈滑公（陈怀公之子），再以其故地设县，复国五十余年的陈国至此灭亡。

清除内部隐患之后，楚国终于走上了复振雄风的快车道。先是令尹公孙宁（公子申之子）击溃来犯的巴人，接着沈诸梁率兵横扫东夷。勾践灭吴创霸之际，起死回生的楚国已经东侵至泗水一带。越国惧其三分，主动将淮水以北拱手奉送给了楚国，省得对方出兵来抢，惹出新的麻烦。勾践去世之后，越国的形势急转直下，楚国周边再无强手，终于重回“南方第一强藩”的江湖地位，得以跻身“战国七雄”之列。

座次之争何时休

再来看北方两大强藩——晋国和齐国的纠葛。

中原诸侯之中，数一数二的自然非晋、齐莫属。正所谓“一山难容二虎”，自晋文公争霸以来，这两大强藩的纠葛便远多于合作，可以说是积怨甚深的一对冤家，非要争出个孰一孰二来。即使同处内部公卿夺权的战略转型期，晋、齐还是在铆足劲地明争暗斗，面对南方诸侯崛起，吴、越相继创霸的危急形势，双方激烈交锋的态势依然没有在根本上得到缓和。

晋国方面，在平定范氏、中行氏之乱后，剩下的四家公卿大快朵颐，相互倾轧之势稍微有所收敛。此时的晋国轻装上阵，表现得异常活跃，不仅对邻近的卫国、鲜虞大举讨伐，还兴师侵扰到了齐国境内。黄池之会，晋国认为自己是老资格，国力又比较雄厚，与初来乍到的新秀吴国争得面红耳赤。吴王夫差受到越国的掣肘，在满足了一番虚荣心之后匆匆而去，坐霸主之名而无其实，北方诸侯还是得看晋国的脸色行事。

齐国方面，在齐景公去世之后，内部一度动荡不安，外部又受到吴、鲁两国联手压制，晋国也不时出兵袭扰，处境十分艰难。公元前481年，即黄池之会后第二年，齐国继鲍牧弑君之后又发生了一场内乱。内乱的根由其实不必追溯得太远。鲍牧杀掉齐悼公之后，齐简公上位，安排宠臣阚止与田成子平起平坐，分任左、右相，当时便有大臣建言此二人万万不可并立，否则后患无穷，劝齐简公早做决断。

齐简公何尝不知道这种“非稳态平衡”绝非长久之计，他的心思很明显，打算用阚止取代田成子。然而，田氏毕竟在齐国苦心经营了太久，从两百年前避祸于此的陈完算起，到田成子已经是第七代了，可谓根深叶茂、盘根错节。齐简公一时难以下手，又不甘于完全妥协，只能小心翼翼地维持现状。

尽管齐简公有足够的耐心，但不愿屈居第二的阚止等不及了，不断找田氏族人的茬，还以爵禄为诱饵，策反田氏家族中一些郁郁不得志的旁支小宗。田成子可不是吃素的，号集族众亲兵攻打阚止。最终，不仅阚止死于非命，可怜的齐简公也被“搂草打兔子”一并拘杀。田氏改立公子骜（齐简公的弟弟）为君，是为齐平公。

为了堵住各方诸侯的嘴，防止外部势力武装干涉，田成子摇身一变成为“散财童子”，尽归鲁、卫被侵之地，重金贿赂晋国公卿，还派人南通吴、越，同时他“修功行赏，亲于百姓”，重新独享齐国执政大权，史载“齐国之政皆归田常”。后来，田成子利用一家独大的权势尽诛鲍氏、晏氏、监氏等公卿大族，公然为自己增扩采邑，甚至比齐平公直接控制的地盘还要大。

随着国内局势趋于稳定，齐国与晋国的争端也进入了白热化阶段，首先是围绕着卫国产生纷争。

论实力，卫国只能屈居二流，但要论戏份，卫国往往是不甘人后的。前面说过，太子蒯聩被卫灵公驱逐出境之后，尽管有晋国在背后撑腰，依然被国内的政治势力拒之门外长达十二年之久。直至公元前480年，蒯聩才在姐姐伯姬、外甥孔悝的帮助下杀了一个回马枪，将自己的儿子卫出公赶走，如愿成为卫国国君，是为卫后庄公。

事情暂且告一段落，但混乱的局面远未终结。卫后庄公这个人特别记仇，想起自己流亡在外的苦楚，直恨得牙痒痒，所以上位伊始便对列位臣属大开杀戒。朝野上下一片哀鸣，甚至襄助他回国抢君位的外甥孔悝也触了霉头，眼看难以自保，孔悝仓皇逃亡去了宋国。

卫后庄公对内睚眦必报，对外则是忘恩负义。当年晋国鼎力支持他回国夺位，虽说是出于维护自身利益的考量，但对于卫后庄公本人而言，无疑是帮了大忙，从为人处世的基本礼节来说，总还是要在情面上表一表姿态的。然而，卫后庄公并不作如此想，他认为自己之所以流亡在外这么多年，一怨国内大臣不晓事，二怨晋国这个外援不尽力。（真是升米恩、斗米仇啊！）因此，当晋国兴致勃勃地召卫后庄公前来朝见时，竟然遭到他严词拒绝。

在晋国看来，卫后庄公就是一只活脱脱的白眼狼，于是大举兴兵讨伐，教他怎么做人。齐国应卫国的请求出手相救，将晋军挡了回去。时隔不久，晋军卷土重来，卫国的大夫们趁机将卫后庄公驱逐，藉此与晋国请和。在扶立了公孙般师（卫襄公之孙）之后，晋军便打道回府。谁承想，晋军前脚刚走，卫后庄公竟然杀了一个回马枪。公孙般师的屁股还没坐热便仓皇出逃。卫国的大夫们可不答应，刚刚脱离了苦海，岂能再吃二遍苦，遭二茬罪，于是群起而攻之，杀掉卫后庄公，迎回了公孙般师。

卫后庄公能够那么强横，并非自己能耐大，而是背后有齐国撑腰。如今卫国变了天，由晋国扶立的公孙般师主政，齐国岂能坐视卫国被劲敌收入囊中？于是，齐国也出兵干涉，拘捕了公孙般师，将其另行安置，改立公子起（卫灵公之子）为君。

公子起的命运跟公孙般师一样悲催，齐军刚走，他便被国人驱逐，只好灰溜溜地投奔了齐国。公子起难以服众不要紧，齐国人还有后手，当初被父亲蒯聩撵走的卫出公此时正流亡在齐国。齐军护送卫出公回国复位，卫国这才勉强安定下来。然而好景不长，卫出公只过了七年安生日子，便在公元前470年遭到公卿驱逐。公子黔（卫灵公之子，卫出公的叔父）自立为君，是为卫悼公。卫出公动身前往越国，请霸主勾践出面主持公道。越、鲁、宋于次年出兵护送卫出公回国复位，却遭到卫国强硬抵抗，只得悻悻作罢，卫出公最终客死越国。

齐国强势介入卫国内政的时候，晋国正处于四卿争权的关键时期。公元前476年，执政大臣赵鞅去世，由智氏宗主荀瑶（荀跞之孙）继任其职。次年，晋定公去世，其子姬凿继承君位，是为晋出公。国君、执政新老交替之际，翦灭范氏、中行氏之后的短暂平和局面彻底打破，四家公卿忙着重新洗牌，一时难以外顾。而楚国国力虽然有所复振，依然顾忌吴、越在背后使坏。在这种形势下，大权独揽的田氏开始谋划在诸侯之中树立威势，以齐国的名义召集诸侯会盟。

诸侯会盟可不是请客吃饭、下趟馆子，得找一个像模像样的理由才行。齐国方面表示，此次会盟并非谋一己私利，而是出于公心道义。什么道义呢？郑国先前挨了晋国的欺负，咱们得替它报仇！有意思的是，齐国义愤填膺的同时，作为受害者、受援者的郑国，却婉言谢绝了诸侯们出手相助，说自己与晋国并无恩怨，谨防惹火烧身，好说歹说，总算把诸侯联军劝了回去。

这场盟会把齐国搞得尴尬不已，更惹恼了无端“躺枪”的晋国，于是晋国两度兴兵讨伐齐国。公元前468年，晋国兴师伐郑，齐国出兵相援，两边的主帅临阵还打了一场口水仗。晋军主帅荀瑶派人告诉田氏宗主田成子：“你既然是陈国宗室的后裔，而陈国灭亡乃郑国之罪，现如今怎么能背祖助仇呢？”田成子一听就乐了：说你荀瑶没见识，你偏说你读过书。陈国灭于楚国之手，天下人皆知，关人家郑国什么事？虽说是胡搅蛮缠，也得找一个稍微靠谱一点的理由吧？

田成子派人回敬荀瑶说：“多陵人者皆不在。”像你这种恃强凌弱、仗势欺人的做派，早晚是要挨收拾的！当时谁也没有意料到，田成子竟然一语成谶，十五年之后预言成真，荀瑶不仅自食恶果，还引发了一场具有划时代意义的强烈地震，史称“三家分晋”。

开启新征程

荀瑶这个人，在史料记载当中颇具两面性，一面是名声很臭，另一面则是谋略过人。

早在荀瑶的父亲荀申（荀跞之子）在世的时候，有位名叫荀果的族人曾给荀瑶做了一个“五贤一不肖”的评价。“五贤”，说的是颜值、骑射、才艺、口才文采和意志，样样卓越；“一不肖”，说的是人品，“甚不仁”！当时，荀申打算册立荀瑶为世子，荀果据此认为，如果将来是这么一个货色当家，那么智氏之亡指日可待矣！

荀申认为荀果这番话是危言耸听，并没有加以理睬。事实证明，继任智氏宗主、执政大臣的荀瑶还是很有一番能耐的。譬如公元前458年讨伐白狄的仇由国，考虑到道路崎岖，易守难攻，荀瑶并没有硬着头皮强攻，而是另辟蹊径，铸造了一口大钟，说是要送给仇由君主。仇由国君果然中计，赶紧召集民夫开山架桥，迎接这份厚礼。国中有大臣提醒他说，荀瑶这个人贪婪而不讲信用，如此慷慨布施，其中必有奸诈。仇由国君见利而脑残，执意开路迎钟，结果道通之日，也是晋军讨伐之时，仇由至此灭亡。

仗着自己能力强、权势大，荀瑶对赵、韩、魏三大公卿向来是不屑一顾的，这些年来彼此龃龉不断。就拿赵氏来说吧，继赵鞅之后继任赵氏宗主的人名叫赵无恤。他是赵鞅的儿子不假，但生母是翟国的婢女，地位比较低，原本与世子无缘。据说，一位擅长面相的术士见到赵无恤之后，信誓旦旦地认定此人有将军之才，至于赵鞅的其他儿子，则都是些平庸无奇之辈。赵鞅抱着将信将疑的态度，开始关注这个不显山、不露水的庶出小儿。后来，赵鞅给几个儿子出了一道考题，让他们去常山（今河北阜平附近的古恒山）寻宝。几兄弟乘兴而去，大多败兴而归，惟独赵无恤胸有成竹，说自己找到宝了。赵鞅见他空着两只手，便问宝从何来。赵无恤回答："从常山远望，代国唾手可得！"赵鞅大喜过望，竟然真的是这个出身卑微的庶子猜中了哑谜，洞悉了自己的良苦用心。随后，赵鞅废掉了伯鲁的世子之位，改立赵无恤为自己的接班人。

公元前464年，荀瑶、赵无恤率兵攻打郑国。郑国不敢硬顶，打开城门迎降请和，两人担心有诈，为到底谁先进城发生了口角。荀瑶要起主帅的威风，破口大骂赵无恤，说他"恶而无勇"，难当宗主之位。赵无恤反唇相讥，说自己能忍一时之气，所以无害于赵氏，暗讽荀瑶人狂必生祸。

几年之后，荀瑶讨伐中山，凯旋时宴请三位公卿于蓝台（今山西定襄附近）。宴会上，荀瑶借着酒劲，当众给韩虎（韩不信之孙）及其谋臣段规难堪，搞得两人下不来台，二人自此衔恨在心。

至公元前455年，贪婪成性的荀瑶终于给自己惹来了大麻烦。当时，荀瑶先后找韩虎、魏驹（魏侈之子）索要地盘。两位宗主都想给荀瑶一个大耳刮子，但韩氏谋臣段规和魏氏谋臣赵葭英雄所见略同，都想到了"将欲取之，必先予之"的道理。直白一点说，单凭韩氏、魏氏的实力与智氏较真，无异于以卵击石，应当想办法让智氏与赵氏交恶。荀瑶这个人贪得无厌，在韩、魏两家尝到了甜头，当然也会想让赵氏出点儿血。赵无恤是什么人，岂会让他得逞？荀瑶在赵氏吃了瘪，断然不会善罢甘休。一旦智氏、赵氏两家闹将起来，韩氏和魏氏便可见机行事了。

果不其然，荀瑶的无理要求被赵无恤硬怼了回去。荀瑶盛怒不已，操起家伙就上去了，邀合韩、魏两家，将赵无恤围困于晋阳长达三年之久，史称“晋阳之战”。

眼瞅着晋阳危在旦夕，赵氏谋臣张孟谈潜出城外，在韩、魏两家的宗主和谋臣面前，大谈一番唇亡齿寒的道理。韩、魏深知荀瑶的为人，更钦佩赵氏的顽强，于是倒戈，与赵氏里应外合击败荀瑶，杀其族众二百余口，并将其采邑悉数瓜分，标志着晋国正式进入三卿时期。对于荀瑶咎由自取的灭族惨剧，司马光在《资治通鉴》中丝毫不留情面地评论说：“自古昔以来，国之乱臣、家之败子，才有余而德不足，以至于颠覆者多矣！”

三卿鼎立形成了新的平衡，公卿之间的相互倾轧有所缓和，但晋国君主可就惨了。智氏被灭的第二年，也就是公元前452年，晋出公不堪忍受三卿欺压，奋然逃奔去了楚国。国人立晋昭公的曾孙姬骄为君，是为晋敬公（另作晋懿公、晋哀公）。

晋敬公在位十八年，可以说是毫无建树，至晋幽公（晋敬公之子）新立，公室反倒要去朝见韩、赵、魏的宗主，而晋国的地盘也被三家瓜分殆尽，留给君主直接控制的只剩下都城绛邑和“老根据地”曲沃。

公元前403年，周天子（当时是周威烈王）册封韩、赵、魏为诸侯，新的时代正式开启，在春秋时期叱咤风云的晋国业已名存实亡。公元前349年，晋国的最后一任君主——晋静公被韩氏刺杀，昔日的老牌霸主至此绝祀。

智氏被三家所灭的同一年（公元前453年），独掌齐国大权的田成子去世，由其子田盘继任相国，是为田襄子。此时，田氏在齐国的地位已经无可撼动，田襄子上台伊始，便将都邑大夫全部换成了自家兄弟与族人，从而对齐国实施全方位的掌控。

公元前391年，田氏宗主田和（田盘之孙）以齐康公（齐平公之孙）

“淫于酒、妇人，不听政”为由，强行将他迁到濒海的边邑安置。公元前386年，在魏国君主魏文侯的襄助下，鸠占鹊巢的田和被周天子正式册封为诸侯，“借壳上市”大功告成，是为齐太公。公元前379年，齐康公去世，吕氏齐国至此绝祀。齐国的名号虽存，却已经是田氏的天下了。

楚国复振、三家分晋、田氏代齐，随着主流诸侯相继完成蜕变，春秋时代终于画上了沉重的休止符。放眼天下，一台台战争机器蓄势待发。前路漫漫，又将是一场场无休无止的纷争。

未尽的结局是新征程的开始！

附录一　春秋霸主龙虎榜

争霸时代业已终结，但春秋时期到底出现过多少位霸主？这个问题貌似不难回答，“春秋称五霸”“战国论七雄”，我们耳熟能详。不过，若要问到底是哪五霸，情况就复杂起来。据不完全统计，春秋五霸至少有以下七种说法（以作者年代为序）：

一、齐桓公，晋文公，楚庄王，吴王阖闾，越王勾践。（战国·荀况《荀子》）

二、齐桓公，晋文公，秦穆公，楚庄王，越王勾践。（西汉·王褒《四子讲德论》）

三、齐桓公，晋文公，秦穆公，楚庄王，吴王阖闾。（东汉·班固《白虎通》）

四、齐桓公，晋文公，秦穆公，宋襄公，吴王夫差。（唐·颜师古《汉书注》）

五、齐桓公，晋文公，秦穆公，楚庄王，宋襄公。（唐·司马贞《史记索隐》）

六、齐桓公，晋文公，晋襄公，晋景公，晋悼公。（清·全祖望《鲒崎亭集外编》）

七、齐桓公，晋文公，秦穆公，楚庄王，郑庄公。（近代·朱起凤《辞通》）

孰是孰非，各有各的道理，咱们不妨撇开“五霸”的数量之限，列出一份春秋霸主龙虎榜。至于谁龙谁虎谁充数，就留给读者诸君仁者见仁、智者见智吧！

准霸主：郑庄公

凭借助力周室东迁之功，过了一把霸主的瘾。怎奈王室威严尚存，自身实力平平，影响力有限，勉强够得着称霸的门槛，承认他的诸侯并不多。

好景不长，或许是老大做久了影响智商，他竟然出手痛打自己的政治靠山周天子，在王室威严扫地的同时，已成无根之木的郑国也被掀翻进了沟中。

正霸主：齐桓公

俗名公子小白，其实一点也不“白”，率先竖起尊王攘夷的大旗。平鲁、救邢、存卫三大功，让中原免于夷狄之祸，尽管最后关头在狄族面前认了怂，依旧不失为顶天立地的好男儿。

孔子说他“正而不谲”，他真心实意地维护王室权威，从来不掺假水，不玩心眼，堪当一个“正”字。怎奈晚年遇人不淑，择人不明，一代霸主竟被活活饿死于宫中，令人叹息！

假霸主：宋襄公

“山中无老虎、猴子称大王”这句俗语，用来形容宋襄公再合适不过了。他的人生经历告诉我们：实力不行、想法太多，还要付诸行动，往往是会吃大亏的。泓水一战，宋襄公被打上了愚不可及的烙印，从此沦为天下人的笑柄。

野霸主：楚成王

论实力，楚国未必比齐、晋差到哪里去，但这就好比政治没考过线，总分再高也读不了研一样，立足于跟王室作对，注定了他与江湖公认的霸主之位无缘。虽说没名没分，但不能否认他凭借实力与魅力，曾经在中原招纳过不少马仔。当然，他最终还是受到“猪队友”[①]的连累，城濮一战，前功尽弃。

偏霸主：秦穆公

既生晋，何生秦，对于秦国而言，晋国的存在就是为了添堵。秦国被堵得没了念想，怀疑人生之余，只能在征伐西戎的激情岁月中寻求些许成就感。“益国十二，开地千里”，偏是偏了一点，目测至少是中原的“七环”之外，但终究还是尝到了一点做老大的滋味。

诡霸主：晋文公

公子重耳在流亡十九年之后成功逆袭，充分诠释了什么是“天降大任于斯人”。城濮一战树威名，解救中原王室与文明于倒悬，说彪炳千秋也不为过。然而，他为人既奸诈又狡猾，尊王流于形式，攘夷则是因

① 指在城濮之战中惨败的楚国令尹、楚军主帅成得臣。

为受到“狼队友”[①]苦苦相逼。孔圣人对他的评价是“谲而不正”。他诡诈有余，正派不足，更是开了“以臣召君，不可以训”的恶劣先例，惹得孔子他老人家很不高兴。

续霸主：晋襄公

典型的“霸二代”，但绝非纨绔之徒，值得称道的战绩是收拾了秦国和白狄，唯独对楚国一宽二松三柔软。要说他最大的缺点，还是耳根子不够硬：文嬴要求放人，他照做，结果帮了秦国大忙；先克、阳处父建议换将，他还是照做。这些埋下的闷雷后来相继引爆，直至将堪称“春秋第一诸侯国”的晋国炸得粉身碎骨。

贤霸主：楚庄王

别人做君主是享福，他这个君主却做得胆战心惊。“斗克之乱”如同当头棒喝，群舒反叛大刷存在感，尽管有问鼎中原的年少轻狂之举，但历经艰险的楚庄王还是日臻成熟。借平息“斗椒之乱”刮骨疗毒，重返中原专治各种不服，一直得不到公平对待的楚国第一次站到了争霸舞台的中央。“轻千乘之国，而重一言之信”的从善如流，更是让孔圣人由衷感慨：“贤哉楚王！”

复霸主：晋景公

接盘一个大臣专政、实力衰颓的诸侯，国君如何挽救危局，重现霸主荣光，他给出了近乎完美的答案。邲之战败北，他不颓丧、不追责、不盲动，终于在灭赤狄、鞌之战中找到了感觉，力促晋国霸业强势归

① 指跟随晋文公流亡，逼迫他开创霸业的狐偃、先轸、赵衰等人。

来。联吴抗楚，更是堪称神来之笔。

遗憾也不是没有，他最糊涂的举动莫过于拿鲁国土地讨齐国欢心，搞得“晋集团”人心涣散。

人们常说“死得其所”，却偏偏天妒英才，让一代雄主晋景公丧命在茅房之中。

终霸主：晋悼公

以聪敏少年之资，当风云际会之世，晋悼公主政的十六年可圈可点。选贤任能、推行新政、改善民生，开创了晋国“上让下竞”的新气象，也彰显出霸主的新风范。怎奈天不假年，未逾而立之岁便撒手人寰。如若假以时日，以晋悼公的雄才伟略，即使不能将公族之害彻底铲除，晋国也不至于沦落到惨遭瓜分的悲惨境地。作为晋国乃至北方诸侯称霸的终点站，晋悼公留下的遗憾远超功绩也在情理之中。

勤霸主：吴王阖闾

吴国能够从一个边缘化诸侯闯入争霸中原的核心圈，阖闾可谓功不可没。孙武指责他“徒好其言，不能用其实”，恐怕有失偏颇。伍子胥、孙武正是在阖闾的重用下，方能如鱼得水，助力吴国一举攻陷楚国郢都，令天下震惊不已。作为吴国的死敌，楚国令尹公子申竟赞誉其“勤恤其民”，足见阖闾的人格魅力有多么强大。“以仁义闻于诸侯”，阖闾实至名归。

暴霸主：吴王夫差

与父亲阖闾相比，夫差不可谓无功，毕竟“盟主”之位正是他借黄池盟会抢来的。然而，正如孔门弟子子贡所言，夫差“为人猛暴”，行“残国之治”。为了求得一个“盟主”的虚名，透支国力与民力，更抛却父仇，放虎归山，最后落了个身死国灭的下场，可悲又可恨。

苦霸主：越王勾践

吃得苦中苦，方为人上人。一番卧薪尝胆换得灭吴创霸，苦尽甘来的勾践堪称典范。但在这耀眼夺目的光环之下，暗藏着一副残暴嗜杀、冥顽不化的暴君嘴脸。称霸之日，春秋已是末世；离世之时，霸业就此凉凉。此霸心中，怎一个苦字了得！

附录二　主要参考书目

《春秋公羊传》（东周·公羊高撰）

《春秋穀梁传》（东周·穀梁赤撰）

《春秋左氏传》（东周·左丘明撰）

《管子》（东周至西汉·佚名编）

《国语》（东周·左丘明撰）

《韩非子》（东周·韩非及其弟子编）

《礼记》（西汉·戴圣编）

《列女传》（西汉·刘向撰）

《论语》（东周·孔子弟子及再传弟子编）

《吕氏春秋》（东周·吕不韦主编）

《墨子》（东周·墨翟及其弟子编）

《山海经》（东周至西汉·佚名撰）

《诗经》（东周·佚名撰）

《史记》（西汉·司马迁撰）

《说苑》（西汉·刘向撰）

《吴越春秋》（东汉·赵晔撰）

《新序》（西汉·刘向撰）

《荀子》（东周·荀况及其弟子编）

《晏子春秋》（东周·佚名撰）

《越绝书》（东周至东汉·佚名编）

《竹书纪年》（东周·佚名撰）